よくわかる日本の城

日本城郭検定公式参考書

加藤理文 著　小和田哲男 監修

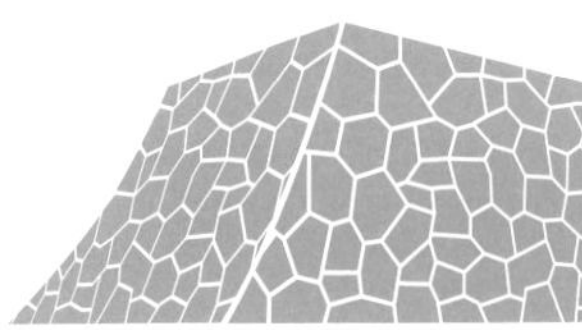

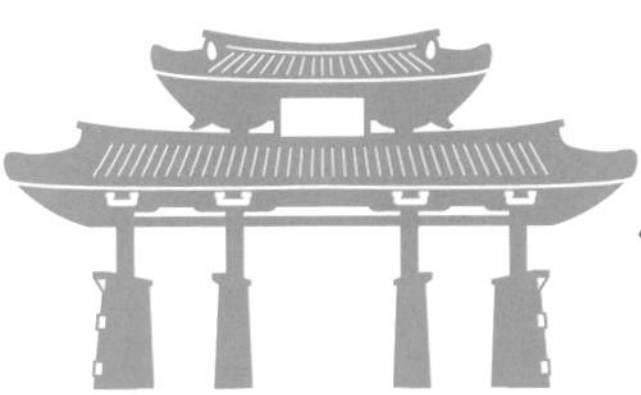

ONE PUBLISHING

中世（鎌倉・南北朝）／古代（古墳～平安）／弥生

弥生時代～江戸時代までの城の発展史

日本の城クロニクル

防御施設としての日本の城は弥生時代の環濠集落を起源とし、戦国時代以降に急速な進化を遂げる。

環濠集落

集落の周りに堀や柵をめぐらせた環濠集落が日本の城の始まり。弥生時代中期以降は吉野ヶ里遺跡など、大規模な集落が登場した。

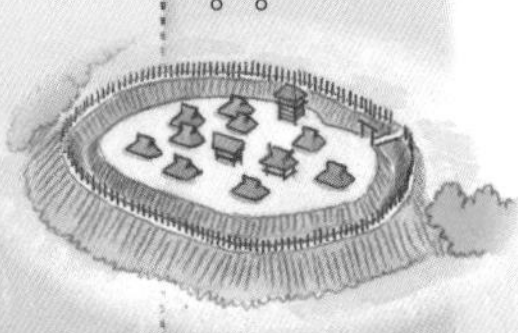

古代山城の構築

白村江の戦い後、倭国防衛のために北九州や瀬戸内海沿いに築城される。百済亡命者が指揮したことから朝鮮式山城とも呼ばれる。

大陸からの影響

東北支配の城柵

城柵とは大和政権が蝦夷統治のために築いた軍事施設。多賀城には政庁も設けられた。九世紀に造営打ち切り。

中世山城の登場

南北朝時代に急峻な山上に築かれた山城が争乱の舞台に。その後三世紀にわたって、全国の国人や土豪が詰城として山城を築城。

技術は継承されず

御家人の館と方形館

鎌倉時代の御家人は土塁や堀に囲まれた館に居住。室町時代には守護が幕府の花の御所（室町殿）を模して、任地に守護所（方形館）を築いた。

江　戸	安土桃山	室町・戦国

戦国の山城の発達

戦乱の世になると、平時は山麓の居館に暮らし有事の際は山城に籠るという使い分けが一般化する。戦国大名の強大化とともに山城も拡大する傾向に。

城下町の登場

戦国大名の居城では、家臣の屋敷地確保と富国強兵を目的とした商工業促進のため城下町が発達。利便性のよい平城や平山城が重視される結果に。

天守の出現と発展

織田信長は権威や統一のシンボルとして安土城に天主（天守）を建造。これ以降、城は軍事性以上に政治的目的を担うようになる。

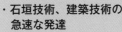

- 石垣技術、建築技術の急速な発達
- 領土や家臣団の拡大と中央集権化
- 城郭と城下町の一体化

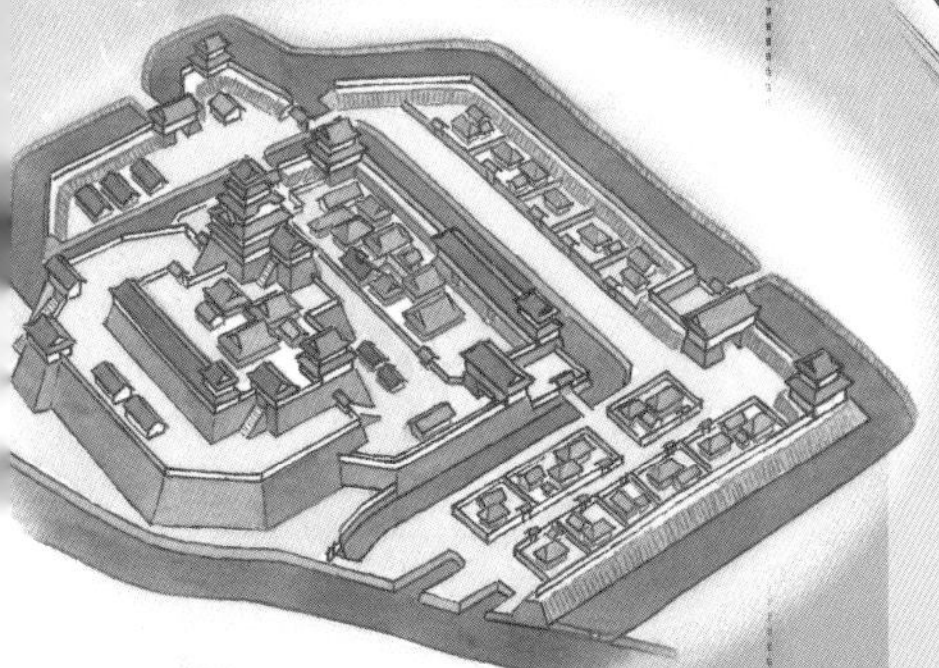

近世城郭の普及

信長の治政以降、築城技術は急速に発達。平地でも防御力に優れ、権力の象徴たる近世城郭が大成し、関ヶ原の戦い後の慶長の築城ラッシュによって全国に普及した。

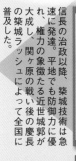

元和の一国一城令により、築城ラッシュと技術発展はストップ

織田信長・豊臣秀吉・徳川家康 三大天下人の役割

信長の安土城を嚆矢とする近世城郭を秀吉が受け継ぎ、天下統一後、家臣らに命じて全国に築城。家康は近世城郭をより規格化して、天下普請などを通じて全国に普及させた。

イラストは全て香川元太郎作成

急速な築城技術の発展で変化した城の姿

戦国〜江戸初期の城の発展

戦国時代後期に近世城郭が生まれ
江戸初期に全国に普及するまで、
半世紀の間に城は大きく変貌した。

戦国時代後期の山城［観音寺城］

戦国時代が始まると、国人や土豪層は一斉に山城構築を開始。やがて有力大名の城は巨大化し、平時の居館と山上の城郭が一体化して全山を要塞化した。

近世城郭のはじまり［安土城］

琵琶湖畔に築かれた総石垣の安土城が近世城郭の嚆矢。信長は日本初の天主（天守）やまっすぐのびる大手道を設置し、権力のシンボルとしての城を強調した。

近世城郭の発展［熊本城］

安土城以降、築城技術が急速に発達。熊本城のように、高石垣の複雑な折れが防御力の要だった。関ヶ原の戦い後は過剰防衛ともいえる城郭が全国にできる。

徳川系城郭の普及［名古屋城］

江戸開府後、単純な縄張で枡形虎口や層塔型天守を持つ徳川系城郭が登場。同一構造のため守りやすいのが特徴であった。天下普請によって全国に広がる。

イラストは全て香川元太郎作成

権威を誇示するシンボルタワー
天守の出現と発展

「見せる城」の象徴として信長が生み出した天主（天守）は、今も街のシンボルとなっている。

天主(天守)の出現

城郭で採用され始めていた二重や三重の櫓を発展させて信長が完成させる。

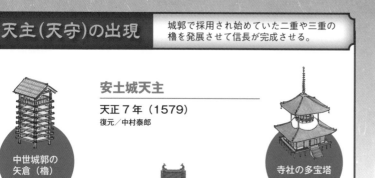

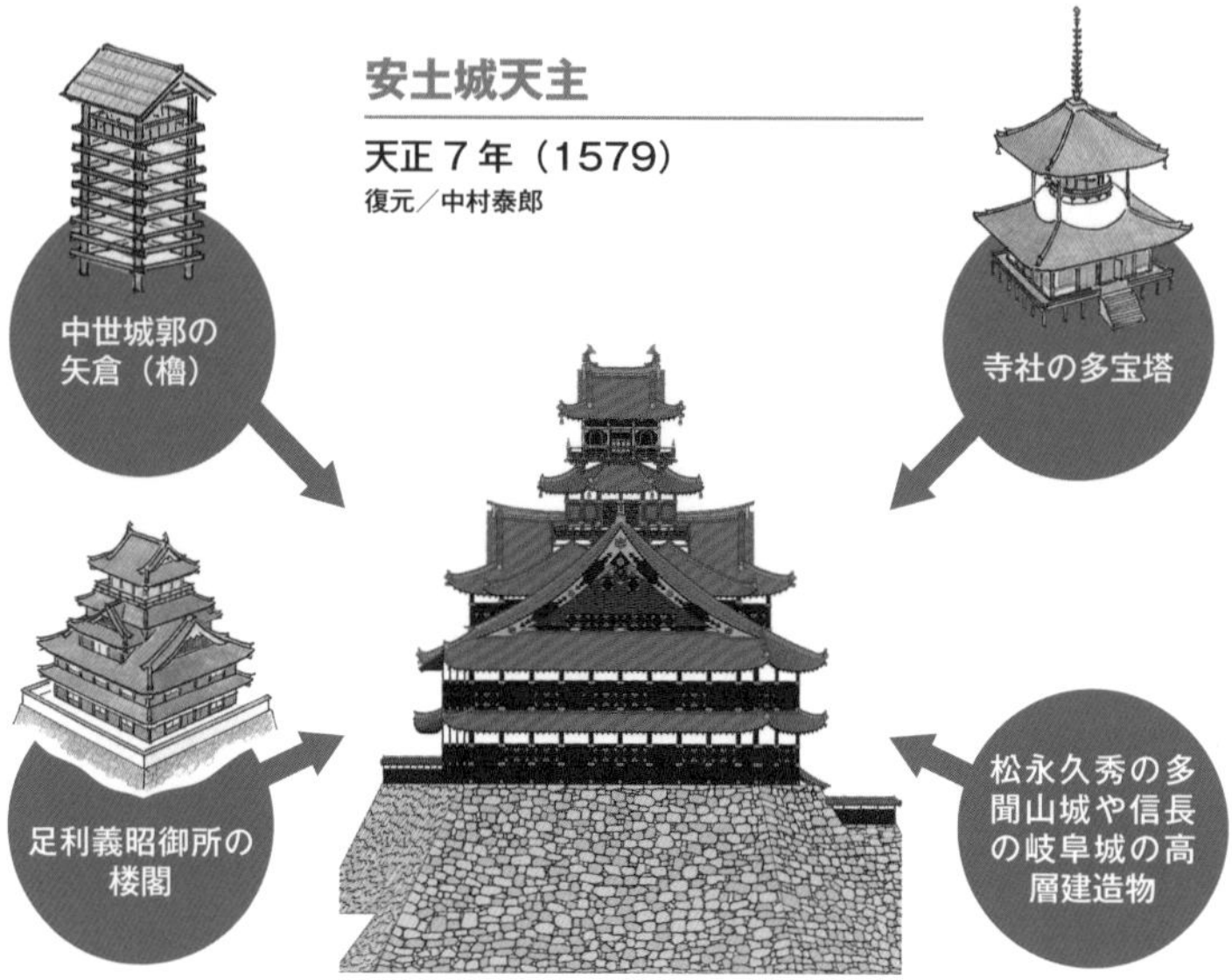

秀吉時代の天守

秀吉は安土城より大きい大坂城天守を築造。家臣らの居城に天守建築を許可した。

豊臣期大坂城天守

天正 13 年（1585）頃

復元／中村泰郎

岡山城天守

慶長２年（1597）頃

作図／仁科章夫

天守復元図は同縮尺、全て三浦正幸監修・提供。年数は建立年。イラスト３点は香川元太郎作成

望楼型天守の進化

当初の天守は、入母屋造の基部に望楼を載せた望楼型が主流であった。

広島城天守

慶長３年（1598）頃

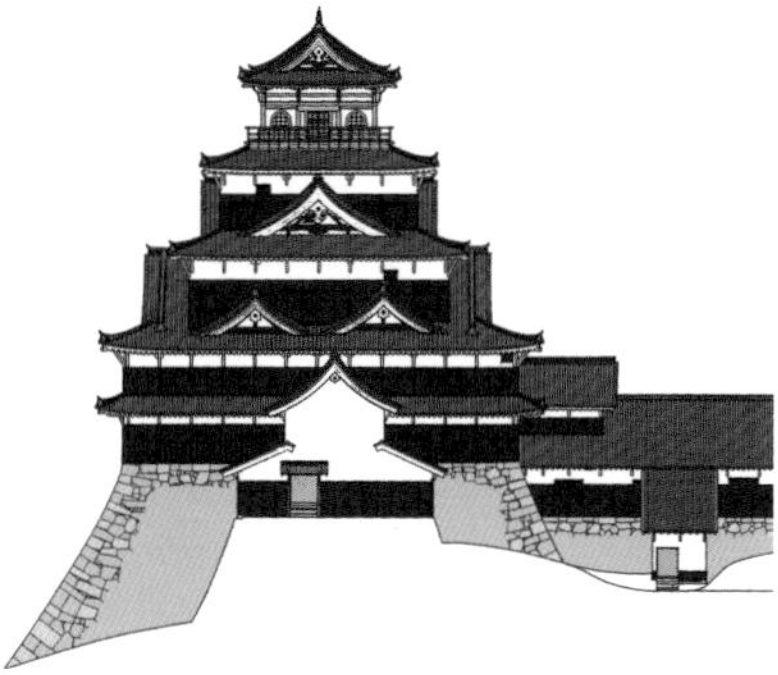

萩城天守

慶長 13 年（1608）頃

復元／土手内賢一

松江城天守

慶長 16 年（1611）

層塔型天守の普及

構造が単純で建造がより容易な層塔型が発明され、江戸初期以降の主流になる。

名古屋城天守

慶長 17 年（1612）

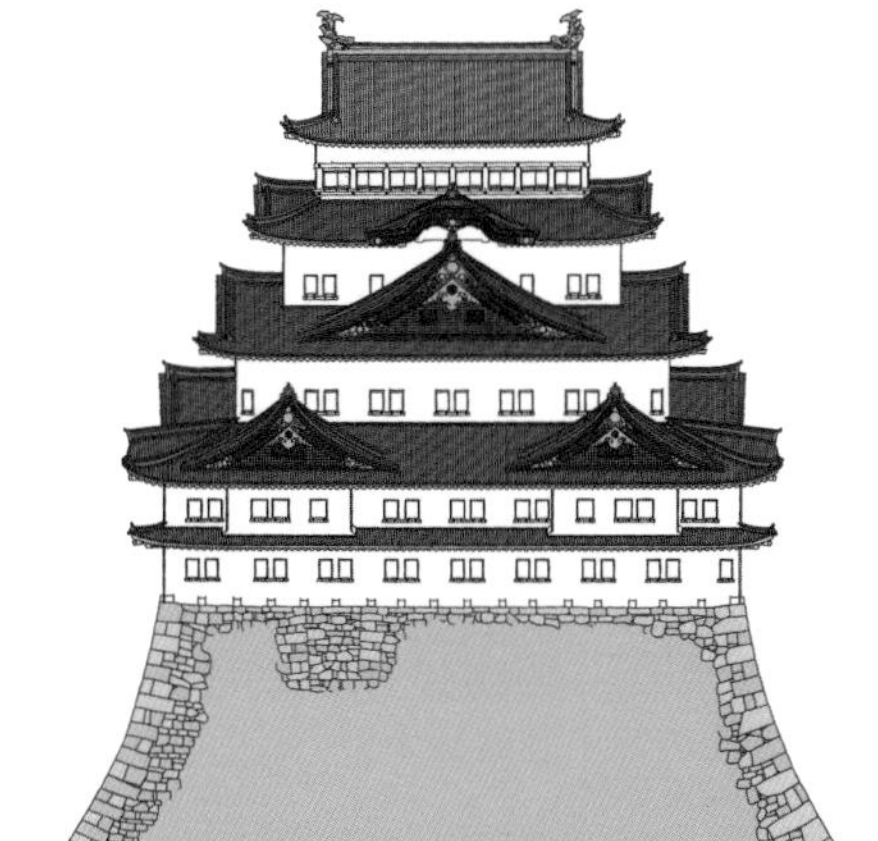

寛永期江戸城天守

寛永 15 年（1638）

復元／中村泰郎、野中絢

江戸時代以降の城がたどった歴史

江戸

元和の一国一城令

家康が立案した法令によって、全国に3000あった城は170城程度に削減。これ以降の新規築城は制限され、築城技術も衰退した。

例外として取り壊しを免れた犬山城。

明治

廃城令によって取り壊される小田原城天守。

明治の廃城令

明治になって城は陸軍省の管轄となり、43城・1要害以外は廃城処分となった。ただし、政治家や篤志家の働きで守られた城も多い。

戦中

太平洋戦争の空襲

米軍の空襲によって、現存7天守をはじめ多くの城郭が焼失。原爆投下のあった広島城と沖縄戦があった首里城は壊滅的な被害を受ける。

原爆によって壊滅した広島城。

戦後

戦災で焼失しRC造りで外観復元された名古屋城天守。

復興天守ブーム

戦後、復興のシンボルとしてRC（鉄筋コンクリート）造りの天守建造がブームに。内部は資料館などに利用され、歴史的に正しくない建物も多かった。

平成

木造復元と中世城郭の復元

平成以降、史実や史料に忠実で、当時の技術を用いた木造復元が主流になる。山城・土の城の整備や復元も積極的に行われるようになる。

伝統工法にもとづき木造で復元された大洲城天守。

よくわかる

日本の城
日本城郭検定公式参考書

加藤　理文 著
小和田哲男 監修

はじめに

「城」と言えば、白亜の天守閣を思い浮かべる人が多いのではないでしょうか？　姫路城や名古屋城、大阪城のイメージが生んだ産物でしょうか。ところが、最近は「天空の城」と話題になった兵庫県の竹田城のように、まったく建物のない石垣だけの城や、石垣もない土造りの中世山城を訪ねる人が増加しています。従来、城好きのほとんどは中高年男性でした。ところが昨今は、歴女・戦国武将好きの女性が増えた影響で、「城ガール」と呼ばれる城好き女性が増加傾向にあるそうです。確かに、城跡で出会う人たちの中に、「城めぐり」を楽しむ若い女性が増えています。城のイベントはどこも盛況。城跡も多くの人で賑わい、今まさに「城ブーム」真っただ中です。

　こうしたブームに、公益財団法人 日本城郭協会主催の「日本100名城スタンプラリー」や「日本城郭検定」が一役かってい

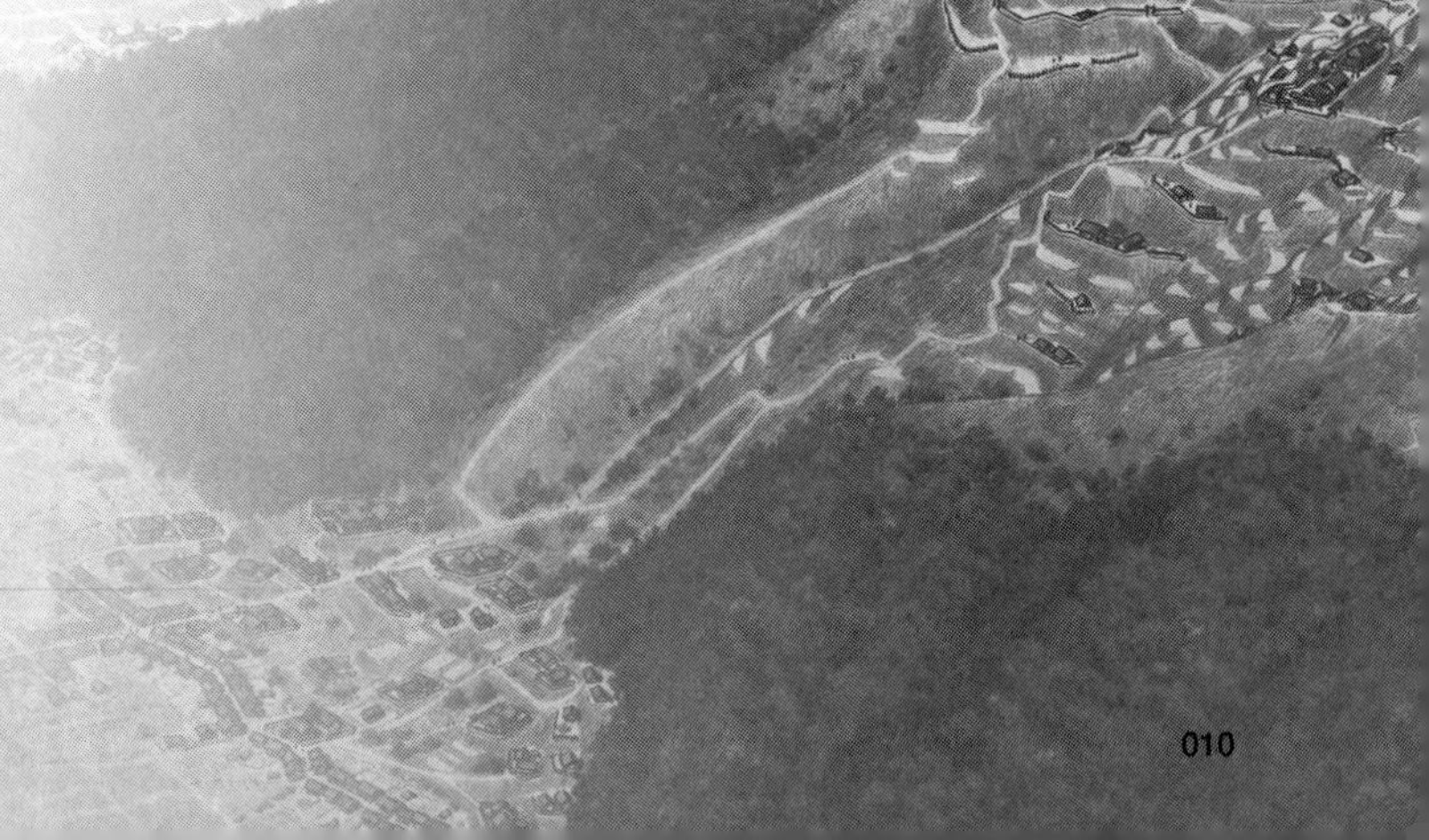

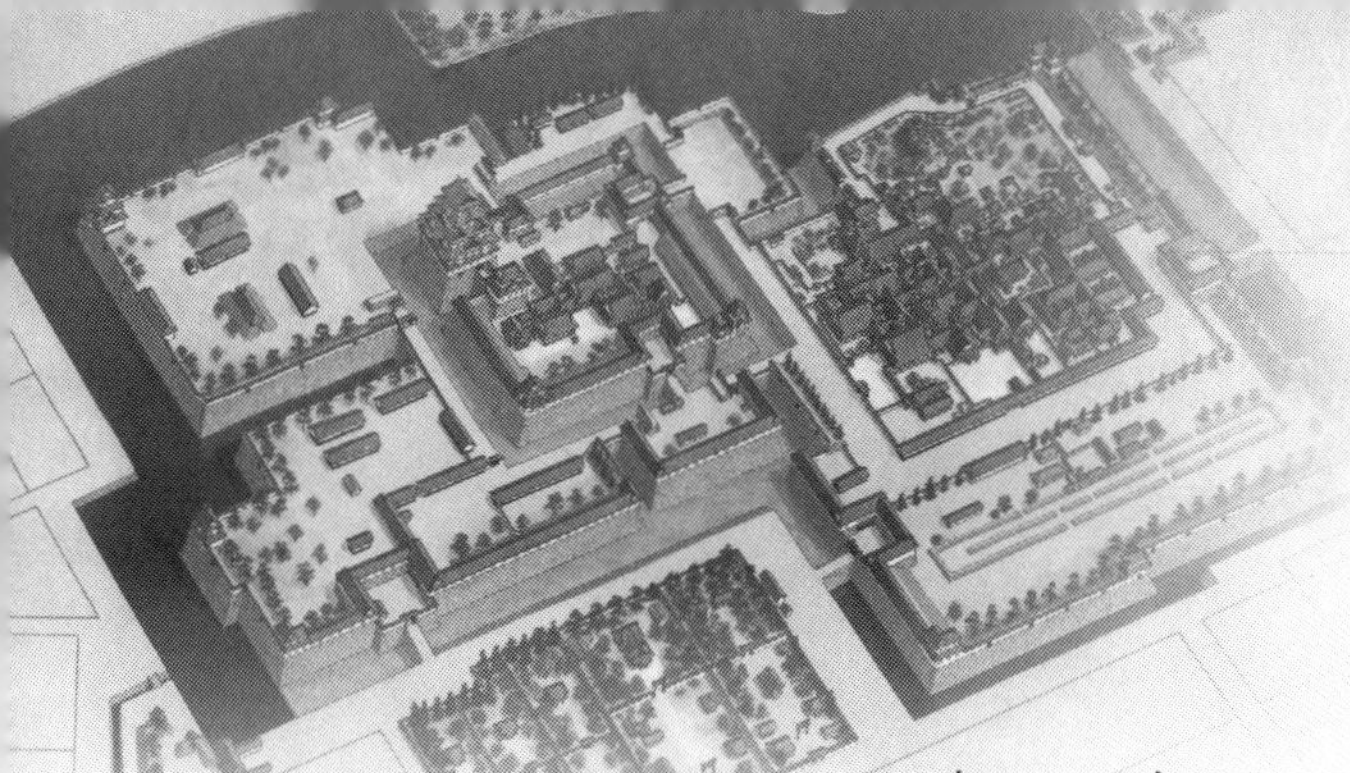

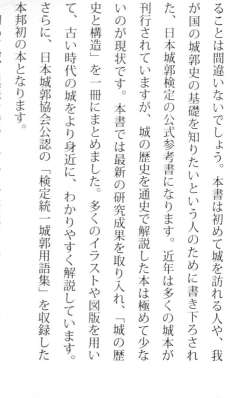

ることは間違いないでしょう。本書は初めて城を訪れる人や、我が国の城郭史の基礎を知りたいという人のために書き下ろされた、日本城郭検定の公式参考書になります。近年は多くの城本が刊行されていますが、城の歴史を通史で解説した本は極めて少ないのが現状です。本書では最新の研究成果を取り入れ、「城の歴史と構造」を一冊にまとめました。多くのイラストや図版を用いて、古い時代の城をより身近に、わかりやすく解説しています。さらに、日本城郭協会公認の「検定統一城郭用語集」を収録した本邦初の本となります。

初めて城に興味を持った方から、研究者の皆さままで楽しめる内容になっています。検定に向けての参考書としても、城を訪ねる際の解説本としても、本書は大いに役立つことでしょう。さあ、この本を読んで、あなたも城好きの仲間に加わりましょう！

加藤理文
[日本城郭協会理事]

—目次—

巻頭カラー

第1部 歴史編

第1章 古代の城

第2章　中世の城

第3章　戦国の城

第4章　安土桃山の城

第5章　近世の城

第2部 構造編

第9章 縄張

第10章 普請

第11章 作事

第12章 城下町

○本文内でクレジットの入っていないイラストは、全て香川元太郎作成となります。
○江戸時代までは「大坂／大坂城」、明治以降は「大阪／大阪城」としました。
○城名・人物名の表記は、より一般的なものに準じました。
○城郭用語の表記は「検定統一城郭用語集」に従っています。詳しくはP295～283をご覧ください。
○本書の情報は、2020年9月現在のものです。

［表紙画像］姫路城（滝沢弘康［かみゆ歴史編集部］撮影）
［裏表紙画像］「越前国丸岡城之絵図」（国立公文書館内閣文庫蔵）

お城コラム

第1部
歴史編

第1章 古代の城

縄文時代～平安時代

縄文・弥生
時代

堀や柵に囲まれた村落

環濠集落の守り

ポイント

- 弥生時代前期までの堀や柵は、区画分けや害獣除けのためだった。
- 稲作による社会性の発展とともに防御機能が高まる。

縄文時代の環濠集落

一般的に、周囲に堀をめぐらせた集落を「環濠集落」と総称し、水稲農耕と共に、大陸から渡来人によってもたらされたと考えられる。

こうした集落とは一線を引くが、今から四千年前（縄文時代中期末～後期初）の**静川遺跡**（北海道苫小牧市）では、不正楕円形の溝に囲まれた集落が確認されている。また、縄文時代晩期（紀元前約一〇〇〇～前三〇〇年）の**南諏訪原遺跡**（福島県福島市）では、柵で囲まれた集落が、秋田県秋田市の上新城でも晩期末の二重の柵に囲まれた集落が確認された。これら集落は、堀や柵の内部の住居数の少なさや、柵のみという防御性の薄さなどから、外敵からの防御という弥生の環濠集落とは性格を異にするものと考えられている。日常生活の場から、祭祀空間や墓域を区画あるいは分離する目的で造られた可能性が高くなっている。

大陸から伝わった環濠集落

弥生時代（紀元前約三〇〇～二〇〇頃）になると、外敵からの防御が必要となり、環濠（堀）で囲まれた集落が出現した。長江中流域、内モンゴル（興隆窪文化）が起源とされ、朝鮮半島から渡来した人々によって、水稲耕作と共にもたらされた新しい集落形態である。瞬く間に広がり、前期段階で九州から伊勢湾沿岸地域にまで分布することになる。当初期の環濠集落は、防御機能も薄く、部分的な場合や規模そのものが小規模でしかないこともあり、外敵からの防御というより、害獣への対処のためであった。あるいは労働力確保を目的に、集落内を堀で区画した可能性も指摘されている。

防御機能を拡充させた集落

弥生時代中期前半から後期（紀元前約一〇〇～二〇〇頃）になると防御施設としての特徴を備えた環濠集

歴史編
古代
中世
戦国
安土桃山
近世
幕末・維新
近代
北海道と沖縄

弥生時代の環濠集落

大塚遺跡の発掘をもとに、集落間の争いを想像したイラスト。

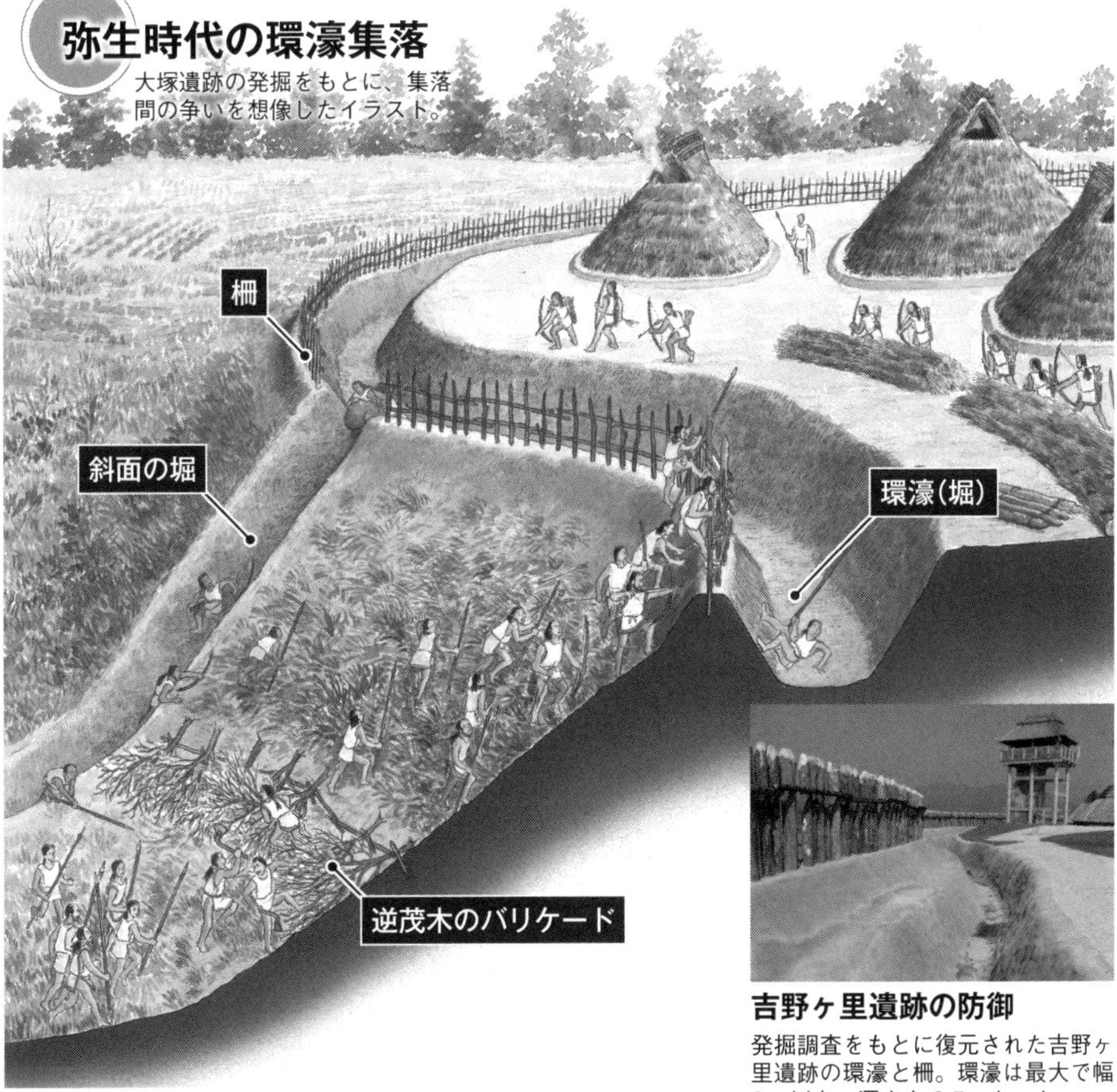

吉野ヶ里遺跡の防御

発掘調査をもとに復元された吉野ヶ里遺跡の環濠と柵。環濠は最大で幅6m以上、深さも3.5mあった。

落が出現する。環濠や集落の規模が飛躍的に拡大し、南関東や北陸地域まで分布域が広がる。**池上曽根遺跡**(大阪府和泉市)では大規模な祭殿が、**吉野ヶ里遺跡**(佐賀県神埼市・吉野ヶ里町)では物見櫓や祭殿が確認され、『魏志』倭人伝の記載にある卑弥呼の宮殿を彷彿させる。環濠や柵の規模も大幅に拡充され、**伊場遺跡**(静岡県浜松市)のように、三重の環濠で囲まれ、環濠間に土塁を設けた集落も出現した。

この時期になると、水田に近い平野部や台地上から離れ、山地や丘陵上、その斜面地に営まれた高地性集落が出現する。万が一の避難所とか狼煙台ともいわれるが、明らかに長期間の定住が認められる。集落の拡大に伴う、近隣の勢力との利権や勢力争いのためとか、『魏志』倭人伝の「倭国大乱」との関連が指摘されている。

古墳時代

豪族居館の登場

集落から離れた支配者層の屋敷

ポイント

- 古墳時代に登場した豪族は、堀や柵をめぐらせた豪族居館を構えていた。
- 代表的な豪族居館は共に群馬県にある三ツ寺遺跡と原之城遺跡。

豪族の登場と豪族居館

古墳時代（三世紀中頃から七世紀末頃）に入ると、環濠集落のような防御的な集落が消滅し、一般的な集落景観に変化する。そうした中、一般の人々から身分的・階層的に抜け出した豪族が、「古墳」と呼ばれる特別な墓や、堀によって囲まれた屋敷を営むことになる。

こうした豪族たちの屋敷は「豪族居館」と呼ばれ、多くは堀によって囲まれた平面方形の敷地内に住居や倉などを構えていたが、環濠集落と比較すればごく小規模であった。柵列や物見櫓的な建物を持ったり、張出や突出部を設けたりするものも存在し、一般集落とは隔絶した場所に営まれた防御的な居館であった。

三ツ寺遺跡と原之城遺跡

豪族居館と考えられる遺跡は、九州から関東地方まで広がっており、**三ツ寺遺跡**（群馬県高崎市）や**原之城遺跡**（同伊勢崎市）が代表的な例である。

三ツ寺遺跡は、古墳時代中頃（五世紀頃）の居館で、周囲を水堀で囲み、敷地の内部には三重の柵列をめぐらせ、さらに敷地内を南北に二分する柵が確認された。堀の斜面部は、古墳の葺石（土留用の石）のような石張によって装飾されていた。その規模は、一辺が約八六mの方形で、西辺二ヶ所と南辺一ヶ所に張出部が設けられていた。周囲を囲む堀幅は実に三〇～四〇mと広く、深さは約三～四mもあった。南側は、居館を中心に、外部から導水管によって水を引いた祭祀施設が、北側には複数の竪穴住居と倉庫群が建ち並び、空間利用の差が指摘されている。また、出入口と突出部については、防御構造の充実を図るための施設ではなく、居住者の権威付けや神秘性を高める装置であった。

原之城遺跡は、全国最大級を誇る六世紀中頃の豪族居館で、東西約

三ツ寺遺跡の復元イラスト

全国で初めて発見された豪族居館の復元イラスト。周囲には川の水をひいた、広い部分で30ｍほどにもなる水堀がめぐる。張出の位置については諸説がある。

一一〇×南北約一七〇ｍのほぼ長方形を呈し、周囲を幅約二〇ｍの堀が取り囲んでいた。入口は、南の土橋のみが外部と接続し、土塁がめぐると共に、五ヶ所の張出部が確認されている。中央部に中心建物となる四面庇の掘立柱建物と大型竪穴住居、北側に倉庫群、南側に竪穴住居群が置かれていた。内部からは、農耕祭祀に伴う遺物も出土し、当時の豪族の生活を知る資料となっている。

豪族居館の特徴

各地で確認された豪族居館は、二千㎡以下から七千㎡以上までの規模を持つまでと幅広いが、いずれも堀・土塁・柵で方形に囲い込む等の防御施設が施されていた。

敷地内は柵や溝で区画されており、大型高床建物や祭祀場、工房や倉庫が場所を異にして建ち並ぶ姿が想定されている。

飛鳥時代

防御意識の低かった初期の宮都

天皇の宮と蘇我氏の館

ポイント

- 公的空間である宮都は防御性が低く、塀のみに囲まれていた。
- 一方、蘇我氏の館は高台に建ち、豪族間の争いに備えていた。

何度も移された宮都

「宮都」とは、宮室・都城のことで、宮室は天皇の住まい、都城はそれを中心とした空間である。『日本書紀』では、五九二年に推古天皇が**豊浦宮**（奈良県明日香村）で即位し、六〇三年に**小墾田宮**（同）へ移ったと記す。

小墾田宮は、塀に囲まれた内部に、天皇が座す大殿、公式行事を行う広場（朝庭・朝廷）、庁舎（朝堂）群が建ち並び、大門と塀により、大殿が区切られていたと『日本書紀』は伝えている。宮は板葺の掘立柱建物で、外郭も塀のみと防御性は低かった。六二九年に即位した舒明天皇は、飛鳥岡（雷丘）の麓に遷宮し**岡本宮**（奈良県明日香村）と称したが、火災で焼失したため**田中宮**（同橿原市）へ遷都した。六四二年、皇極天皇は再び小墾田宮へと遷都した。翌年、大化の改新の舞台となった**飛鳥板蓋宮**へ遷都することになる。

柵に囲まれた蘇我氏館

この頃、大和政権の中枢で権力をふるった蘇我氏は、六四四年、板蓋宮を見下ろす甘樫丘に蝦夷・入鹿父子が並べて家（館）を建てた。蝦夷の館を「上の宮門」、入鹿の館を「谷の宮門」と呼んだという。館を城柵で囲い、門の脇に武器庫を設け、館ごとに用水桶を配置し、木鈎を数十置いて火事に備え、武器を持つ兵士に守らせたと『日本書紀』は記載する。豪族の居館は敵対勢力に備えるため、強い防御性を持っていた。

五三八年には、蘇我稲目が小墾田の自宅に仏像などを安置し、日本最初の寺院（後の豊浦寺）とした。五八七年には日本初の瓦葺の寺院である法興寺（飛鳥寺）を建立。同寺は渡来人の技術によって築かれたもので、礎石を使用した初の建物でもあった。寺院建築の技術はやがて城郭にも利用されるようになるが、それは律令制崩壊後のことになる。

小墾田宮の構造

南門の北側に広場と庁舎が広がり、大門によって仕切られた先に天皇が住まう大殿があったと考えられる。この後発展する宮城の原型となった。

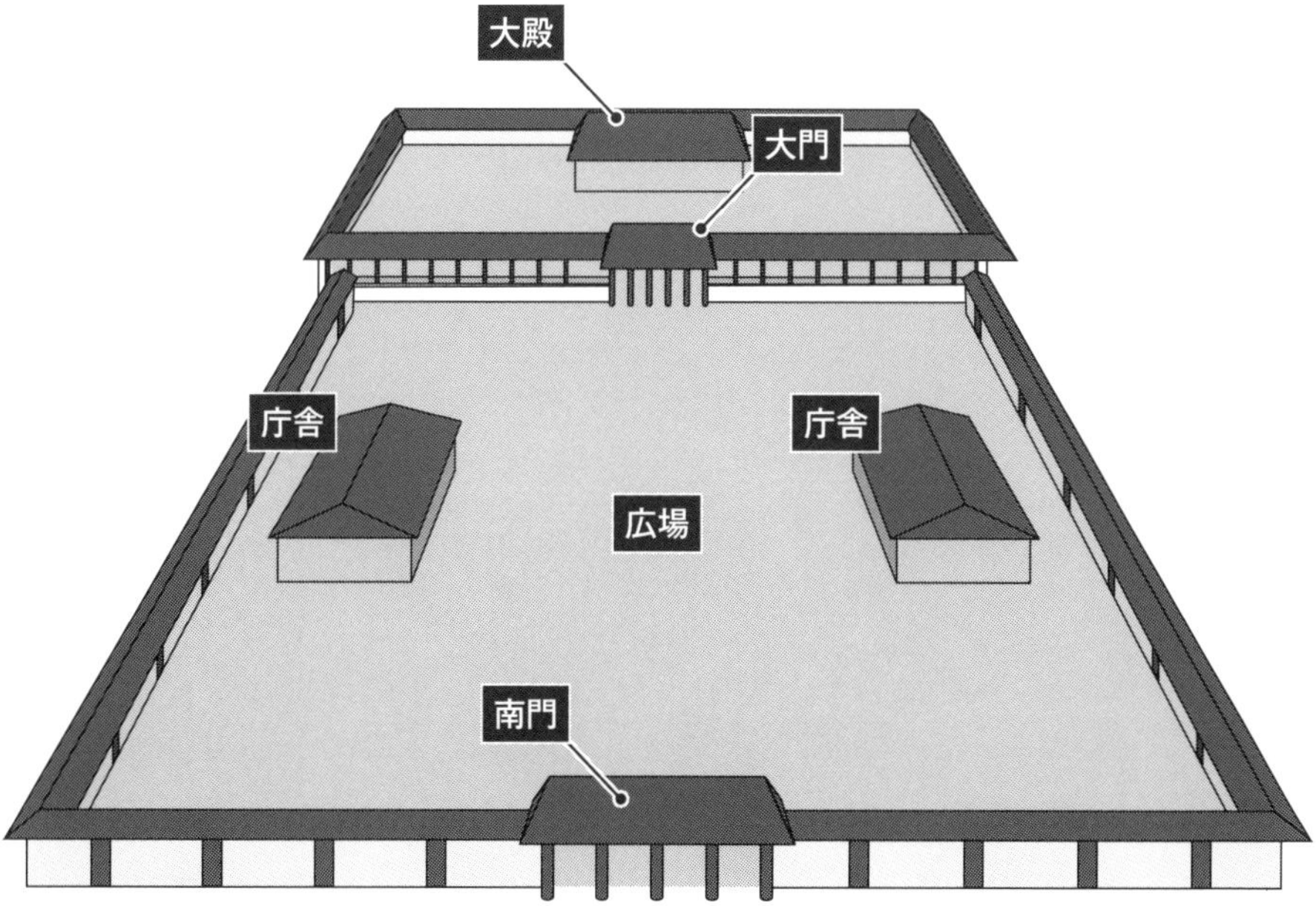

イラスト／ウエイド

飛鳥宮跡の復元遺構

かつて飛鳥板蓋宮跡と呼ばれていた場所は、調査によって岡本宮や浄御原宮など複数の宮跡が重なっていたことがわかり、現在は飛鳥宮跡と名称が変更された。

蘇我氏が館を構えた甘樫丘

蘇我氏は明日香村一円を望む丘陵に邸宅を築いた。平成６年（1994）から発掘調査が進む東麓遺跡では、石垣や石敷き、掘立柱建物跡が出土している。

飛鳥～奈良時代

倭国防衛のために築城

朝鮮式山城と神籠石系山城

ポイント

- 白村江の戦い敗戦後の防衛のために古代山城が築かれた。
- 史書に記された城を朝鮮式山城、それ以外を神籠石系山城と呼ぶ。

古代山城の築城

「古代山城」とは、七世紀を中心に、緊迫する朝鮮・唐との関係から、倭国防衛のために近畿以西に築かれた山城の総称である。『日本書紀』などの官選史書に記事があるものを「朝鮮式山城」、記事がないものを「神籠石系山城」と呼ぶが、構造的に大差はない。

いずれの城も地域の中枢たる平野に近接した丘陵上に選地されている。石垣で固められた城壁が、尾根伝いに谷を越え何㎞にもわたって延び、丘陵を一周して広大な城域を形成しているのが特徴だ。

「天智紀」に記された六城

大和政権は、百済との結びつきが強く、朝鮮半島に対しては百済が常に窓口となっていた。だが、新羅によって百済が滅亡に追い込まれると、旧百済系関係者からの強い要望を受け、百済再興のための軍を半島に送り込んだ。天智二年（六六三）白村江の戦いで、唐・新羅連合軍に大敗すると、大陸軍の倭国侵攻が現実味を帯びてきた。大和政権は、博多湾への上陸を想定し、まず九州の拠点である大宰府（福岡県太宰府市）の北西入口を閉塞する**水城**（福岡県太宰府市他）を天智三年（六六四）に構築。ついで翌年に北側の丘陵上に**大野城**（同大野城市他）、南側丘陵上に**基肄城**（佐賀県基山町他）を築き大陸軍の侵攻に備えた。

天智六年（六六七）には、朝鮮半島の最前線に位置する対馬に、**金田城**（長崎県対馬市）、大陸軍が九州から大和へ向かう侵攻想定ルート上に**長門城**（山口県下関市）、**屋嶋城**（香川県高松市）、**高安城**（奈良県平群町・大阪府八尾市）を相前後して築き上げている。以上の城のうち、水城をのぞく六城は『日本書紀』の「天智紀」に記載がある。また、長門城は百済将軍・答㶱春初が、大野城・基肄城は憶礼福留・四比福夫らの百済

古代山城の分布図

百済滅亡と白村江の戦い後、大和政権は北九州や瀬戸内海沿いを中心に古代山城を築城。大宰府には防人を設置するなど守りを固めた。

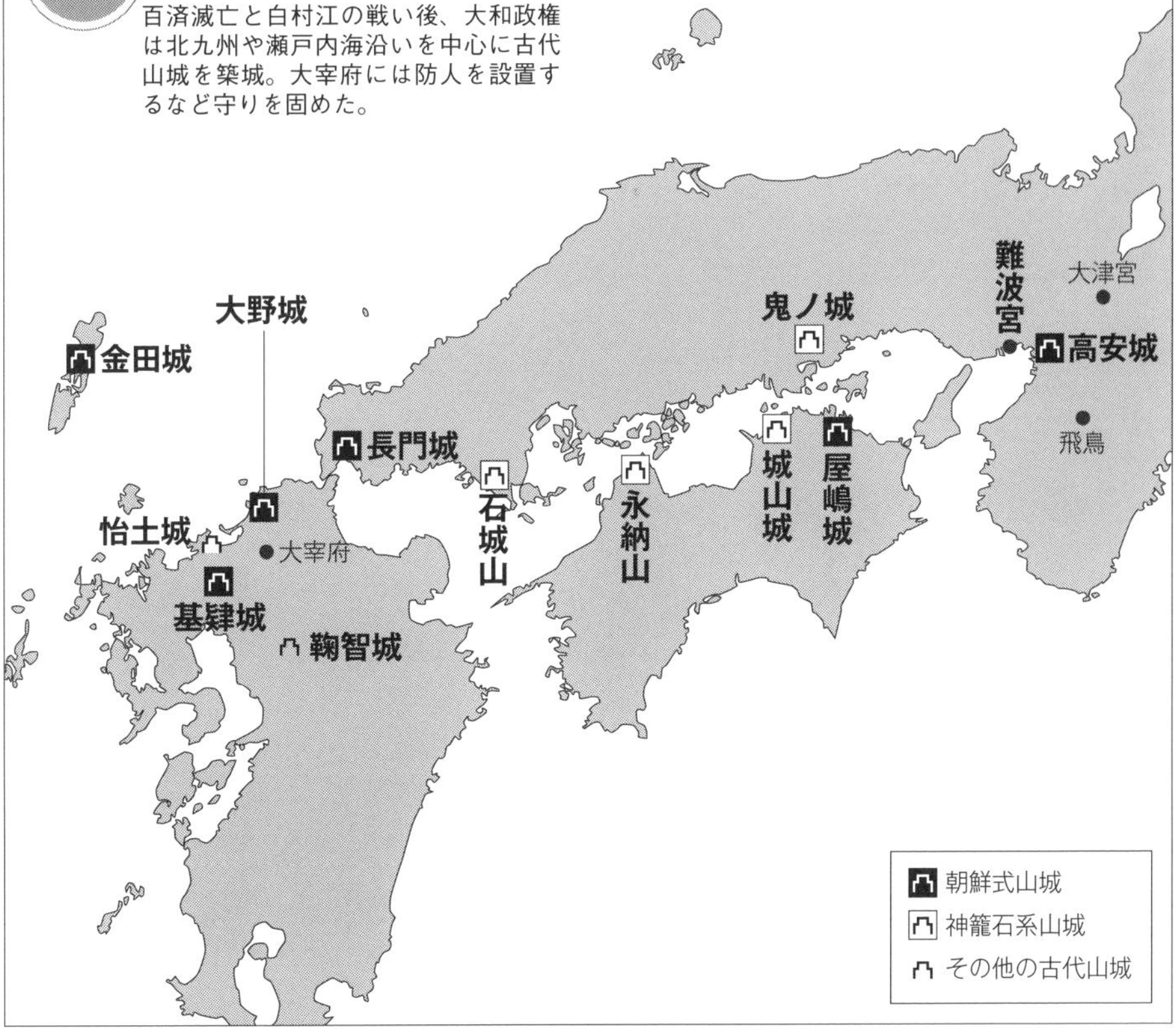

基肄城の石垣

『続日本紀』には、「大宰府をして大野・基肄・鞠智の三城を繕治（ぜんち）せむ」と記述されている。

大野城の百間石垣

山の形状に沿って築かれた城壁。大野城では谷間や傾斜部で石塁・石垣が用いられている。

亡命高官が指揮したとあり、唐・新羅侵攻に備え、旧百済亡命者たちが大和政権に協力したことがわかる。

大野城の姿

大野城は、標高四一〇mの四王寺山山頂を中心に総延長約八㎞の石塁・土塁によって尾根筋から谷までを囲い込み、特に南側と北側の土塁が防御を固めるため二重となっていた。城門は「大宰府口」など九ヶ所に、谷部分には水門が設けられている。発掘調査により、約七〇棟の建物跡を検出し、数棟で一群となることが判明。「主城原礎石群」など城内八ヶ所に分布していた。建物跡は、掘立柱建物と礎石建物があり、総柱となる倉庫が多数存在していた他、長大な側柱建物も確認された。出土遺物は、墨書土器や瓦、炭化米などの他、国内唯一の門柱の軸受け金具が出土している。

神籠石系山城と鬼ノ城

官選史書に記事が見えない神籠石系山城は、西日本に一六ヶ所が知られている。築城年代も、「天智紀」の六城と同様の七世紀が確実とされており、その目的も大陸軍の侵攻に備えたものとされる。あるいは、大和政権が地方支配を確実にするために、国府に先行して築いた城との見方もある。

神籠石系山城で、史跡整備されたのが**鬼ノ城**（岡山県総社市）で、標高約四〇〇mの鬼城山を含む丘陵に位置する。城壁は全周約二・八㎞で、土塁を基本とするが、水門部分は約七mにもなる高石垣を伴う。西門周辺が整備され、三間（五・四m）×二間（三・六m）の西門と階上建物が復元。さらに、周辺域の版築土塁や高石垣、櫓台状に張り出す角楼も復元され、古代山城の姿が判明する。

吉備真備が築いた怡土城

『続日本紀』によれば、天平勝宝八年（七五六）、新羅との関係悪化により孝謙天皇の命を受けた当時大宰府政庁の高官・吉備真備が、唐留学の知識を生かし**怡土城**（福岡県糸島市）築城に着手。途中、佐伯今毛人と交替し、一二年の歳月を要し完成を見たという。

怡土城は中国式山城の築城法ですき状に築かれ、尾根伝いに望楼を設け、二㎞に及ぶ土塁・石塁で防備強化を図り、途中に城門や水門を配し、土塁外側で幅一m程の堀も確認された。現在、高祖山の西裾に土塁が約一・六㎞、尾根線上に八ヶ所の望楼跡が残る。また、土塁内側で、小石を詰めた排水設備と思われる遺構が確認された。土塁決壊を防ぐ工夫で、明らかに、朝鮮半島の技術ではない独自の工夫と見られている。

大宰府を守る大野城と水城

大和政権は大宰府を対唐・新羅の最前線拠点と位置づけ、博多湾からの侵攻に備えて大野城と水城を築いた。水城は全長 1.2km にも及び、東西 2 ヶ所に城門が設けられた。（九州歴史資料館提供）

鬼ノ城

西門や城壁などが復元され、鬼城山ビジターセンターが設置されるなど史跡公園として整備が進む。日本 100 名城に選定され、ハイキングコースとしても親しまれている。

飛鳥時代

中国にならった都市プラン

藤原京と都城制

ポイント

- 中国で生まれた都城は、左右対称で碁盤の目状に道を配する都市プラン。
- 日本では藤原京が初採用。古代最大規模の都であった。

都城制とは

「都城制」とは、中国の都制の基準で、東アジア文化圏で採用されている。南北中央に朱雀大路を配し、南北の大路（坊）と東西の大路（条）を碁盤の目状に配した左右対称で方形の都市プラン（条坊制）によって設計・建設された首都で、市域全体を城壁（羅城）で囲んだ都市を呼ぶ。

日本で初めて都城制を導入した都は**藤原京**（奈良県橿原市）である。天武天皇元年（六七二）の壬申の乱に勝利した天武天皇が、中央集権化をめざし新都（藤原京）造営に着手するが、崩御により中止、その後持統天皇が工事を再開し、持統天皇八年（六九四）に完成した。これにより飛鳥の宮都は終焉する。

藤原京の規模は、当初大和三山（北に耳成山、西に畝傍山、東に天香久山）に囲まれた地域と考えられていたが、発掘調査により一〇里（五・三km）四方の京域に、東西南北それぞれ一〇の条坊と、東西南北三門ずつ計一二門を備え、ほぼ中央に約一km四方の藤原宮、その北には苑池が配されていたことがわかる。北魏の洛陽城の影響が指摘されているが、外郭ラインは中国の都城と異なり、城壁ではなく、築地塀や区画溝であった。完成した藤原京は、後の**平城京**（奈良県奈良市）や**平安京**（京都府京都市）を凌ぐ、古代最大規模を誇る都となった。広大な京域南側には、飛鳥京の旧都がかかっており、その繋がりは保たれていた。

藤原宮の構造

藤原京の中心であった藤原宮は、現在の皇居（天皇の私的な居住区）と官邸・議事堂（政治や儀式を行う場）、官庁街（役人の日常的業務の場）を併せた機能を持っていた。宮の範囲は一km四方程で、周囲は高さ約五・五mの瓦葺の塀がめぐり、各辺に門を三ヶ所配す。さらに塀に並行して内堀と外堀が設けられていた。

藤原京の復元模型

藤原京の1000分の1模型。道路が碁盤の目状に区画された様子がよくわかる。(橿原市教育委員会提供)

宮の内部は、中央に政治・儀式の場で回廊囲みの大極殿、同じく回廊に囲まれて中央に広場のある十二堂からなる貴族・役人の集まる朝堂院、大極殿の北に天皇が居住する内裏が置かれていた。大極殿は瓦葺の高層式礎石建物で、柱は丹塗、初の中国式の宮殿建物になる。朝堂院や宮の中枢部は全て瓦葺礎石建物であったが、内裏は伝統的な桧皮葺の掘立柱建物を採用、周辺の官衙地区も板葺の掘立柱建物となっていた。

都市機能の付設

藤原京には、物資の調達機能を持つ公的な市に関係する人々や、公的な寺院に仕えていた僧侶、生活用品(鉄器や漆製品など)を生産する工房に勤務する工人などが居住することになった。こうして様々な職種の人々が居住する政治機能を持った都市が、我が国で初めて出現した。

飛鳥～奈良
時代

国衙と郡衙

国ごとに置かれた政治施設

ポイント

- 律令制下で国ごとに設置された政治施設のことを国衙と呼ぶ。
- 郡衙の詳細を明らかにしたのは、昭和五二年に発見された静岡県の志太郡衙。

国衙とは

律令制度の下で、国司が地方の政治を行うために国ごとに置かれた官衙施設を「国衙」、この国衙が存在した都市域（地区）を「国府」と呼ぶ。

国衙の中心施設が国庁（政庁）で、国によって差異はあるが、国庁である正殿の前後に、前殿・後殿を設置。東西に脇殿、中央に儀式を行う広場である前庭、建物は基本的には左右対称に配置されていた。これらの建物群を板塀や築地塀で区画し、南に南門が置かれていた。周囲には、国司の生活の場である国司館、租税を収蔵する正倉、曹司（官舎）群という施設があり、その規模は数十～百m前後四方になることが多い。

主な国衙遺跡には、**武蔵国衙**（東京都府中市）、**周防国衙**（山口県防府市）、**伯耆国衙**（鳥取県倉吉市）、**常陸国衙**（茨城県石岡市）、**近江国衙**（滋賀県大津市）、**土佐国衙**（高知県南国市）などがある。

発掘された志太郡衙

郡（評）とは、国の下に置かれた行政区画で、国造などが郡司となって管轄することが多かった。郡司が政務を執った役所を「郡衙（郡家）」と呼ぶ。律令制下における行政の下部に位置し、班田や徴税の管理などを取り仕切っていた。郡の下に郷、郷の下に里が置かれていた。

駿河国**志太郡の郡衙跡**（静岡県藤枝市）が、昭和五二年（一九七七）に水田内で発見された。板塀で囲まれた区画内に掘立柱建物三〇棟や井戸、「志太」「大領」（官職名）などと記された墨書土器・木簡などが確認された。建物跡は、整然と配置され、東西で機能が異なっていた。西側は井戸を持つ広場や近接する南北棟が並ぶ中枢域、対して東側は倉庫や雑舎群が密集し、土塁状施設や杉板で囲まれていた。これにより、郡衙が国衙同様にある程度の規範に沿った建物配置であったと判明した。

武蔵国衙と国分寺の復元地図

国衙付近には、国分寺・国分尼寺・総社がセットで設置される場合が多かった。国衙を中心に街道が整備され、国分寺までは参道が伸びていた。

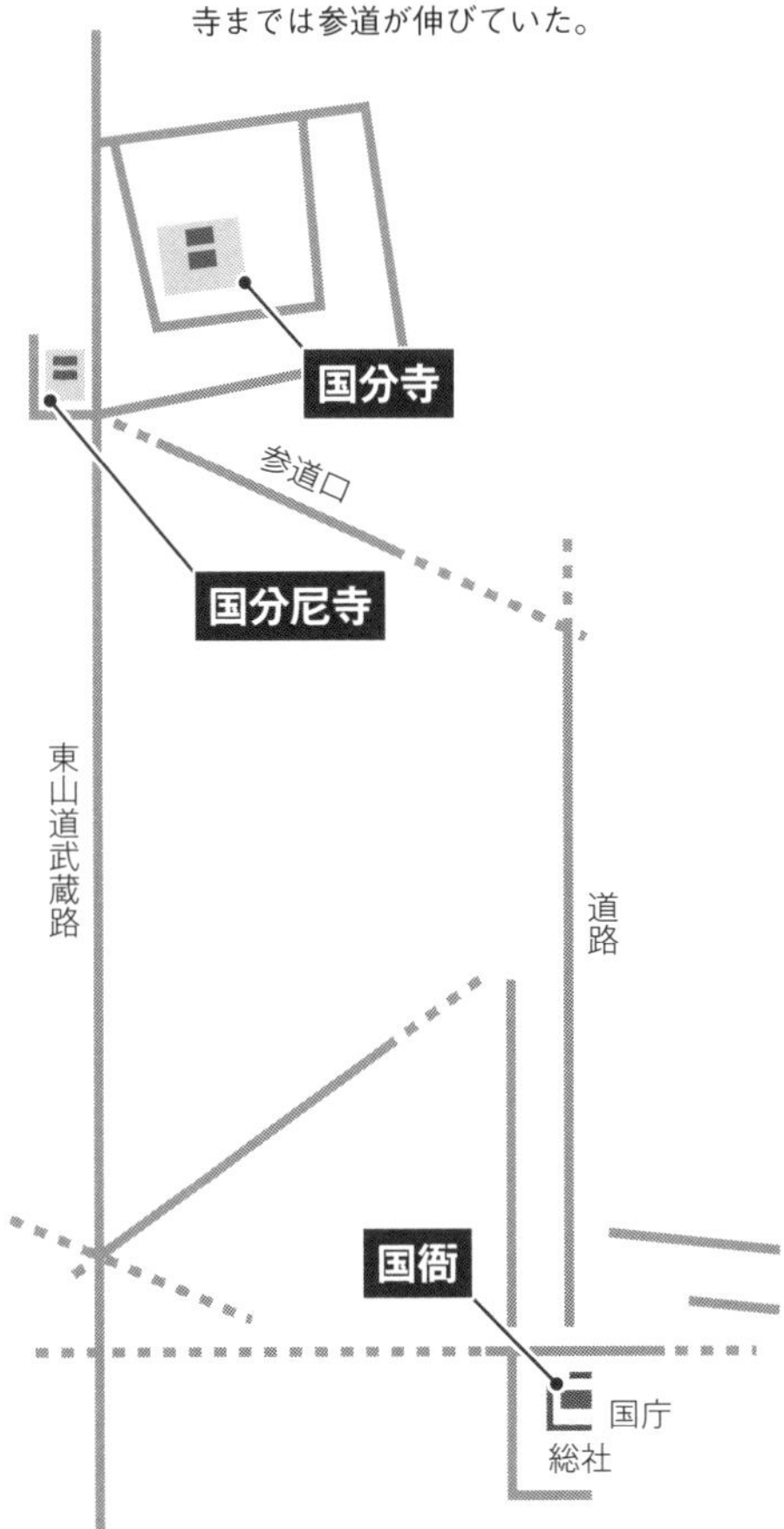

『古代武蔵の国府・国分寺を掘る』（学生社）の掲載図版をもとに作成

志太郡衙の復元模型

郡司が政務を行う郡庁、稲を収める正倉などから構成されていた。（藤枝市郷土博物館蔵）

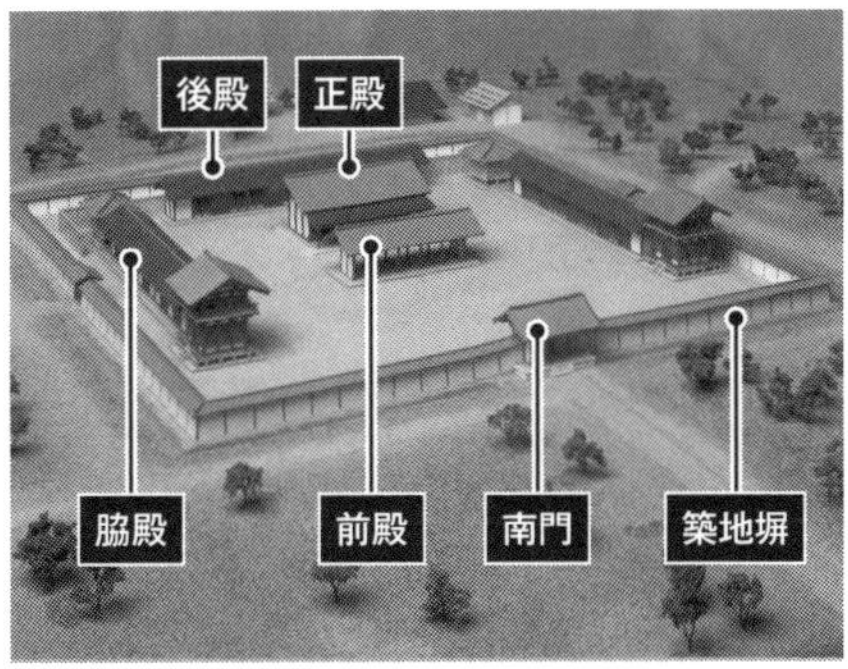

伯耆国庁の復元模型

官人が政務を行う正殿などが配置され、外部とは築地塀で区画されていた。（国立歴史民俗博物館蔵）

武蔵国衙跡

発掘調査により見つかった柱穴跡を整備し、平成20年（2008）に公開された。朱色の建物の柱が復元されている。

飛鳥〜平安
時代

蝦夷支配のための軍事拠点

多賀城と東北の城柵

ポイント

- 「城柵」は大和政権が蝦夷支配のため東北地方に築いた軍事施設。
- 最大の拠点は多賀城。築地塀で囲まれた政治・軍事の中心地だった。

城柵の設置

七世紀から一一世紀頃まで、大和政権が蝦夷支配を進めるために築いた軍事・行政的施設のことを「城柵」と呼ぶ。

記録に残る初見は、大化三年（六四七）に設置された**渟足柵**（新潟県新潟市付近）で、次いで翌年には**磐舟柵**（同村上市付近）が設けられた。城柵は、朝廷が「化外の民」であった蝦夷支配を進め、その豊かな産物を得るために設けた軍事拠点ではあったが、併せて辺境の政治・行政施設としての役割も担っていた。『日本書紀』には、渟足・磐舟柵造営に際し、柵戸（関東や中部地方からの移民）を従属させたとある。こうした移民支配や、俘囚（服属蝦夷）たちの交易・朝貢による物流の拠点としても機能しており、また蝦夷に対する饗応の役目も担っていた。

朝廷最大の拠点・多賀城

多賀城（宮城県多賀城市）は神亀元年（七二四）、大野東人が創設した陸奥国の国府で、後に鎮守府も置かれ、東北地方における大和政権の拠点となった。仙台平野や仙台湾を一望できる丘陵上に立地し、「多賀城碑」や発掘調査成果から、奈良時代から平安時代にかけて、四度の改修が判明している。外郭の規模は一辺が約一㎞前後のやや不整形な方形で、塀で囲まれ、南・東・西に門を配し（北門は未確認）、その中央部に中心施設の政庁が置かれていた。

政庁は政務や儀式、宴会などが行われる重要な施設で、その規模は東西一〇三×南北一一六ｍで、周囲に築地塀がめぐり、内部に正殿、脇殿、後殿、楼などが計画的に配置されていた。城内からは瓦や土器をはじめ、様々な遺物が発見され、生活の様子を伝える。なお、城を囲む塀は丘陵上が築地塀、沖積地には材木塀が用いられ、いずれも高さ四〜五ｍ程となる。一一世紀中頃まで機能してい

多賀城政庁の復元模型

多賀城は創建から４度にわたる大規模な改修があったとみられる。この模型は８世紀後半の第Ⅱ期の姿を復元したもの。（東北歴史博物館提供）

多賀城正殿跡

平面復元された多賀城の正殿跡。正殿は政庁の中でも最も重要な施設で、特に重要な儀式や政務が執り行われた。

たと考えられる。

城柵の変遷

大和政権は渟足柵、磐舟柵の設置に続き、北に前進する形で、次々と柵を設置。太平洋側だけでなく、和銅二年（七〇九）には日本海側の**出羽柵**（山形県庄内地方か）、この柵は後に移設され**秋田城**（秋田県秋田市）となった。発掘調査により文献に記載されない九世紀初頭の**払田柵跡**（同大仙市）、同じく九世紀前半の**城輪柵跡**（山形県酒田市）なども確認されている。

太平洋側では、延暦二一年（八〇二）に坂上田村麻呂が**胆沢城**（岩手県水沢市）、翌年に**志波城**（同盛岡市）を築き、鎮守府が移された。その後、朝廷の蝦夷政策の転換により、**徳丹城**（同矢巾町）の造営を最後として、城柵の造営は打ち切られ、終焉を迎えた。

平安
時代

戦闘的に変貌した城柵の姿

前九年合戦と後三年合戦

ポイント

●東北の城柵を舞台に、前九年・後三年合戦が繰り広げられた。
●この時の城柵は、物見櫓や溝が備わる戦闘に特化した造りだった。

前九年・後三年合戦

陸奥胆沢鎮守府の在庁官人・安倍頼良は、**奥六郡（胆沢・和賀・江刺・稗貫・紫波・岩手）**に城柵を構築し、朝廷への貢租を怠り独立的な地位を築いていた。永承六年（一〇五一）、朝廷は安倍氏懲罰を試みるが失敗。源頼義を陸奥守に任命、併せて鎮守府将軍とし、東北経営を命じ「前九年合戦」が始まった。

苦戦を強いられた頼義だったが、出羽国の俘囚・清原光頼の弟・武則を総大将とする軍勢が派遣されると、形勢は一気に逆転。安倍氏の拠点である**厨川柵**（岩手県盛岡市）・**嫗戸柵**（同）を陥落させ、安倍氏を滅亡させた。

永保三年（一〇八三）、武則の孫・真衡が急死すると、異母兄弟の清衡・家衡が対立。「後三年合戦」が始まる。以後、家衡は叔父の武衡を、清衡は源義家を味方につけ対立を深めていく。寛治元年（一〇八七）、**金沢柵**（秋田県横手市）を奪取し勝利した義家・清衡だったが、東北経営安定化に向けた戦いを、朝廷側は義家の私戦と判断。恩賞はもとより戦費の支払いまでも拒否。義家が私財供出をして恩賞を与えたことにより源氏と東国武士の結束は固まり、関東で源氏の名声は一気に高まった。

両役における城柵

この時の城柵は、律令期に朝廷が築いたものとは異なり、極めて戦闘的であった。『陸奥話記』には、「厨川、嫗戸の二柵の西北には大きな沢があり、その河岸には、三丈以上の壁が構築されていて遮断された。柵の上には物見櫓を構え、河と柵の間には、敵兵を防ぐための溝を掘り、底には、無数の刀を逆さまに立て、その下にはまきびしが蒔かれていた」とある。『後三年合戦絵詞』によれば、塀の上に四本程の柱組の櫓が描かれ、足場は板張、周囲は「掻楯」という板で防御された構造であった。

前九年・後三年合戦の進軍ルートと城柵

両合戦の源氏の進軍ルート。坂上田村麻呂が蝦夷支配のために築いた館や柵の多くも再利用された。

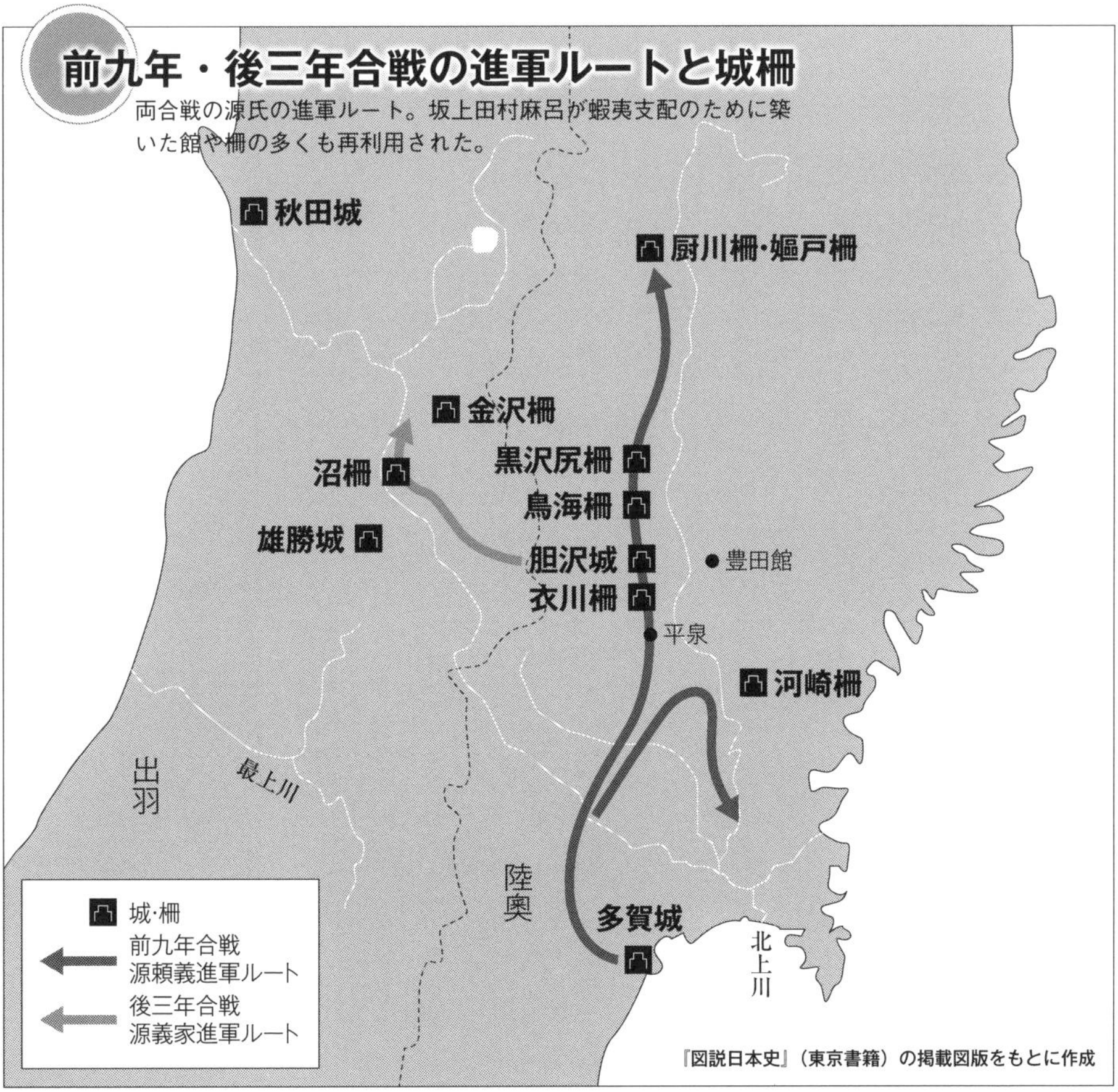

『図説日本史』（東京書籍）の掲載図版をもとに作成

厨川柵の楼門

前九年合戦で安倍氏が拠点とした厨川柵。「歴史公園えさし藤原の郷」内に楼門が再現されている。

金沢柵の堀切

後三年合戦の舞台となった金沢柵。写真は二郭北側の堀切だが、戦国時代の遺構である可能性も高い。

平安時代

鎌倉幕府成立に至った内戦

治承・寿永の乱（源平合戦）

ポイント

- 源氏と平氏が覇を競った治承・寿永の乱でも城郭が舞台となった。
- 臨時的な築城であったため、守りに大石や逆茂木が用いられた。

治承・寿永の乱

治承四年（一一八〇）から元暦二年（一一八五）の六年間にわたった内乱を「治承・寿永の乱」という。以仁王の挙兵を契機に各地に平氏政権打倒の反乱が広がり、最終的に源頼朝を中心とした関東政権（鎌倉幕府）が樹立された。奥州合戦終結までを含める見解もある。

内乱が大規模化すると、武士たちは合戦に応じて臨時の築城を行った。奥州藤原氏が築いた**阿津賀志山防塁**（福島県伊達郡）のように、交通の要衝を固める施設も見られる。

この乱の中で、平清盛は一時的に都を**福原京**（兵庫県神戸市）へ移した。福原京内の権中納言平頼盛の邸宅跡の発掘調査では、櫓跡と推定される特異な掘立柱建物跡と二本の堀跡が確認された。櫓跡は東西二間（三・六m）×南北一間（一・八m）。堀跡は北側が幅約二・七m、深さ約一・七m、断面V字形の薬研堀。南側も、ほぼ同規模であったが断面がU字形の堀であった。規模が小さいため区画溝との見解もあるが、往時の堀はこの程度とも考えられる。

火燧ヶ城と一の谷の合戦

『平家物語』に、**火燧ヶ城**（福井県南越前町）攻防戦の様子がある。城は木曽義仲が仁科守弘に命じて築かせ、平泉寺の長吏斎明威儀師六千余騎が籠った。四方を山に囲まれ、麓を二筋の川が流れる天嶮で、義仲軍は二つの川の合流点に大石を積み、逆茂木と柵を積み重ね、堤防を築き水を堰き止め、平氏一〇万余の大軍を足止めした。だが、斎明の裏切により、堤防は崩され、平家軍が渡河、義仲軍は撤退を余儀なくされた。

同じく『平家物語』には、一の谷の合戦の舞台となった平氏方の一の谷の城構築の記載がある。「一の谷は、北は山、南は海で、入口は狭く、崖が高い。北の山際から南の遠浅の海まで、大石を積み重ね、逆茂木を

「一の谷合戦図屏風」

平氏が大敗を喫した一の谷の戦いを描いた屏風絵。平氏が籠る館は高櫓を配した塀によって囲まれ、逆茂木も設置されている。（埼玉県立歴史と民俗の博物館蔵）

阿津賀志山防塁

藤原泰衡が源頼朝を迎え撃つために築いた防御施設。国の史跡に指定されている。

組み、深い所には大船を『掻楯』のように連ねた。正面には高櫓を構え、櫓下には鞍を置いた馬を十重二十重に並べ立てていた」。いずれも敵方が大軍で寄せて来るのに備えて築城された臨戦的な城で、大石を積んだり、逆茂木を並べたりと共通点は多く、当時の城の様子を伝えている。

奥州藤原氏の防塁

『吾妻鏡』には、阿津賀志山と国見宿の間に幅五丈（約一五m）の堀をめぐらせ、藤原国衡らが二万騎の兵で守備したとある。文治五年（一一八九）、頼朝軍の侵攻を想定し築いた防塁で、発掘調査によって二重の堀を二m前後に掘り、その排土を約一m程度に積み上げた三重の土塁跡が確認された。西堀の西壁と東堀の東壁との掘り込み部の幅は一五mに及び、東土塁が自然石で根固めしていることも確認された。

城あと発見!

200年にわたり機能した
大鳥井山遺跡

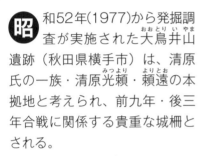

昭和52年(1977)から発掘調査が実施された大鳥井山（おおとりいやま）遺跡（秋田県横手市）は、清原氏の一族・清原光頼（みつより）・頼遠（よりとお）の本拠地と考えられ、前九年・後三年合戦に関係する貴重な城柵とされる。

遺跡は、比高約20～24m程の二つの独立丘陵上に立地し、東側以外の三方を河川によって囲まれた河岸段丘上の要害の地である。発掘調査により、周囲を大規模な土塁・空堀が二重にめぐる防御性が高い城柵であったと判明した。

かわらけや硯が出土

曲輪内の縁辺部には柵列を設け、柵に沿って物見櫓跡も検出、外側の堀では土橋も確認されている。内部には、1間×1間、1間×2間の小規模な掘立柱建物、竪穴住居跡と共に、椀と小皿のセットになったかわらけが約300点、平泉の柳之御所（やなぎのごしょ）跡出土品と酷似する中国製の硯（すずり）などが出土している。

10世紀から200年近く継続使用された柵であったことが確実視されている。

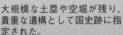

大規模な土塁や空堀が残り、貴重な遺構として国史跡に指定された。

第1部
歴史編

第2章 中世の城

鎌倉時代～室町時代

鎌倉
時代

鎌倉城と切通し

地形を利用した天然の要塞

ポイント

●鎌倉は三方を馬蹄形の連丘に囲まれ、一方は海に面する理想的な都城。
●鎌倉に入る七つの切通しに、切岸などを配して防衛を強化。

源頼朝の鎌倉入り

治承四年（一一八〇）、平氏追討の兵を挙げた源頼朝は、源氏累代の地である鎌倉へと入った。鎌倉入りは、下総の千葉常胤の進言によるともいわれる。頼朝は、早速武家の都とすべく準備を開始。鎌倉は、源氏ゆかりの地であり、さらに北・東・西の三方を険しい馬蹄形の連丘に囲まれ、南は海に面した理想的な都城の地形であった。

海に面した交通の要衝を押さえるとともに、三方の連山に七ヶ所の切通しを作って出入口とし、強固な防御を持たせることになる。

京都では天然の要害の地である鎌倉を城郭と理解し、九条兼実の日記『玉葉』の寿永二年（一一八三）十一月二日の記載に「頼朝去る月五日鎌倉城を出てすでに京上す。（中略）忽ち上洛を停止し、本城に帰り入りをはんぬ」とある。

鎌倉城とは

鎌倉が城と呼ばれた最大の要因は、天然の要害の地であったことに尽きる。**鎌倉城**の範囲は、稲村ケ崎から極楽寺坂切通し、大仏坂切通し、化粧坂切通し、亀ケ谷坂切通し、巨福呂坂切通し、名越坂切通し、朝比奈切通しを経て飯島崎まで連なる丘陵に囲まれた、南が相模湾に面する地域内であった。鎌倉へ入るための七つの切通しは、古代より鎌倉の内外を結ぶ交通路として機能していた。鎌倉が武家政権の都となるに及び、交通量は増加し、切通し道も改修が余儀なくされた可能性は高い。

だが、通行者の便宜を図れば、要害としての機能は低下してしまう。そこで、切通し周辺に、切岸や堀切・竪堀・曲輪を配し防御構造の強化が図られることになった。

この鎌倉城の成立年代であるが、おおむね一三世紀の中頃以降と考えられているが、発掘調査では鎌倉時代初期から中世以降までの時代幅の

鎌倉城の復元模型

中世鎌倉を上空から見た模型。切通し付近には堀や曲輪が築かれ、防御が強化されていた様子がよくわかる。（国立歴史民族博物館提供）

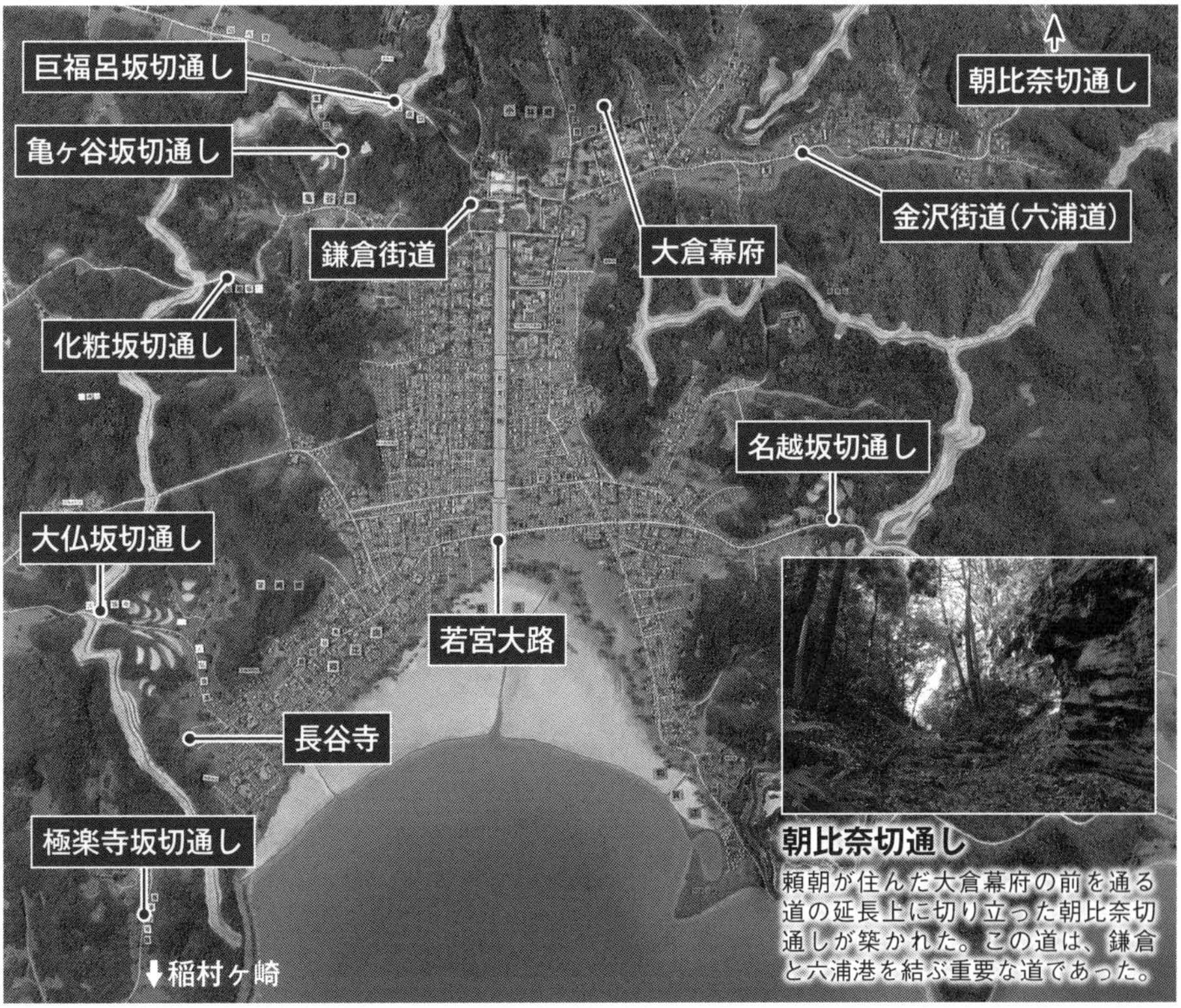

朝比奈切通し
頼朝が住んだ大倉幕府の前を通る道の延長上に切り立った朝比奈切通しが築かれた。この道は、鎌倉と六浦港を結ぶ重要な道であった。

遺物や遺構が確認される。鎌倉城の性格についても、城塞都市、あるいは軍事的緊張関係による増強などの意見に分かれている。

新田義貞の鎌倉攻め

元弘（げんこう）三年（一三三三）、新田義貞（にったよしさだ）は軍勢を三手に分け、巨福呂坂、極楽寺坂、化粧坂の三方から攻撃を開始した。だが、天然の要害となっていた切通しの守りは固く、混戦が続き突破するのは容易でなかった。幕府方は、切通しの守りを強固にするため、曲輪状の平場を設け、堀切・竪堀などの防御施設だけでなく、土塁の代わりに、尾根沿いや山裾を垂直に切り崩した切岸を配していた。

そこで、新田軍は防備の薄い稲村ヶ崎をめざし突破すると、一手が極楽寺坂を背後から急襲し壊滅させた。続いて大仏坂、化粧坂、巨福呂坂を挟撃、幕府軍は抵抗する術（すべ）を失った。

鎌倉時代

御家人の館

政庁と軍事基地を兼ね備える

ポイント

- 御家人は領内の重要拠点にある、土塁や堀に囲まれた館に住んだ。
- 住居としての役割の他、戦に備えた城砦の役割を持つ。

御家人と惣領制

東国武家政権を確実にするために、源頼朝（鎌倉殿）は各地の武士の本領や地位を安堵し、御家人として組織。早くから頼朝に心中していた御家人の多くは地頭職に補任されたが、有事に際しては鎌倉に参集する義務を負った。御家人の中には、広大な所領を持ち数ヶ国の守護を兼ねる有力御家人から、ごく狭い所領しか持たない中小御家人まで様々であったが、身分上は鎌倉殿の家人として同格となる。

御家人は、惣領制とよばれる同族的な結合によって、軍役などの負担を配分していた。惣領は、一門の統率や貢納の配分以外に祖先・氏神の祭祀を行うなどの役割を果たすことになる。惣領に対し、庶子と呼ばれた構成員たちは領内の村々の土地を分け与えられ、惣領に従い幕府への奉公に励んだ。

御家人の館

御家人は、領内の重要拠点に土塁・堀などに囲まれた館に住んでいた。住居としての役割の他、戦に備えた城砦の役割を持つ。入口には門を構え、出入りや荷物を点検する番人が常時詰めていた。正安元年（一二九九）に描かれた「一遍上人絵伝」には、門上に塀に囲まれた櫓（矢倉）が置かれ、楯や弓・矢が準備され、小さな屋形も描かれる。館の中心建物が主屋と副屋（対屋）で、館主の居住空間で、対面施設としても利用された。現在の台所である厨、燃料を保管する薪小屋、武器庫や納屋、蔵、また、持仏堂のような宗教施設が置かれることもあった。

この他、田畑や、郎従などが住む遠侍や厩も併設する。田畑は、農民の夫役労働を使い耕作させていた。馬は、戦や荷物の運搬に欠かすことのできない大切な生き物で、屋敷内で飼われていた。こうした構造が、文献や絵図から推定される。

Image: TNM Image Archives

『一遍上人絵伝』に描かれた武士の館

絵伝第４巻に描かれた筑前国の武士の館。外敵に備えて板塀を設け、堀をめぐらせてある。(東京国立博物館蔵)

御家人の館の復元模型

御家人の館は、水源に近く防衛に有利な高台に築かれることが多かった。模型のモデルとなったのは、埼玉県飯能市にあった中山氏の館である。(国立歴史民俗博物館提供)

鎌倉
時代

元寇防塁

元軍上陸を阻止するための石築地

ポイント

- 文永の役後、モンゴル軍再襲来に備えて博多湾沿いに築かれた。
- 突貫工事だったため、担当した御家人によって積み方が異なる。

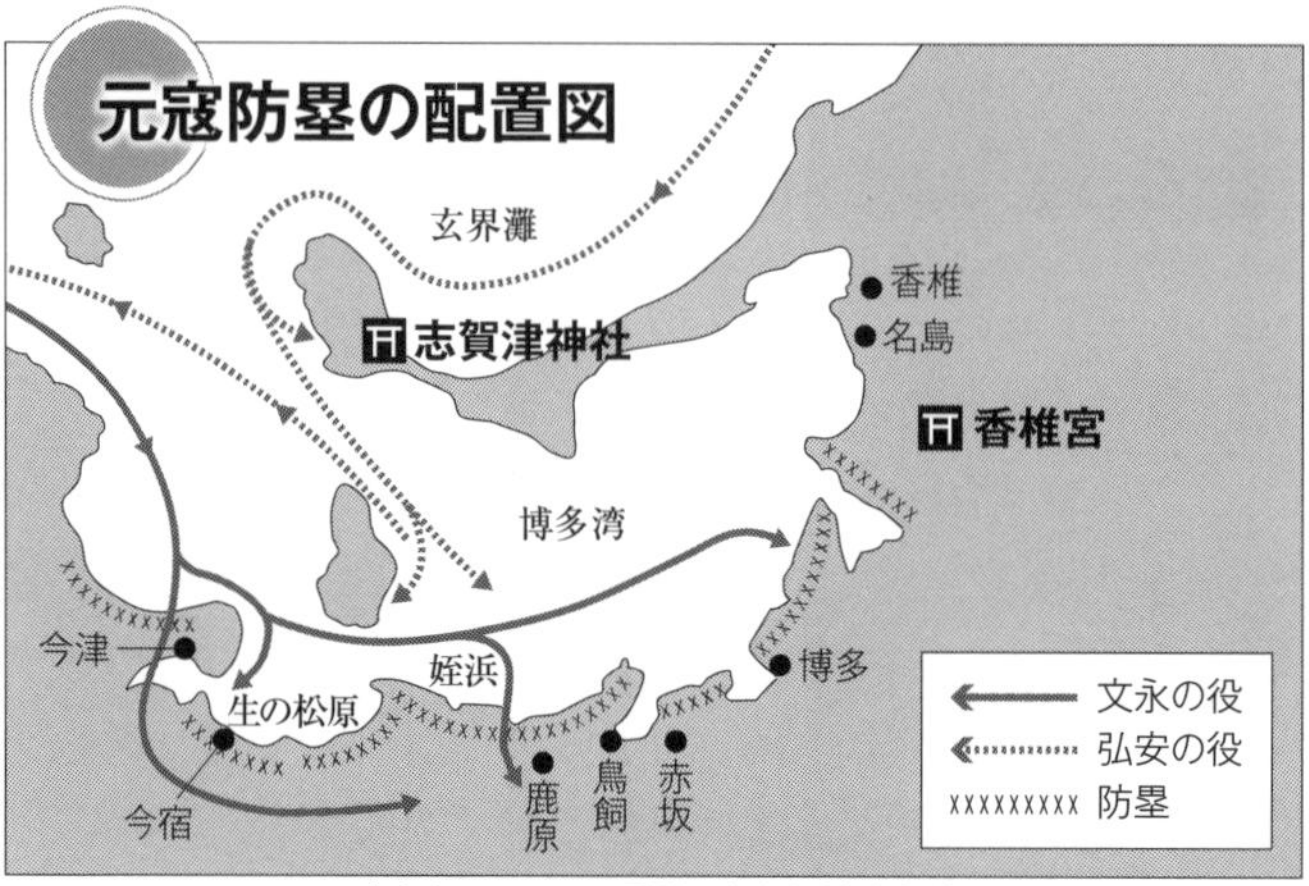

『ビジュアルワイド 図説 日本史』（東京書籍）の掲載図版をもとに作成

文永の役

文応元年（一二六〇）、元のフビライ＝ハンは、服属する高麗を通じて、日本に使者を派遣。鎌倉幕府・朝廷は、四度もの国書を黙殺、元は最終的に武力侵攻を決定する。

文永十一年（一二七四）、三万の元軍が博多湾沿岸に上陸。元軍は、火薬を使用し、集団戦法で日本軍を苦しめたが、暴風で大打撃を受け退却したといわれている。後にこの戦いは、文永の役と呼ばれた。

翌建治元年（一二七五）、から弘安二年（一二七九）にかけて数度使者が来日するも、時の執権北条時宗は全員を斬首にしている。使者の処刑に立腹したフビライは、再度の日本侵攻を計画。弘安四年（一二八一）、前回の五倍の派遣軍一四万を組織し日本へと向かった。

石築地の構築

再度の襲来に備え、幕府は防衛体制を整えていた。上陸が予想される博多湾沿岸の今津から香椎まで約二〇㎞にわたり、上陸阻止用の「石築地」（後に元寇防塁と称される）を構築したのである。築地の構築場所については、名島から東にはないとか、平戸から長門国まで築かれたなど、様々な説がある。

絵巻物に描かれた防塁

「蒙古襲来絵詞」に描かれた、御家人・竹崎季長（たけざきすえなが）が防塁の前を進む場面。舞台となった生の松原の防塁は復元されている。（三の丸尚蔵館蔵）

復元された元寇防塁

福岡県の長垂海岸から小戸海岸にかけて、約2.5kmに築かれた生の松原（いきのまつばら）防塁。防塁の一部は築造時の高さに復元され、見学することができる。

石築地構築は、九州地方の各御家人に割り当てられ半年で完成を見た。そのため、そこかしこで積み方が異なっている。所領一段（反）につき、石築地一寸（約三㎝）を築くよう割り当てられ、その後も異国警固番役として交替で警備にあたっている。警備体制は、その後も維持され、石築地も常に補修され、海岸線の移動に伴って改築もされた。

石築地の規模は、高さ二〜三m、幅二m程で、内側に砂と粘土を詰めて突き固め、内部移動が可能なように幅一間ほどの通路を設けていた。西南学院大学構内（福岡県早良区）で発見された石築地は、通常の「石塁」に加え、約一㎞内陸側に並行して「土塁」がある二列構造の珍しいタイプであった。いまだ地中に埋もれたままの防塁も多く、今後さらに調査が進めば、より詳しい状況が判明してくることと思われる。

弘安の役

弘安の役では、この石築地が効果を発揮し、元軍の上陸を阻んだ。また、元軍の戦法を経験した鎌倉武士団は、ゲリラ戦術を駆使し戦いを優位に進めていた。さらに暴風雨が博多湾を直撃、蒙古軍の大船隊の大部分は波間に没し、大半の兵士は溺死したという。

この戦の後、元軍の再度の襲来に備え、幕府は御家人統制を進め、地方武士を動員する権限をもち全国的支配を確立した。しかし、出陣した御家人たちは多くの犠牲をはらいながら十分な恩賞がもらえず、経済的にも疲弊し幕府への不満を募らせていった。幕府財政も戦費や再襲来の備えで逼迫。御家人の不満と困窮により、反幕府活動をする悪党の活動なども活発になり、これが鎌倉幕府滅亡の要因となっていくのである。

南北朝
時代

急峻な地形そのものを防御の要とする

南北朝時代の山城

ポイント

- 南北朝時代の城は、尾根筋に展開する多くの砦群の集合体。
- 自然要害の地にあった山岳密教系寺院は城郭化が容易だった。

悪党勢力の台頭

元寇後、幕府の支配力が弱まると、西国を中心に悪党勢力が跋扈する。主人を持たず、所領を持たず、傭兵をもっぱらとする集団である悪党は、やがて強大な勢力と財力を身につけていった。悪党らは、山に籠り狼藉によって奪い取った物資を隠匿した。

彼らの本拠は山中であり、ゲリラ戦を生かす要害の地である。悪党ら等は、山に籠って生活するうち、いつしかそこが生活の本拠となり、臨戦時の山城となっていった。この幕府や荘園領主に属さない武装集団である悪党勢力と結びつき、幕府転覆をはかったのが後醍醐天皇である。

後醍醐天皇と楠木正成

後醍醐天皇が重用した楠木正成は、いわゆる悪党勢力の統率者であった。正成の本拠である赤坂（大阪府千早赤阪村）の地は、平地がなく狭い谷が金剛山中へ分け入る所である。三方が山に囲まれる地形は、守りやすく攻撃し難い地勢でもあった。

南北朝期の山城は、急峻な地形そのものが城であった。見晴らしや攻撃を有利にするため、樹木を伐採し、小屋掛け程度の建物を建て、簡単な柵を結う。戦国期の山城のように単体で成立せず、尾根筋に展開する多くの砦群の集合体であった。

尾根続きを出入口とし、敵の襲来を一方向に限定しておき、危険が迫れば、尾根筋上を退却し、山中に隠れてしまうのが常道であった。

赤坂・千早城攻防戦

このような山城の特質をフルに生かした戦いが、赤坂・千早城攻防戦である。包囲戦で**上赤坂城**（大阪府千早赤阪村）を陥落させ、**千早城**（同）に迫った幕府軍は、『太平記』が伝えるところには、百万人に膨れ上がっていたという。籠る千早城は、周一里にも足りぬ小城で、守勢はわ

千早城の復元模型

急峻な山上に築かれた山城で、居住機能は持たなかったとされる。（千早赤阪村教育委員会提供）

第二郭と千早神社

写真奥に鎮座する千早神社の辺りが第二郭。神社には楠木正成、正行父子が祭られている。

千早城の遠景

北側から見た千早城跡。主郭は奥にあって見えないが、山の頂上が第四郭である。

ずか千人。城は千早川の渓谷を利用し、北に北谷、東南に妙見谷、東に風呂谷があって、四方を深い谷が囲む要害で、わずかに城の背後に金剛山頂への山路が通じていた。この険阻な山奥の地形に、幕府軍は大軍を持て余すだけであったという。

一度に攻撃可能な人数は、千人程度であり、斜面中腹まで登らないと城へは到達できない。騎馬戦に慣れた武士たちは、悪戦苦闘した。斜面に取り付く敵兵に、山上から矢雨だけでなく、巨石や巨木が襲いかかる。木製の攻城具の上には、油と火矢の攻撃。野宿する幕府軍に、夜襲と徹底したゲリラ戦を展開し、幕府軍は死傷者を増やすだけであった。やがて兵糧攻めに切り替えたが、戦いは、持久戦へと突入することになる。

鎌倉幕府滅亡

正成奮戦の報に、西国・九州では諸豪族がつぎつぎ蜂起、後醍醐天皇も隠岐を脱出し、船上山で挙兵した。一方、高野山へ落ち延びていた護良親王は、非御家人、悪党、野伏を掌握、包囲軍の補給路を断った。軍需物資は、交通路を寸断した悪党どもに奪い取られていく。このような情勢下、足利高氏（尊氏）が幕府に反旗を翻し、六波羅探題を攻略。六波羅陥落の報に接した千早包囲軍は、一挙に瓦解し、籠城戦は終わりをつげた。その頃、鎌倉では新田義貞の進軍により北条高時らが自害。ここに鎌倉幕府は滅び去ったのである。

南北朝の山城

建武政権は、長続きすることなく動乱の世紀が始まる。吉野へ逃れた南朝勢力は、密教勢力と結びつき再び山へと籠ることになる。後醍醐天皇は、挙兵当初から、**笠置寺**（京都府笠置町）を城として利用したり、**船上山城**（鳥取県琴浦町）へ入るなど元々密教寺院との関係が深かった。各地に散在する山岳寺院を取り込んで、城に再利用しての戦闘継続が南朝の主たる作戦となっていく。

代表例として、**霊山城**（福島県伊達市）や**大平城**（静岡県浜松市）、**摩耶山城**（兵庫県神戸市）が挙げられよう。これら、山岳密教系寺院は、修験のための寺であったため自然要害の地にあったうえ、伽藍・堂宇を擁していたため、城郭化が容易であった。皇室に近い僧や修験者が常駐していると、寺院独自のネットワークをも利用でき、修験者が使用する山道は、この上ない隠れた移動ルートとなった。急峻な山岳地形をフルに利用し、山に籠った。危険となれば、隠れた山道を利用し安全な山へと移動を繰り返して反抗する。山へ籠ること自体が、南北朝の山城の特質そのものであった。

南北朝時代に合戦の舞台となった主な城

南北朝期には多くの武士が南北陣営に分かれ、動乱は長期化した。戦乱は日本全土に広がり、皆や合戦の舞台となった城も全国に分布する。

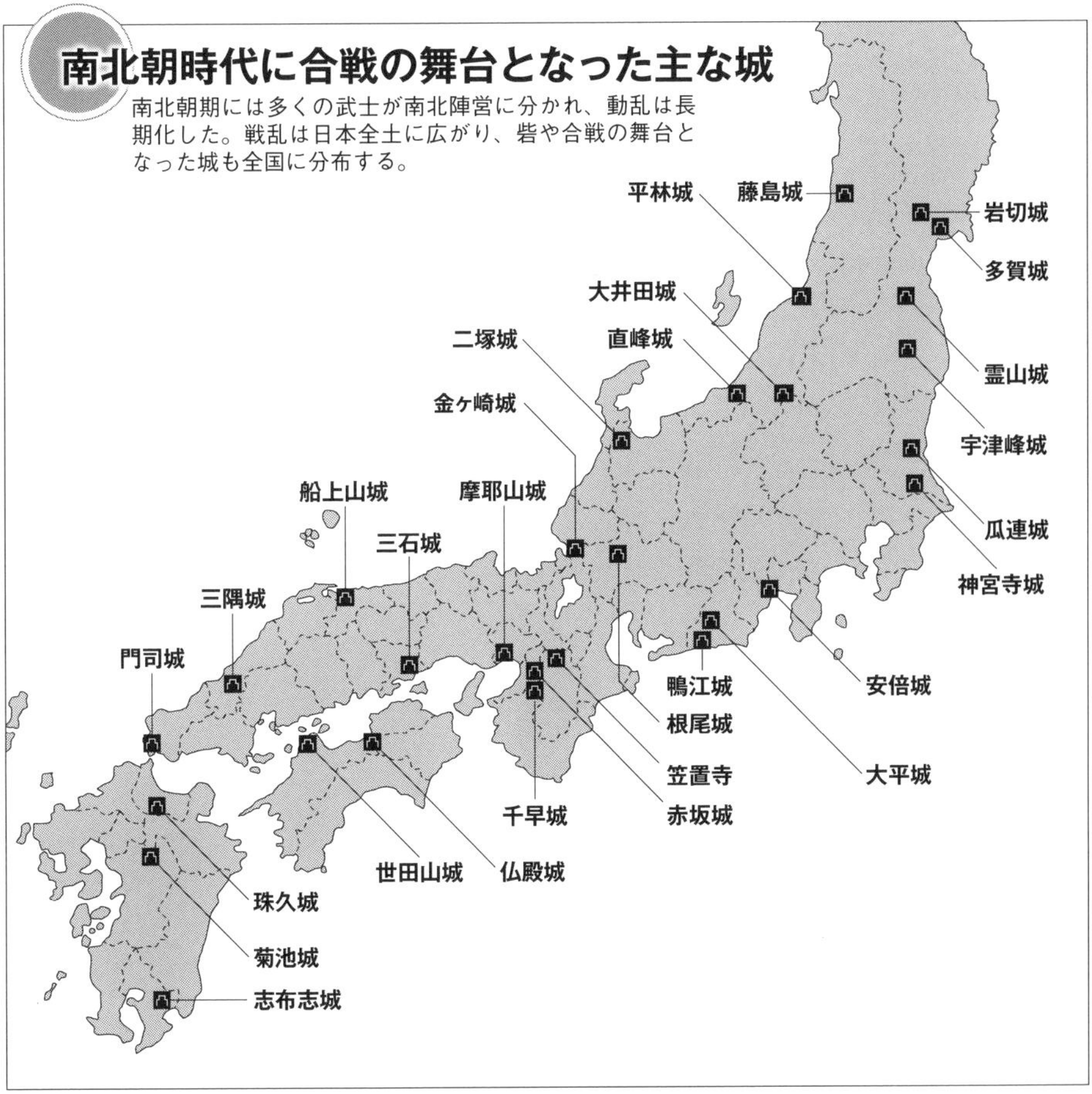

山岳寺院を利用した山城

元々難所に建つケースが多い山岳寺院は城への転用が容易だった。

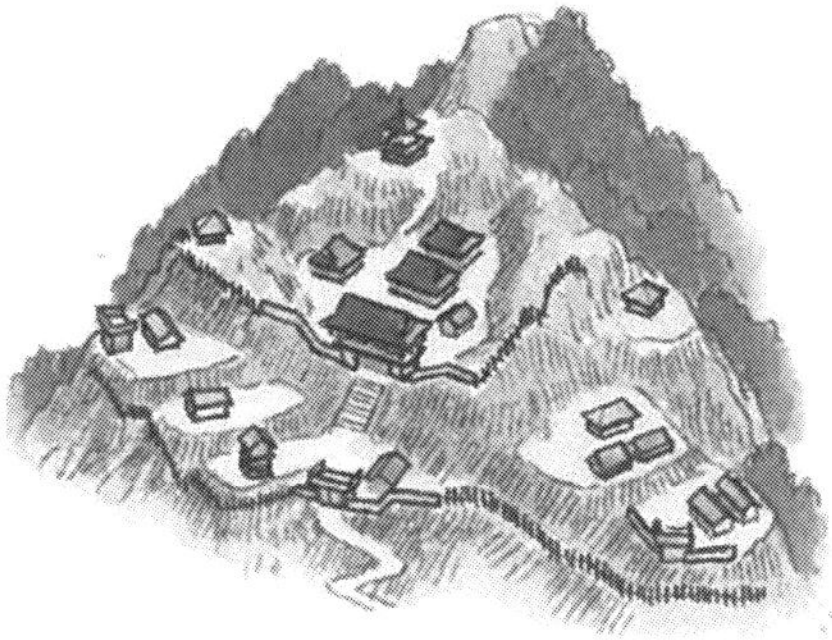

南北朝時代の山城

やせ尾根に曲輪群が築かれており、防御機能は戦国時代ほど発達していない。

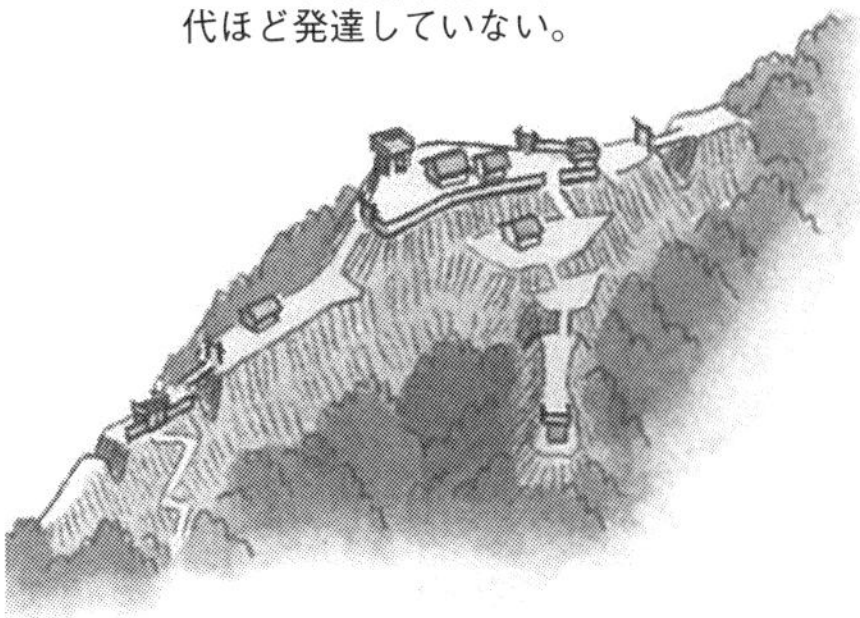

室町
時代

足利将軍の権勢の象徴

花の御所（室町殿）

ポイント

●義満が一条大路北に築いた室町殿（花の御所）は、御所の二倍の規模があった。
●御所には献上された多数の花木が植えられ、四季折々見事な花を咲かせた。

室町殿の造営

永和四年（一三七八）三代将軍足利義満は、崇光上皇の御所跡と今出川公直の菊亭の焼失跡を併せた東西一町（約一〇九m）×南北二町（約二一八m）の敷地に足利氏の邸宅を造営した。この邸宅は「**上御所**」・「**室町殿（第）**」と呼ばれ、御所の二倍にも及ぶ規模を有していた。「日本国王」と称された義満は、一条大路の北に邸宅を構えることで、中国でいうところの「天子南面」を想定。これは、天皇の権威に対する示威行為であったともいわれる。

その規模は「室町殿は東西行き四十丈（約一二〇m）、南北行き六十丈（約一八〇m）の御地なり」と『大乗院寺社雑事記』に記録される。内部には、会所・観音殿・持仏堂・亭・寝殿などがあったと『蔭涼軒日録』は伝える。また、永享九年（一四三七）の後花園天皇の行幸記から、四足門・中門・寝殿・台盤所・御湯殿・常御所・夜御所などがあったことが判明する。庭内には鴨川から水を引き、各地の守護大名から献上された花木を植え、四季折々見事な花を咲かせたため「花の御所」と総称されることになる。発掘調査では、屋敷境の堀跡や、広い園池、庭の見映えをよくするために配された巨大な景石群などが検出された。

描かれた室町殿

天正二年（一五七四）、織田信長が上杉謙信に贈った「上杉本 洛中洛外図屏風」に描かれている室町殿（公方殿）は、義満のものではなく、十二代義晴もしくは十三代義輝が再建した新殿の可能性が高い。

屏風では、建物群は檜皮葺の大屋根を持つ入母屋造の建物群が中心で、切妻屋根の建物が付設している。主要建築は目隠塀で仕切られ、内部に広大な庭園も見られる。館を土塀が取り巻き、要所に門が配され、警備の武士が常駐していた。

「洛中洛外図屏風」に描かれた花の御所

屏風内でもひときわ大きく豪奢な建造物として描かれており、その権勢がうかがえる。（「上杉本 洛中洛外図屏風」／米沢市上杉博物館蔵）

発掘された水路跡

2002 年の同志社大学寒梅館建設に伴う発掘調査で、16 世紀の室町殿内の水路と推測される遺構が発見された。

花の御所跡の石碑

今出川室町交差点の北東側に建つ碑。「従是東北 足利将軍室町第趾」と刻まれている。

室町時代

守護の居館

花の御所を摸して権力を誇示

ポイント

- 守護大名は将軍邸と同様の居所を造り、その権力を認めさせた。
- 国人と呼ばれる在地領主も、守護所の構造を踏襲して居館を造った。

守護所の造営

室町時代の守護大名のほとんどは、任地へ赴くことなく都で生活するのが常であった。だが、応仁・文明の乱が勃発すると、戦乱が続き荒れ果てた京都から任地へと下向するようになる。

任地へ下向した守護の居所は「守護所」と呼ばれ、方一町の「方形館」となるのが通常であった。全国各地に築かれた守護所の構造はほぼ共通している。その構造は、室町将軍の居館（花の御所）を模したもので、地方に都の将軍御所と同様な居所を築き、居住することこそが、室町幕府の権威を後ろ盾に地方を統治することの証であった。将軍邸と同様の居所によって、守護の権力を在地に認めさせようとしたのである。

発掘された守護所

各地に構えられた守護所は、発掘調査の進展で、徐々にその姿が判明しつつある。

豊前・豊後国守護の大友氏は、初代から二二代・義統までの約四〇〇年間、豊後国を中心に支配を続けた。一六世紀後半の大友府内町跡の規模は、南北二・一×東西〇・七㎞で、東西五本、南北四本の街路で区画され、その中央に守護所の大友氏館が位置していた。館は大きく五期の変遷が確認され、最終段階では大改修が施され、築地塀で囲まれた二町（約二一八ｍ）四方の広さであった。また建物の性格によって、礎石建物と掘建柱建物を使い分け、庭園は池泉庭園で東西六七×南北三〇ｍと広大な規模を誇っていた。

甲斐の**躑躅ヶ崎館**（山梨県甲府市）は、堀と土塁に区画された二町四方程の館で、甲斐守護職武田家当主の屋敷と政庁としての機能を兼ね備えた空間と考えられている。武田氏時代の館は、「信玄公屋形絵図・伝来之絵図」によれば、大手（東側の門）に向かって主殿・本主殿・常の御座

歴史編
古代
中世
戦国
安土桃山
近世
幕末・維新
近代
北海道と沖縄

方形館の構造

江馬氏下館をモデルに、方形館を再現した復元イラスト。

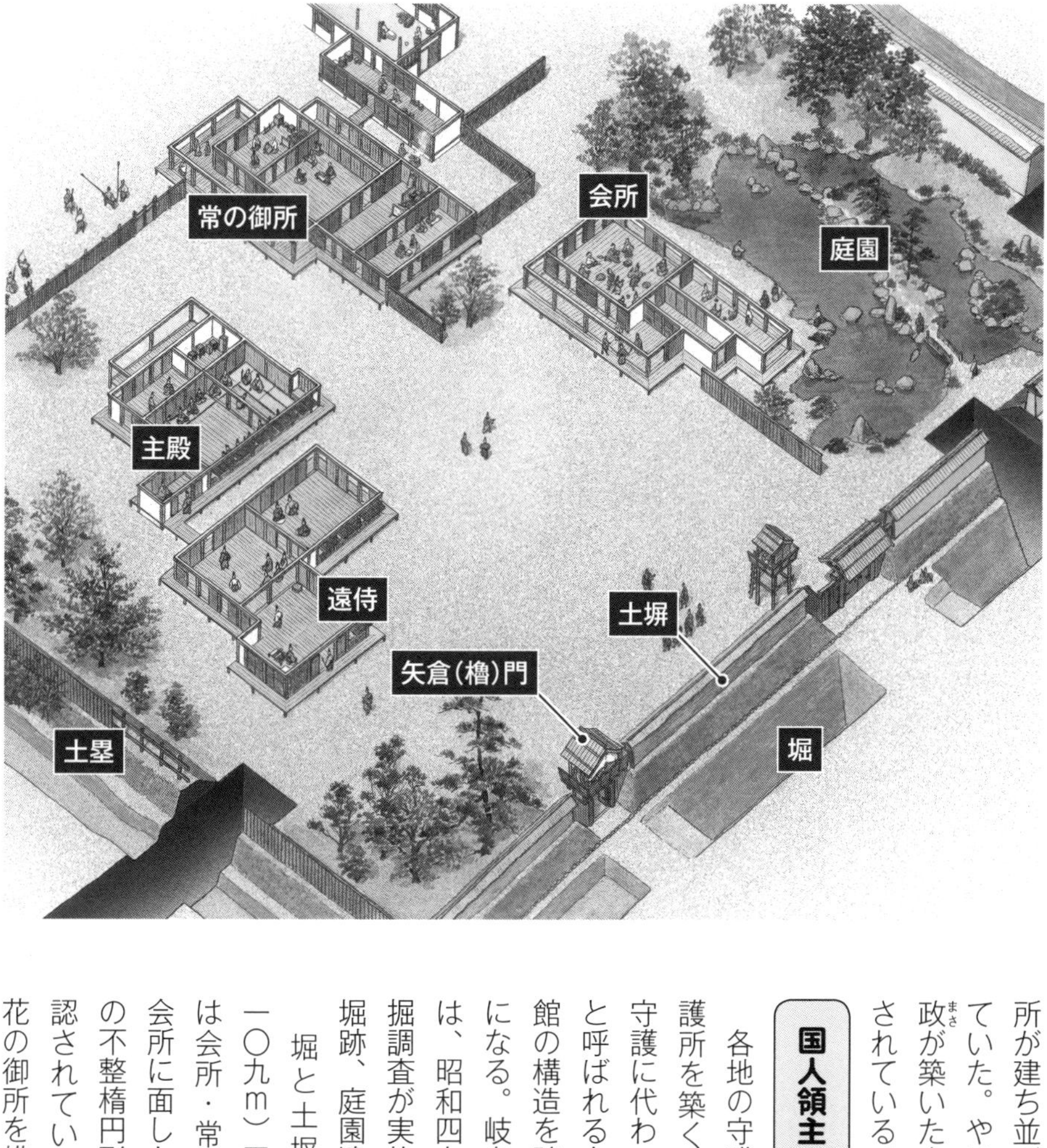

所が建ち並び、泉水・築山（つきやま）が配されていた。やはり、花の御所や足利義政（よしまさ）が築いた東山殿との類似性が指摘されている。

国人領主の館

各地の守護が、将軍邸を模した守護所を築くと、下剋上の風潮の中、守護に代わって権力を保持した国人（こくじん）と呼ばれる在地領主までもが、守護館の構造を踏襲して居館を築くようになる。岐阜県飛騨市の**江馬氏下館**（えましもやかた）は、昭和四九年（一九七四）から発掘調査が実施され、建物跡や土塁跡、堀跡、庭園遺構が確認された。

堀と土塀で囲まれた一町（約一〇九m）四方程の規模で、内部には会所・常の御殿・対屋・台所と、会所に面した東西二七×南北一二mの不整楕円形の池を持つ庭園跡も確認されている。これらの遺構から、花の御所を模した館と推定される。

城あと発見!

武士の館の姿を今に伝える

足利氏館跡

足利氏館跡（鑁阿寺／栃木県足利市）は鎌倉時代の武士の館の面影を伝えており、日本100名城にも選定されている。12世紀の半ばに、足利氏の祖・源義康が構えた屋敷とされる。建久7年（1196）、義康を継いだ足利義兼が邸内に大日如来を祀る持仏堂を建立し、文暦元年（1234）に3代・義氏が堂塔伽藍を整備し、足利一門の氏寺とした。鎌倉時代から室町時代にかけて寺院として次第に整備され、室町将軍家、鎌倉公方家などにより、足利氏の氏寺として手厚く庇護された。

約200m四方の方形館

周囲に堀と土塁をめぐらした約200m四方ほどの方形館で、四方には門が配されている。本堂は落雷で焼失したが、7代・貞氏が禅宗様式を取り入れて正安元年（1299）に改修。密教寺院における禅宗様仏堂の初期の例ということで平成25年（2013）に国宝に指定された。

境内には東門・西門・楼門・多宝塔・御霊屋・太鼓橋が現存し、鐘楼と一切経堂が重要文化財に指定されている。

館跡の四囲には水堀と土塁が残り、4方向に門が構えられている。

第1部
歴史編

第3章 戦国の城

戦国時代

戦国
時代

詰城と居館の二段構え

戦乱による山城の発展

ポイント

- 平時には平地の居館で生活を送り、戦時に備え山に城を築いた。
- 戦いに特化した恒久的な防衛施設として、詰城が誕生する。

平地居館と詰城

南北朝の争乱が収まると、地方の国人や土豪層は、平地の居館を築き落ち着いた。武田氏の**躑躅ヶ崎館**（山梨県甲府市）、今川氏の**駿府館**（静岡県静岡市）などがその代表例である。だが、有力守護層の中には、万が一を想定し「詰城」を持つものも現れた。近江守護の六角氏は、それまでの平地居館**金剛寺城**（滋賀県近江八幡市）から**観音寺城**（同）へと本拠を移している。当然、平時の居住は山麓にあった。

毛利本家を相続した元就が入城した当時の**吉田郡山城**（広島県安芸高田市）も、郡山の東南の一峰に築かれた小規模な山城であり、平時は城外の居館に居住。詰城と居館という体制であった。

山城構築の時代へ

平地居館に居住していた国人、土豪層が一斉に山城構築を開始したのは、応仁・文明の乱による全国的規模の内乱のためである。他国と戦闘となった場合、平地居館では対応しかねた。そこで、詰城という防御施設の山城が登場してくる。

南北朝期の山城と異なり、臨時築城ではなく、普段は生活しないものの詰城として恒久的な城を築き上げた。自然地形、いわゆる要害を生かすだけでなく、山を削り、土を盛り軍事的防御施設を備える城としたのである。尾根上を削り削平地（曲輪）を設け、斜面を切り欠き切岸とし、尾根筋は堀切や竪堀・横堀で遮断して土塁を設けた。また、敵の侵入を阻むために、虎口を工夫し、馬出や横矢が発達した。こうして、戦国山城が完成していくのである。

戦国山城の主は、中央権力と一線を画して領国を集権化。家臣統制を強化し、知行に応じて軍役を課す貫高制をしいた。独自の強固な領国支配体制を持ち、数郡から数ヶ国を一元支配し、戦国大名と呼ばれた。

朝倉氏館と一乗谷城

朝倉氏の本拠である一乗谷。山裾には当主居館や家臣らの屋敷が建ち並び、背後の山に詰城である一乗谷城が築かれていた。平地の居館と詰城の関係がわかる良い例である。

様々な山城

山城の全体構造、いわゆる縄張（なわばり）は、元となる地形が異なるため、同一のものは存在しない。山のなだらかな部分は、掘削して曲輪に、鞍部（あんぶ）は堀切に、尾根筋は遮断するという共通点はあるものの、一概にそれが縄張の特徴といえない。いずれも最小の工事量で、最大の防御施設の構築をめざしたことは共通している。

明瞭に山城と平山城の区別ができないため、標高が四〇〇mを超える**白旗城**（しろはた）（兵庫県上郡町（かみごおり））もあれば、比高五〇m程度しかない独立丘陵上に広がる**箕輪城**（みのわ）（群馬県高崎市）も山城と呼ばれている。また、**諏訪原城**（すわはら）（静岡県島田市）のように、東の大井川から見れば比高二〇〇mの山城となり、西の牧の原台地上からは、ほとんど標高差がなく平城としか見えない城すら存在している。

戦国
時代

山全体を要塞化
巨大化した戦国大名の居城

ポイント

- 戦国大名の強大化に伴い、全山を要塞化するような巨大山城が誕生した。
- 巨大山城の例として、毛利氏の吉田郡山城や上杉氏の春日山城がある。

全山要塞化された吉田郡山城

西国の覇者となった毛利元就の本拠**吉田郡山城**は、戦国期に大拡張が実施され、全山要塞化された。郡山の東南下段の一峰のみであった城が、郡山山頂を中心に、それから放射状に延びる六本の尾根筋に曲輪群が構築されていくのである。山麓部分も整備され、郭内の総面積は、四千㎡から七万㎡を超える規模に達した。

この大拡張における最大の変化は、山頂本丸に居館を設けそこに城主元就、さらに嫡子隆元や重臣たちの屋敷が配されたことである。城は天正一六年（一五八八）、輝元の広島移転直前まで整備増強が続けられ、主要部は石垣に囲まれる姿であった。城内には、満願寺や妙寿寺という寺も建立された。最盛期の城は東西一㎞、南北八〇〇ｍの郡山全山を要塞化した全国でも最大級の戦国山城となった。

山上曲輪群には、毛利氏家臣の屋敷が営まれ、主従ともども険しい不便な山中で暮らしていた。これが、平時の居館と有事の城郭が合体した巨大山城の姿である。

上杉謙信の春日山城

春日山城（新潟県上越市）は、標高一八二ｍの丘陵頂部（鉢ケ峰山）を中心に広がり、山麓東側を北国街道が、西側には郷津港から続く山道・御成街道が走っていた。山頂からの眺望は開け、北に日本海、東側に広がる関川が築いた頸城平野を一望することができる。

長尾景虎（後の上杉謙信）の入城は、天文一七年（一五四八）のことで、若干一九歳であった。永禄四年（一五六一）関東管領の名跡を継ぐと、関東・信濃・越中へと出兵を繰り返す。出兵の間も城の増強に努め、盛んに城域の拡大と施設整備を実施したことが記録に残されている。繰り返された整備強化により、天正年

吉田郡山城の復元模型

山全体が要塞化していることがよくわかる。
大小含めて、約 270 もの曲輪が造られていた。
（安芸高田市歴史民俗博物館提供）

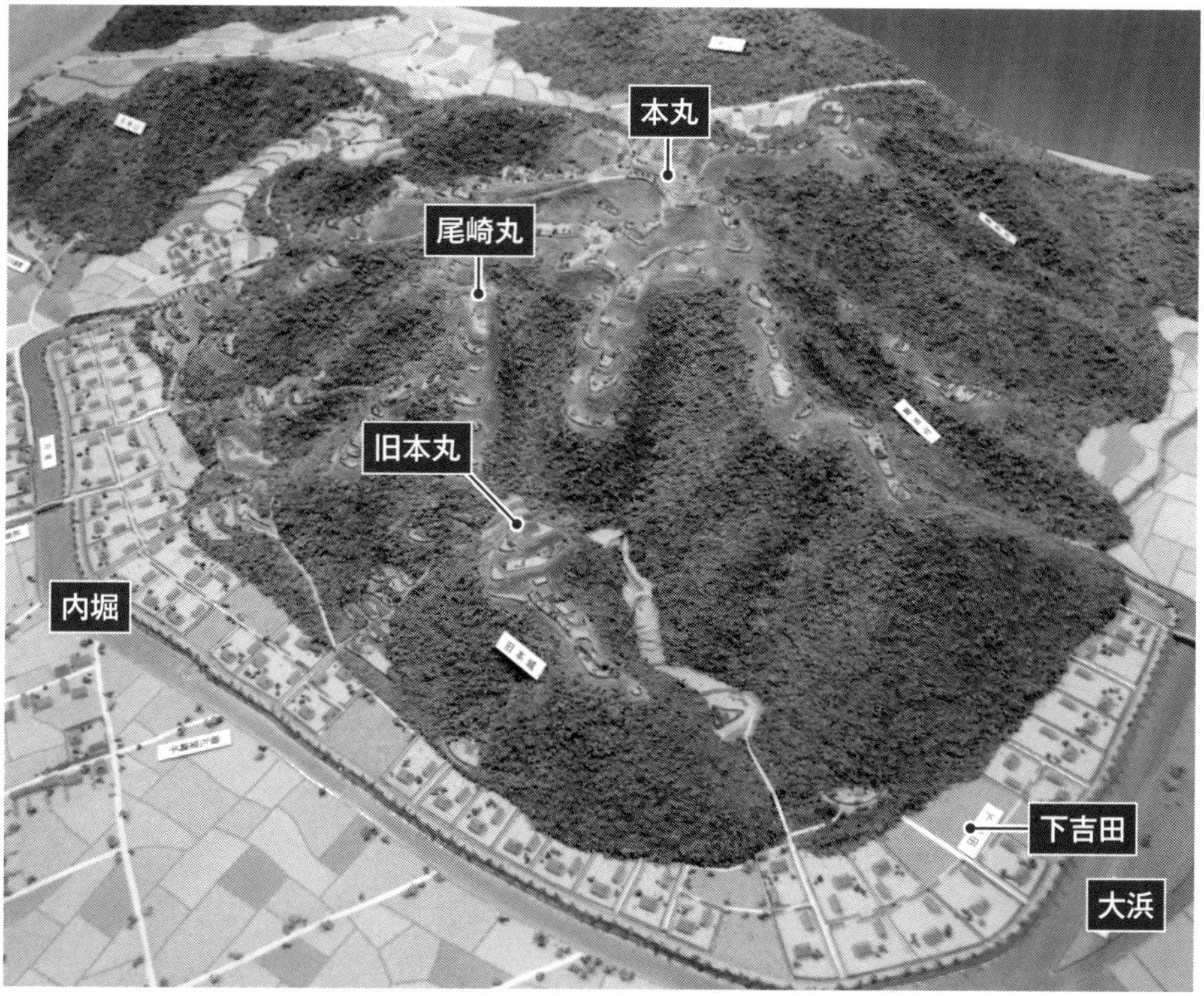

間（一五七三～九二）初頭には、戦国第一の要害と呼びならわされた。この時期に山上の要害と、中腹から山麓の屋敷地を一体化した春日山城が完成したと思われる。

中腹から山麓部分に屋敷地を設け、山上の要害と一体化させた城で、山を削って造りだした大小の曲輪群が、尾根筋を中心に広範囲に広がっている。深く切り込んだ谷と、幾重にも続く尾根筋を利用して、巧妙に曲輪を配置している。要害の中心部には、本丸と、南側に「油流し」と呼ばれる堀切を挟んで天守台が位置している。これら中枢部と、井戸曲輪や北下に広がる毘沙門堂などを含めた「御実城」と呼ばれる曲輪群が、合戦時の中心的施設と思われる。中腹の老母屋敷、右近畑、御屋敷と呼ばれる巨大曲輪群のうちの一つに、謙信以後の居屋敷が営まれた可能性が高いと思われる。

戦国時代

城塞化した寺院

戦乱に備えて防衛設備を強化

ポイント

- 堀切や土塁を周囲にめぐらして、城さながらの防衛力を有した。
- 根来寺には弓矢・鉄砲戦用の地下壕や物見櫓が設けられた。

城郭化された近江の寺院

戦国期になると、南北朝期に続き再び要害に位置する寺院が城郭化された。**上平寺城**（滋賀県米原市）と尾根を通じてほぼ直接的に繋がる**弥高寺**は、伊吹山系の標高約七〇〇mの山上に位置する山岳寺院で、階段状に百近い坊が置かれていた。ここを「陣所」として守護京極政高が利用したことが『船田後記』『今井軍記』に記されている。最高所の「本坊」の周囲には大規模な土塁がめぐり、背後には二〜三条の堀切、西側には竪堀が配される。また、大門と呼ばれる門跡は前面に横堀がめぐり、門内は屈曲して枡形状を呈し、まさに城の構えである。京極氏による城塞化が指摘されている。

平安時代に創建された天台密教の寺院・**敏満寺**（滋賀県多賀町）は、戦国期に佐々木氏や京極氏と対立し、応仁・文明の乱（一四六七）以降、僧兵を擁し軍事拠点化したとされる。永禄五年（一五六二）浅井長政は、**久徳城**（同）攻めを敢行、加勢した敏満寺も焼き討ちしている。寺の段丘最先端の発掘調査で、虎口を持つ土塁囲みの曲輪が検出され、城塞化していたことが判明した。また、**金剛輪寺**（滋賀県愛荘町）・**百済寺**（同東近江市）では、数百の坊院を守備する堀切や竪堀、土塁などが築かれていた。城郭化した寺は、元亀年間（一五七〇〜七三）の織田信長との抗争まで使用されたと思われる。

根来寺の城郭化

永禄四年（一五六一）以降、戦乱に備えて**根来寺**（和歌山県岩出市）一帯は城塞化が進められ、西坂本には五m余りの堀を、前山には土塁を築き、蓮華谷川の左岸には弓矢・鉄砲戦用の地下壕や物見櫓が設けられ、本坊には高い石垣までが築かれた。ルイス・フロイスの『日本史』には、「絢爛豪華な城のようであった」と記されている。

根来寺の復元イラスト

戦国期に最盛期を迎えた根来寺は境内全体が城郭寺院として発達。外郭線は土塁と切岸によって築かれ、高櫓も設置された。

本證寺の鐘楼と濠

愛知県安城市の本證寺は、戦国時代に一向一揆の拠点となった。鐘楼や土塁、濠をめぐらせた城郭伽藍である。

弥高寺本坊の土塁

弥高寺の本坊は広く、周囲に土塁がめぐらせてある。大門から本坊までの道の両側には、坊跡が続く。

戦国
時代

村・寺と民衆を守る城

身を守るための共同防御施設

ポイント

- 城は村人を含む一般民衆たちの避難場所としても機能した。
- 宗教勢力は寺と門徒を守るために、領主以外で唯一城を築いた。

村に存在した城

応仁・文明の乱以降の乱れた世にあって、人々は自分たちの身は自分たちで守ることが常となっていった。村人を含む一般民衆の合戦への対応で、最も多かったのは逃げることである。被害の及ばない場所「山へ籠る（避難する）」ことが良く見られる事象であった。

そこで、村人たちが合戦の被害にあわないように避難するため、村に城を築いて籠ったといわれる。あるいは、村自体を城塞化して守ることもあったともいう。

しかし城を造り、城へ籠ることは、明らかに領主権力への反抗であり、村人が城を持つことは考えにくい。城を造ることは、領主権力の証であり、一般の人々にはできない行為であった。群雄が割拠する世にあって、小領主は領主権力を維持するために、村人たちに様々な便宜を図り提供をすることになる。用水の確保や喧嘩の仲裁だけでなく、万が一の避難場所の提供もその一つであった。合戦に備え、避難場所として村人たちに城を開放することが本来の「村の城」の一形態と考えられる。

宗教勢力による築城

領主権力によらない唯一の築城が、宗教勢力と結びついた門徒によるもので、寺及び門徒衆を守るための施設であった。木曽三川（木曽川・長良川・揖斐川）が形成するデルタ地帯の砂洲に位置するのが**長島城**（三重県桑名市）である。

長島は、伊勢桑名・尾張熱田間の海上交通を扼する要衝で、本願寺一族寺院である願証寺の領域として、大名や領主の権力の及ばない事実上の治外法権を有することになる。

この他、本願寺派門徒による加賀一向一揆の拠点として築城された**鳥越城**（石川県白山市）などあるが、いずれも武家政権と対立し、やがて滅亡する運命が待っていた。

鳥越城の復元された枡形門

枡形門は、石垣が用いられた強固な造りになっている。これは織田方によって城が落とされた後に築かれたとされる。

滝山城の山の神曲輪

北条氏の支城であった滝山城の外郭の最北端に位置する山の神曲輪は、合戦の際に村人たちが避難した場所と考えられている。

長島城の推定位置

長島一向一揆が本拠とした長島城の縄張は、川の流れの変化などによって、現在よくわかっていない。図中の河川は現在の流れであり、当時とは変化している。

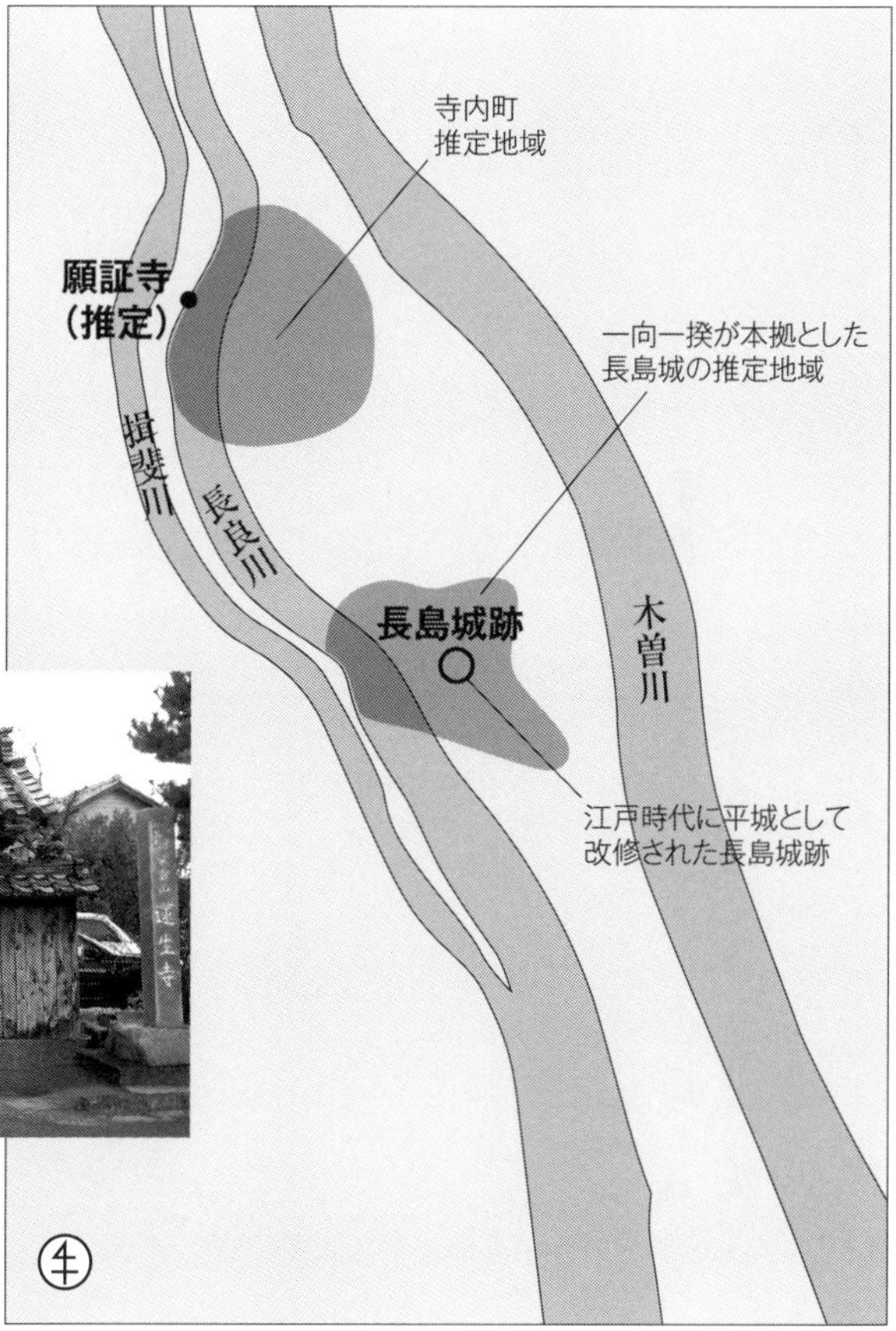

長島城の大手門

長島城の大手門は、明治9年（1876）に蓮生寺の山門となった。瓦には旧藩主増山家の家紋が見られる。

戦国時代

自衛のために武装する

寺内町と環濠集落

ポイント

- 防衛施設を設けた浄土真宗などの集落を寺内町という。
- 一部の農村や自治都市でも、襲撃に備えて堀（濠）や土塁をめぐらした。

山科本願寺と寺内町

山科本願寺（京都府京都市）は、浄土真宗などの仏教寺院、道場（御坊）を中心に、堀や土塁で囲んだ防御的性格を持つ集落で、「寺内町」と呼ばれる一種の宗教的運命共同体である。大坂の石山本願寺は、天文年間（一五三二〜五五）初め頃に、管領細川晴元から「諸公事免除」「徳政不可」などの権限を得、自治特権を主張していく。

山科本願寺は、二重の土塁と堀に囲まれ、さらに折れを多用し、隅角には櫓のような建物が配され、その規模は、南北に一㎞、東西に八〇〇mと推定される。発掘調査によって、土塁が版築構造によって高く積み上げられたことや、堀の規模が幅約一二m、深さ四mにも及ぶこと、さらに石組暗渠も確認され、専門的な技術者集団を掌握していたことも推定されている。青蓮院門跡の坊官日記である『経厚法印日記』には「山科本願寺ノ城」と記され、城郭として認識されていたことが判明する。現在残る土塁は東西七五m、南北六〇m、高さ七mと圧倒的で、まさに城に匹敵する施設である。

戦国期の環濠集落

戦乱が多発すると、農村や自治都市では集落や都市を守るために周囲に堀（環濠）をめぐらし、襲撃に備えるところが現れた。自由都市・堺や、密集して分布する奈良県大和郡山市の**稗田集落**や**若槻集落**、**番条集落**などである。

発掘調査が実施された若槻集落では、環濠が一五世紀に遡ることが判明。また、残存していた環濠から堰も確認された。こうした施設や規模から、軍事的な防御集落ではなく、集落周辺に展開する水田のための灌漑施設（用水路）の可能性が高まっている。だが、「若槻城」との記録もあることから、何らかの防御施設の存在も推定される。

山科本願寺の復元イラスト

寺内町の代表例である山科本願寺は、御本寺を中心に、土塁と堀によって内寺内と外寺内に区分けされていた。

稗田環濠集落

防衛のために、集落の周囲をぐるっと堀が囲っている。道はT字形や袋小路になっており、遠くが見通せないようになっている。（大和郡山市提供）

戦国
時代

時代とともに進化する

戦国時代の攻城戦と籠城

ポイント

●国境近くで行われる「後詰め決戦」の勝敗が、戦後の趨勢を決定付ける。

●長期戦では付城を築いて補給路を遮断し、敵方を孤立させる作戦が有効。

国境付近の攻城戦

戦国期、各地に割拠した群雄は、領国拡張のために戦闘を繰り返し、ある程度の規模を持つ領域国（大名領国）が誕生することになる。その結果、戦闘行為はそれぞれの戦国大名の勢力圏の境界（国境）付近で発生することになる。領域を守るために各地の大名たちは、国境防衛のための強固で戦闘的な城を築き上げていった。

これにより攻城戦の多くは、国境付近の城郭をめぐる戦闘にならざるを得なくなった。その結果「後詰め決戦」と呼ばれる、敵に囲まれた城の救出戦が中心となった。**遠江高天神城**（静岡県掛川市）や**二俣城**（同浜松市）をめぐる武田・徳川の攻防戦がこれにあたる。高天神城では、武田勝頼の攻勢に対し、徳川家康が援軍を送ることができず、遂に開城降伏することになる。その後、徳川方に囲まれ籠城戦を繰り広げた高天神城に対し、勝頼は援軍を派遣できず、最後は全軍城を打って出て、壮絶な最期を遂げることになった。

長篠城（愛知県新城市）をめぐる攻防戦も同様であるが、この時は、後詰めに来た織田・徳川連合軍が、野戦で武田軍を完膚なきまでに打ちのめしている。これによって、武田氏は滅亡への道を進んでいく。

短期戦と長期戦

攻城戦は、短期戦と長期戦に分けられるが、短期戦の場合は、圧倒的な兵力と兵器差によって強攻突破もしくは、城兵らの退去を約したうえでの開城交渉が中心であった。あるいは、奇襲・夜襲によって敵方の隙を衝くことも多い。織田信長による上洛戦は、圧倒的な兵力差で、六角方の**箕作城**（滋賀県東近江市）を夜襲、数時間で落城させると、**和田山城**（同）兵も逃亡。長期戦を想定していた六角義治は、戦端が開かれてから一日も経たずに箕作城と和田山城が落ち

後詰め決戦の経緯

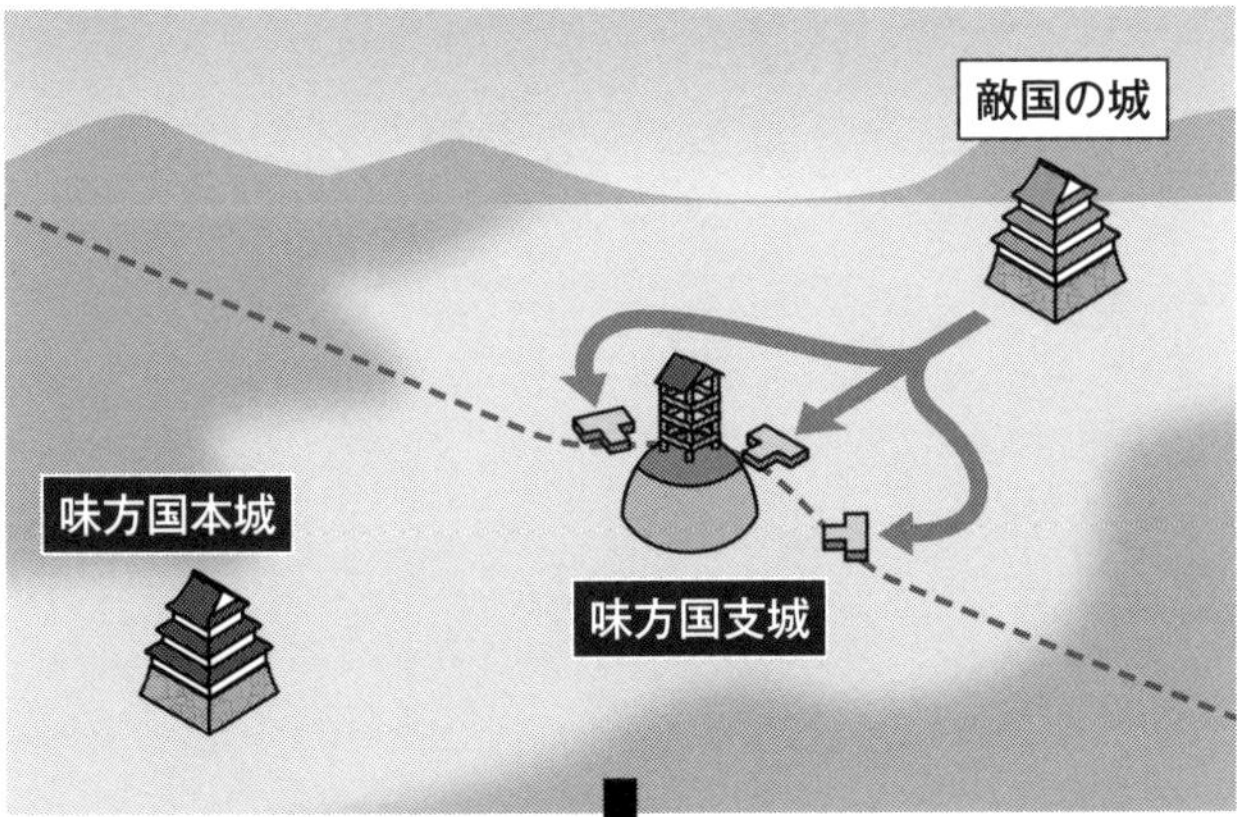

1 隣国同士が合戦になる場合、すぐに野戦が起こるケースは少ない。敵国は、相手の支城（境目の城）を包囲し、一つ一つ落としながら領土に侵攻する。敵国の侵攻はすぐさま本城に伝えられる。

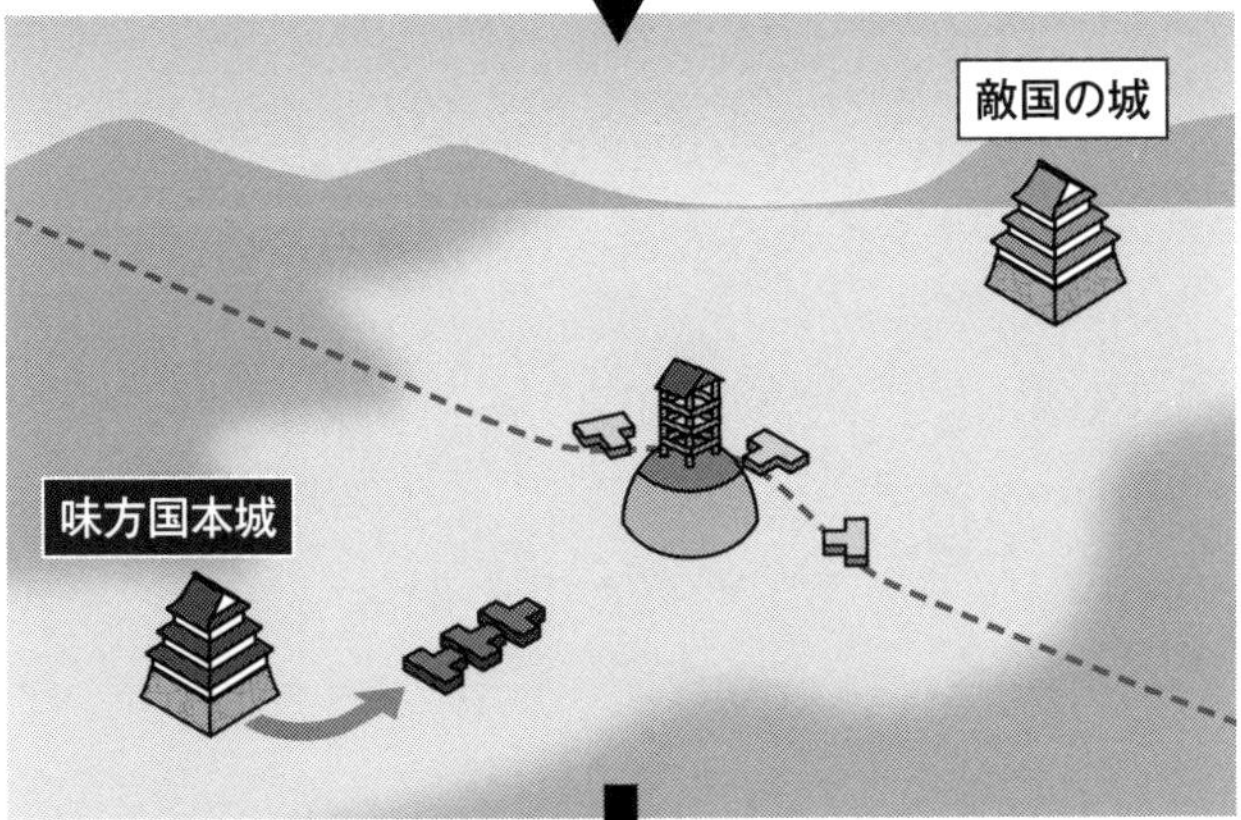

2 報告を受けた本城は、支城を救援するために援軍を出陣させる。これを「後詰め軍」と呼ぶ。後詰めがなかったり遅かったりした場合は、支城が降伏しても本城の責任となる。

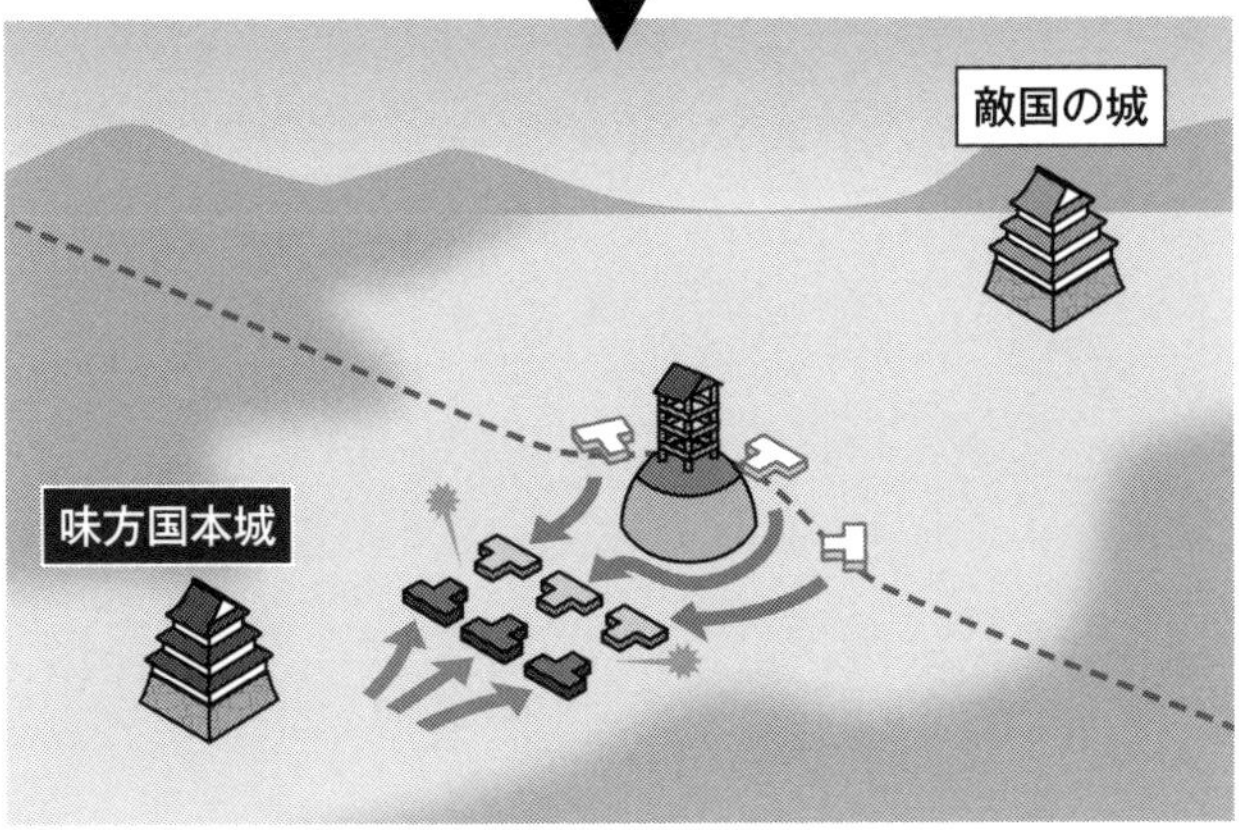

3 支城を囲んでいた敵国軍と、救援に来た後詰め軍の間で戦いが行われる。籠城戦の勝敗を左右するこの戦いを「後詰め決戦」と呼ぶ。

たことを知ると、居城・**観音寺城**（同近江八幡市）を放棄し、夜陰に紛れて落ち延びている。

対して、守城側が巧みに地形を利用し、城の周囲に万全な防御施設を構築し、奇襲や挟撃など地の利を生かしたゲリラ戦を展開し、攻城側を圧倒することもあった。第一次上田合戦などは、典型的な守城側の作戦勝ちで、対抗策を見出せない徳川軍は撤退せざるを得なくなった。

長期戦の主流は、敵方の周囲に「付城」を築き包囲し、補給路や交通路を完全に遮断し孤立させることが多い。

干殺しと呼ばれる兵糧攻めが最たる長期戦の代表である。羽柴（豊臣）秀吉の城攻めは、概してこの戦法が多く、**三木城**（兵庫県三木市）攻め、**鳥取城**（鳥取県鳥取市）兵糧攻め、**備中高松城**（岡山県岡山市）水攻めなどがこれにあたる。戦国時代に終止符を打った小田原合戦も、籠城戦の一つである。

豊臣秀吉の小田原攻め

豊臣秀吉が編成した小田原攻城軍は、空前絶後のもので、本隊は約一六万、これに水軍二万、上野国から侵攻する別動隊三万五千であった。北条方から見れば実に二二万もの大軍が四方から一挙に襲来したことになる。

対する北条氏は、**小田原城**（神奈川県小田原市）に約五万余の軍勢で籠城。前線にあたる**山中城**（静岡県三島市）、**韮山城**（同伊豆の国市）、**足柄城**（神奈川県南足柄市・静岡県小山町）の三城に精鋭部隊を送り込んで迫りくる豊臣軍に備え、箱根山中での持久戦を想定した。また、北関東からの侵入も考慮し、**松井田城**（群馬県安中市）、**館林城**（同館林市）にも兵が割かれている。北条氏全体の兵力は、約八万人であった。

戦端は、山中城攻めで開かれた。北条方による増強にもかかわらず、圧倒的な兵力差によって半日で落城。小田原城へと迫った秀吉は、城を取り巻くようにそれぞれ陣を張って、包囲網を敷いた。海上をも封鎖し、まさに蟻の這い出る隙間もないほどであった。

秀吉は、長期滞陣が確実な情勢になると、笠懸山（石垣山）に築城工事を開始し、関東初の天守を持つ総石垣の「陣城」を完成させた。

城をめぐる攻防はほとんどなく、籠城二ヶ月半で北条氏直は降伏、開城した。二〇万を超える兵力で囲まれた北条軍は、鉄壁の防御力を誇る城だったにもかかわらず、実戦で効力を発揮することなく、内部崩壊により自壊してしまった。時代は大きく変化し、戦法までも従来の常識が通用しない時代になったのである。

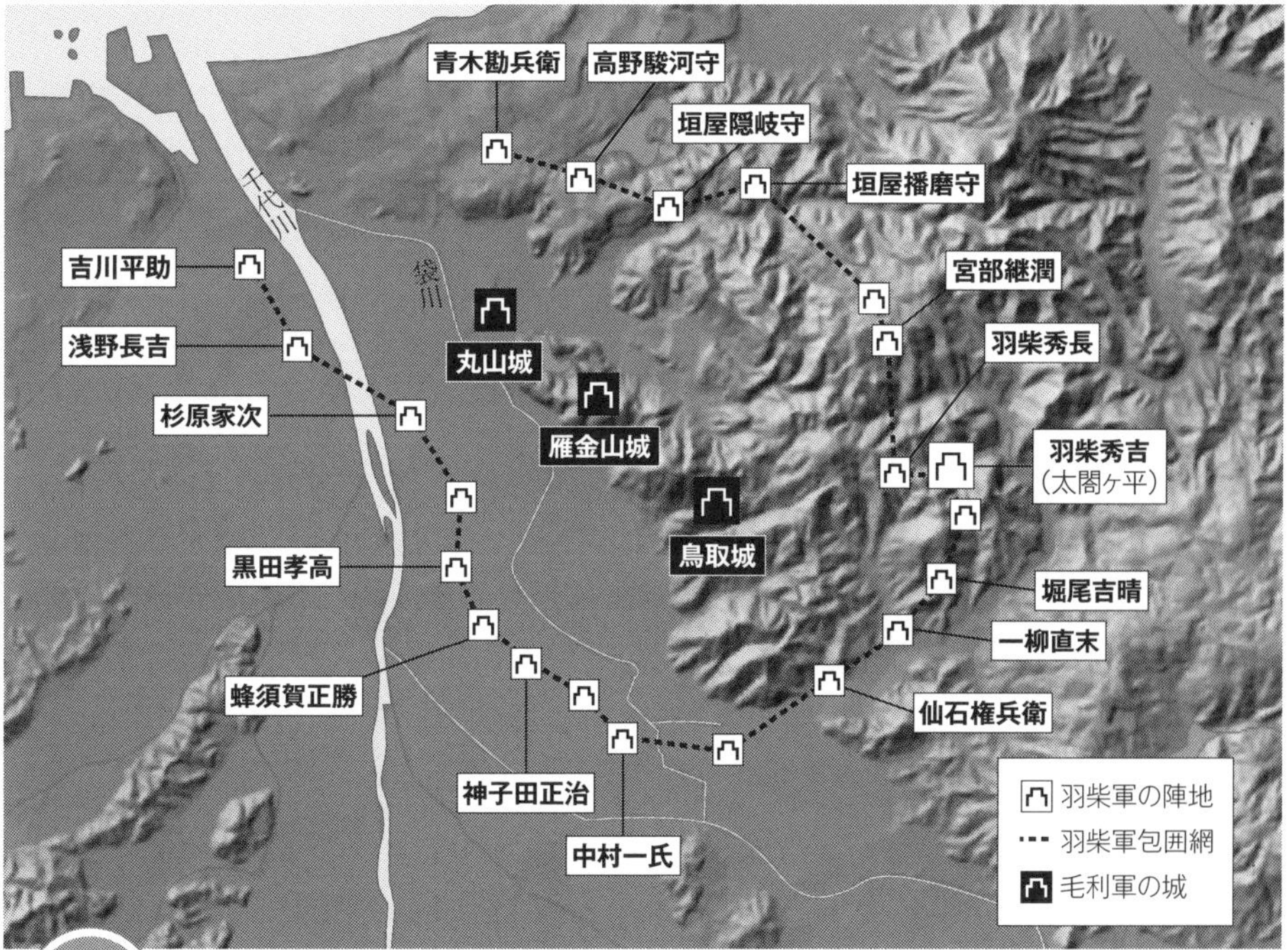

秀吉による鳥取城包囲網

鳥取城を孤立させるために、全長12kmにも及ぶ包囲網を敷いた秀吉。鳥取城を兵糧攻めすると共に、毛利軍の援軍と決戦する構えでもあった。秀吉の本陣跡は太閤ヶ平と呼ばれる。

太閤ヶ平の虎口

搦手口の平虎口。太閤ヶ平には、土塁や堀、土橋など当時の遺構がよく残っている。

太閤ヶ平から見た鳥取城

秀吉が本陣を置いた帝釈山（本陣山）は、鳥取城が築かれていた久松山から約1.5kmの至近にある。

戦国の城①
関東

北条氏の支城体制

小田原城を中心とするネットワーク

ポイント

- 北条氏は小田原城を中心に、関東一円に支城網を築いた。
- 戦国中期には武田、後期には豊臣の侵攻に備え、各城を改修している。

小田原城中心の本・支城体制

関東に覇をとなえた北条氏は、強大な軍団組織を作り上げ、侵略戦争を開始し、数ヶ国を領有する戦国大名にのし上がった。

だが、その城は部分的に石垣を使用するものの、あくまでも土造りを基本とし、土造りの城の最高到達点を極めたのである。それらの城は、俗に「北条流築城術」で築かれたといわれる。

北条氏は**小田原城**を中心に、**韮山城**、**玉縄城**（神奈川県鎌倉市）、**八王子城**（東京都八王子市）、**小机城**（神奈川県横浜市）、**館林城**、**三崎城**（神奈川県三浦市）等の一門の城や、**鉢形城**（埼玉県寄居町）、**松山城**（同吉見町）などの支城を軍団司令部として周辺に配し、さらに**足柄城**、**浜居場城**（神奈川県南足柄市）、**泉頭城**（静岡県清水町）などの兵站基地や戦闘用の城を街道筋や国境近くに構え、在番武将の配置から城の管理に至るまで貫徹された本・支城体制を構築していた。こうして小田原城を頂点にした支城網が領国内に張りめぐらされた。

北条氏の築城術

北条氏は、関東の地形を巧みに利用する中で、一定の築城技術を蓄積していった。

最大の特徴は、各曲輪を直線的で大規模な横堀と土塁で囲い込んだことにある。また、死角をなくし、効果的な側面攻撃を仕掛けるために虎口と通路の一体化を図りつつ、虎口構造の強化を図っている。さらに、虎口防備と虎口前面を堡塁として利用するために角馬出を採用。堀りやすい関東ロームの特質をフルに生かした堀内障壁も各地で多用している。だが、このような特徴こそが北条流ということでもない。あくまでも、北条氏が多用している技術であって、保有する戦闘力を最大限に発揮させるための築城であった。

北条氏の支城ネットワーク

五代・氏直の時代に北条氏は最大版図を築いた。その範囲は伊豆、相模、武蔵、下総の全域に加え、駿河、常陸、上野、下野の一部にもまたがる広大なものとなり、領国内には小田原城を中心とする支城網が張りめぐらされていた。

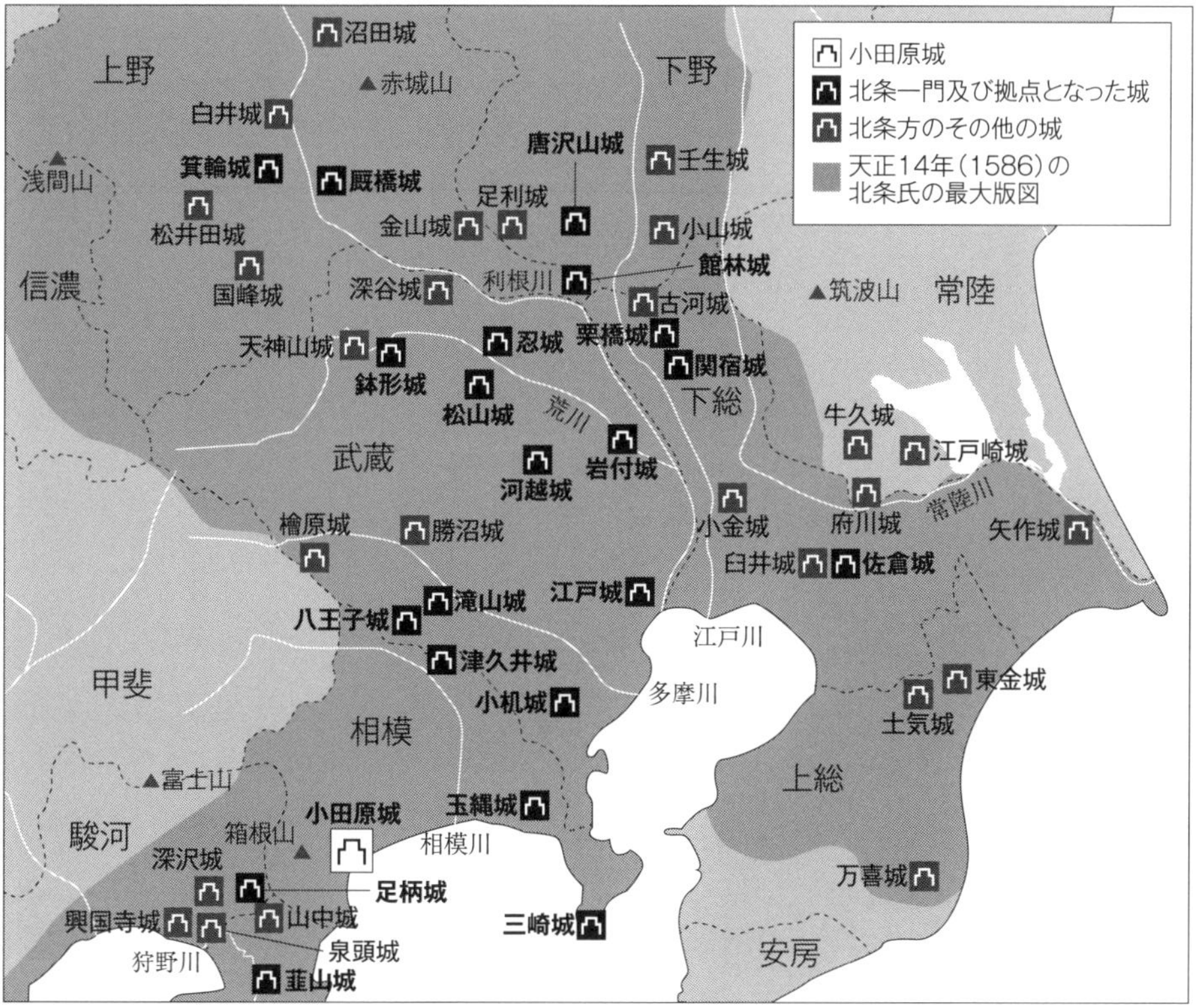

武田・豊臣への対応

永禄一一年（一五六八）以降、武田氏による関東侵入に備え、北条氏はこぞって各地の城の整備・改修を実施。北条氏が重要視したのは、国境の峠越えを押さえる城と主要街道沿いの城であった。三増峠を押さえる**津久井城**（神奈川県相模原市）、足柄峠の足柄城、甲州街道と足柄街道の要衝・**深沢城**（静岡県御殿場市）など、天嶮を巧みに利用し、国境を越えた敵兵力を迎撃する構造となっている。

天正一八年（一五九〇）、豊臣秀吉に対しては、小田原城と領内一〇〇ヶ城に及ぶ支城網に籠城して襲来する豊臣軍の兵力を分散し、兵站線が切れた時に逆襲に転じ各個撃破するという単純な作戦を採った。しかし、圧倒的な大兵力の前にはなす術すらなかった。

戦国の城②
中部・東海

武田を継いだ徳川の城

長い攻防戦によって敵方の築城術を吸収

ポイント

- 長大な横堀と丸馬出、三日月堀が、武田氏の城の堅い守りを生み出した。
- 武田氏の築城技術を巧みに取り入れ、さらに発展させたのが徳川氏の城。

支城網による武田の領国支配

甲斐一国から、信濃・西上野・駿河さらに遠江・三河・飛騨・美濃の一部を領有するまでに版図を拡大した武田氏は、多方面にわたる激しい攻防戦を展開していった。

武田氏は**躑躅ヶ崎館**を頂点に、領国内に重臣（江戸期には「武田二四将」とされている）を配し、重臣たちが領内支配の支城網を築き上げていった。甲斐・信濃という山に囲まれた地勢を最大限に利用しながら、古構（城跡）の中で戦略上の重要拠点のみを改修し、山城、砦（塁）、狼煙台として整備。街道を設けて関所を配すことで、より効果的な支城配置とし、領国内に堅固な防御体制を築き上げて、甲斐一国を城塞化したのである。

武田氏が築き上げた城の特徴は、長大な横堀の使用による斜面防御である。この横堀に、竪堀を組み合わせることで、より強固な防御施設が完成を見た。また、虎口強化のために枡形を採用、さらにその前面に設けられた「丸馬出」と「三日月堀」が、結果として敵の侵入を阻む複雑な導線を生むことになった。

変化した城の機能・構造

信玄の遠江・三河侵攻戦の開始により、城の戦略環境が変化し、それに伴い城の機能、構造が変化していくことになった。

当初、国境の最先端に築かれた「境目の城」が、版図拡大に伴い「繋ぎの城」へと変化していく。また他国へ侵入し「仕置きの城」として築いた城が、後に地方支配の拠点となることもあった。城郭網によって領国の防衛システムを構築していたため、戦線の拡大により城は変化していったのである。野戦築城の技術の習得こそが、版図拡大への近道であったことから、敵方の最前線の防御施設、特に虎口を中心に飛躍的に拡充が図られていった。

武田信玄の最大版図とその支城

武田信玄は元亀４年（1573）頃に最大版図を誇った。信玄は家康と激しい攻防を繰り広げ、お互いの領土の境目の城は激しい争奪戦が行われた。

武田の技術を継いだ徳川

一〇年余りにわたって武田軍との攻防戦を繰り広げた徳川家康こそが、武田氏滅亡後に最も武田の城を理解する武将となった。家康は、丸馬出を巨大化し、枡形虎口と重ねることで防備強化を図ると共に、長大で幅広の横堀で曲輪を取り囲むなど、武田氏の持つ優位性をフルに生かした城造りを志向してゆく。

武田の技術を最も巧みに取り込んだ城が**諏訪原城**で、七ヶ所※に丸馬出を構え、本丸斜面には三方を取り囲むように、二の丸前面には台地上を横断するように巨大な横堀を配し、敵の攻撃に備えた。また、斜面の要所には竪土塁・竪堀を設け、侵入を阻むなど、細やかな工夫も施されている。このように武田氏の技術を取り込んだ徳川氏は、東国一の大大名にのし上がっていくのである。

※諏訪原城の丸馬出７ヶ所のうち、１ヶ所は埋没。

戦国の城③
近畿

寺院の石垣技術を城造りにも応用

近世城郭以前の石垣の城

ポイント

- 佐々木六角氏の観音寺城には、全国でも最も古い時代の石垣が残る。
- 近江には古くから石垣造りの寺院が存在し、独自の技術を有していた。

観音寺城と佐々木六角氏

近江守護は鎌倉時代以降、ほぼ佐々木六角氏が世襲している。佐々木六角氏は戦国期に防御に適した山城へと移り住んだ。それが**観音寺城**（滋賀県近江八幡市）である。標高約四三三mの繖山全山を城域とし、千に及ぶ曲輪を設けた全国屈指の規模を誇る巨大山城となった。

観音寺城はその規模もさることながら、**安土城**（滋賀県近江八幡市）以前で本格的な石垣が採用された特別な城でもあった。現在、城跡中で最も古いと考えられているのが山麓の伝御屋形跡（現天満宮社地）の石垣で、天文年間（一五三二〜五五）の構築が推定されている。算木積は未発達で、稜線もそろっておらず、勾配もなく垂直な石垣である。この石垣は、残された文献から**金剛輪寺**の中で寺普請を扱う集団・西座の手に拠ったとされる。

六角氏による石垣の導入は被官層の諸城にも波及し、**佐生城**（滋賀県東近江市）、**布施山城**（同）、**小脇山城**（同）、**小堤城山城**（同野洲市）、**星ヶ崎城**（同・竜王町）等でも小規模であるが石垣が認められる。

浅井氏と小谷城

戦国期後半になると、江北地方では京極氏に代わり浅井氏が急速に力を伸ばし戦国大名となった。

浅井氏の居城が**小谷城**（滋賀県長浜市）であり、その規模は広大で、標高約四九五mの小谷山から南に舌状に延びる尾根筋を利用して築かれた。南北二つの城を繋げ、合体させた巨大山城で、最北の最も高所に位置する山王丸から、南に向かって小丸、京極丸、中丸と階段状に曲輪群が連なり、大堀切によって城は二分されることになる。

堀切南の曲輪群は、本丸を最高所に、大広間、桜の馬場、御馬屋、御茶屋、番所と北側同様に階段状の曲輪群が配されていた。鞍部を挟んで

観音寺城の復元イラスト

南東方面から城を見たもの、小さな曲輪が無数に造られている。山麓にも居館があるが、山上の城も軍事的機能だけでなく生活空間であったと考えられている。

山頂付近の石垣

山頂と主郭の間にある石垣。観音寺城内有数の高石垣で、その築城技術の高さを示す。

伝平井丸の虎口

正面には観音寺城で最も巨大な石を使った石垣が築かれ、石段がつけられている。

さらに金吾丸、出丸と南尾根上に曲輪が延びている。

清水谷に多数見られる小曲輪群は、小規模な陣地的機能を持ち、谷から城に迫る敵に備えていた。小曲輪がない斜面は、竪堀を配すことで侵入を防いでいた。北側曲輪群に浅井久政、南に長政が居住したといわれる。現在、城跡にはかなりの石垣が見られるが、浅井氏時代は虎口など主要部にのみ採用されたと思われる。

江北独自の石垣技術

江北を支配下に置いた浅井氏と、江南を領する守護・佐々木六角氏の国境が犬上川で、境目の城として**太尾山城**（滋賀県米原市）、**鎌刃城**（同）、**佐和山城**（同彦根市）、**菖蒲嶽城**（同）の四城が特に重要視された。中でも、鎌刃城は背後の尾根筋を九条の堀切で切断し、主郭は土塁と石垣を採用。虎口は石垣造りの内枡形で、高度な築城技術が見て取れる。この鎌刃城の石垣は、天文年間ではなく、元亀元年（一五七〇）以降織田方となった堀氏時代のものであると考えられる。いずれにしろ、安土城以前の段階で、江北でも石垣を用いた城が築かれていた。

近江は、**金剛輪寺**・**敏満寺**・**百済寺**と古くから石垣造りの寺院が存在し、独自の石垣構築技術者が存在していたことを裏付ける。

三好長慶と飯盛山城

摂津・河内周辺では、幕府管領の畠山氏が分裂し抗争を繰り広げていた。この機に乗じて管領・細川氏が影響力を強めることになる。両者の勢力争いに、阿波から三好氏が進出し三つ巴の勢力争いとなった。また、和泉国では畠山氏を支持する**根来寺**の勢力も進出、泉南で守護に匹敵する力を持つに至る。この頃、畠山氏は河内に**高屋城**（大阪府羽曳野市）を整備、細川氏は摂津に**芥川山城**（同高槻市）を築いている。

細川、畠山氏の抗争が続く中、三好長慶が台頭。細川氏に代わって芥川山城から畿内支配を実行した。永禄三年（一五六〇）に**飯盛山城**（大阪府四条畷市他）へと移ると、大和国へ松永久秀が進出、高屋城には弟の三好実休が入ることになる。

芥川山城・飯盛山城共に、石垣が残存している。飯盛山城は、本曲輪下側斜面を中心に、かなり大規模な石垣が確認でき、土留あるいは斜面防御の役割も指摘される。芥川山城では、二の曲輪下や大手道に沿ってやはり石垣が認められる。三好氏時代、あるいはその後の織田氏時代に築かれたかははっきりしないが、戦国期のうねりの中で、主要部や防御正面を中心に、石垣が登場してくることになる。

星ヶ崎城主郭の石垣

主郭の南斜面に残る石垣。高さ3m、長さは20mにも及び、目地が通っている。

小堤城山城の石垣

大型の自然石を多用した石垣が多数見られ、六角氏家臣の城の中でも石垣の構築箇所が最も多い。

鎌刃城の枡形虎口

主郭の北側には、石垣で固められた枡形虎口が残る。当時は薬医門が構えられていた。

小谷城山王丸の大石垣

城内最大の石垣。同時代のものでここまで巨大な石垣は他になく、小谷城の先進性を裏付ける。

飯盛山城の二段石垣

それぞれの高さは２mほどと高くないが、２段構えにすることで守りを強固にしている。

芥川山城の大手石垣

巨石を累々と積み上げ、戦国期の石垣らしい迫力と威風を留めている。

戦国の城④
中国

中国地方に登場した巨大城郭

大内氏の居館と尼子氏の城

ポイント

- 大内氏は将軍邸を模した居館を築き、後年には防御機能を拡充させた。
- 尼子氏が築いた月山富田城は、堅牢で巨大な規模を誇る山城だった。

大内氏とその居館

備後・安芸・石見・備前・美作・播磨などの守護職を得、中国地方に覇をとなえたのが山名氏である。だが、戦国期に入ると出雲の尼子氏、周防の大内氏、備前の浦上氏らの圧迫を受け、次第に山陰道山陽道の領国を失うことになる。

中でも、大内氏は周防、長門、石見、豊前、筑前各国の守護職に補任されるなど最盛期には六ヶ国を実効支配するに至った。最盛期の**大内氏館**（山口県山口市）は、東西一六〇×南北一七〇m以上を誇る方形館で、内部には将軍邸を模した建築群、南東部に池泉庭園、北西部に枯山水庭園、さらにもう一ヶ所の庭園も確認されている。

初期の館は、溝と堀で囲まれている程度であったが、一五世紀中頃に空堀と土塁を設け、防御機能を拡充。最低でも五回の増築を繰り返した。

尼子氏と月山富田城

京極氏の一族であった尼子氏は、出雲を拠点に周辺諸国と戦を繰り広げ、歴代の出雲守護職の居城・**月山富田城**（島根県安来市）を本拠に、最盛期には山陰・山陽八ヶ国を領するまでに成長した。

月山富田城は、飯梨川右岸、標高約一九一mの月山山上から山麓平坦部、尾根続きの峰々を利用し築かれた。南東を除く三方が急峻な崖地形となるため、攻め手は菅谷口（大手口）、御子守口（搦手口）、塩谷口（裏手口）の三方面のみに限定される。また、山麓部、中段の山中御殿、月山山上と、巧みに土塁と堀をめぐらせ、それぞれに独立機能を持たせたことで、より要害堅固な構えとなった。外郭からの侵入路は、全てが山中御殿へ通じ、詰城へは、急峻な「七曲道」のみしかなかった。月山富田城は尾根続きの山々全域にわたって大小の曲輪群が展開する、圧倒的な規模の山城であった。

大内氏館から出土した磁器

大内氏は朝鮮半島や明から多数の磁器を輸入していた。座敷の飾りとして使用されていたとみられる。

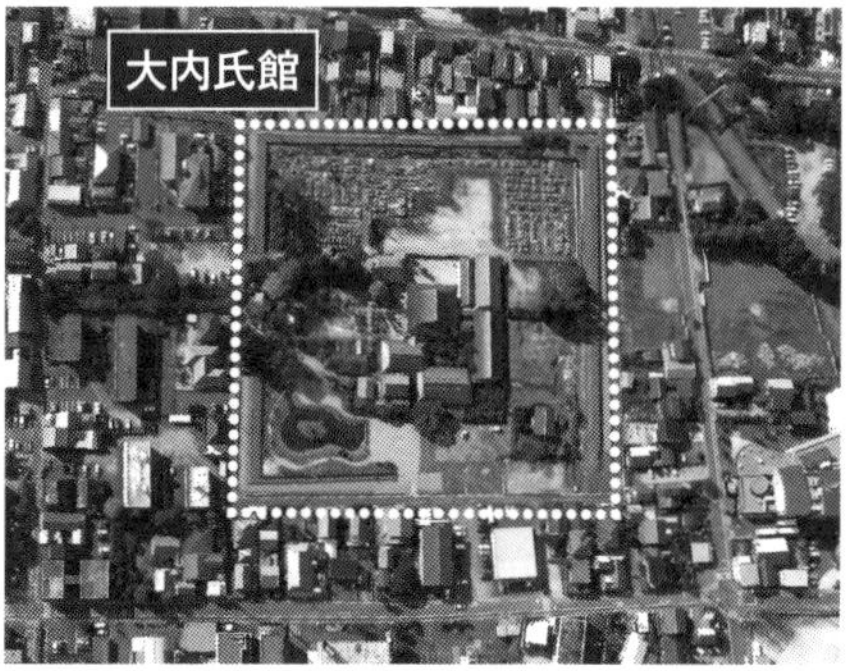

大内氏館の空撮写真

土塁と堀で囲まれた方形館。空から見るとその四角い形状がよくわかる。

月山富田城

尼子氏と毛利元就が激しい攻城戦を繰り広げた月山富田城。広大な山域がそのまま城として使われており、後に尼子時代の縄張を生かして石垣の城へと変貌した。西側には飯梨川が流れ、天然の堀となっていた。

戦国の城⑤
四国

四国の大名たちの城

各国支配の重要拠点

ポイント

- 画期的な技術を取り入れた岡豊城は、土佐を統一した長宗我部元親の居城。
- 湯築城は、河野氏が二五〇年にわたって伊予支配の拠点とした城。

細川、三好の拠点・勝瑞城

一五世紀中頃、細川氏が秋月から勝瑞に守護所を移した。勝瑞は、阿波の政治・文化の中心として栄え、**勝瑞城**（徳島県藍住町）は阿波屋形、下屋形とも呼ばれることになった。天文二二年（一五五三）、家臣の三好義賢（後の実休）が守護を殺害。実権を奪い、三好氏の居館として整備されている。

城は三好氏の菩提寺・見性寺の境内にあり、東西約八〇×六〇mの方形で、幅一四m程の水堀が周囲にめぐり、一部に土塁が残存する。細川氏の守護所、三好氏の居館跡推定地だが、近年の発掘調査により、中富川の戦い時に急造された詰城の可能性が高まった。本来の館はさらに南に位置すると指摘されている。

長宗我部元親と岡豊城

永禄三年（一五六〇）、土佐中央部の覇権をかけた本山氏との激戦の最中に父・長宗我部国親が突如病死。ただちに家督を継いだ元親は、一領具足を用いて戦力を増強、勢力拡大を図っていった。その後、本山氏から**朝倉城**（高知県高知市）を奪い、土佐中央部を手中に収めた。

また、本山氏・安芸氏・津野氏ら他の有力国人を相次いで降伏・滅亡させ、天正三年（一五七五）、念願の土佐統一を果たした。その居城が**岡豊城**（高知県南国市）で、標高約九七mの岡豊山の山頂部に築かれた本城と、伝厩跡、伝家老屋敷の二ヶ所の副郭で構成。本城は、最高所に主郭、二ノ段から四ノ段まで階段式に曲輪を配す。竪堀や土塁、二重堀切や連続竪堀群で防御を固め、三ノ段では礎石建物と石積み、四ノ段の折れを持った虎口など、先進的な技術も導入されている。

河野氏と湯築城

伊予国の守護であった河野氏が約二五〇年間にわたって居城としたの

復元整備された岡豊城

岡豊城では詰から三ノ段にかけて復元整備が進み、三ノ段では礎石建物跡が積み直されている。

勝瑞城の水堀

本丸に残る水堀。本丸は長方形で、幅広の水堀が残っている。

復元された湯築城の土塁

城の大手にあたる東側に復元された土塁と排水溝。土の城復元の先駆けとなった。

湯築城の土塁断面展示

土塁の断面が展示されている土塁断面室。当時は高さ５ｍ、長さ 900 ｍの長大な土塁だった。

が**湯築城**（愛媛県松山市）である。室町期には、一族間の内紛も勃発したものの、大内・大友・毛利氏などの有力戦国大名と同盟や縁戚関係を持ちつつ、伊予守護の地位を確立していった。

城は、当初丘陵上の山城であったが、一六世紀前半に周囲に外堀を築き、二重の堀と土塁をめぐらせた姿に変化したと考えられる。

発掘調査により、内堀との間の平坦部のうち西側が「家臣団居住区」、東側は広い区画内に庭園を設けた「上級武士居住区」とみられており、城内が、機能や格式によって使い分けられていたことが判明した。天正一三年（一五八五）の豊臣秀吉の四国攻めの折り、最後の当主・通直は、小早川隆景が伊予に侵入すると戦うことなく城を明け渡している。ここに二五〇年続いた河野氏の伊予支配に終止符が打たれたのである。

戦国の城⑥
九州

地形を巧みに生かした城に注目

大友氏と島津氏の城

ポイント

- 大友宗麟は干潮時のみ渡れる天険の丹生島を島ごと城郭化した。
- 島津氏は九州特有のシラス台地を生かし、大規模な城郭を築いた。

大友宗麟と丹生島城

海外貿易による経済力を背景に版図を広げ、大内氏や毛利氏などの戦国大名や在地土豪勢力と戦闘を繰り広げ、戦国時代の北部九州を平定したのが大友義鎮（宗麟）で、最盛期には九州六ヶ国を支配下に置いた。宗麟は天文二〇年（一五五一）宣教師フランシスコ・ザビエルを引見、後にキリシタン大名となった。

永禄五年（一五六二）、臼杵湾に浮かぶ**丹生島城**（大分県臼杵市）を築き、府内大友館から移ったという。丹生島は、西側のみ干潮時に陸地と繋がる天嶮で、宗麟は島ごと城郭化した。天正一四年（一五八六）の島津軍の侵攻に際しては、「国崩し」と呼ばれるポルトガルから入手した大砲「フランキ砲」によって、島津軍を退けたが、城も城下も甚大な被害を受けてしまった。

島津氏とシラス台地の城

天正四年（一五七六）、伊東氏の**高原城**（宮崎県高原町）を攻略した島津義久は、薩摩・大隅・日向の三州統一を成し遂げた。

同六年の耳川の戦いにおいて、島津氏が九州探題の大友氏に勝利すると、天正一二年（一五八四）には、北九州で強大な勢力を得た肥前龍造寺氏を沖田畷の戦いで撃破、九州最大の戦国大名へと成長した。義久は、三人の弟（島津義弘・歳久・家久）と共に、九州統一を目指し、一時は豊後・豊前の一部を除く九州のほぼ全てを手中に収めている。

義久の居城・**内城**（鹿児島県鹿児島市）は、簡素な屋形造の平城であったが、島津一族の佐多氏の居城・**知覧城**（鹿児島県南九州市）は、シラス台地特有の地形を取り込んだ標高一七〇mの台地上に築かれた壮大な城で、深さ約三〇mの谷を空堀とし、本丸以外の曲輪は二重の深い空堀で更に囲まれるという天然の要害であった。

知覧城の空堀

本丸と今城の間にある空堀。ここをはじめ、深さ 20m を超える空堀が迷路のように張りめぐらされている。

現在の丹生島城

現在は埋め立てられ橋が架けられているが、当時は三方を海、残る西側は干潮時しか渡れない干潟であった。

シラス台地に築かれた知覧城

木々よりも深い空堀によって、曲輪が区画されている様子がよくわかる。
空堀は 20 ～ 30m にも達し、切岸はほぼ垂直に切り立つ。

城あと発見!

進む土の城の復元

高根城と中世城郭

平成16年（2004）に、城域内の発掘調査によって検出した遺構をもとに推定復元した、高根城（静岡県浜松市）の整備が完成した。調査で検出された井楼櫓、礎石建物、門4基、柵列を推定で復元。周囲に配された土塀は、未検出であるが、安全柵として再現されている。

管理施設は、外観のみ御殿建築とし、内部に稲荷社が納められた。城道は、すべて調査で確認されたもので、往時の通路がそのままの形で整備されている。さらに、曲輪を分ける堀切もよく整備されている。山中にあるため、霧が発生するとその姿は極めて幻想的となる。

復元進む中世城郭

高根城以外でも、逆井城、東条城、足助城、田峯城、荒砥城、伊奈城、金鑵城など多くの中世城郭で調査・整備が進められている。

かつては近世城郭一辺倒であった復元事業だが、いまや中世の城にまで及んできているのである。

空から見た高根城。曲輪周辺の木も伐採され、往時の姿がよくわかる。

第1部
歴史編

第4章
安土桃山の城

織田信長／豊臣秀吉

安土桃山
信長①

度重なる居城移転

土地に縛られない領土統治を実現

ポイント

- 領土拡大に伴う効率的な統治のため、積極的に居城を移した。
- 兵農分離によって居城移転が可能となり、家臣の土着化も防いだ。

織田信秀の居城移転

尾張半国から領土を拡大し、機内一円から中国地方・甲信越・関東の一部までと、我が国の中枢部をほぼ制圧した織田信長は、版図の拡大に伴い、家臣たちを引き連れ本拠の城を移している。他のどの戦国大名も想像すらしなかった戦略で、新領国の統治と、さらなる領土拡大に向けての進出に他ならない。

信長の居城移転に影響を与えたのが、父・信秀の居城移転であった。信秀は、当初**勝幡城**（愛知県愛西市）を居城としていたが、対今川戦を想定し、**古渡城**（同名古屋市）、そして**末森城**（同）へと東に城を移転し、効率的な出撃体制を整えることになる。身近でそれを目にしていた信長は、居城移転の重要性を認識したのであろう。

清須から安土へ

信長が勝幡城に生まれると、信秀は**那古野**に城を築き、誕生間もない信長の居城とした。信秀の死によって家督を継ぐと、天文二四年、**清須城**（愛知県清須市）へと入城し、ここで八年を過ごす。この間、清須城を拠点に反対勢力を次々と打ち破り、尾張一国支配を確実にした。

永禄六年（一五六三）、信長は、突如居城移転を打ち出し、清須から**小牧山**（愛知県小牧市）へと城を移すことになる。その後、美濃攻略に成功すると、直ちに**岐阜城**（**稲葉山城**／岐阜県岐阜市）へと移転。さらに、畿内中枢部を掌握すると、都に近い**安土**（滋賀県近江八幡市）の地に移り住むことになる。居城移転は効率的な統一戦を展開するために他ならず、家臣の居城移転も命じている。

こうした居城移転を可能にしたのは、兵農分離による職業軍人化であった。土地に縛られない家臣たちは、信長が命じるまま新たな土地へ移り住んだが、それに伴って禄高増という褒賞も付いて回った。

信長の居城の変遷

勢力の拡大に伴い、信長は居城を
前線へと次々に移していった。

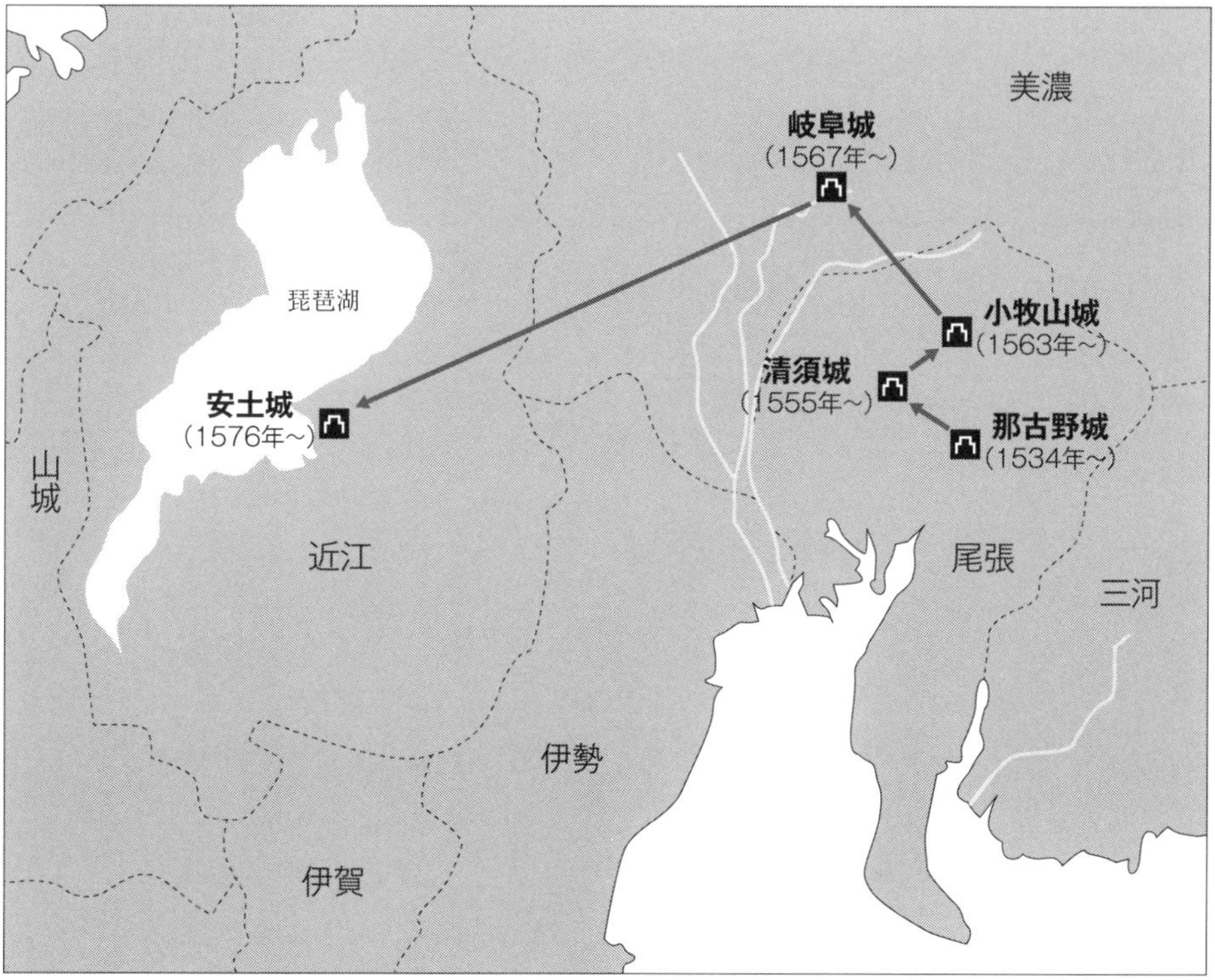

復元された戦国期の清須城石垣

織田信雄期の本丸南側の石垣と考えられている。石組の裏には、石垣の崩落を防ぐため、裏込めの栗（グリ）石が積み込まれている。

那古野城跡の石碑

天正 10 年（1582）頃に廃城となった那古野城は、現在の名古屋城二之丸庭園内に築かれていた。当時の遺構は残っていない。

安土桃山 信長②

見せる城のはしり

発掘が進む小牧山城

ポイント

- 小牧山城は信長がゼロから築いた城で、権力集中を狙った。
- 本丸は石垣で囲まれており、近世城郭の先駆けとなった。

清須から小牧山へ

永禄三年（一五六〇）、桶狭間の戦いで今川義元を破り美濃攻略をめざす信長は、同六年（一五六三）に、居城を**清須城**から国境に近い小牧山へと移すことになる。この**小牧山城**こそ、信長がゼロから築き上げた最初の城で、山頂には尾張初の「石垣囲み」の本丸が構えられた。

信長は本丸及び山麓に居住空間を設け、城を取り巻くように武家屋敷を配置し、さらに南に広がる台地に、南北約一・三×東西約一㎞にわたる城下町を建設し、商工業者を集住させている。

発掘調査された本丸

発掘調査により、本丸は尾張で初めての「石垣造り」の城と判明。本丸は三段の階段状の石垣によって囲い込まれる姿であった。

最上段の石垣は一石二t以上の巨石を運び込み、高さは二・五〜三・八mと推定。中でも、**稲葉山城**（岐阜県岐阜市）方面の北西側に張り出した部分にのみ一石の重さ五〜六t、その規模一・四×一・七mもの巨大石材を用い、見る者を圧倒する。

石垣使用の主目的は、本丸を巨石で取り囲むことにあった。遠目からも石壁がそそり立つように見せることが最優先されたのである。

中段・下段の石垣は、上段石垣の崩落を防ぐと共に、下から見上げた時に、四〜五mという人の倍以上の高さを持つ規模に仕上げる目的も併せ持っていた。

さらに下段石垣に沿った通路を設けることで、来訪者に巨石で囲まれた閉じられた空間へといざなう演出が意図されていた可能性は高い。

誰もが見たこともない石で覆われた城の出現、尾張は言うに及ばず、遠く美濃からも視界に入る城は、当時の人々を驚嘆させたことは間違いあるまい。また、山麓城下から小牧山中腹までほぼ一五〇mにわたる直

発掘された当時の石垣

小牧山城主郭の発掘調査は、平成 28 年（2016）で 13 年目となり、第 8 次発掘調査まで完了している。これまでの調査で、徐々に小牧山城の姿が明らかになってきている。

小牧山城本丸の石垣

小牧山城の石垣は 3 段あり、3 段目の石垣は、土留めの役割を果たす、腰巻き石垣である。

整備途中の土塁と曲輪

小牧山城跡では、土塁や堀、曲輪などの復元作業が行われており、平成 30 年（2018）春には、小牧山城の歴史や発掘調査情報などについて学べる「史跡センター」（仮称）が建つ予定である。

織田信長の居館跡（推定）

城の南東部にある土塁に囲まれた曲輪は、小牧山城の中で最も広い面積を持つため、織田信長の居館と考えられている。

線の登城路は、城下の直線道路と接続し、都合二五〇ｍにも及んでいた。

小牧山城築城の目的

小牧山への築城は、石垣を使用した見せるための新城を構築することで、明確に権力が信長に集中していることを知らしめる意図があった。新たな城下建設は、職能集団の把握と一元管理を兼ねたもので、旧来の寺社勢力が保有する諸権利の剝奪でもあった。規制緩和による自由な商取引によって、小牧山城下に自然に人が集まり、そこに生まれる経済効果をねらったものである。

信長の唯一の誤算は、わずか四年で美濃攻略が成ったことである。小牧山に腰を据えて、ゼロから新首都を築き上げる予定が、大幅に狂ってしまった。小牧山でめざした信長の理想は、そのまま岐阜へと引き継がれ、岐阜の町で花開くことになる。

山麓御殿の全貌が徐々に明らかに

岐阜城の革新性

ポイント

●巨石を並べた石垣は、小牧山城から続く「見せる城」への試金石であった。
●山麓に築かれた四階建ての御殿建築は、日本初の試みであった。

岐阜城山麓の宮殿（山麓御殿）

　永禄一〇年（一五六七）、**稲葉山城**攻略に成功した信長は、城名を**岐阜城**と改め、大規模な改修を実施した。同一二年、岐阜城を案内された宣教師ルイス・フロイスは、巨石に囲まれ、内庭、劇場風の建物、前廊（ぜんろう）と歩廊（ほろう）が付いた大広間、池や庭に囲まれた四階建ての宮殿（山麓御殿（さんろくごてん））が、非常に高い山の麓にあって、その山頂に主城があったと記録に残している。

　また、山頂部（上の城）は、「広間から内部は、信長の子供たちが生活し、世話係の婦人以外は入れない場所であり、塗金した屏風で飾られた豪華な部屋が存在し、美濃・尾張の大部分が見渡せた」とある。

二元構造の城

　岐阜城は「信長の掌握した権力を示すため」、「他の戦国大名以上の力をもっていることを誇示するため」と「自分の慰安（いあん）と娯楽」を目的に築かれた。

　城のみの構造を見るなら、山上の詰城（つめのしろ）と山麓の居館という二元構造を持つ極めて中世的な色彩の強さが残り、新機軸を見出すのは難しい。だが、個々を見るなら、小牧山城からの連続性、岐阜城が初めてとなる極めて革新的な部分が多く存在する。

　小牧山城同様に巨石を立て並べた石垣は、通路脇の石垣として引き続き採用。山上部では、中・小石材を用いたより高い石垣が確認される。

　また、小牧山最大の石材の倍以上の巨石を利用した斜面地や谷川の「土留（どどめ）」は、自然地形を利用しつつ、人工的に改変を施した施設で、谷川対岸で確認された滝もまた同様である。

　京都の慈照寺（じしょうじ）や鹿苑寺（ろくおんじ）の庭園をヒントにした施設と思われるが、御殿建築を三階建てにした重層構造の構造物（宮殿）は、我が国初の試みとして評価されよう。

復元された居館の入口

現在は整備されて公園となっており、入口の通路両側には、巨石が並べられている。

庭園の復元イラスト

高さ約 35 mの巨大な岩盤の上から、２本の滝が池に流れ落ちる光景が広がっていた。

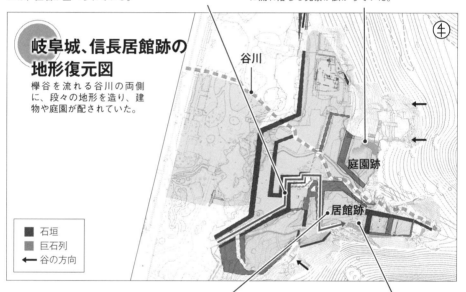

岐阜城、信長居館跡の地形復元図

欅谷を流れる谷川の両側に、段々の地形を造り、建物や庭園が配されていた。

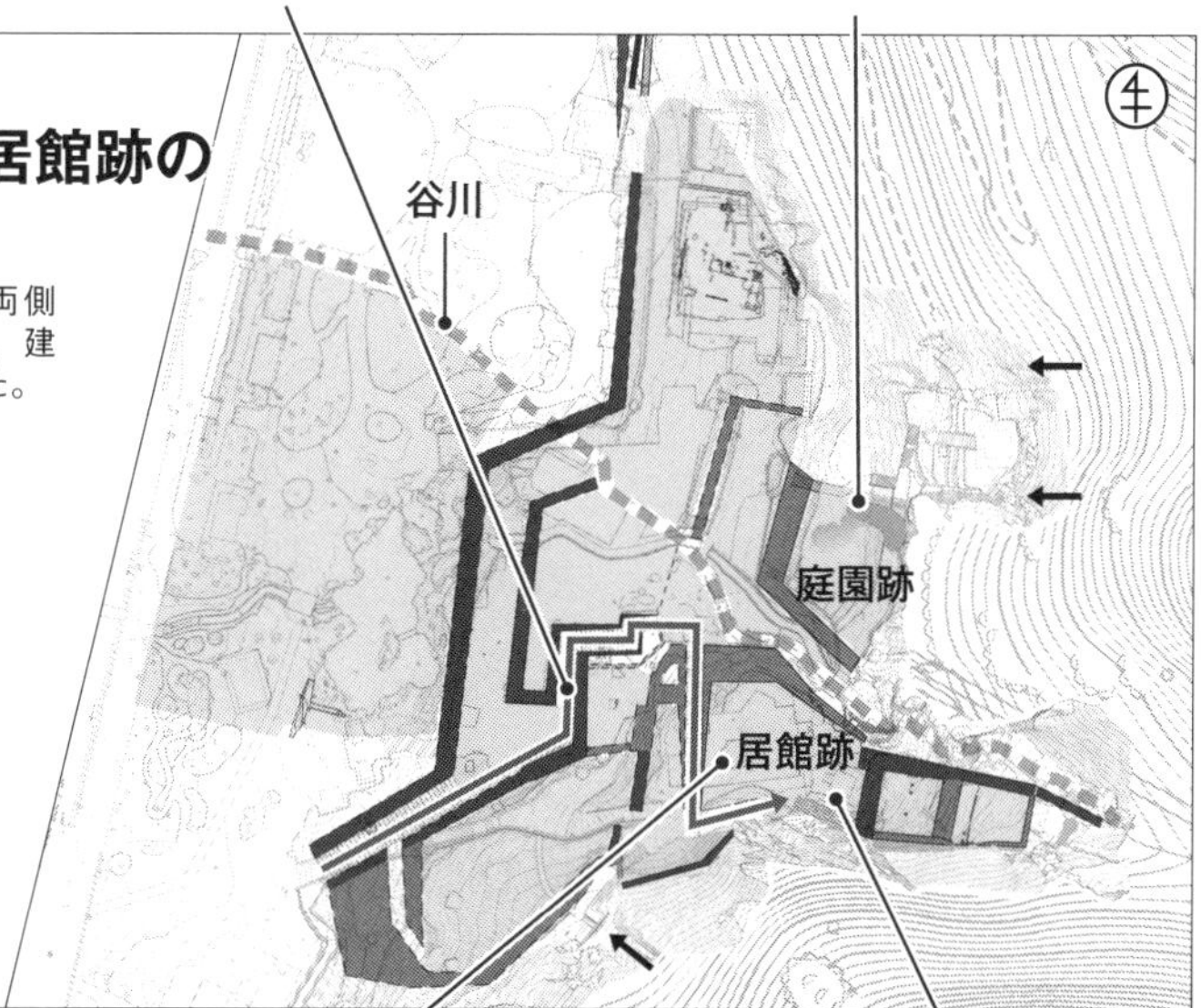

居館跡で出土した金箔瓦

岐阜城の信長居館跡から､出土した金箔瓦（左:牡丹文・右：菊花文）。出土した場所は、信長の正室・濃姫の御殿があった可能性があるという。

発掘された石垣

居館東の奥は、谷川と石垣で３つに区画されており、水路なども見つかっている。

 画像はすべて岐阜市教育委員会提供

安土桃山 信長④

大成した信長の〝城革命〟

「見せる城」安土城

ポイント

- 構築物が築かれることを前提として石垣が積まれている。
- 織田政権の力を見せつけるため、絢爛たる「天主」が築かれた。

統一のシンボル誕生

天正四年（一五七六）、今まで見たこともない未曾有の城の工事が琵琶湖畔の安土の地で開始された。天下統一の拠点とするため織田信長が、当時の技術力の粋を結集。**安土城**は、明らかに今までの戦国大名の城とは一線を画す城となった。

安土城の誕生により、軍事的施設でしかなった城が、居住空間となり、政治的な場へと変化したのである。さらに、統一のシンボルとして見せることを意識した城となった。その代表が、最高所に築かれた「天主」という名のシンボルタワーである。なお、「天主」は信長の命名とされ、安土城のみこの字を使う。

天主は、それまでの城には存在しなかった巨大な建物で、外観五重、内部は地上六階、地下一階で信長の居住空間の一部として築かれ、室内は豪華絢爛な姿であった。

安土城は、何千人もの人々が三年余もの日々を費やし、完成を見た城である。それまで戦国期の城で、専門技術者集団を結集させ、何年にも及ぶ工事で完成させるというようなことはなかったことを考えると、安土城建設は、まさに国家的プロジェクトと呼ぶに相応しい規模だったのである。

築城技術者の編成

安土城完成、それは日本の城の革命であった。それまでの城は、大多数が土造りの山城で、石垣や水堀はほとんど使用されず、天守や御殿もなければ、当然本格的な城下町もなかった。信長は、畿内の大部分を制圧し、そこに住まう寺社築造に携わる旧来からの伝統的技術者集団を掌握し、彼らの持つ技術をもとに、築城技術という新たなカテゴリーを生み出したのである。

安土城を完成させた最大の技術革新は、本格的な石垣の築造に尽きる。従来の石垣は、あくまで土留が主目

安土城鳥瞰イラスト

北、東、西の三方を琵琶湖に囲まれた安土城。南側にも湖水が流れ込み、まるで水上に浮かぶ巨大な要塞である。

黒金門の枡形虎口

黒金門は、天主や本丸へと続く重要な門である。枡形虎口となっており、巨石で周囲を固めた造りは、訪問者に威圧感を与える。

まっすぐのびる大手道

大手道の幅は約6mもあり、安土山の麓から山頂の天主まで続いている。石段の左右には石材として使われた石仏を見ることができる。

的で、石垣上に建物が建つことは想定されていない。安土築造で、初めて石垣の天端いっぱいに建つ建物が出現したことになる。

安土城の石垣の最大の特徴は、石垣上に構築物が築かれることを前提として積まれていることである。その技術を可能にしたのが、様々な技術によって石垣を構築してきた「石工集団」を統一的に再編成し、新たな規格を持たせた石垣構築を命じたことである。

屋根に載せた瓦も、それまでの技術力は使用するものの、新たな形、模様を生み出し、さらに金箔を貼るという特異なものまでを出現させた。この瓦は使用にあたって規制がかけられており、誰もが自由に使用することはできなかったのである。部材などの使用に為政者が規制を設けたのは、初めてのことであった。

さらに天主は、遥か遠くからも燦然と輝く姿を見ることができる場所に築かれた。それは、統一のシンボルとしての、「見せるための城」の完成であった。織田政権の力を見せ付けて抑止力とするために最高所に築かれ、天下を睥睨し続けようとしたのである。

三御殿が併存した本丸中枢部

『信長公記』には、摠見寺毘沙門堂の舞台を見物し、表門（黒金門？）から三つの門を通り、天主下の白洲（庭園？）へと至る。白洲からは、階段（階）をあがってお座敷（本丸御殿）と、南殿へ行くことができたという記述がある。お座敷からは、廊下続き（渡廊下）で御幸の間へ、南殿からは江雲寺御殿へ行けることが判明する。また、台所口の近くに、厩があったと記されている。天主については、位置が確定しているが、それ以外は不明である。

現在信長廟のある伝二の丸跡に信長のお座敷（本丸御殿）が営まれていた可能性は高い。秀吉が一周忌に建立した廟は、秀吉が普段信長と会っていた場所にするのが普通の感覚で、あえて他の場所に建てる意味はない。信長の御殿が存在した場所だからこそ神聖かつ犯さざる場所となったのである。

曲輪面積においても、伝本丸御殿を凌ぐ規模となっている。伝二の丸跡に本丸御殿が営まれていたなら、ここに御幸の間があったことになる。すると、伝本丸御殿を南殿、一段高い伝三の丸が消去法で江雲寺御殿ということになる。

本丸取付台には、本丸御殿と江雲寺御殿を結ぶ渡廊下を兼ねた施設が推定される。おそらく、天主を含めこれらの建物群は外へ出ることなく、接続していたと考えられるのである。

安土城天主の復元イラスト

安土城は不等辺七角形の天主台の上に載っており、複雑な屋根の構成をしていた。また、黒・朱・金・群青と色が塗られており豪華絢爛な城だった。

安土城の金箔瓦

主要部からは多くの金箔瓦が出土している。紋様の凹面部にのみ金箔を貼っているのが特徴である。(安土城考古博物館蔵)

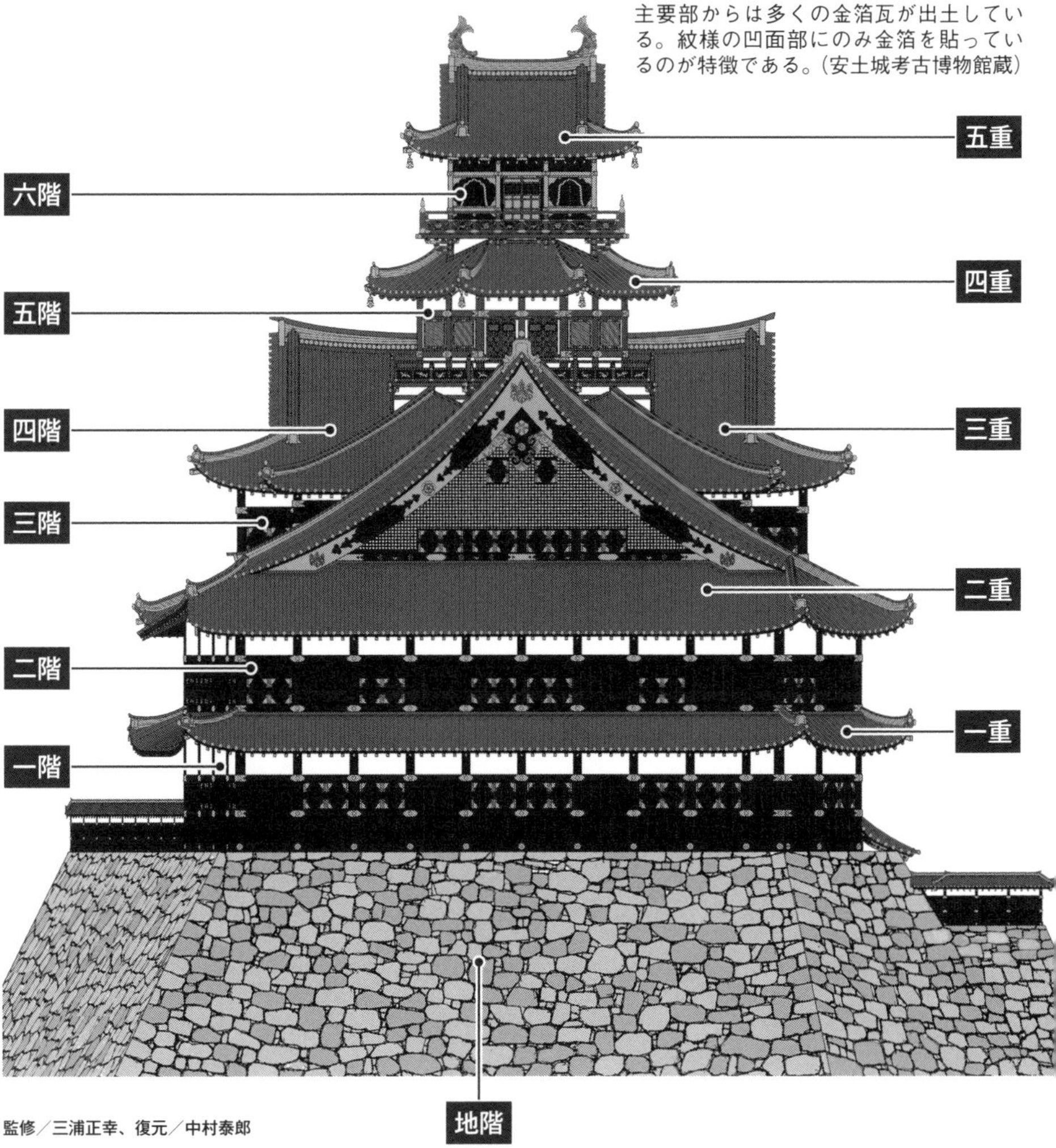

監修／三浦正幸、復元／中村泰郎

安土桃山
信長⑤

新たな支配体制の確立

信長の城郭政策

ポイント

● 信長が城の許認可権を持つことで、新城築城を新たな価値観とした。
● 信長が認可した城に、北庄城・宮津城・姫路城がある。

「見せる城」への変化

安土城の誕生によって、戦闘・戦略一辺倒だった城が、政治的目的を持った「見せる城」に変化し、信長の権威を知らしめる象徴になった。これ以後、織田分国内に新技術の城が構築されていく。新技術を駆使した城の誕生は、旧支配体制の崩壊と、織田政権の拡大・確立を告げる一大モニュメントとなった。ここに軍事一辺倒から脱却し、政治的目的を付加された居城を中心とした大名領国制の萌芽が見られるのであった。

新城構築の許認可

信長は、新城築城の許認可権を一手に握り、①位置・場所の決定、②規模、③作事及び普請の主体者と協力者、④天守構築の有無、⑤瓦の採用、⑥石垣の使用という細目にわたるまでの命令を下した。完成後には、信長直臣による検分を実施し、命令通りに築かれたかの完成検査があった。この許認可制度創設によって、配下の武将には領地以外の褒賞が生まれたことになる。比類なき働きが認められた場合の褒賞は、領地加増に加え、新城築城許可が加わった。

新城も、天守構築が許されるか、瓦使用が許されるかという特別な恩恵が加味されており、当然それは城郭規模にも反映されていた。記録で判明するのは、**北庄城**（福井県福井市／柴田勝家）、**宮津城**（京都府宮津市／細川藤孝）、**姫路城**（兵庫県姫路市／羽柴秀吉）の三城である。

フロイスの『日本史』には、安土城内の屋敷構築について「もっとも立派で大いなる邸を建てた者ほど、多くの手柄をたてたことになった」とあり、当然領地も、城郭規模も同様であった。織田領国拡大に伴い家臣に与えられた褒賞は、一に領地、二に新城構築許可という名誉であり、その城には、天守構築、瓦使用という付加価値が付随し、誰もが大いなる城を築くことを願ったのである。

信長家臣が築いた主な石垣の城

安土城築城以降、信長は家臣に石垣の城の築城・改修を命じた。これらの城には、瓦葺の高層建造物が築かれた。

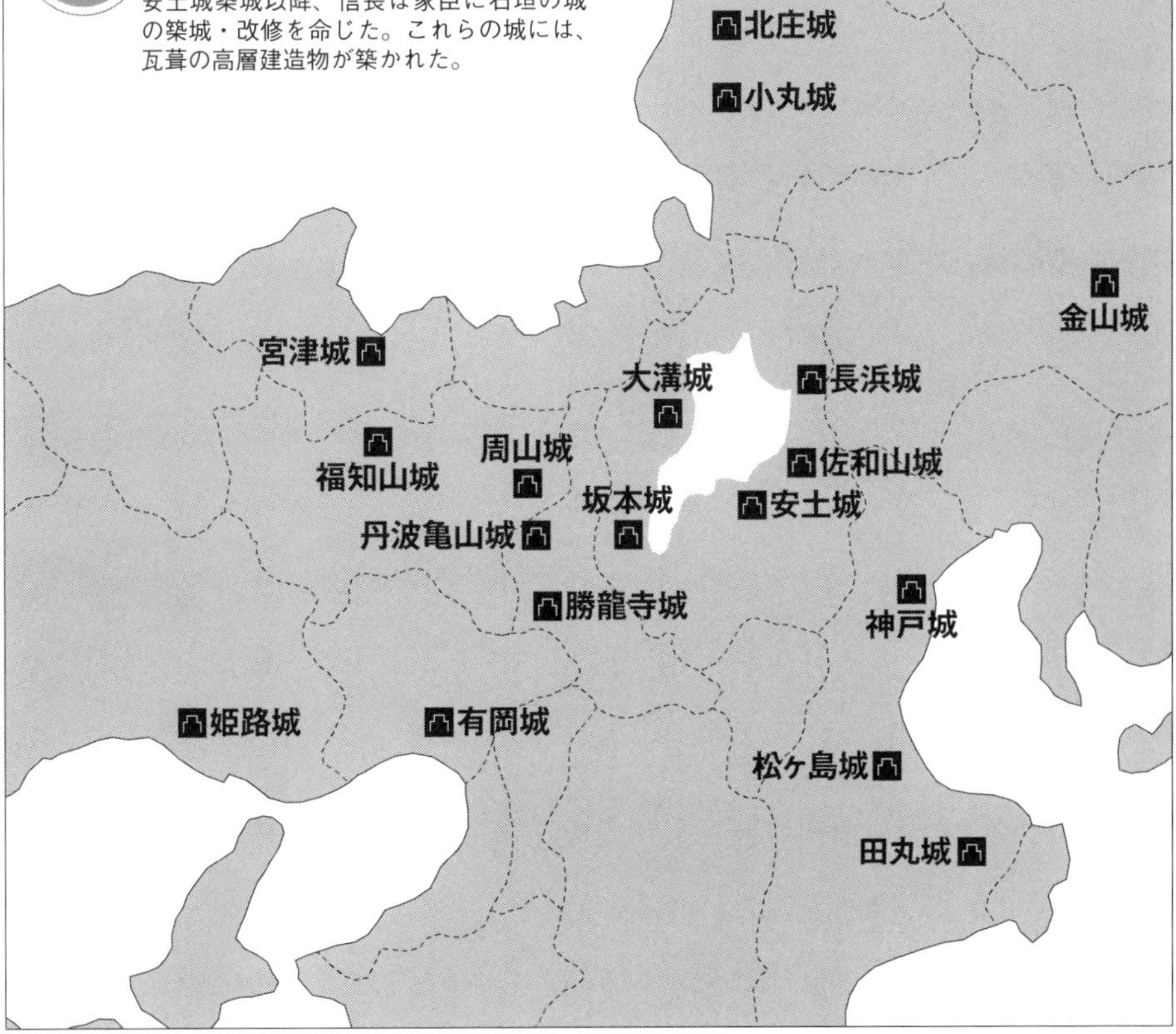

大溝城天守台の石垣

大溝城は信長の甥である、津田信澄によって築かれた。石垣は天正期の野面積である。縄張は明智光秀によるという。

勝龍寺城の軒丸瓦

勝龍寺城で出土した軒丸瓦と、坂本城で出土した軒丸瓦は同じ型（范）で造った同范瓦であり、同じ技術者集団が製作したと思われる。（長岡京市教育委員会蔵）

安土桃山 秀吉①

秀吉時代の大坂城

安土城に次ぐ「見せる城」

ポイント

- 秀吉は信長の正統な後継者となるため、豪華な「見せる城」大坂城を築いた。
- 豊臣大坂城は大坂夏の陣の敗北で埋められ、その上に徳川の城が築かれた。

安土城を凌駕した豊臣大坂城

天正一〇年（一五八二）、信長、信忠が本能寺の変で横死すると、逆臣・明智光秀を倒した羽柴秀吉が後継争いに名乗りを上げた。

翌年、秀吉は、信長の後継者たる地位を天下に示すためと、統一事業の拠点とするため、大坂の地に新城築城の一大工事を起こす。**大坂城**（大阪府大阪市）を完成させる最大の目的は、自分が織田政権の正当な後継者であることを内外に知らせることであったため、築城工事は急ピッチで進められた。

新城は、全てにおいて**安土城**を凌駕しなければならなかった。秀吉は、一日も早く安土城を超える城を完成させるため、配下の武将に工事を分担し手伝うことを命じている。いわゆる「普請加役」である。これにより、畿内及び周辺諸国から、数万人の普請人夫が集められ、割普請による築城が開始され、一年半という短期間で主要部が完成を見た。だが、安土城を凌駕した城も、完成からわずか三〇年、大坂夏の陣によって灰燼に帰してしまった。そのため、その姿かたちははっきりしない。

金と黒を基調にした天守

ほとんど資料が残されていないが、徳川幕府の初代京都大工頭・中井正清の描いた『中井家本丸図』では、天守は本丸北東隅に単独の天守台を持つことなく描かれている。『大坂夏の陣図屏風』などから外観五重、内部は地下二階、地上七階の九階建てであったと推定される。

金と黒を基調とし、外壁の下見板は、黒漆をふんだんに塗り重ねた高級漆器のような仕上げで、飾り金具、鯱瓦や飾り瓦、軒先の瓦などには黄金がふんだんに用いられていた。最上階の壁には、黄金の鷺の彫刻が舞い、高欄の下には黄金の虎が身構えていた。

また、秀吉は自ら好んで多くの来

大坂城の金箔押飾り瓦

大坂城で出土した金箔瓦。飾り瓦では写真の菊花紋と桐紋のものが大部分を占める。（大阪文化財研究所蔵）

秀吉時代の大坂城天守

『豊臣期大坂図屏風』第７扇の部分。平成18年（2006）にオーストリアで発見された屏風絵で、大坂の陣以前の平和な町並みと豊臣期大坂城を描いた貴重な屏風絵となっている。

豊臣・徳川の天守比較

豊臣大坂城は大坂夏の陣の敗北後の元和６年（1620）に完全に埋められ、その上に徳川天守が築かれた。徳川天守の高さは豊臣の約1.5倍で天下の交代を誇示するものだった。

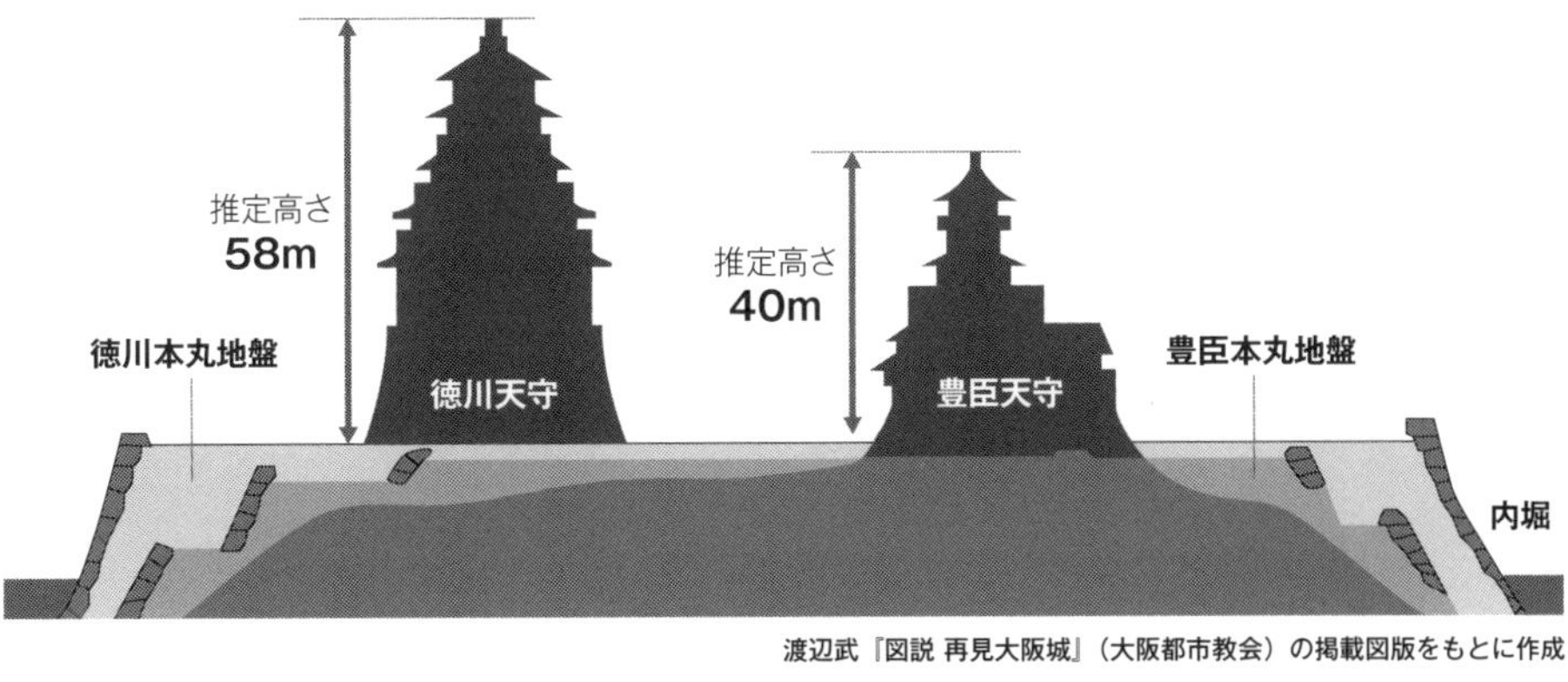

渡辺武『図説 再見大阪城』（大阪都市教会）の掲載図版をもとに作成

客に本丸内を案内してまわり、金銀の装飾にあふれた奥御殿の内部、大天守の各階に納められた財宝の山など、空前の富の集積を誇示して来訪者を驚嘆させた。

金箔瓦の使用

秀吉は、信長の生前、信長及び子息しか使用を許されなかった金箔瓦を大坂城で使用している。天守は言うに及ばず本丸の主要建築物にまで、金箔瓦が燦然と輝いていた。ルイス・フロイスの『日本史』によれば「屋根には軒瓦が取り付けられ、上部には黄金の鬼瓦が置かれ、角まで黄金であった。黄金色の瓦は、建物にいっそうすばらしい光彩を添えていた」とある。

事実、発掘調査では多種多様の金箔瓦が出土した。本能寺の変後に築城された**山崎城**（京都府大山崎町）で採用しなかった金箔瓦を、翌年には堂々とその居城に用いたのである。秀吉は信長とその子息のみ使用することができた金箔瓦を、己が居城に使用することによって、信長の後継者たる地位を、天下万民に示そうとしたのである。

大坂城の瓦は、安土城とは異なり多種多様なモチーフを持ち、かつ製作技法も異なっていた。安土城の瓦と比較すれば、雑でむらのある統一性に欠けた瓦でしかない。これは、多種多様な工人集団を集め、大規模で早い瓦生産をめざしたからに他ならない。秀吉は、統一性というより、一日も早く完成させるというスピードを最優先したのである。

「見せる城」の完成

前述の『日本史』にも「そして日本の歴史上未曾有の著名にして傑出した王侯武将といわれている（織田）信長の後継者となるに及び、可能なあらゆる方法によって自らを飾り、引きたたせようと全力を傾けた」と記述があり、当時の情勢を伝えている。大坂城の完成によって、秀吉は信長の正当な後継者となったことを、全国の大名及び一般大衆に知らしめようとしたのである。大坂城こそ、安土城をさらに発展させた「見せる城」の究極の完成形態となったのである。

大坂夏の陣によって豊臣家が滅亡すると、幕府は上方支配の拠点とするために、元和六年（一六二〇）より工事を開始し、寛永七年（一六三〇）に徳川大坂城を完成させる。あしかけ一〇年にわたる築城は、豊臣大坂城を地下に埋め、その上に盛土を施した大工事であった。石垣を含め全てが新しく造られ、豊臣期の再利用はまったく見られない。この工事によって、豊臣大坂城は地上から姿を消してしまった。

秀吉時代の大坂城本丸

下記の中井家の『本丸図』に準じた復元案。現在の大阪城本丸もこれを踏襲しているが、この時代の本丸のほうが腰曲輪があるなど複雑な造りだった。

『豊臣時代大坂城本丸図』（模写）

秀吉時代の大坂城の姿を最も正確に伝えるといわれる『豊臣時代大坂城本丸図』の写し。『本丸図』は江戸時代から幕府の京都大工頭を務めていた中井家に代々伝わるものである。（大阪城天守閣蔵）

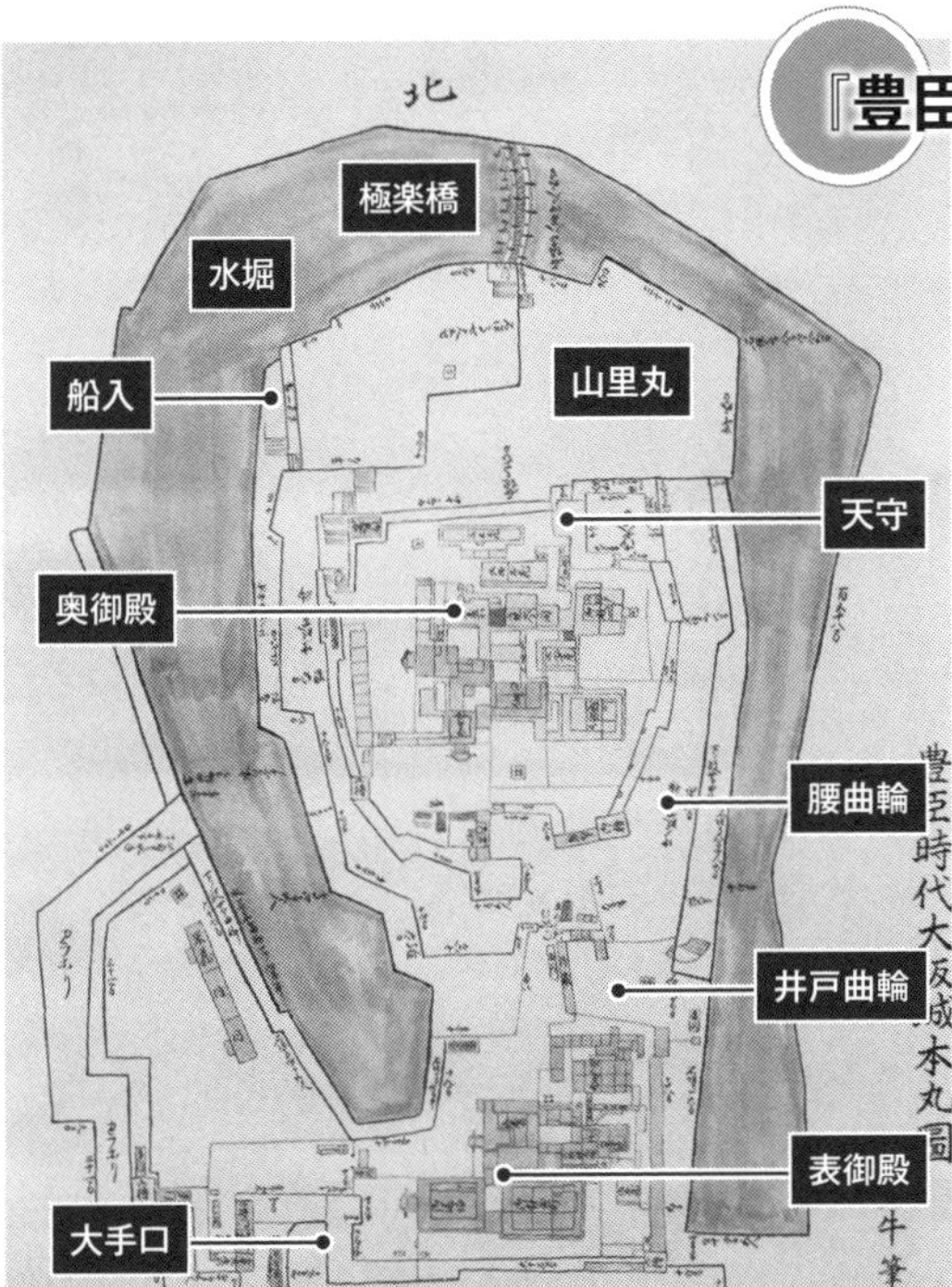

発掘された豊臣期石垣

平成 26 年（2014）に新たに発掘された豊臣大坂城の石垣。石材には建物の礎石や石臼なども利用されていた。　©岡 泰行

聚楽第と伏見城

京都周辺に築かれた豊臣政権の政庁

ポイント

- 秀吉は権力を誇示するために、京都に聚楽第を築いた。
- 隠居城として造られた伏見城は城下も豪華で、後の城下町の原型となった。

都に築いた聚楽第

大坂城本丸主要部がほぼ完成をみた天正一四年（一五八六）、秀吉は京都の旧内裏跡に**聚楽第**（京都府京都市）の築城を開始した。前年に関白に就任した秀吉は、都に豊臣政権誕生のモニュメントを築くことで、高らかに天下人・豊臣秀吉の地位を知らしめようと欲したのである。

城は、秀吉の甥の豊臣秀次が謀反の疑いをかけられ、秀吉の命により切腹した通称「秀次事件」の後で徹底的に破却されたため、遺構が残存している可能性は極めて低い。ただし、本丸で使用したと考えられる千数百点の瓦が出土し、かつての絢爛たる姿を垣間見せる。瓦は、新調された瓦だけでなく、周辺から集め再生した瓦も含まれているが、そのほとんどは金箔瓦である。中には、瓦当面の欠損した部分に金箔が貼られているものや、瓦全体が激しく摩滅しているにもかかわらず、金箔を貼るために使われた接着剤・漆が確認できるものも存在している。

このことから、廃城となった城の瓦を運び込み、金箔を貼ることで、聚楽第用の瓦として再生したことが判明する。聚楽第は、リサイクルによって、短期間での築城がめざされたのであった。

家臣の屋敷にも使われた金箔瓦

さらに驚くべきことは、聚楽第の周囲に築かせた配下の武将たちの屋敷にまでも金箔瓦が使用されていたことである。これはまさに、豊臣政権の経済基盤の豊かさを誇示するものであった。城が完成した天正一六年（一五八八）、後陽成天皇の行幸が実現する。諸大名は、天皇の前で秀吉への臣従を誓う起請文を提出した。秀吉は、諸大名以下の武家を、古代以来の官制に位置づけ、その頂点に立つことになったのである。そうして、ここに名実ともに豊臣政権が成立したのである。

発掘が進む聚楽第

市街地に埋もれた聚楽第だが、近年は発掘調査が進む。平成24年(2012)の調査では、本丸南堀の石垣が発見された。(京都府埋蔵文化財センター提供)

伏見城の石垣

増田右衛門尉郭南面に残る石垣。豊臣期大坂城と同じ石材質が使われていることが確認され、豊臣期の遺構であることが判明した。

二度築かれた隠居城・伏見城

文禄元年（一五九二）、秀吉は隠居城として、伏見指月に**伏見城**（京都府京都市）の建設を開始する。朝鮮出兵の傍ら、国内に残った武将たちによって工事は進められ、二年後には秀吉が入城、文禄五年（一五九六）に完成した。だが、完成直後に起きた慶長伏見地震によって倒壊。直ちに北東約一㎞の木幡山に新城築城を開始し、慶長二年（一五九七）に完成をみた。

伏見城下に建設された大名屋敷は、聚楽第の大名屋敷と同様に金箔瓦で飾られ、城下の大名屋敷地までもが絢爛な建物群であった。また、城下町は広大で、強制集住等により人口は六万余で、一部に土塁と堀を持つ惣構になっていたようである。この城下こそが、後の城下町の原型と考えられている。

安土桃山
秀吉③

小田原攻めと石垣山城

長期戦を好んだ攻め方と一夜城伝説

ポイント

- 秀吉は自分の兵が少なかったため、被害が少ない長期戦が多かった。
- 小田原攻めで築城された石垣山城は、関東初の総石垣の城だった。

秀吉が多用した長期戦

秀吉が多用した城攻めは、兵糧攻め、水攻めという長期戦で、小田原合戦時の**山中城**（静岡県三島市）攻めにみられるような力攻めは極端に少なかった。秀吉は、中国方面軍の指揮者ではあったが、自前の兵力は少なく、大部分が寄騎もしくは信長からの派遣軍であった。そのため、兵を消耗する危険性の低い戦術を取らざるを得なかったのである。

こうした戦術は、被害が少ないものの、包囲網を続けるための武器・食糧などの周到な準備や、補給路の確保が重要であった。毛利元就や上杉謙信、武田信玄も時間的制約や物資不足から、城を陥落させられずに撤退している。秀吉は、常にこの長期戦を成功させており、戦国最後の合戦も包囲戦となった。

笠懸山に本陣を築城

天正一七年（一五八九）、秀吉が裁定した上野の**沼田城**（群馬県沼田市）処分を無視したことを理由に小田原攻めが決定。翌年、総勢二二万の大軍が北条領国へと侵攻した。箱根峠を越えて、早雲寺に本陣を据えた秀吉は、**小田原城**（神奈川県小田原市）を見下ろす笠懸山に登り、陣城構築を決定すると共に、小田原城を完全に囲い込んだのである。

この陣城は、周囲の樹木を残した状態で、急ピッチで築城工事が進められたため、籠城中の北条方はまったくその動きを掴めないでいた。わずか三ヶ月余りで居住可能な状態になると、直ちに秀吉が本陣を移設。秀吉入城と同時に、周囲の樹木が伐採された。豊臣の大軍に四方を囲まれた北条軍が、朝目覚めて西を眺めると、向かいの山に忽然と城が出現していた。『北条記』には、「小田原勢肝をつぶし、こは関白は天狗か神か、かやうに一夜の内に見事なる屋形出来けるぞや方々」と記している。たった一夜のうちに、従来の常識を

小田原城攻め進軍ルート

秀吉は北、南の海上、そして東海道の３方向から北条氏を攻めた。

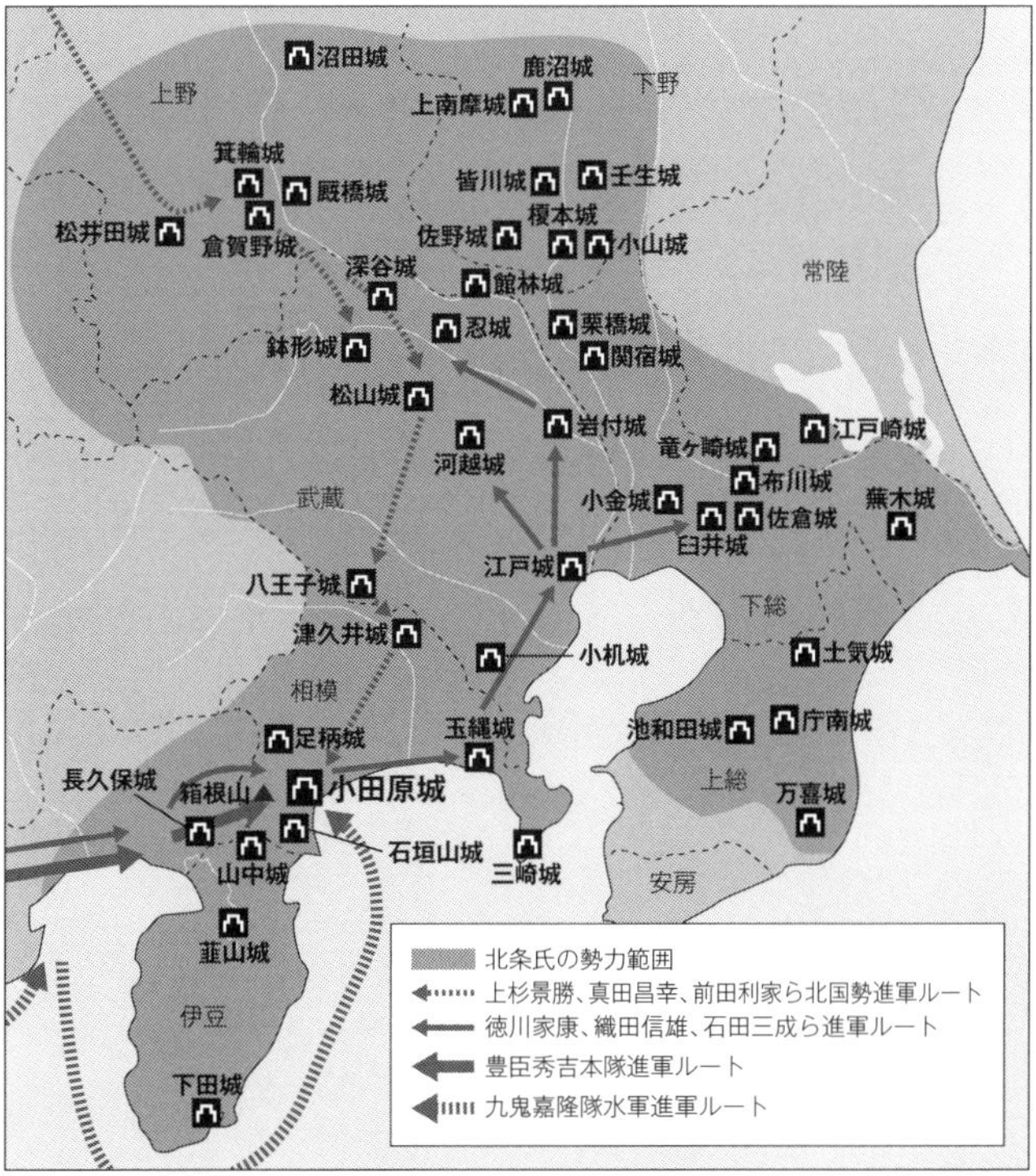

小田原城の八幡山古郭

北条早雲が入城する以前の大森氏時代から、小田原城の主郭だったとされる曲輪跡。近世以降の本丸とは場所が異なる。

覆す規模、そしてかつて関東の誰も見たことのない石垣、瓦葺建物を持つ城が姿を現したため、北条勢の誰もが肝をつぶし、ここに一夜城なる伝説が生まれた。この城こそが、関東初の総石垣の城・**石垣山城**（神奈川県小田原市）であった。

　石垣山城は小田原攻めのための秀吉の本陣として築かれた陣城であるが、総石垣とし天守を築き上げ、御殿や茶室を備えた本格的城郭の体裁であった。石垣の石材は、笠懸山から調達し、瓦は在地の粘土から焼き上げたことが、最近判明した。秀吉は当時関東に存在しない技術を使用し、新たな城を築いたのである。そのために、上方から技術者集団を招聘し、城の構築にあてた可能性が高まっている。

石垣山城の構造

石垣山城は、眼下に小田原城や足柄平野、相模湾が一望される標高二六〇mの丘陵頂部一帯を利用して築かれた。江戸城普請のために石材が持ち去られ、さらに関東大震災等により、大半の石垣が崩れ落ちてはいるが、かつての姿は留めている。

　頂部にほぼ方形の本丸（本城曲輪）を置き、北下に二の丸（馬屋曲輪）、三の丸（北曲輪）と続き、二の丸と三の丸の東下に井戸曲輪が設けられている。東側に、上・中・下段と三段に分かれた東曲輪と南曲輪、南に西曲輪、その下段に配された大堀切を挟んで出曲輪が置かれる巨大城郭で、中枢部は全て高石垣によって築かれていた。天守台は、本丸南西隅に突出するように構えられているが、石垣の崩落が激しく旧状ははっきりしない。本丸は、北と東に門が配され、北門が大規模な枡形虎口となっている。本丸には点々と礎石が残り、北政所に宛てた書状「大ところてき申やかてひろま（広間）てんしゅ（天守）たて可申候」にみられる御座所や御殿の遺構と考えられている。

　特筆されるのは井戸曲輪で、四方を石垣で囲い込み、中央を掘り窪めて谷の湧水を利用した井戸である。巨大な規模の遺構で、井戸まで石段が続く。大手口は、東側の東曲輪と南曲輪に挟まれた通路上が想定されるが、破壊が著しく本来の姿が見えてこない。

　石垣山城は、豊臣領国の拡張に伴う城ではなく、小田原攻めという有事が生んだ一事象でしかなかった。戦後、豊臣領国となった駿河・遠江・三河には、石垣・天守・瓦葺建物を持つ城が次々と出現することになる。だが、徳川領国となった関東に、同様の城が出現するまでには、さらに二〇年の歳月を待たなければならなかった。

石垣山城本丸の眺望

石垣山城から小田原城までは約2.6kmほどしかなく、秀吉はここから小田原城を睥睨したと伝わる。小田原城だけでなく、その先には相模湾も見わたすことができる。

石垣山城の井戸曲輪

枡形に高石垣を配した方形の空間に湧水を貯めて井戸とした。野面積の石垣が良好に残っており、現在も水は湧き続けている。

石垣山城南曲輪の石垣

南曲輪の高石垣も良好に残る。関東大震災で天守台をはじめ城内の多くの石垣が崩れた中、この石垣は築城当時の姿を留めている。

安土桃山
秀吉④

全国に広がる「見せる城」
秀吉の城郭政策と金箔瓦

ポイント

- 豊臣政権下で金箔瓦の使用が認められたのは、金沢城・駿府城など計一六城。
- 金箔瓦の使用には、天下統一後の秀吉が家康や明を牽制する目的もあった。

豊臣一門の城と金箔瓦

大坂城・**聚楽第**完成後、豊臣一門衆の居城にも金箔瓦が採用される。その年代が、秀吉の関白叙任と一致するため、叙任が契機となったことはほぼ確実である。信長の生前、信長と子息以外の使用が認められることのなかった金箔瓦を、豊臣（羽柴）一門が使用したことは、豊臣家こそが正当な後継者たる地位を得たことを、天下に示すための示威行動の一つであった。

一門衆の城とは、甥・秀次の**八幡山城**（滋賀県近江八幡市）・**清須城**、弟・秀長の**和歌山城**（和歌山県和歌山市）・**大和郡山城**（奈良県大和郡山市）、甥・秀勝の**大垣城**（岐阜県大垣市）、宇喜多秀家の**岡山城**（岡山県岡山市）、浅野長政の**甲府城**（山梨県甲府市）などで、豊臣一門に連なる武将たちがその居城にこぞって金箔瓦を使用したのである。

金箔瓦の展開

小田原攻めを成し遂げ、名実共に天下統一が完成すると、金箔瓦も従来の織田・豊臣独占から異なった様相を示すことになる。

織田・豊臣以外の城で金箔瓦使用が認められるのは、**山形城**（山形県山形市）、**会津若松城**（福島県会津若松市）、**沼田城**（群馬県沼田市）、**上田城**（長野県上田市）、**小諸城**（同小諸市）、**松本城**（同松本市）、**駿府城**（静岡県静岡市）、**金沢城**（石川県金沢市）、**北庄城**（福井県福井市）、**高槻城**（大阪府高槻市）、**広島城**（広島県広島市）、**小倉城**（福岡県北九州市）、**中津城**（大分県中津市）、**麦島城**（熊本県八代市）、**日之江城**（長崎県南島原市）、**佐土原城**（宮崎県宮崎市）の一六城である。これについては、織田・豊臣一門衆と移築による金箔瓦の移動が確実な城（**松坂城**、**名古屋城**、**彦根城**、**大津城**、**唐津城**）及び、確実に秀吉逝去以後の使用で、豊臣政権による規制との因

金箔瓦が使用された豊臣政権下の城一覧

徳川領に隣接する国に、包囲網を築くように沼田城・上田城・小諸城・松本城・駿府城などが位置している。

駿府城の金箔瓦

駿府城から出土した軒丸瓦。2019年度の調査で、多量の金箔軒丸瓦・軒平瓦・鯱・鬼瓦・飾り瓦が出土している。（静岡市教育委員会蔵）

広島城の金箔鯱瓦

平成20年（2008）、城内の井戸からほぼ完全に近いかたちで出土した鯱瓦。ひれや歯などに金箔が残る。（広島城蔵）

果関係を見出せない城（**仙台城**、**小高城**、**熊本城**）は除いている。さらに、時期がはっきりしない**江美城**（鳥取県江府町）、は、共伴する瓦が、慶長期の特徴を示していることから、豊臣政権の規制の範疇外と判断した。

金箔瓦使用の目的

金箔瓦が確認された一六城の城主について官位や出自等の、共通項は見出せない。現時点で判明することは、地域の拠点城郭に限って使用されているということである。一六城の使用金箔瓦を見ると、一門と同様の軒丸瓦・軒平瓦までもが金箔瓦であった城は、山形城、会津若松城、金沢城、駿府城、小諸城、広島城の六城で、他の一〇城は、鯱・鬼・飾り瓦の役瓦のみの金箔使用である。金沢城が一門同様であったことは、前田利家が豊臣政権内部で最も信頼されていた証であろう。山形城は、秀次と駒姫の関係からと思われる。会津若松城、広島城は、共に東北、中国地方の政権の拠点城郭である。駿府城、小諸城については、石高も低く、純粋にその立地から一門同様の金箔瓦葺きが命令された可能性が高い。両城共に主要街道である東山道、東海道沿いの、豊臣領国の端に位置する城だ。加藤光泰が、朝鮮から甲斐府中の居城修築について命令した手紙に「太閤様より、御国端に付き存分な城を築けと言われた」とあるように、豊臣政権にとって領国境（御国端）の重要な場所であったためであろう。また、徳川領を越え豊臣領国に入った最初の拠点城郭であることも、重要ポイントだ。徳川領を越えて、東海道、東山道を通行する東国の武将、一般民衆達に視覚から豊臣政権の財政基盤の豊かさと安定した統一政権の存在を誇示したのである。豊臣領に入ると、燦然と輝く豪華絢爛な城が聳え立っていたという事実が重要であった。そのための金箔瓦であり、天守の存在だったのである。金箔瓦使用城郭のうち、三分の一以上にあたる六城が、徳川領と接する国に位置しているのも興味深い。また京都から肥前名護屋へと至るルート上の城は、金箔瓦使用の寺社を含め、秀吉西進ルートを飾るためでもあり、逆に、朝鮮・明からの使節に見せるためと考えられる。

金箔瓦使用の真相

秀吉は、金箔瓦を使用した豪華絢爛な天守を全国の拠点に配置し、確固たる経済基盤に裏打ちされた統一政権の誕生をアピールした。併せて、徳川配下の武将や明からの使節にも誇示しようするなど、豪華絢爛な城を抑止力として最大限利用したのである。

豊臣政権下で築かれた城の石垣

会津若松城の天守台

蒲生氏郷は 92 万石の大大名として会津若松城に入り、近世城郭として大改修を加えた。天守台はその時の遺構で、石垣の積み方には天正末～文禄期の特徴を示している。

小諸城の天守台

天正 18 年（1590）に仙石秀久が入城し構築。他の石垣よりも大きな野面石で構成されており、天守に使われていたとみられる金箔瓦が出土している。

広島城の天守台

天守は復元だが、天守台はこの頃毛利氏によって積まれたものが現存する。まだ技術が未発達で、石の形状が不揃いな野面積である。

大坂城に次ぐ圧倒的スケール

朝鮮侵略の本陣・名護屋城

ポイント

- 秀吉は朝鮮侵略のための陣城として、肥前に名護屋城を築いた。
- 名護屋は朝鮮侵略の期間中、常時二〇万人を有する一大都市だった。

朝鮮渡海の本陣築城

天正一九年（一五九一）、秀吉の希望を一身に集めた鶴松がわずか三歳で夭折。悲嘆にくれた秀吉は、性急に大陸出兵をめざすことになる。秀吉は朝鮮へ比較的容易に渡航させる港として、肥前名護屋の地に白羽の矢を立てた。人影もまばらな寒村を大本営とすべく、加藤清正・寺沢広高らを普請奉行に、九州諸大名による「割普請」（分担工事）で築城工事が進められた。工事開始から、わずか五ヶ月で主要部の大部分が完成、さらに突貫工事で八ヶ月後の文禄元年（一五九二）に**名護屋城**（佐賀県唐津市）が完成した。

早急な築城ゆえに構造などは工事途中に変更を加えながら実施され、さらに完成後にも改造を重ねていたことが、発掘結果から判明している。常時、四~五万人の人数を動員し完成した城は、陣城というものの、有力諸大名の居城をも凌駕する圧倒的な規模を誇り、**大坂城**に次ぐ規模であった。

空前絶後の陣城の姿かたち

城域は約一七万㎡にも及び、総石垣造で、屋根には燦然と金箔瓦が輝く五重天守を持ち、豪華絢爛な御殿建築、一〇基以上の重層櫓、茶室や能舞台までもが備わるもので、**伏見城**や**聚楽第**にも匹敵する豪壮な城となった。

空前の陣城の完成は、富と権力が全て秀吉に集中していることを天下に知らしめた。名護屋の地には、城だけでなく、諸将の陣屋約一二〇余が周囲に築かれ、常時二〇万人程が滞在する「京をも凌ぐ」一大都市となったのである。突如出現した新都市は、朝鮮渡海という軍事行動に伴うもので、朝鮮侵略が行われていた期間は、日本の首都として機能した程である。だが、朝鮮侵略の終了と共に雲散霧消する城と街だと誰もがわかっていた。

破却された天守台

かつては五重七層の壮麗な天守が築かれていた。天守台は徹底的に破壊され石材もほとんど残らないが、石垣の勾配が確認できる。

大手口の石垣

隅櫓と櫓門が建てられていたとみられる。島原の乱の後で一揆勢による立て籠りを防ぐために破却され、現在は石垣の隅部が崩されている。

文禄・慶長の役と倭城

朝鮮半島に築かれた実戦的な城

ポイント

- 文禄・慶長の役を通じて、慶尚南道の沿岸部に約三〇の倭城が築かれた。
- 枡形虎口、登り石垣など、防御性が高く主郭を守り抜く構造だった。

空前の海外派兵の実施

唐入り（大陸進出）を企てた豊臣秀吉は、文禄元年（一五九二）と慶長二年（一五九七）の二回にわたり、西国大名を中心に延べ三〇万人を動員する空前の海外派兵を実施した（文禄・慶長の役）。途中一時期の休戦を挟むものの、足掛け六年間に及ぶ派兵によって、豊臣軍は韓国国内に多くの城を築き上げた。この時、朝鮮半島に築かれた城を「倭城」と呼ぶ。

文禄の役では約一五万人が九軍団に分かれ半島を北上、またたくまに首都・漢城までの攻略に成功する。だが、明軍が参戦すると、大規模な反撃を受けてしまう。平壌を突破され、漢城撤収に追い込まれた豊臣軍は、半島南岸への築城を命じられた。築城は、本城一一、端城七と記録され、一八城が熊川より西生浦に至る慶尚南道に築かれることになる。

慶長の役では、全羅道制圧を最優先とし、戦況によって忠清道などへ侵攻する戦略であったため、新規に八城の築城が開始された。八城は「御仕置之城」と呼ばれ、東端は**蔚山城**、西端は**順天城**までとなる。文禄の役時に築かれた一八城、時期不明三城と併せ、都合三〇城程の城が豊臣軍によって構築されたことになる。

半島南沿岸部に築かれた城

倭城の大部分は、朝鮮半島南沿岸部に位置する。半島侵攻が目的である以上、日本からの補給基地が必要不可欠であった。さらに、戦局悪化による南部地域への撤収を余儀なくされたうえ、長期戦となったことによる駐屯基地の確保なども必要となり、日本から最も近い南沿岸部に城が求められたのである。

併せて、豊臣軍を苦境に追い込んだ李舜臣率いる朝鮮水軍への対応も含まれていたことは間違いあるまい。港湾を押さえたのは、豊臣軍の補給基地確保と共に、朝鮮水軍の補

倭城の分布地図

豊臣軍は釜山を拠点として、慶尚南道の南岸に多くの倭城を築いた。東端の蔚山城から西端の順天城までを防衛ラインに設定し、北進のための補給・駐屯基地にするとともに、敵方の補給路遮断の目的もあった。

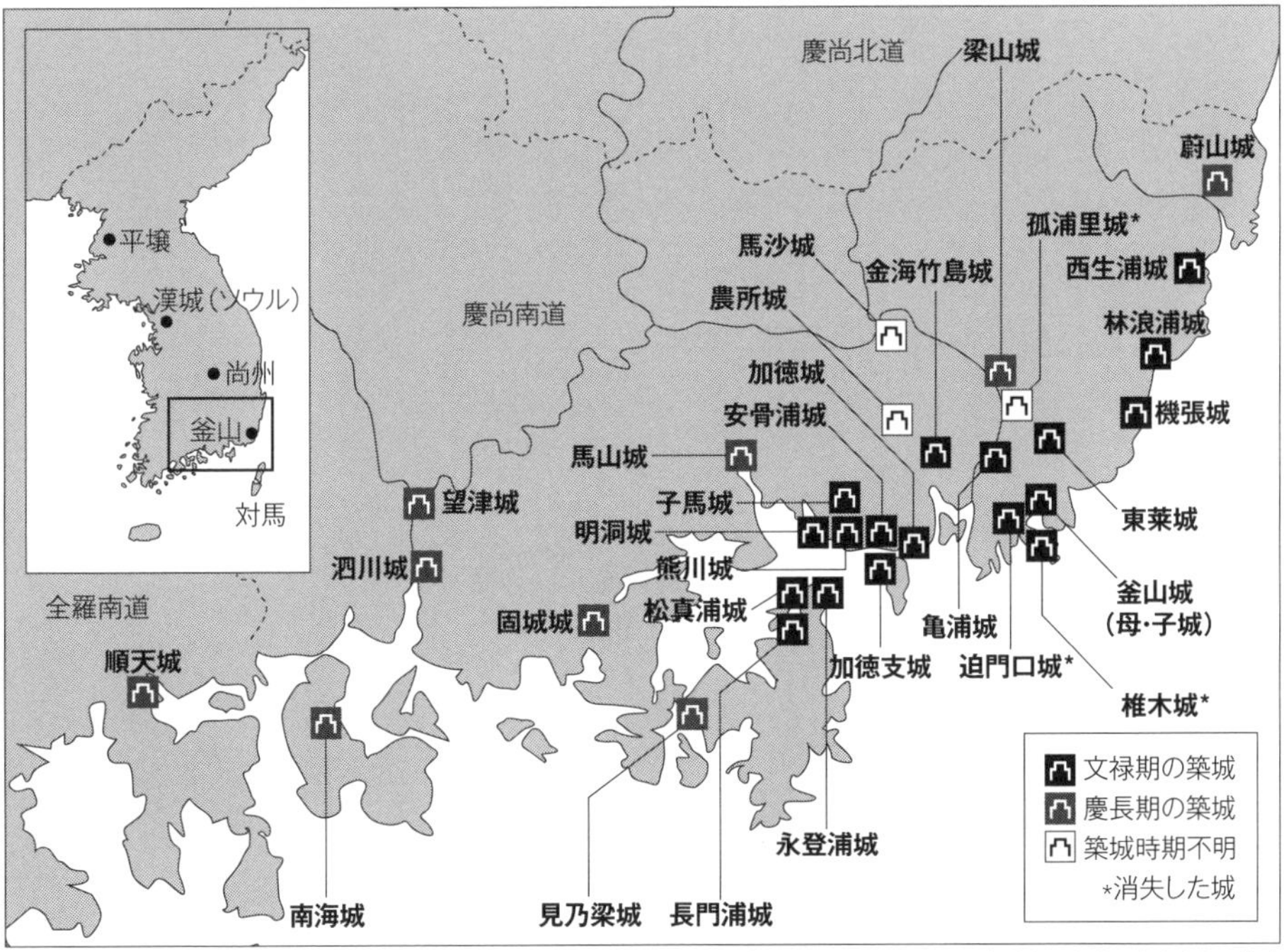

織豊城郭研究会編『倭城を歩く』（サンライズ出版）の掲載図版をもとに作成

蔚山城の高石垣

慶長の役で豊臣軍の主力を率いた加藤清正が縄張をして築いたとされる。城跡は鶴城公園となり、ハイキングコースも整備され市民に親しまれている。

西生浦城の石垣

文禄２年（1593）に加藤清正が築城したと伝わり、天守と推定される建造物の記録が残る。登り石垣などが残り、倭城の中でも残存状態のよい城の一つ。

給路遮断という目的もあった。朝鮮渡海は、文字通り渡海であり、水軍（船）が重要なポイントを占めていた。そのため、海岸だけでなく、川湊確保のため、洛東江（ナクドンガン）沿いの地にも城が構えられている。

倭城の構造

城の構造は、港湾施設を囲い込むような登り石垣を除けば、同時代の国内諸城との間に大差は認められない。最高所に主郭を配し、階段状に曲輪が配置されている。虎口（こぐち）は、喰違（くいちがい）、もしくは枡形（ますがた）を採用。特筆されるのは、曲輪内部に中仕切のための石塁（せきるい）が多く認められることである。これは、万が一の城内侵入に対する備えで、最終的に主郭に籠って徹底抗戦する構えが見て取れる。国外での戦いゆえの配置であろう。

また、城域への侵入を阻む遮断線の多さも特徴である。曲輪間が離れた場合は石垣ラインで接続し、外郭（がいかく）石垣の外側に横堀や土塁を配したり、山麓まで続く竪堀（たてぼり）を設けたりするなど、斜面進入に対して二重三重の備えが施されていた。敵国内での築城であり、極度の軍事的緊張下にあったことがよくわかる。

驚かされるのは、厳重な枡形虎口を構築したにもかかわらず、開口部を完全に石垣で埋め殺し、門を閉じていることである。いかに、朝鮮半島での明軍・朝鮮軍との戦いが過酷であったかを物語る事例である。明の従軍絵師によったとされる『征倭紀功図巻（せいわきこうずかん）』には、櫓や城門、狭間（さま）を持つ土塀などが描かれていることからも、国内城郭とほぼ同様の建物が建っていたことは確実である。

本城と端城

倭城には「本城」「端城」という機能差が存在していたことが文書等から判明する。三〇城程築かれた倭城の中心となった主城が**釜山城（プサン）**で、現在山頂の母城と釜山浦に面する独立丘陵上の子城とに分かれている。両城は本来一つの城で、登り石垣や石塁等で囲い込まれた大城郭が推定される。

次いで、港湾を有す地域拠点の城で、現存倭城の約半数がこれにあたり、「御仕置之城（おしおきのしろ）」と呼ばれていた。残りが、港湾や船舶の航行を監視するための城や、仕置の城を補完する目的を持った城などの小規模城郭になる。

朝鮮侵略は、財力・兵力を消耗させただけで何ら成果を上げることはできなかった。だが、国内にも山麓部まで囲い込む登り石垣の城郭が築かれ、明で発達した瓦の先端を垂直に垂らす滴水瓦（てきすいがわら）が導入されるなど、我が国の築城術に大きな変化をもたらしたのは事実である。

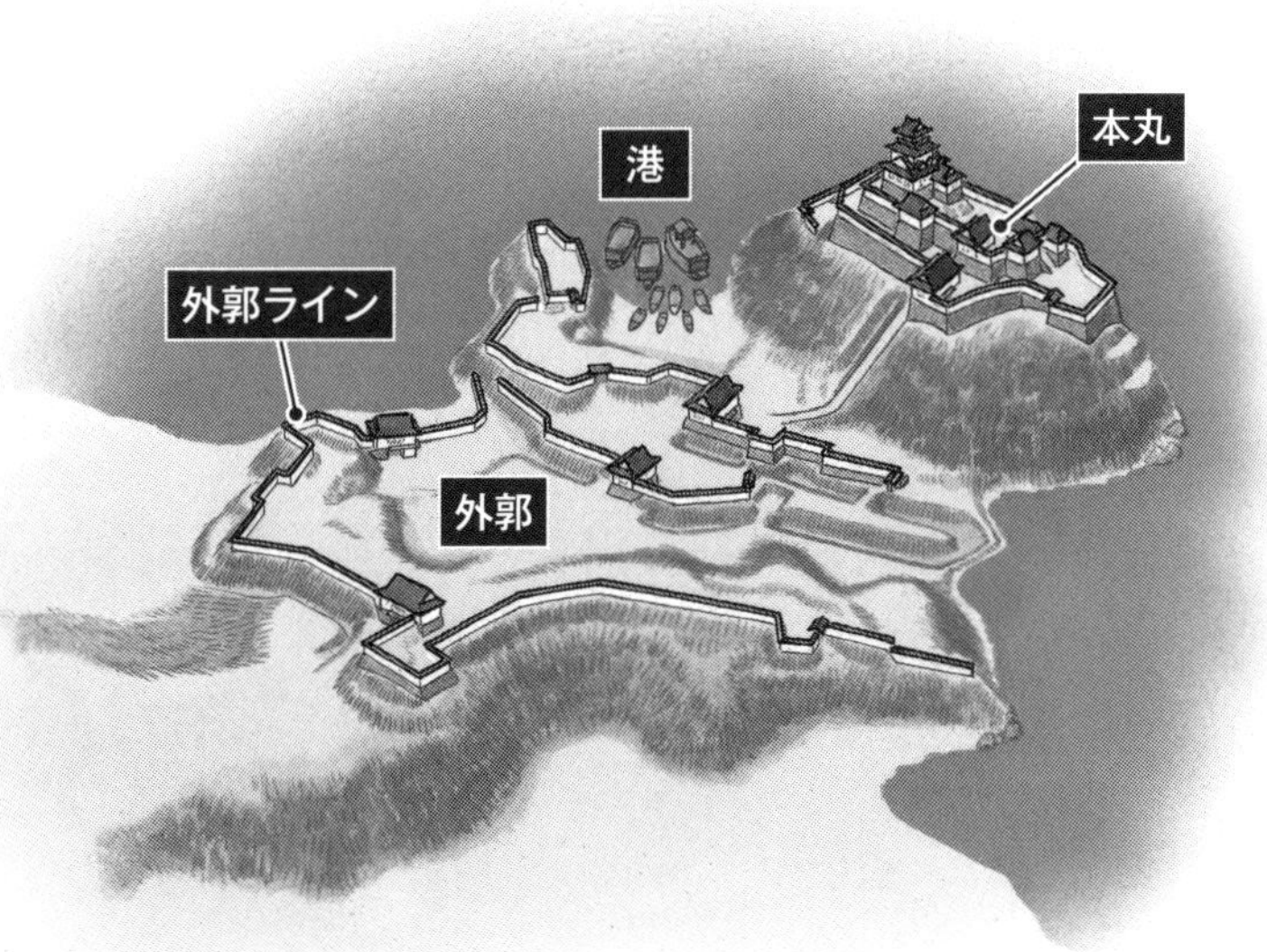

順天城のイメージイラスト

「御仕置之城」であり、最も西に位置した順天城は、兵員や物資の上陸、補給路の確保、侵攻拠点などの役割があった。大軍が駐屯したため長い外郭ラインを持っており、本丸は海に突き出した最奥部に構えられた。

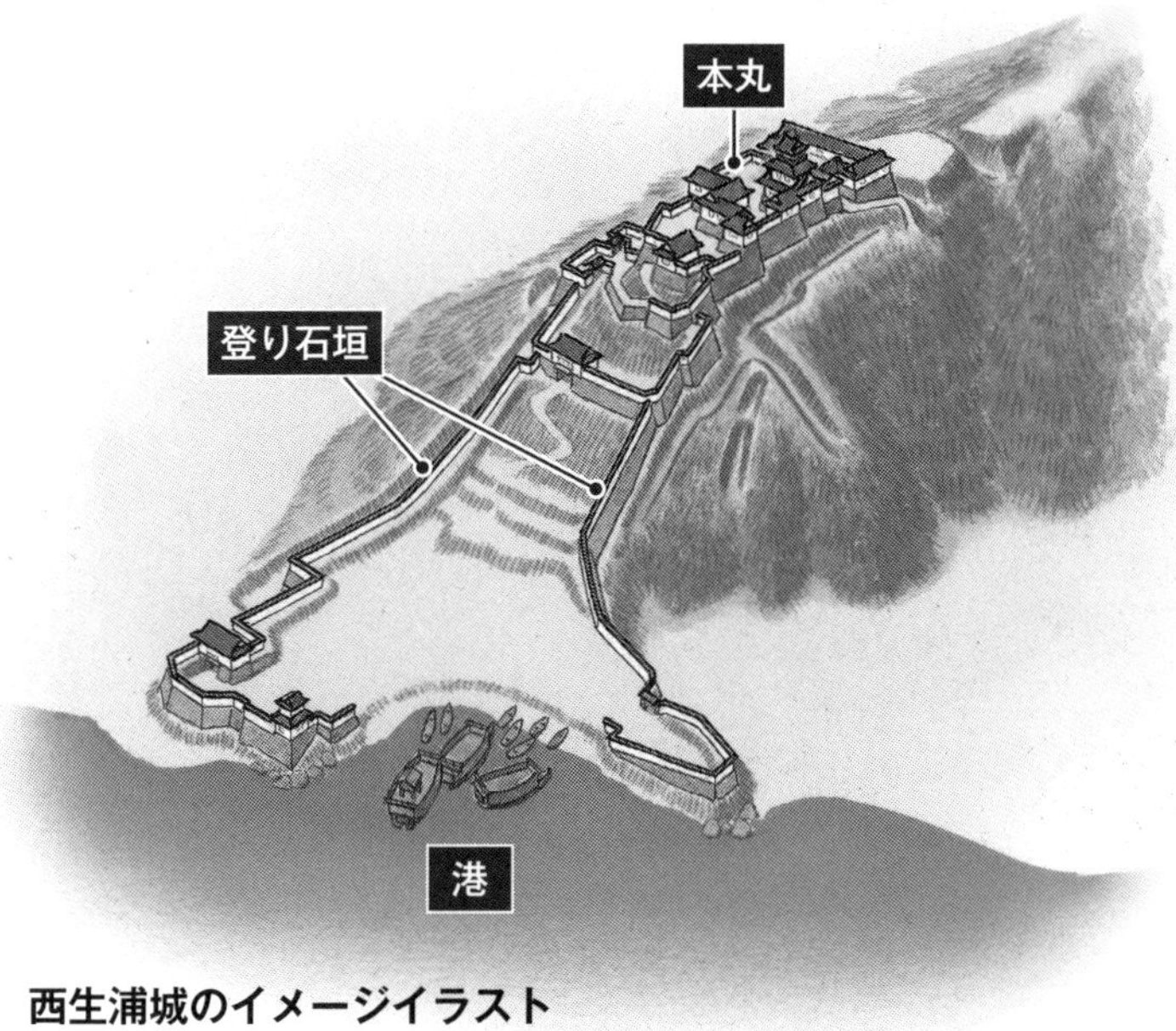

西生浦城のイメージイラスト

前線に位置していたため、敵方の攻撃を想定した実戦的な縄張が特徴。山上の本丸と港に面した曲輪を登り石垣によって一体化させている。また、登り石垣と並行して横堀を走らせ、竪堀や堀切によって本丸の防御とした。

安土桃山時代

天下分け目の戦いでの城の役割

関ヶ原の戦いと城

ポイント

- 三成は、尾張と伊勢を結ぶラインで東軍を阻止するため大垣城に入った。
- 南宮山に築かれた陣城は、大垣方面に向け防衛施設が築かれている。

関ヶ原の戦い

慶長五年（一六〇〇）、徳川家康を総大将とする東軍と、毛利輝元を総大将に石田三成が中心となって指揮を執った西軍が関ヶ原で激突。東軍・西軍の中心となった諸将の多くは豊臣恩顧の武将で、実質は秀吉亡き後の政権内の勢力争いであった。

両軍併せて約一七万といわれる軍勢が戦った戦国史上最大の合戦であったが、わずか半日で決着がつくという誰もが思いもよらぬ結末となってしまった。

当初三成は、尾張と伊勢を結ぶラインで東軍の西上を阻止する構えであったが、**大垣城**（岐阜県大垣市）に入ることとなったため、ここに籠城し対抗することにした。

籠城戦で家康軍を引き付けている間に、**大坂城**（大阪府大阪市）から毛利輝元、あわよくば豊臣秀頼を後詰めに出陣させ、東軍諸将の戦意喪失と挟撃をねらったのである。

松尾山と南宮山の陣城

関ヶ原の戦いで勝敗の鍵を握ったのが**松尾山城**（岐阜県関ヶ原町）に入り東軍に寝返った小早川秀秋である。松尾山は浅井氏、織田氏時代に国境警備のための城が置かれていた。三成はこの城を改造し、毛利輝元を入れ西軍の本営にしようとした。

土塁囲みの本丸には櫓台と内枡形虎口が残り、東方に延びる二本の尾根筋には、横矢を掛けるために折れを設けた土塁囲みの曲輪が階段状に配される。また、**南宮山**（岐阜県垂井町）に毛利秀元が築いた陣城も、南東方向の大垣に向けて堀切、竪堀、土塁が構えられていた。

大垣城を攻める東軍に対し、松尾山に毛利輝元が後詰めとして睨みを利かせ、南宮山から背後を突こうとしていたのである。こうした陣城の配置を見ると、三成が関ヶ原ではなく大垣を主戦場とした戦いを想定していたことが判明する。

関ヶ原の戦いの配陣図

岐阜城を落とした東軍は、美濃赤坂に進出、岡山に本陣を置き、大垣城や南宮山の西軍と対峙した。その後西進する構えを見せたため、西軍の石田三成は、大垣城を出て関ヶ原に布陣。東軍も関ヶ原に進軍し、合戦の火蓋が切られる。

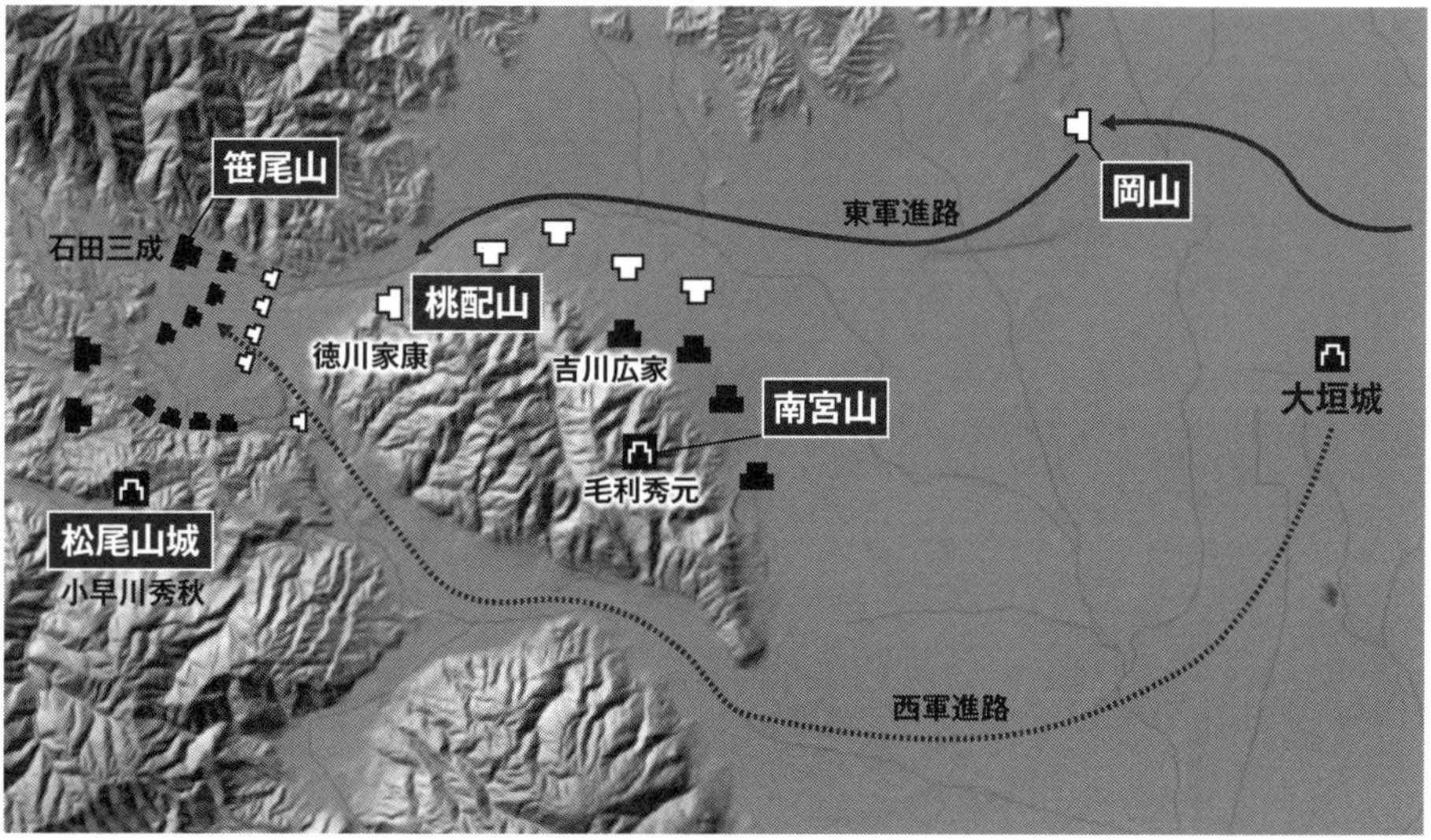

松尾山城の虎口

松尾山城には、土塁や曲輪などの遺構がよく残されている。山頂の主郭の周囲には土塁がめぐり、主郭南東には内枡形虎口が残る。

松尾山から関ヶ原を望む

松尾山の山頂からは、合戦が行われた関ヶ原がよく見渡せる。また、三成が本陣を置いた笹尾山も望むことができる。

城あと発見！

史上最多重階の天守がそびえる

駿府城天守台

静岡市は、平成28年度（2016）～令和元年度（2019）まで４年間をかけて天守台全体の発掘調査を実施した。この調査で、慶長期（再建された第二期駿府城）の天守台規模が、残存部の上端で約61×68ｍであることを確認し、我が国最大規模の天守台であったことが裏付けられた。旧陸軍築城本部の実測図によれば、天守台は大天守部分が石垣天端で約50×48ｍである。

今回の調査で、天守台南辺が本丸と接続する部分も確認した。本丸側の石垣は、現地表直下で検出され、約5.8ｍの高さで残っていた。場所によって、石垣の残存度は異なるが、概ね半分以上が破壊を受けていた。法面等から天守台を復元すれば、ほぼ50×48ｍと実測図通りであろう。

石垣の高さは、水際から９間４尺（約19ｍ）、堀の深さが約２ｍと考え21ｍ程度、本丸内からは6間１尺5寸（約12ｍ）とある。

また、『駿府城御本丸御天守台跡図』（静岡県立中央図書館蔵）には、天守台内部に井戸が描かれている。今回の発掘調査によって、天守台中央からやや北東の位置で、石組の井戸も検出され、絵図の正確さが証明された。

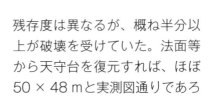

駿府城公園から検出された天守台。北西隅角の北側と西側の石垣が非常に丁寧に積まれていた。

第1部
歴史編

第5章 近世の城

江戸時代

安土桃山〜江戸時代

城郭建築技術のめざましい進展

慶長の築城ラッシュ

ポイント

- 自領を守備するための一国城塞化が、「慶長の築城ラッシュ」を生み出した。
- 大名らは国境付近に支城網を築いて、新領地の防衛に備えた。

関ヶ原の戦い後の居城新築

慶長五年（一六〇〇）の関ヶ原の戦いの功によって、増封と新領地を得た豊臣恩顧の大名たちはこぞって居城新築・大改修を実施した。

いまだ**大坂城**には秀吉の遺児・秀頼が健在であったが、いつ第二次の関ヶ原の戦いのような戦が起きても不思議ではない状況であったため、各大名たちはこぞって大城郭を築き上げていった。

また、関ヶ原の戦い時の寝返りの数々は、諸将に疑心暗鬼を生み、国境警備の城が築かれた。自領を守備するために一国城塞化をめざしたのである。それが「慶長の築城ラッシュ」を生んだ背景となった。

豊臣恩顧の中心的大名である福島正則、加藤清正は、領内に多くの巨大城郭を築き上げ、一国防備を確実なものとした。黒田長政は、虚飾を排した軍事一辺倒の支城網によって、国境を固める方策に出ている。彼らの築城は、あまりに軍事機能を拡充させすぎ、過剰防衛と呼べる程であった。

今まで経験したことのない大軍勢による戦闘がシミュレーションされ、それに耐え得る城をめざした結果、軍事面に特化された城が生まれたのである。

複雑化され完成した防御ライン

次々に築かれた城は、規模の大小はあれ、いずれも極度に軍事的色彩が強く、朝鮮渡海の厳しい経験で得た橋頭堡としての役割や、**洲本城**（兵庫県洲本市）など山上と山麓を一体化させた城も誕生した。また、関ヶ原合戦時の攻城戦の経験を生かし、**姫路城**（兵庫県姫路市）などの広大な外郭ラインを持つ城も見られる。

熊本城（熊本県熊本市）は、巨大な天守・櫓を構え、高石垣をフルに利用し、ラインを構築、そのラインは、複雑な折れを持ち、さらに多重に折り重なっている。この複雑なラ

黒田六端城

黒田長政が、国境を守るために築いた６つの出城は「黒田（筑前）六端城（ろくはじょう）」と呼ばれる。出城は、本城である福岡城より東に築かれ、細川領と接する形で防衛ラインが築かれている。

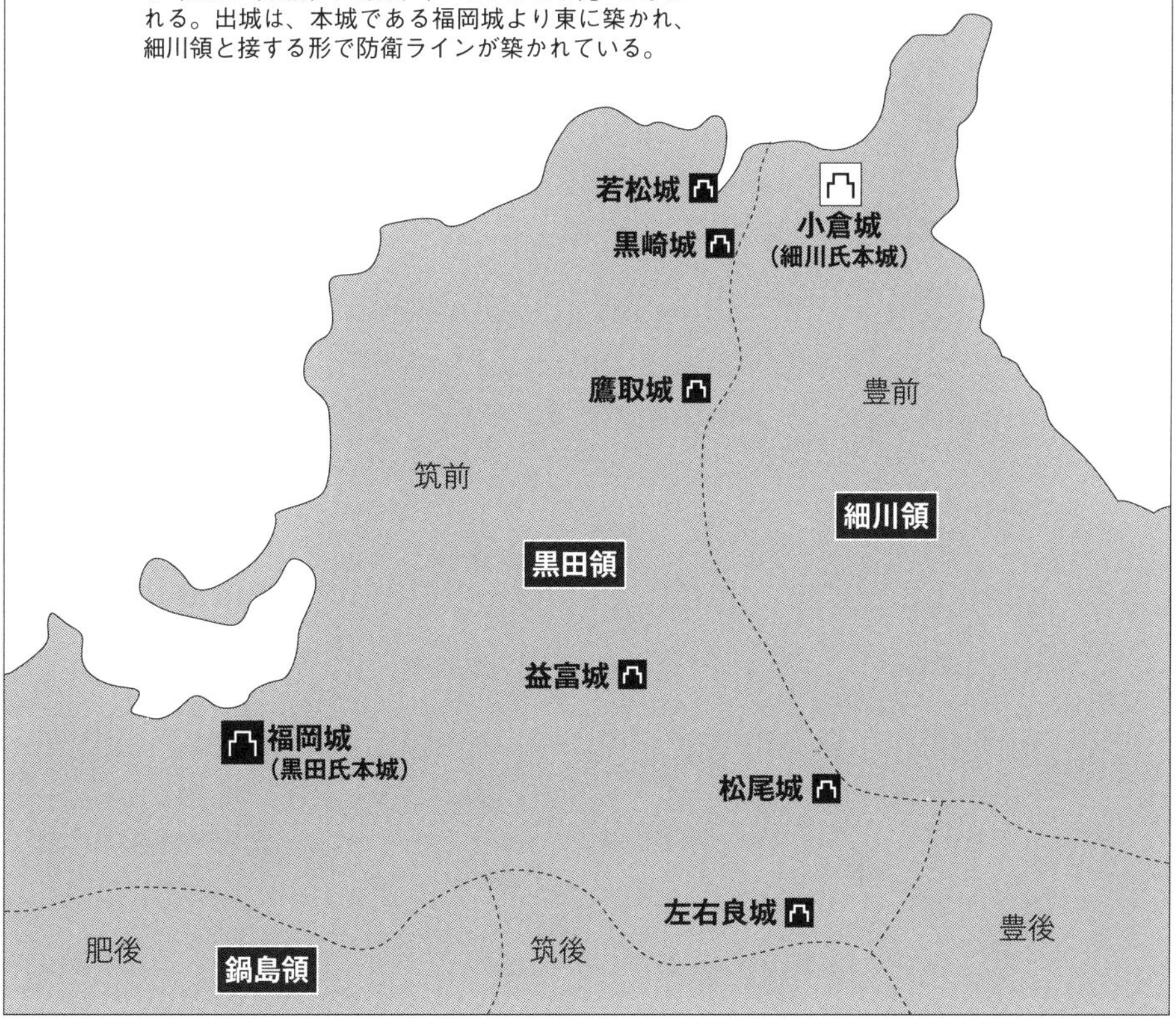

イン構築こそが、城郭の生命線となった。結果として、多角形構造の曲輪や、多門櫓（たもんやぐら）の連結、桝形虎口（ますがたこぐち）の連続という複雑な構造となったのである。この複雑なライン構築を可能にしたのも、土木技術の飛躍的な進歩、特に算木積（さんぎづみ）の完成という石垣構築技術の発展によってであった。

豊臣恩顧の大名たちは、己が新領地を確実に守り、秀頼の後ろ盾として大坂城を守るために城を次々と築き上げたのである。対して、徳川氏の築城行為は、将軍のいる江戸を守ることと、大坂に残された太閤（たいこう）の遺児・秀頼を孤立させ、豊臣氏を滅亡させることを最終目的としていた。

この一五年間の城郭建築技術の進展はめざましく、城は常に進化し続けた。元和（げんな）元年（一六一五）の一国一城令発布後は、技術は退化の一途をたどり、この時代を凌駕（りょうが）する城は遂に生まれなかった。

江戸
時代

他を圧倒する日本一の巨大城

「将軍の城」江戸城

ポイント

- 江戸開府後、天下普請により本格的改修が開始。縄張担当は藤堂高虎。
- 天守は将軍交代の度に建て替えられ、四代目天守は再建されなかった。

豊臣大名徳川家康の城

天正一八年（一五九〇）、小田原攻めの論功行賞によって、家康には北条氏旧領の関八州二五〇万石が与えられた。家康は、新領の拠点・**江戸城**（東京都千代田区）に入城するが、城とは名ばかりで旧態然とした一砦のような体裁であったという。

家康は、わずかな改修を施した程度で移住する。江戸に移住した家康は、改修工事を開始。本丸及び二の丸だけの極めて小規模な体裁であったため、増築工事を実施したと思われるが、当初は豊臣政権の一大名であったため、石垣を構築することなく、天守も設けられなかったと思われる。

将軍の城への変貌

慶長八年（一六〇三）、家康は遂に征夷大将軍に任じられ、江戸に幕府を開くことになる。将軍宣下により、江戸城は一大名徳川氏の居城ではなく「将軍の城」となったため、それに相応しい体裁を整える必要が生まれた。最初に実施されたのは、今後の本格的な工事に備える基礎作りで、七〇家の大名が手伝普請に参加している。神田山を切り崩し、日比谷入江を埋め立て、前島を掘割して道三堀や平川へと接続。これにより、日本橋浜町から新橋付近までが整備され市街地となった。

翌年から諸大名に工事を分担させる「天下普請」によって江戸城改修が本格化し、西国外様二八家に石垣用の石材調達が命じられた。本丸工事は慶長一一年（一六〇六）より開始され、縄張は築城の名手といわれ家康の信任が厚い藤堂高虎が担当。本丸御殿が完成すると、二代将軍・秀忠が移っている。この年中に天守を含めた本丸主要部が完成し、将軍の城の基本的体裁が整った。

家康創建天守の姿

家康創建の天守を伝える資料は極

江戸城と城下町の発展

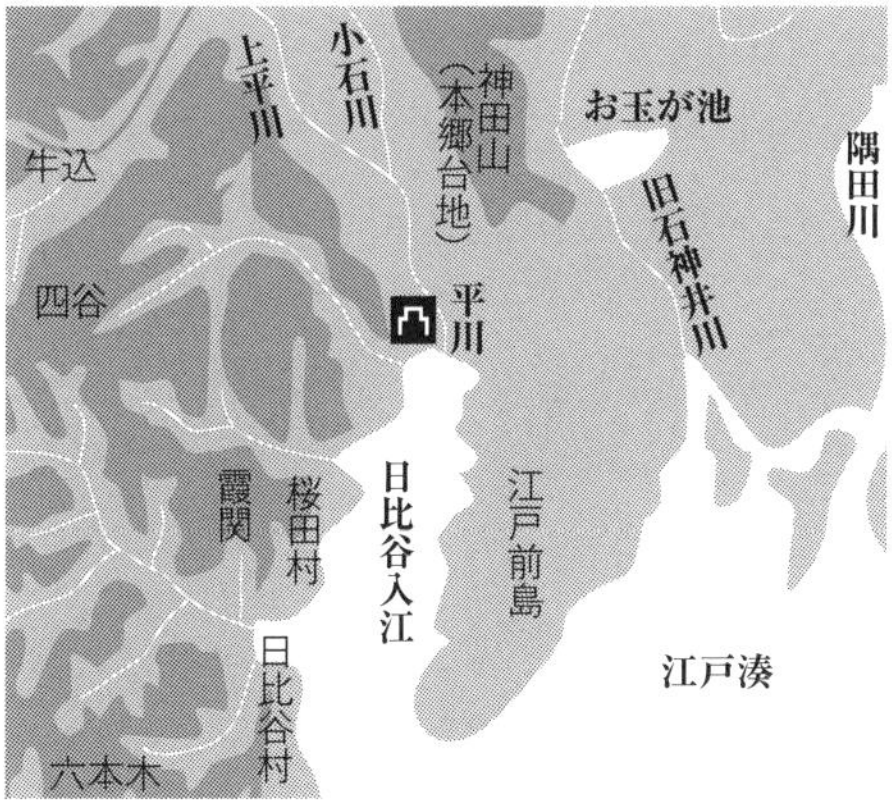

家康の入封当時の江戸

近世以前の江戸の海岸線は、現在とまったく異なっていた。江戸湊には前島と呼ばれる半島状の砂洲があり、日比谷入江が江戸城近くまで食い込んでいた。江戸城は台地上に築かれた砦程度の城だったとされる。

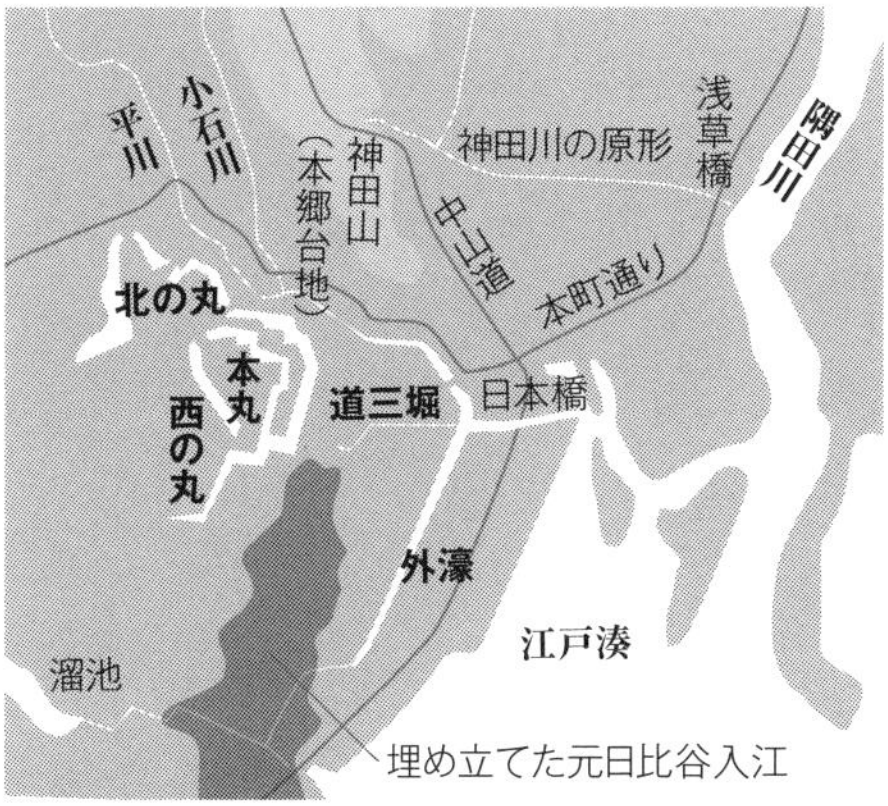

江戸開府直後の江戸

入封後、家康は前島に道三堀と呼ばれる水路を通し、江戸湊と日比谷入江をつないだ。江戸開府後には神田山を切り崩して広い土地を確保するとともに、その土砂で日比谷入江の埋め立て工事が進められた。

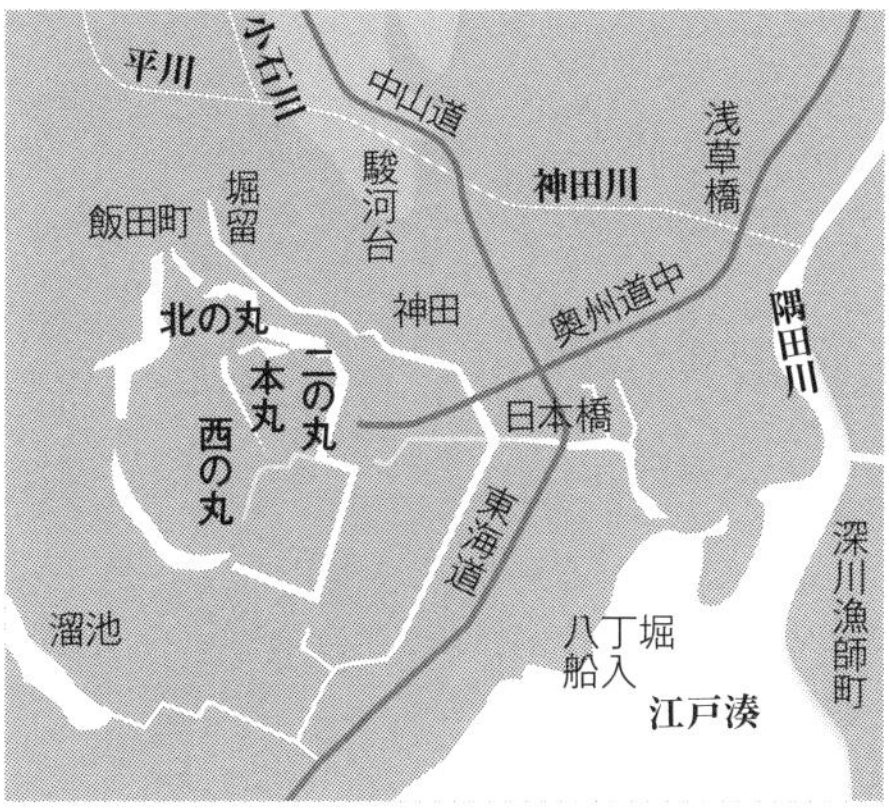

元和6年（1620）頃の江戸

元和年間（1615～24）に入ると、本格的な外郭の拡張工事が開始された。神田山を掘削して、平川の水路を隅田川へと付け替えたのである。この時できた神田川は、のちに溜池から延長された外堀と接続されて、外郭を構成することになる。

めて少ない。『慶長江戸絵図』によれば、家康の天守は現在の本丸中央西寄りに位置し、天守の北側に小天守が付設する姿となっている。だが、当時の本丸は現在の本丸南側三分の二程度の規模であった。

完成した天守は、一階平面が一八×一六間（一間七尺）、棟高二二間半（約四八ｍ）と、『愚子見記』にはある。『慶長見聞集』では五重、『毛利三代実録考証』では七重、『日本西教史』では九重と記録される。『見聞軍抄』には「殿主は雲井にそびえておびただしく、なまりかはらをふき給へば雪山の如し」とある。また、『慶長見聞集』にも「夏も雪かと見へて面白し」と記されており、その外観が白亜の白漆喰総塗籠で、屋根瓦は鉛瓦が使用され、全体が白く輝く姿であったことがうかがい知れる。

家康が関ヶ原の戦い後に築いた**二条城**、**伏見城**（共に京都市）天守に共通する長押柱型出の総塗籠真壁造の白亜の姿の延長線上にある城で、信長、秀吉が好んだ漆黒に金箔が燦然と輝く城の対極であった。

拡張を続ける江戸城

信長以降、天守はシンボルとして、政権を代表する広告塔としての機能を持っていた。従って、白亜にしたのは豊臣氏から徳川家へと政権が交代したことを、視覚から訴える目的があったのである。当然、その規模は**豊臣期大坂城**を遥かに超える高さで、当時全国最大の天守であったはずである。

慶長一六年（一六一一）になると西の丸の工事が開始され、城の西から北にかけて整備されている。さらに同一九年（一六一四）には外郭石垣工事が実施され、これにより現在の本丸・二の丸・三の丸・西の丸・北の丸・西の丸下まで城域が拡張され、巨大な城域を持つ「将軍の城」となったのである。

その後、秀忠と家光の代にも江戸城改修と外郭の整備が続けられ、現在の姿がほぼ完成を見たのは寛永年間（一六二四～四四）のことになる。

将軍交代を告げた天守

なお、家康の天守は元和八年（一六二二）の秀忠による本丸拡張工事に併せ、御殿と共に修築され、元和度天守が建てられた。寛永一四年（一六三七）には、三代家光により天守台と御殿が再び修築され、我が国城郭史上最大の寛永度天守が完成を見た。

将軍交代の度に天守が建て替えられ、創建天守は一五年、二期天守も一五年という短命の天守であった。寛永度天守が焼失すると、財政難もあり遂に天守が再建されることはなかった。

日本一の江戸城の規模

江戸城は城下町を囲むように総構を形成していたが、その総延長は約16km、面積は約2082ヘクタールあった。同じく総構を持った豊臣期大坂城は約452ヘクタールであり、その5倍の広さを誇ったのである。

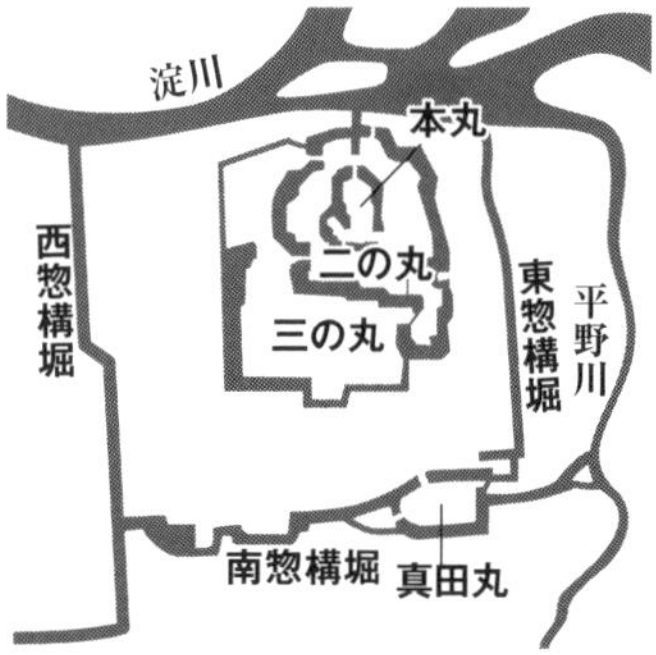

豊臣期大坂城
（約452ヘクタール［外郭を含む］）

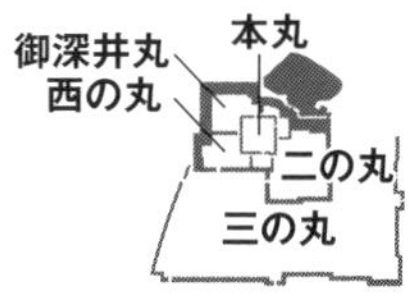

江戸城
（約2082ヘクタール［外郭を含む］）

名古屋城
（約35ヘクタール）

西の丸の道灌堀
太田道灌時代に築かれたとされる水堀跡で、西の丸と吹上御苑を隔てている。特別公開の時以外は見ることができない。

江戸城白鳥堀の石垣
本丸と二の丸を分ける白鳥堀の石垣は城内で最初期の石垣とされ、古いタイプの石積み、算木積で積まれている。

江戸
時代

天下普請と大坂城包囲網

築城による徳川政権の国内掌握

ポイント

- 江戸開府後、膳所城を嚆矢として天下普請を開始。藤堂高虎が縄張を行う。
- 天下普請には、豊臣を封じ込める大坂城包囲網という意味もあった。

実戦経験不足の徳川家臣団

豊臣配下の武将たちは、天下統一戦の過程で、全国を転戦し実戦を積み、さらに朝鮮出兵による消耗戦を潜り抜けてきた。

だが、この戦を対岸の火事として、兵力温存を図ってきた徳川軍は、最強とは呼ばれるものの、実戦経験の少なさは誰の目にも明らかであった。それを最も危惧していたのは、家康自身であろう。関ヶ原の勝利にも徳川軍はほとんど貢献していない。

関ヶ原での家康勝利を決定付けたのは、豊臣恩顧の大名たちの力に他ならない。そのため、論功行賞によって、豊臣系大名の大幅加増をせざるを得なかった家康は、配置先を遠国にすることで、畿内・東海の地を何とか確保することになる。

この時点で、家康は対西国戦線の構築が至上命題となった。

天下普請の開始

天下をほぼ掌握した家康は慶長六年（一六〇一）、諸国の大名を動員する初の「天下普請」として、藤堂高虎に縄張させ**膳所城**（滋賀県大津市）築城を開始。京都を押さえる拠点確保のためであった。続いて、**伏見城、二条城**（共に京都市）、**彦根城**と、天下普請により畿内に続々と城を築き上げ、さらに外様大名と縁戚関係を結び西日本の拠点城郭掌握に乗り出している。

将軍職を嫡男・秀忠に譲った家康は、隠居城という名目で**駿府城**（静岡県静岡市）を完成させる。駿府城は、大坂攻めの際の江戸の前線基地としての役割と西国大名が江戸へ向かった時の最終防衛という役割を担う重要な城となった。

慶長一四年（一六〇九）、さらなる天下普請が開始される。西国一五大名による天下普請で丹波の**篠山城**（兵庫県篠山市）を完成させ、松平康重を入れ、街道の要衝を押さえた。

天下普請の城と大坂包囲網

家康は豊臣氏を封じ込めるために、次々と城郭を建設し包囲網を形成した。
最大規模を誇る名古屋城は、東海道の防衛の拠点として築かれた。

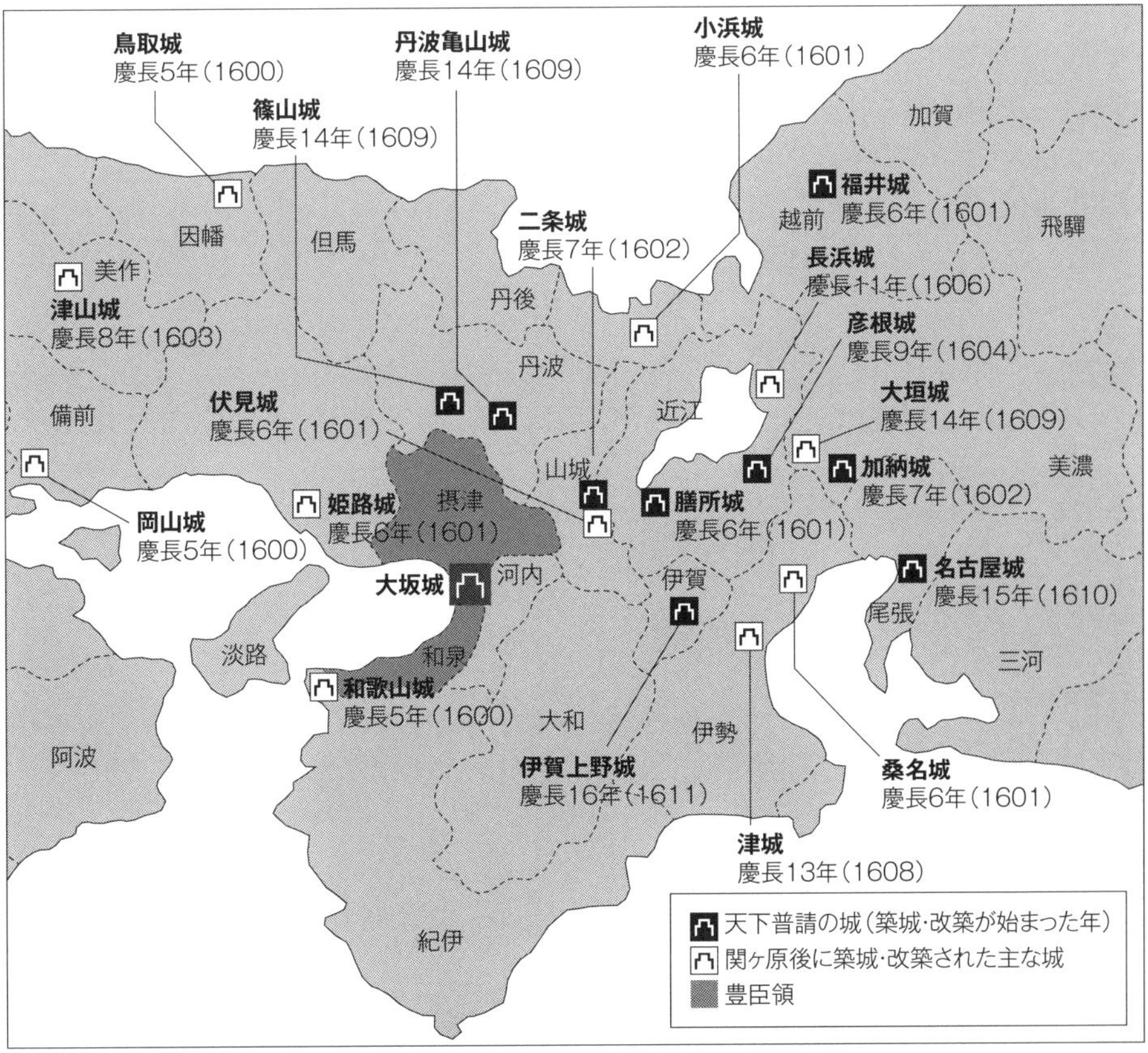

伊賀上野城の西側高石垣

伊賀上野城の高石垣は全国2番目の高さを誇る。高石垣は大坂勢に備え、西側にしか築かれていない。

篠山城の鉄御門虎口

左右の石垣で積み方が異なることから、それぞれ違う大名が担当したことがわかる。

さらに翌年、山陰道の京の入口にあたる**亀山城**（京都府亀岡市）も天下普請で構築。こうして、豊臣恩顧の西国大名に対する京都を前線とする防衛ラインが完成を見た。

両城は、外様とはいえ家康の信頼厚い藤堂高虎が設計した城でもあった。これらは、西国大名の壁となるために築かれた要塞で、関ヶ原の戦い以降、天下普請によって築かせた城と併せ、都周辺域の防衛ライン構築がほぼ完成を見たことになる。

総仕上げとなった名古屋城

大坂城（大阪府大阪市）を取り囲むように城を築いた家康であったが、その手をゆるめようとはしなかった。包囲網の仕上げとして、まず藤堂高虎を伊賀（いが）・伊勢（いせ）二二万石に増封し、**伊賀上野城**（三重県伊賀市）の築城を命じたのである。

総仕上げが、慶長一五年の**名古屋城**（愛知県名古屋市）の築城であった。二〇大名による天下普請で工事は急ピッチに進み、慶長一七年には主要部が完成。当初から数万の寄せ手を想定し、中枢部への敵の侵攻を阻むために、広大な低湿地帯に選地された。大坂城包囲網をなす城の中では、最大規模の城となった。

これ程の大城郭を築き上げた目的は、大坂方と一戦になった場合、東海道防衛の拠点とするためであった。万が一、近畿圏を突破され、大坂方が江戸に向かった場合の備えだったのである。

家康は、豊臣という勢力を封じ込めるために、各地に巨大城郭を築き、大坂城包囲網を着々と構築していった。これは西国大名に対する牽制でもあると共に、江戸に向かう大軍を、迎え撃つための要塞構築という側面を併せ持っていたのである。

そのため、極めて省力化した単純な構造とし、常備軍がどの城に入っても対応可能としたのである。大坂城を囲みつつ、西国からの侵攻を食い止めることが、家康の真のねらいであった。

江戸を守る広域城郭網

徳川系城郭の最大の特徴は、広域に展開させた城郭網を連動させ、防御網を築き上げていたことである。これは、統一政権であったがために可能な戦略で、一国防備を最優先せざるを得なかった一大名と大きく異なる点であった。

徳川軍の最終目的は、江戸防備であり、西国に追いやった大名たちが大挙して江戸をめざした場合、近畿圏、中部圏で戦力を消耗させ、江戸にたどりつく時点で、徳川直属軍に有利な状況を生み出すことに尽きる。そのための天下普請であり、超弩級城郭の構築だったのである。

名古屋城普請の丁場割図

石高に応じて普請場を割り当てられた助役大名の名が書かれている。分担場所（丁場割）は細かく決められており、堀の掘削、盛り土、石積みを競わせられた。（蓬左文庫蔵）

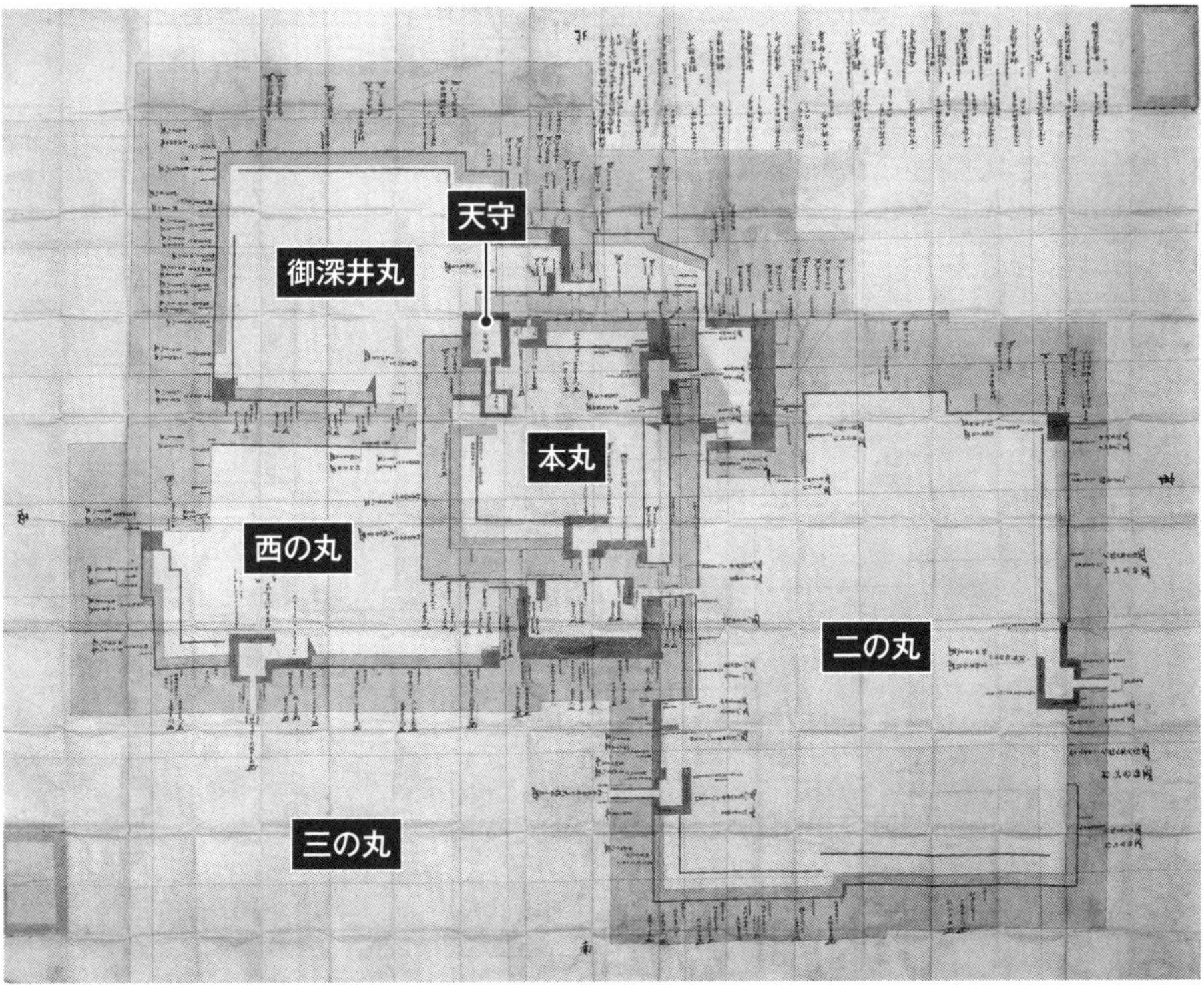

加藤清正の銘が刻まれた天守台石垣

名古屋城の石垣の築造を命じられた諸大名は、自分の運んだ石を他の大名の石と区別するために目印を刻んだ。

名古屋城大天守の石垣

石垣は諸大名の分担によって築かれた。最も高度な技術を要した天守台石垣は、築城名手と称された加藤清正が築いた。

江戸
時代

藤堂高虎と徳川系城郭

同一規格の城による効果的な防衛

ポイント

- 直角と直線を生かした縄張は、効果的な防備と攻撃を可能にした。
- 天下普請で築かれた城は、どのパーツをとってもほぼ同一構造である。

藤堂高虎と徳川家康

家康の命を受け次々と天下普請の城を築いた藤堂高虎は、生涯一七もの城を手掛けている。

豊臣秀吉の天下統一戦で活躍した高虎は、大名に出世した頃から故郷近江の甲良大工（こうらだいく）を集め、築城・造営に携わるようになったという。朝鮮侵略で、明・朝鮮軍が陸地から攻撃してもびくともしない**順天倭城**（スンチョン）を築き、築城の名手として認知された。

関ヶ原の戦い後の徳川家康による京の聚楽（じゅらく）屋敷造営の際には、その普請（ふしん）奉行を務めた。これをきっかけに高虎と家康は知り合い、ここで普請の才能を見込まれ、後に幕府天下普請の縄張を一手に引き受けることになる。

高虎が発明した効率的な城

高虎の築き上げた城は、ひたすら単純に、直角と直線を生かすために長大な「多門櫓」や長大な「雁木（がんぎ）」を設けただけであった。この単純明快さこそが、実は大兵力に対して最も効果的な面での防備と攻撃を可能にしたのである。明確に無駄を省く。これが高虎の築城術の根本であったのである。

層塔型（そうとうがた）天守も、上階を下階から規則的に逓減（ていげん）させて順番に積み上げる単純な構造原理となっており、用材の規格化が容易であった。高虎は、飾りや見た目という無駄をそぎ落とし、短期間で工事を完成させることを最優先し、城郭建設の規格化をめざしたのである。

それは、短期間に複数の城を築く必要から生まれたといっても過言ではない。西国大名に対する城郭網を一手に引き受け、家康から厚く信頼されていった。

徳川系城郭の特徴

高虎が基礎を築いた徳川系城郭は、誰が入ろうとその能力をフルに発揮できることをめざして築かれ

藤堂高虎が礎を築いた徳川系城郭の特徴

①四角い曲輪
広大な御殿を建てやすい四角い曲輪は、軍事施設としてだけでなく、政庁としての役割も担った。

②水堀と高石垣
縄張を簡略化した分、広い水堀と、従来の２倍程度の高さにした石垣で防衛力を強化した。

③層塔型天守
上下ほぼ同じような形の層塔型の天守は、材木の規格化によって経費や工期の削減につながった。

④枡形虎口
虎口を強化するため、枡形の四囲を石垣と多門櫓や櫓門で囲み、鉄壁の防御とした。

⑤多門櫓、巨大隅櫓の活用
直線上に多門櫓を並べ、角地には巨大隅櫓を配置。侵入する敵を殲滅する構造とした。

⑥同一規格による防衛
同じ規格、同じシステムで戦える城を造ったことにより、どの城でも高い防衛力を維持できた。

藤堂高虎
弘治２年(1556)～寛永７年(1630)
幼名は与吉。近江犬上郡藤堂村の土豪・藤堂虎高の次男として誕生。幾度も主君を変えながら出世し、伊勢津藩の初代となる。築城技術に優れ、加藤清正、黒田孝高と共に築城三名人といわれる。（津市・四天王寺蔵／津市教育委員会提供）

た。高い石垣、直線を連ねた塁線上に建ち並ぶ「多門櫓」、要所に構えられた「枡形虎口」、そして角地を扼す「巨大隅櫓」。天下普請で築き上げられた城は、どのパーツをとってもほぼ同一構造である。徳川軍なら、どこの城へ入城しても、同等、同一の戦闘が可能だったのである。簡単にいうなら、標準化された常備軍が守る城をめざしたのである。**篠山城**（兵庫県篠山市）を守ろうと、**二条城**（京都府京都市）に入ろうと、**名古屋城**（愛知県名古屋市）を守備したとしても、そこには同じシステムが配置、配備されていたのである。

　西国からの侵攻という仮想戦闘の阻止のため、広域に城郭網を展開し、必要な城へと兵力集中が可能なシステムの構築。天下政権だからこその発想であり、実戦経験の少なさを補うための築城とも理解される。

江戸
時代

二度の大火で幻の城に
隠居城としての駿府城

ポイント

- 建設途中と家康の死から二〇年後の二回、大火にみまわれる。
- 東海道からの眺望も配慮され、富士山と並び立つように天守がそびえた。

隠居城の築城

将軍職を秀忠に譲った家康は、慶長一二年（一六〇七）駿府の地に隠居城とすべく大城郭の築城工事を起こした。天下普請により、ほぼ完成域に達した築城技術の粋を結集して築かれた**駿府城**（静岡県静岡市）は、信長・秀吉の築いた安土城・大坂城の豪華絢爛な姿と、徳川幕府が完成させた層塔型の巨大な天守が合体した当時我が国の随一芸術作品として完成するのであった。築城工事は、急ピッチで進められたが完成間近に失火により本丸の中心部が焼失してしまった。家康は直ちに普請人足を増員し、焼亡した城の再建工事を開始する。再建された第二期駿府城であったが、家康の死より二〇年を経た寛永一二年（一六三五）城下からの火事で灰燼に帰した。その威容はわずかに残る文献及び絵画資料から推定する術しか残されていなかったが、近年の発掘調査によって我が国最大の天守台が姿を現し、その巨大さを目の当たりに出来る。

富士山と並び立つ天守

家康が築いた慶長期の天守は、『当代記』等によれば、六重七階の日本史上最多重階の天守で、一階と二階に廻縁と高欄を設置。白亜の江戸城天守と異なり、漆黒の下見板張（黒漆塗、銅板張とも）で、屋根には金属瓦が使用されていた。最上階が銅、その他の階は鉛瓦であったと伝わる。軒先には金箔が貼られ、静岡の陽光の下で光輝く姿であった。

東海道宇津ノ谷峠を越え、安倍川を渡って駿府の町に近づくと、漆黒で光輝く駿府城天守と真っ白な富士山の姿が覇を競うように並びたっていたのである。江戸へと向かう外様大名や旅人たちは、日本一の富士山より高い駿府城の天守に圧倒されたはずだ。まさに大御所の権勢を示す城だったのである。

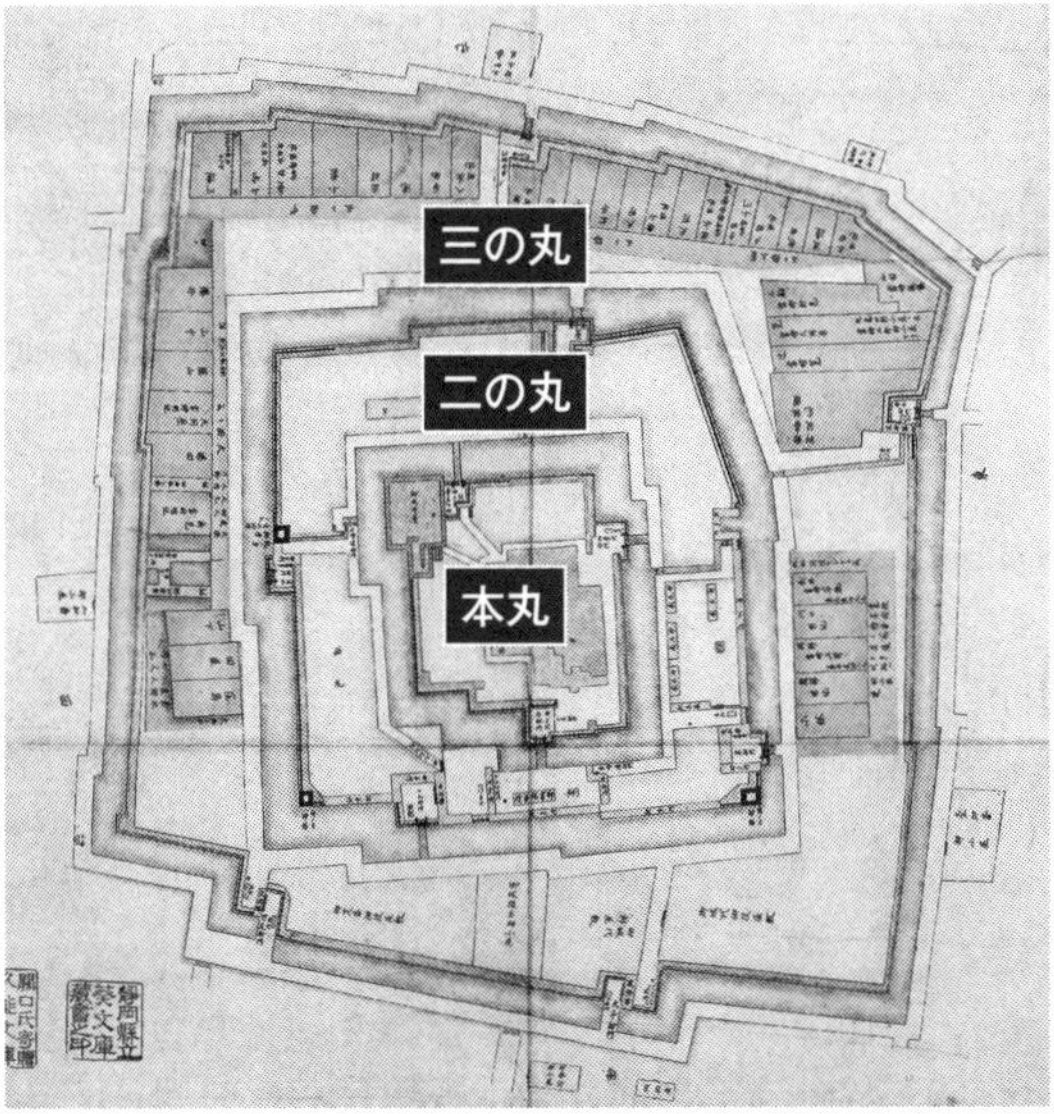

駿府城の縄張図

典型的な輪郭式の縄張である駿府城。本丸・二の丸と三の丸は主軸にずれがある。(「駿河國御城圖」静岡県立中央図書館蔵／静岡県歴史文化情報センター提供)

駿府城から望む富士山

現在も駿府城からは見事な富士山を見ることができる。手前は平成 26 年(2014)に復元された坤櫓。

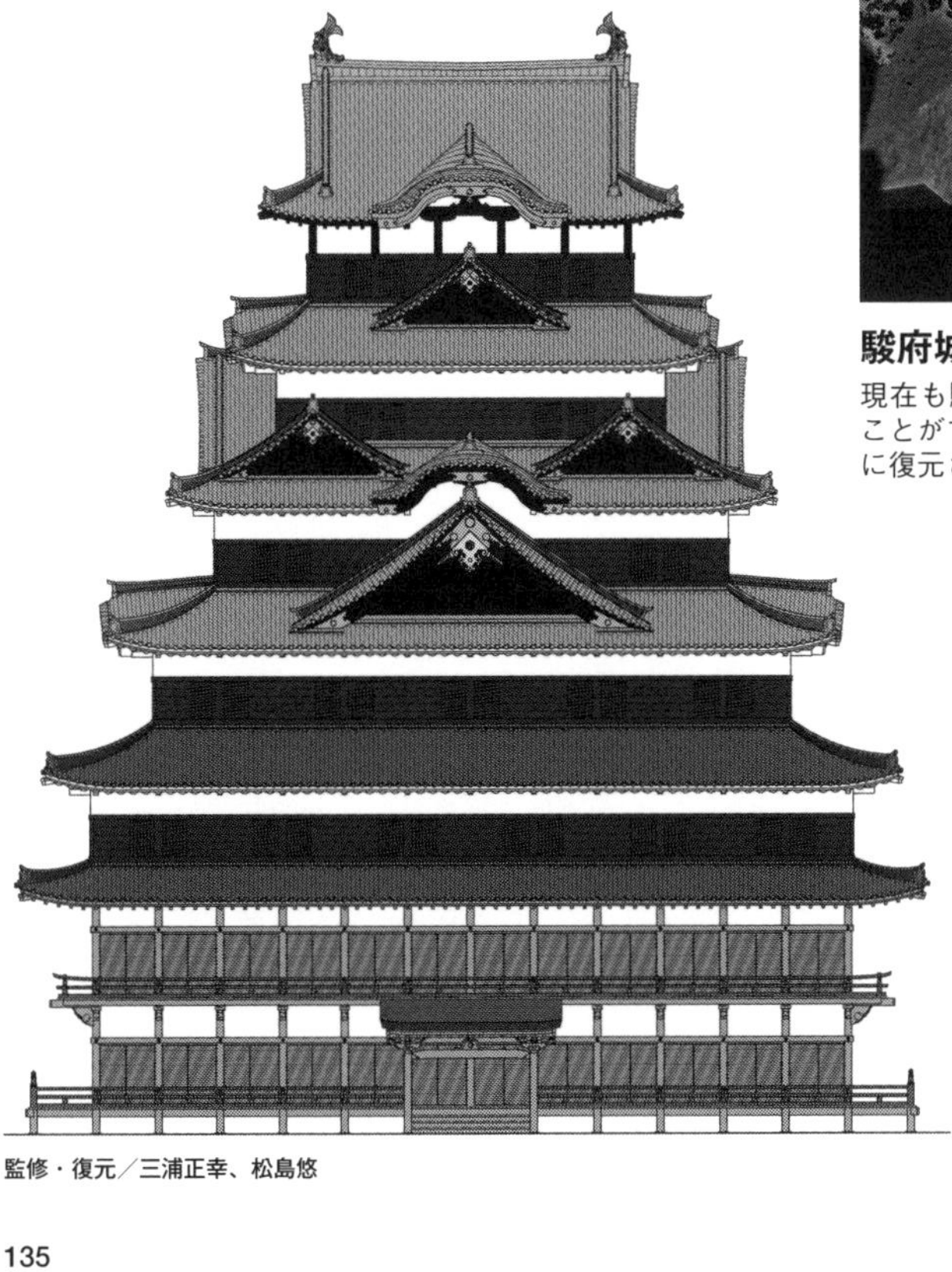

監修・復元／三浦正幸、松島悠

駿府城天守

『当代記』などをもとにした復原イラスト。六重七階の層塔型で、随所に金銀が施されていたと想像される。

江戸
時代

一国一城令と城割

全国の城郭のおよそ九五％を破却

ポイント

- 一国一城令は、額面通りの運用ではなく、かなり柔軟に適用された。
- 一国一城令によって、全国三千にも及ぶ城は、約一七〇城程に整理縮小された。

信長・秀吉の城割

織田信長は、天下統一過程で旧領主から織田政権へ支配が変わったことを、城を破壊すること（城割）で知らしめようとした。松永久秀の**多聞山城**（奈良県奈良市）破却などが代表である。その後、伊賀一国、大和国中という領国単位での一国破城を実施している。

織田政権を引き継いだ秀吉も、当初信長の破城にならうが、やがて領国体制の整備を目的とした破城に変化する。必要な城を残し、不要な城は破却という、一国一城令のさきがけとも理解される。

幕府による一国一城令

一国一城令は、慶長二〇年（一六一五）に江戸幕府が発令した法令で、立案者は家康である。内容は、一国（大名の領国、後の藩）に一つの城（居城）のみを残し、他の支城を廃絶するものであった。一国を複数の大名で分割統治している場合は、大名ごとに一城とし、一大名が複数の領国を領有している場合は、国ごとに一城を残すことができた。

例えば、因幡国と伯耆国の二ヶ国領有であった池田氏は、**鳥取城**（鳥取県鳥取市）と**米子城**（同米子市）の二城となるところ、**倉吉城**（同倉吉市）を陣屋扱いとし三城存続が許された。将軍家の親戚という信用と、毛利氏への備えのためである。

対して、毛利氏は、周防・長門の二ヶ国を領有していたため、**萩城**（山口県萩市）と**岩国城**（山口県岩国市）を残すことが可能であったが、幕府への配慮もあり萩城のみが残された。幕府は「岩国破却は必要なし」という見解であったため、毛利氏の勇み足である。同年の改元で「元和一国一城令」ともいわれるこの法令は、画一的に実施されたわけではなく、かなり柔軟に運用された。

だが、全国三千にも及ぶ城は、約一七〇城程に整理縮小された。

一国一城令の例外となった主な城

一国一城令後も、幕府の特別な許可によって存続を許された城も多かった。

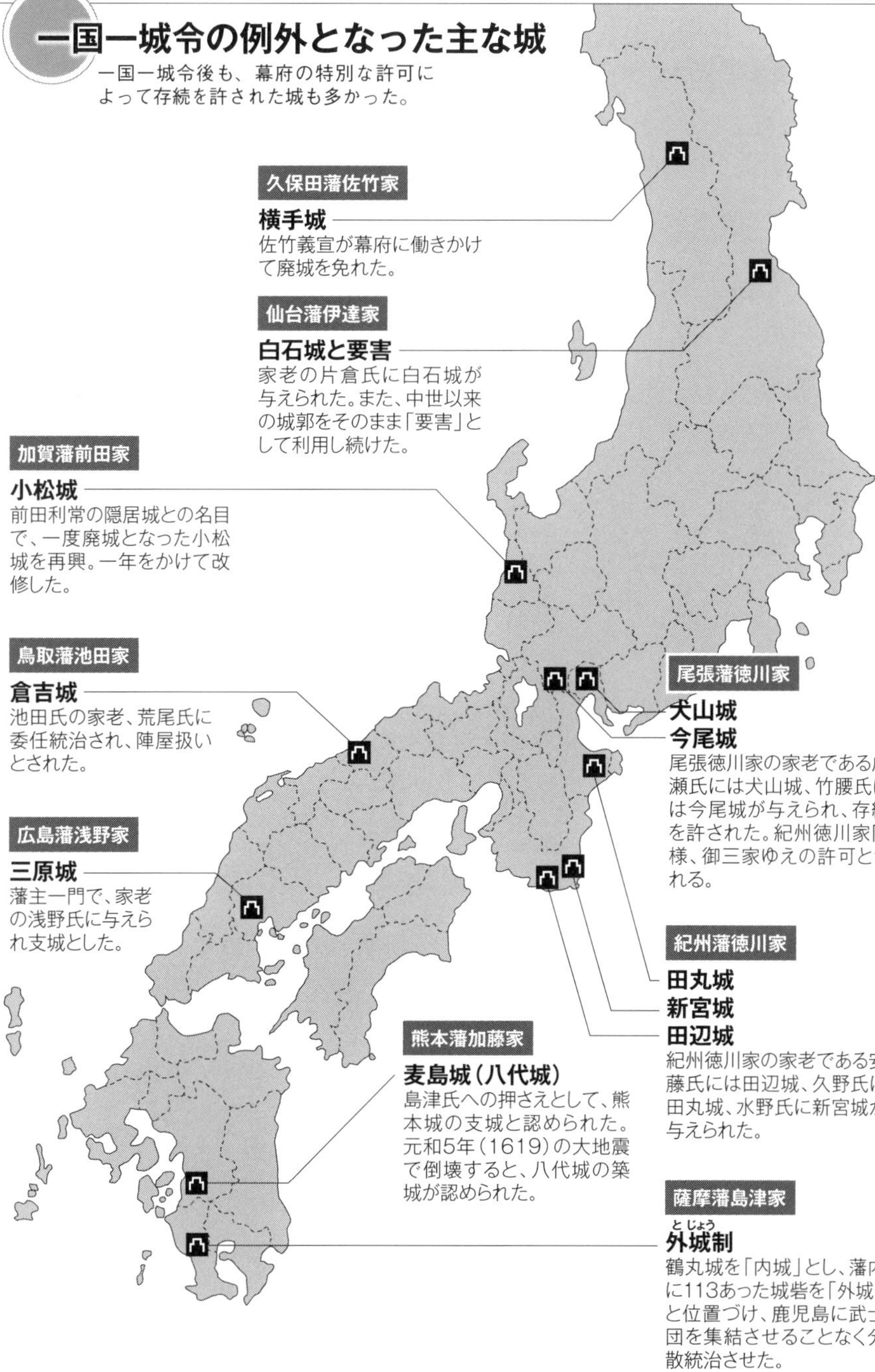

久保田藩佐竹家

横手城
佐竹義宣が幕府に働きかけて廃城を免れた。

仙台藩伊達家

白石城と要害
家老の片倉氏に白石城が与えられた。また、中世以来の城郭をそのまま「要害」として利用し続けた。

加賀藩前田家

小松城
前田利常の隠居城との名目で、一度廃城となった小松城を再興。一年をかけて改修した。

鳥取藩池田家

倉吉城
池田氏の家老、荒尾氏に委任統治され、陣屋扱いとされた。

広島藩浅野家

三原城
藩主一門で、家老の浅野氏に与えられ支城とした。

尾張藩徳川家

犬山城
今尾城
尾張徳川家の家老である成瀬氏には犬山城、竹腰氏には今尾城が与えられ、存続を許された。紀州徳川家同様、御三家ゆえの許可とされる。

紀州藩徳川家

田丸城
新宮城
田辺城
紀州徳川家の家老である安藤氏には田辺城、久野氏に田丸城、水野氏に新宮城が与えられた。

熊本藩加藤家

麦島城（八代城）
島津氏への押さえとして、熊本城の支城と認められた。元和5年（1619）の大地震で倒壊すると、八代城の築城が認められた。

薩摩藩島津家

外城（とじょう）制
鶴丸城を「内城」とし、藩内に113あった城砦を「外城」と位置づけ、鹿児島に武士団を集結させることなく分散統治させた。

江戸時代

武家諸法度と城

幕府の根幹となる政策

ポイント

- 修復箇所を図面に朱線で示し、事細かに状況を記入して修復許可を求めた。
- 例外として修復以外の工事を認められた城も四〇前後ある。

修復届け出と新規築城禁止

慶長二〇年（一六一五）、一国一城令に続いて幕府が公布した武家諸法度は、その後の幕政の根幹となった法令である。

その中で城についての定めは一条項だけで、大名が居城を修復する場合は必ず幕府に届け出ることと、修復以外の新たな工事は禁止するというものであった。

続いて寛永一二年（一六三五）の武家諸法度改訂で、堀・土居・石垣の修復は幕府に届け出て許可を得ることとし、櫓・土塀・城門などは元のままに修復することを条件に届け出の必要をなくしたのである。

幕府が、特に厳しく統制したのは城の普請（土木工事）であって、作事（建築工事）についてはその必要はないということであった。

だが、これはあくまで原則であり、個別事例については大名が幕府に届け出て可否を仰ぐことが一般化してゆくことになる。

修復を行う場合は、書状で幕府に申請することになるが、城絵図に修復箇所を図示して書状に添えて届け出ることが一般化されていった。

部分的な修復であっても、全城域を描き、石垣・土居・堀等の修復箇所を朱線で示し、それぞれの修復箇所に破損の状況（範囲と寸法）が細かく記入された。

許可された新規築城

修復以外の新たな工事は禁止とされたが、例外として認められた城は四〇前後存在する。**島原城**（長崎県島原市）、**八代城**（熊本県八代市）などは新規築城で、島原城の場合はキリシタンに対する牽制と九州西国大名の押さえとして特別許可された。

また、いったん廃城となっていた城を大規模に改修して再興したのが、**丸亀城**（香川県丸亀市）、**沼田城**（群馬県沼田市）などで、立藩によるものである。

武家諸法度後に築かれた城

挙母城の碑

内藤氏が三河挙母（ころも）に転封されるが、挙母には陣屋しかなかったため築城。

復元された島原城天守

松倉重政が一国一城令後、原城と日野江城を廃して島原城を築いた。

丸亀城の大手口と天守

山崎家治が５万石で丸亀に入封し、丸亀藩を立藩したため築城された。

明石城の坤櫓

明石に入った小笠原忠真が幕府の命で築いた。巽櫓と坤櫓は重要文化財指定となっている。

復元された松前城の天守

幕末に北方警備を目的として、福山館を拡張・改築して松前城として築いた。

前橋城の土塁

前橋城は廃城となっていたが、幕末に、松平直克により再度築かれた。

江戸時代

城を持たない大名の居城
全国に築かれた陣屋

ポイント
- 無城大名や、上級旗本、大藩で知行地を持つ家老などが陣屋を居城とした。
- 陣屋は行政・居住機能のみに特化され、石垣は低く堀は幅狭で浅かった。

無城大名の居所

江戸時代の大名は、家格に応じて国持（国主）大名、国持並（准国主）大名、城持（城主）大名、城持並（城主格）大名、無城大名の五区分があり、無城大名は城の構築は許可されず、居所として「陣屋」が置かれた。

徳川三〇〇諸侯といわれる大名たちのうち、実に一〇〇家余が無城大名で陣屋住まいだったのである。この他、上級旗本、大藩で知行地を持つ家老、飛地を持つ大名が現地支配のために陣屋を置くこともあった。

陣屋と城の一番の違いは、防御機能の差で、陣屋は行政・居住機能のみに特化されたものが多かった。塀や石垣、堀で囲い込む陣屋も存在したが、石垣は低く堀は幅狭で浅かった。いわゆる区画のための施設であった。

小島陣屋（静岡県静岡市）のように高石垣を構築したり、**鹿島陣屋**（佐賀県鹿島市）のように本丸と外郭を持つ陣屋もあるが、あくまで例外である。

幕末に造られた陣屋

安政二年（一八五五）、箱館開港に伴い、幕府は蝦夷地防衛のために、**戸切地陣屋**（北海道北斗市）の構築を松前藩に命じた。国内初の様式城塞で土塁と砲台という軍事機能を有していた。

また、慶応三年（一八六七）に築かれた**田野口陣屋**（**龍岡城**／長野県佐久市）は、西洋の稜堡式を採用し、龍岡五稜郭とも呼ばれている。

園部陣屋（京都府南丹市）は、明治元年（一八六八）、「帝都御守衛」のためとして新政府に願い出て、櫓門三基、三重櫓など櫓五基に併せ、堀の造成も実施された。

同年、**菰野陣屋**（三重県菰野町）では、土方雄永は妻・益子姫を迎えるために、急遽堀と二重の隅櫓を建設したという。何とか、城郭の体裁を欲したことを示す事例である。

和洋折衷の田野口陣屋

龍岡五稜郭と呼ばれる大給（おぎゅう）松平氏の陣屋。稜堡式城郭という西洋式の縄張である。外側は枡形門や堀で防御されている。

小島陣屋の石垣

興津川右岸に立地する小島陣屋は、石垣が多用されて、場所によって4mを超える石垣が残る。

鹿島陣屋の本丸赤門

現存する鹿島陣屋の本丸赤門は、現在、鹿島高校の正門として利用されている。

江戸時代

天領の支配と代官所

幕府直轄地を管轄するための役所

ポイント

- 天領支配のために置かれた代官所は、基本的には役所施設である。
- 代官職は世襲が多かったが、江戸中期以降は一代限りが一般的になった。

徳川幕府の天領

江戸幕府の直轄領を「天領」あるいは幕府領、幕領と呼んだ。地方では公領・公料とか公儀御料所とも呼ばれた。正式名は御料・御領である。

その石高は、一七世紀末で約四〇〇万石もあり、その年貢収入が幕府財政の基盤であった。この他、大坂、長崎などの重要都市、佐渡金山などの鉱山も天領とされ、佐渡・甲斐・飛騨・隠岐は一国天領とされていた。

天領には、支配のための「代官所」が置かれ、代官が派遣された。代官所は基本的には役所施設であり、城や陣屋とは異なっていた。幕府の代官は、郡代と代官があり、勘定奉行のもとに置かれ、土地の領主に代わって徴税・司法・軍事等の職務を郡単位で担当した地方行政官である。

郡代は一〇万石以上の直轄地に置かれた代官で、当初は関東・尼崎・三河・河内郡代が置かれていたが、最終的には関東・美濃・西国・飛騨郡代に固定されている。

代官所と陣屋

代官の役所として設置された代官所は、全国に六〇ヶ所程設けられていた。代官所の規模はその支配地に比較すれば、極めて小規模で一五～二〇人程度が詰めていたに過ぎない。また、遠隔地には出張所である「出張陣屋」が置かれた。

代官職は江戸初期には世襲が多かったが、中期以降は一代限りが一般的になった。中には、韮山代官江川氏や信楽代官多羅尾氏のように世襲代官も存在はしていた。

これに対し郡代支配の代官所は「陣屋」とも呼ばれ、**笠松**（岐阜県笠松町）、**日田**（大分県日田市）、**高山**（岐阜県高山市）に構えられた。

高山陣屋は、慶応四年（一八六八）まで存続し、二五人の代官・郡代が派遣されている。唯一現存建物が残る陣屋で国の指定史跡である。

郡代役所・代官所・出張陣屋

全国に配置された幕府の代官所を示した。諸藩の飛地や旗本の知行地支配のためにも代官所は設置されたが、それは入っていない。

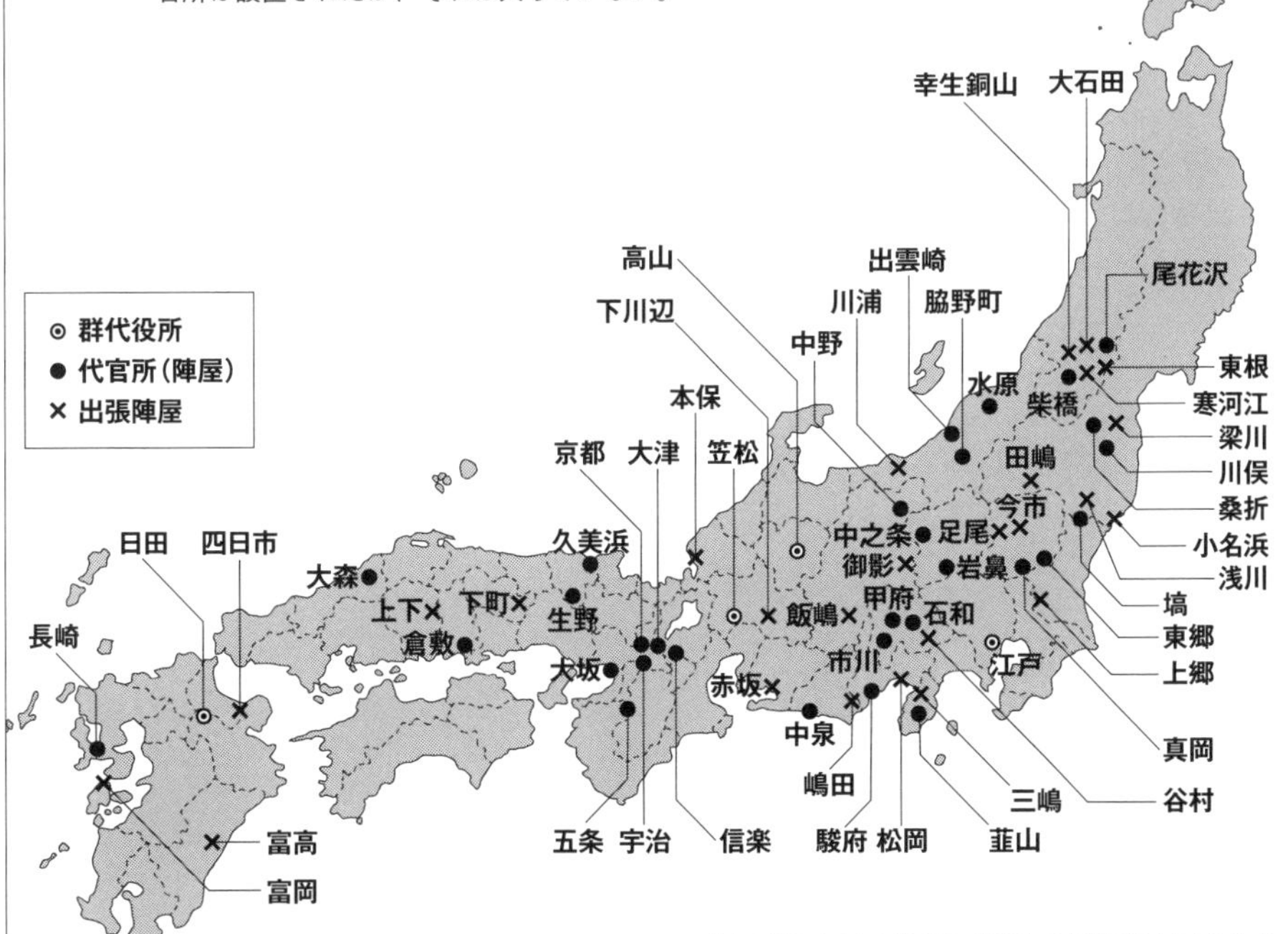

『よみがえる日本の城 29』（学研）の掲載図版をもとに作成

韮山陣屋内に建つ江川邸

江川邸の主屋は室町時代に建てられて部分と、江戸時代初期に修築された部分からなっている。

高山陣屋の玄関

全国で唯一建物が現存する郡代役所。明治以後は高山県庁舎としても使われた。

江戸
時代

幕府が要地に置いた役所

遠国奉行による統治

ポイント

- 江戸以外の天領の要地に設置された奉行を遠国奉行と呼ぶ。
- 長崎奉行は出島を含む長崎市中を管理する重要な任務を担っていた。

遠国奉行とは

遠国奉行とは、江戸以外の天領の要地に配置された奉行の総称で、その土地の政務を取り扱う役所になる。大坂・伏見・京都・駿府などの町奉行の他に、長崎・山田・奈良・堺・佐渡・下田・浦賀・箱館・新潟などの諸奉行をさす。老中支配下の芙蓉間詰の諸大夫役で、役高は一千〜二千石と任地により異なった。原則旗本の任であったが、伏見奉行のみ大名が任じられることがあった。

長崎奉行と長崎奉行所

長崎奉行（長崎県長崎市）は、老中直属の遠国奉行の一つで、長崎市中を支配し、幕府の命令を長崎町人、貿易を許された中国・オランダに伝え守らせた。出島を所管し、長崎での外交交渉、貿易、幕府上納を含む財政運用、西国全域のキリシタン禁圧、全国の銅・海産物ほかの集荷流通、諸外国の動静を探ることなども重要な任務であった。また長崎港で事件が起これば、近隣大名を動員できる軍事指揮権を有していた。

出島北側に位置する長崎奉行所立山役所は、石垣に囲まれ、まさに出島を見張る役所であった。正門へ続く高さ四m、幅約八mの階段があり、周囲には石垣上に多門櫓が構えられ、さらに敷地の東側に長さ約二〇mの堀が配される。発掘調査成果や絵図をもとに、長崎奉行所の書院、御白洲、対面所、次之間、使者之間などの建物群も復元されている。

伏見奉行と伏見奉行所

関ヶ原の戦い後、伏見は松平忠吉（家康四男）の支配下となり、伏見城代と奉行二人が置かれた。西国大名の御所への出入りを監視する事項があったため、代々の**伏見奉行**（京都府京都市）は大名（一万石以上）が多く、芙蓉間詰従五位に叙された。鳥羽伏見の戦いでは奉行所は官軍の集中砲火をあび全焼した。

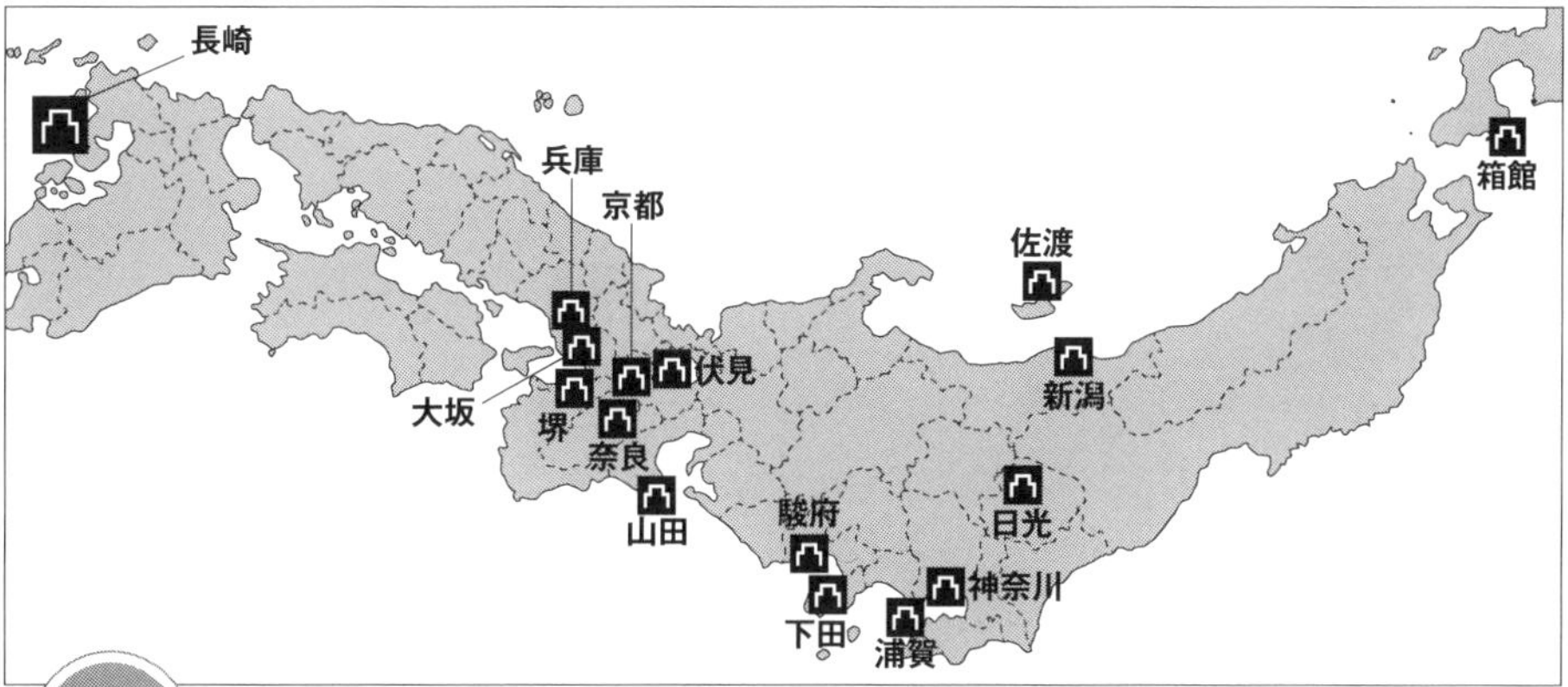

遠国奉行の一覧

天領を確保する役割を担った遠国奉行だが、中でも長崎奉行は外国との貿易の管理が任務であり、重責から役職手当も厚かったという。

五稜郭内の箱館奉行所

平成 22 年（2010）、建築当時の材料や工法にできる限り近い形で庁舎の３分の１を復元した。

長崎奉行所立山役所

長崎歴史文化博物館内に復元されている立山役所。応接に使った書院、面会用の対面所などが復元整備されている。

重職となった浦賀奉行

開国前後の安政年間（一八五四〜六〇）、欧米列強の船舶が頻繁に日本近海に来航したため、長崎奉行よりも格式が高くなり重職とみなされるようになったのが、**浦賀奉行**（神奈川県横須賀市）である。浦賀奉行所は、享保（きょうほ）五年（一七二〇）に下田から移転、江戸湾を入出港する船舶の監視にあたった。

奉行所は約二千坪で内部に番所があった。同時に、付属機関として船番所も設けられた。関所（せきしょ）としての任務も多く、武器の出入り、無断出国の取り締まり、米や味噌という生活必需品の通過にも目を光らせていた。江戸へ入る船は全て船改めが実施され、石銭（こくせん）（通行税）や問屋料（重量税）が徴収された。最も重要な任務は船改めだが、天領浦賀の行政、海難救助なども仕事の一部であった。

城あと発見!

往時の姿を留める代官所

高山陣屋

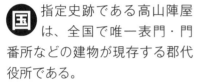

国指定史跡である高山陣屋は、全国で唯一表門・門番所などの建物が現存する郡代役所である。

元は、飛騨高山藩主の金森氏の下屋敷であったが、元禄5年(1692)に幕府が飛騨を直轄領とすると、伊奈忠篤らによって整備され、代官所として使用されはじめた。安永6年(1777)以降は郡代役所となった。

雪国のため板葺屋根に

平成8年(1996)には、天保元年(1830)の絵図をもとに蔵番長屋、郡代邸宅、奥座敷などが整備され、ほぼ江戸時代の旧状に復された。建物の屋根に注目すると、熨斗葺、こけら葺、石置長榑葺が用いられ、いずれも板で葺かれている。瓦葺では寒暖差によって割れてしまうことがあったのと、飛騨は木材の生産地なので入手が容易であったためと考えられる。

この陣屋最大の見所が御蔵である。元禄8年(1695)に高山城三の丸にあった米蔵2棟16房を陣屋に移したもので、2000俵の年貢米の収納が可能であった。

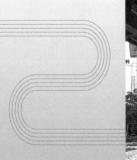

見所である御蔵の南側。陣屋前で開かれる朝市も有名。

第1部
歴史編

第6章
幕末・明治維新の城

幕末～明治時代初期

幕末

海防強化のための城

蝦夷地警備のための施設

ポイント

- 松前藩が築いた松前城は、日本最後の和式築城となった。
- 奥羽四藩は蝦夷地警備のため、その中心施設として各地に陣屋を築いた。

日本最後の和式築城

寛政四年（一七九二）松前藩一三代藩主の松前道広の時に、ロシア艦隊を率いたラックスマンが根室へ上陸、以後ロシアの侵犯が激しさを増していく。こうした事態を受けて、幕府は東蝦夷地を幕府直轄領とし、さらに奥羽四藩に蝦夷地警備を命じた。西蝦夷の直轄化が決定すると、松前氏は陸奥国梁川へ移封となる。

文政四年（一八二一）、松前氏は再び旧領を安堵された。嘉永三年（一八五〇）には、城主大名に格上げされ、海防強化のための新城の築城が命じられる。松前藩は、全力を傾注し城普請を開始。縄張は、長沼流軍学者の市川一学が担当し、江戸軍学の粋を集めた「傑作」として完成をみた。和式築城の最後の城で、日本の城郭の最終到達点となった**松前城**（北海道松前町）である。複雑な折れと変形した枡形は、江戸軍学者の机上理論を形にした完全なものであった。

奥羽諸藩の蝦夷地分担警備

安政元年（一八五四）開国を選択した幕府は、翌年に松前藩の他、奥羽四藩に蝦夷地の分担警備を命じる。各藩は、警備の中心的施設である「元陣屋」と、支所的施設の「出張陣屋」や「屯所」を構築した。また、この他に各藩が蝦夷地に建設した軍事施設としては「台場」「勤番所」「番所」「警衛所」「遠見番所」などがあるが、それぞれの役割や規模も均一ではなかったと考えられる。各藩は、こうした施設を構築し、その任にあたった。

発掘調査で、構造が判明した**仙台藩白老元陣屋**（北海道白老町）は、丘稜尾根に囲まれた地に築かれ、六万㎡の外郭と一万㎡の内郭を円形の土塁と水堀で囲んでいた。内郭には、本陣・倉庫・厩舎などが、外郭には道場・訓練所、藩士・職人の住居などが配されていた。

白老元陣屋内郭

内郭内には倉庫等の様々な建物があり、現在は平面復元されている。内郭は円形の土塁が特徴で、全３ヶ所に虎口が設けられている。（左：白老町教育委員会提供）

モロラン陣屋の虎口と土塁

江戸時代末期、異国からの沿岸警備のために造られた南部藩の陣屋跡。高さ２～3mの土塁が方形にめぐる。

松前城の本丸御門と天守

天守は昭和36年（1961）に外観復元されたものだが、本丸御門は築城当時のものが現存している。

幕末

異国船の来航と台場

沿岸に築かれた対列強施設

ポイント

- ●ペリーの来航を契機として、全国の沿岸に警備砲台「台場」が築かれた。
- ●江戸湾は一一基の台場が建設予定だったが、財政難で半数以上が中止された。

台場の構築

嘉永六年（一八五三）のペリー来航を契機に、安政年間（一八五四～六〇）には欧米列強の船舶が頻繁に日本近海に来航したため、我が国は沿岸の防備が急務となった。そこで、沿岸地域に砲台を築造し、迫りくる異国船に備えたのである。幕末に沿岸警備のために築かれた砲台を「台場」と呼び、全国各地の沿岸全域に約八〇〇ヶ所も築かれた。

江戸湾の台場計画

江戸湾防備のためには、観音崎と富津、品川沖の内海に台場を建設する必要があると韮山代官・江川英龍が上申。幕府は、財政難もあり、江戸を直接防衛する品川沖の台場建設のみ選択した。

当初案は、南品川の漁師町から東北の深川洲崎にかけて、二列の台場計一一基を築造するもの。しかし、財政難により第一・二・三・五・六番と御殿山下台場のみ建設され、第四・七番台場は建設中止、残りの台場は未着手のまま計画が中止されている。**品川台場**（東京都港区他）は、五角形の堡塁式で、切石積の石垣上の上端に「跳出」と呼ばれる上陸阻止用の石材を突出させていた。第三台場には、三六ポンド砲二門、二四ポンド砲一一門、一二ポンド砲一二門、ランゲホーイッスル砲四門の計二九門もの大砲が配備された。

諸藩が築いた台場

諸藩においても海防のために台場が構築されている。小浜藩では嘉永四年（一八五一）に台場築造を幕府に届け出て以降、約三〇ヶ所の台場を築造している。翌年には、丸岡藩の砲術家・栗原源左衛門が砲台を構築。安政元年（一八五四）、福岡藩が一〇ヶ所の台場建設について幕府に願い出て、洞海湾の入口、遠賀川河口、博多湾沿岸に築造された。文久三年（一八六三）には、砲台拡充

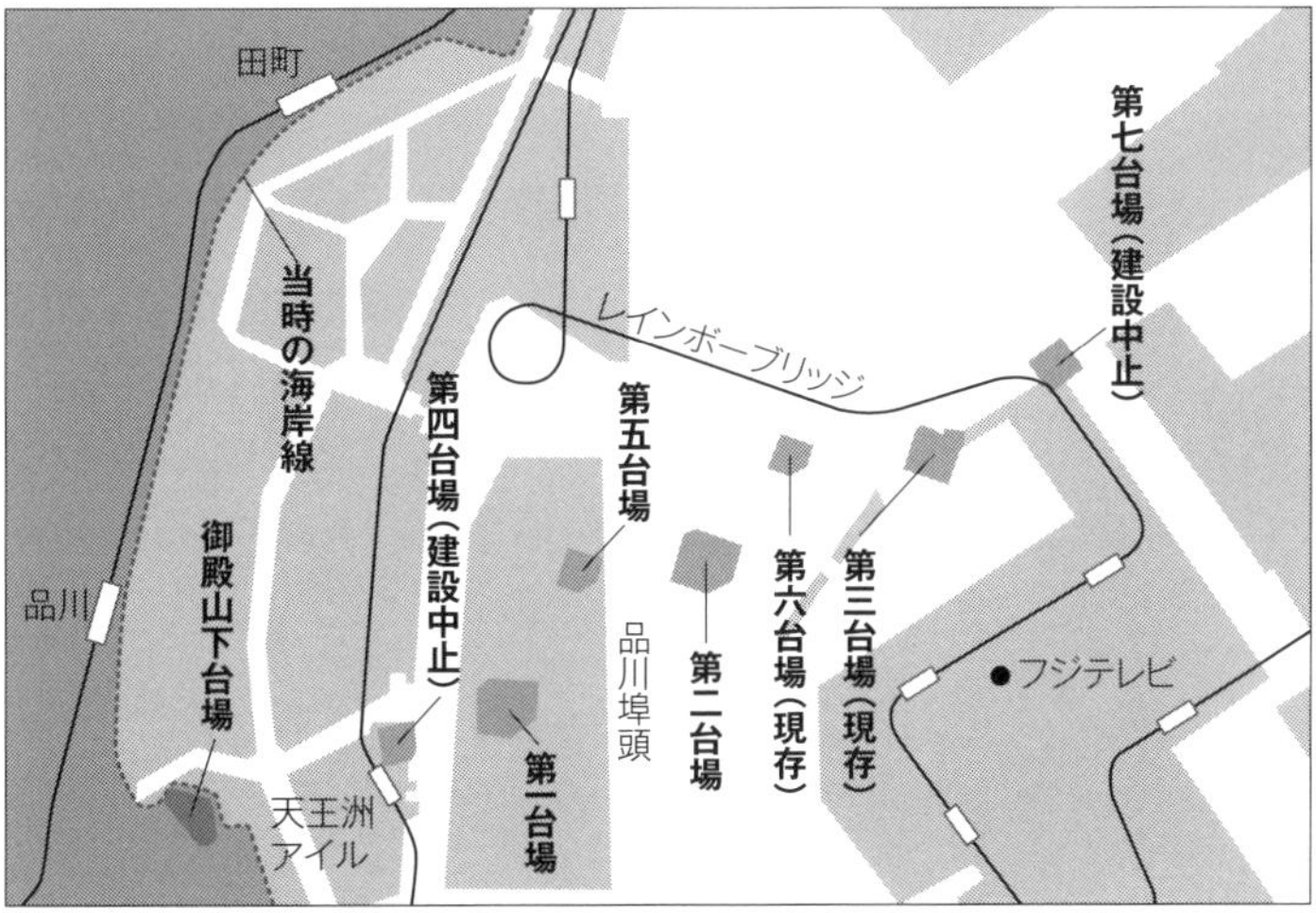

品川台場の守り

それぞれの台場が敵兵に対して「追い打ち」「横打ち」「迎え打ち」の3種類の砲撃ができるように砲台が設置されていた。ただし、実際に外国船を迎撃する機会はなかった。

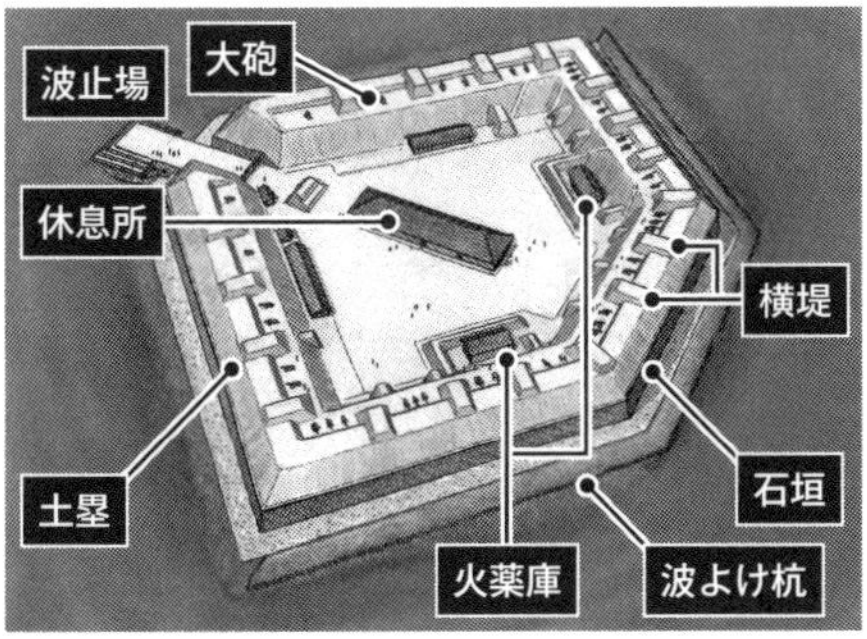

第一台場の模式イラスト

菱形の各辺に砲台が設置され、上部は砲撃からのダメージを受けにくい土塁造りになっている。大砲での戦闘を想定した近代的な造りだった。

丸岡藩の砲台跡

沿岸警備のため、丸岡藩の栗原源左衛門が築いた砲台跡。

の幕命を受けた明石城主の松平慶憲が、**舞子台場**（兵庫県神戸市）を築造。設計・工事総指揮は勝海舟であった。目的は、徳島藩**松帆台場**（兵庫県淡路市）と対になって明石海峡を通過する異国船を挟撃することであったが、実戦で使用されることはなかった。同年、鳥取藩でも台場を構築。中でも**由良台場**（鳥取県北栄町）は、高島秋帆に学んだ武信潤太郎を総指揮者に最も早く着工し、翌四年に完成。正八角形を二分した形で、東西一二五×南北八〇m、土塁の高さ五mの規模を持ち、近くの六尾反射炉で製造された六〇斤砲、二四斤砲、一五斤砲、五寸径砲各一門が配備されたという。

台場は、近年の埋め立てでほとんどが消滅してしまった。現在は小浜藩**松ヶ瀬台場**（福井県おおい町）、鳥取藩由良台場などが国指定史跡となり整備公開されている。

幕末

洋式築城の導入

欧州で発達した星型の縄張

ポイント

- 五稜郭に代表される稜堡式の城は、先端が尖った星型の縄張が特徴。
- 五稜郭に先駆ける稜堡式の城に弁天岬台場、後年の城に龍岡城がある。

西洋流土塁の導入

箱館開港を受け、安政元年（一八五四）、幕府は箱館を直轄領とし、再び奉行を置くことになった。しかし、箱館が防衛上不備であったため、海岸沿いの砲台整備と、役所の移転を実施することになる。新役所と港入口に新設される台場の設計を命じられたのは、蘭学者・武田斐三郎で、欧州で発達した稜堡形式をモデルに「西洋流土塁」を考案した。

安政三年（一八五六）、建設が開始された**弁天岬台場**（北海道函館市）は、石垣で囲われた先端が尖った六角形をしていた。砲台には、ロシアから寄贈された大砲二四門などが設置された。

翌年、亀田の地に着工工事を起こしたのが亀田御役所土塁である。五つの突角がある星型形式をしているところから**五稜郭**（北海道函館市）と通称された。

五稜郭の構造

当初計画では、全ての辺に防備を強固にするための独立した三角形の半月堡を設ける予定であったが、財政的事情から大手口の一ヶ所のみとなり、外郭を取り囲む輻射目的の土塁（長斜堤）も省略されてしまう。それでも、広大な規模の水堀、石垣と土塁によって完全に周囲を囲い込み、強固な防御ラインを築き上げた。

本塁は、幅約三〇m、高さ六m程で、虎口などの重要拠点には石垣が採用されている。特に、大手正面の石垣の一番上は、石を一列飛び出させた「跳出石垣」が採用された。虎口は三ヶ所で、いずれも木橋で外部と接続。虎口の内側には、内部の俯瞰を遮断する目的と、敵兵が大挙して内部へ侵入することを防ぐという二つの役割を担う巨大な「見隠塁」が構えられた。

露呈した弱点

五つの角地には車載砲が配され、

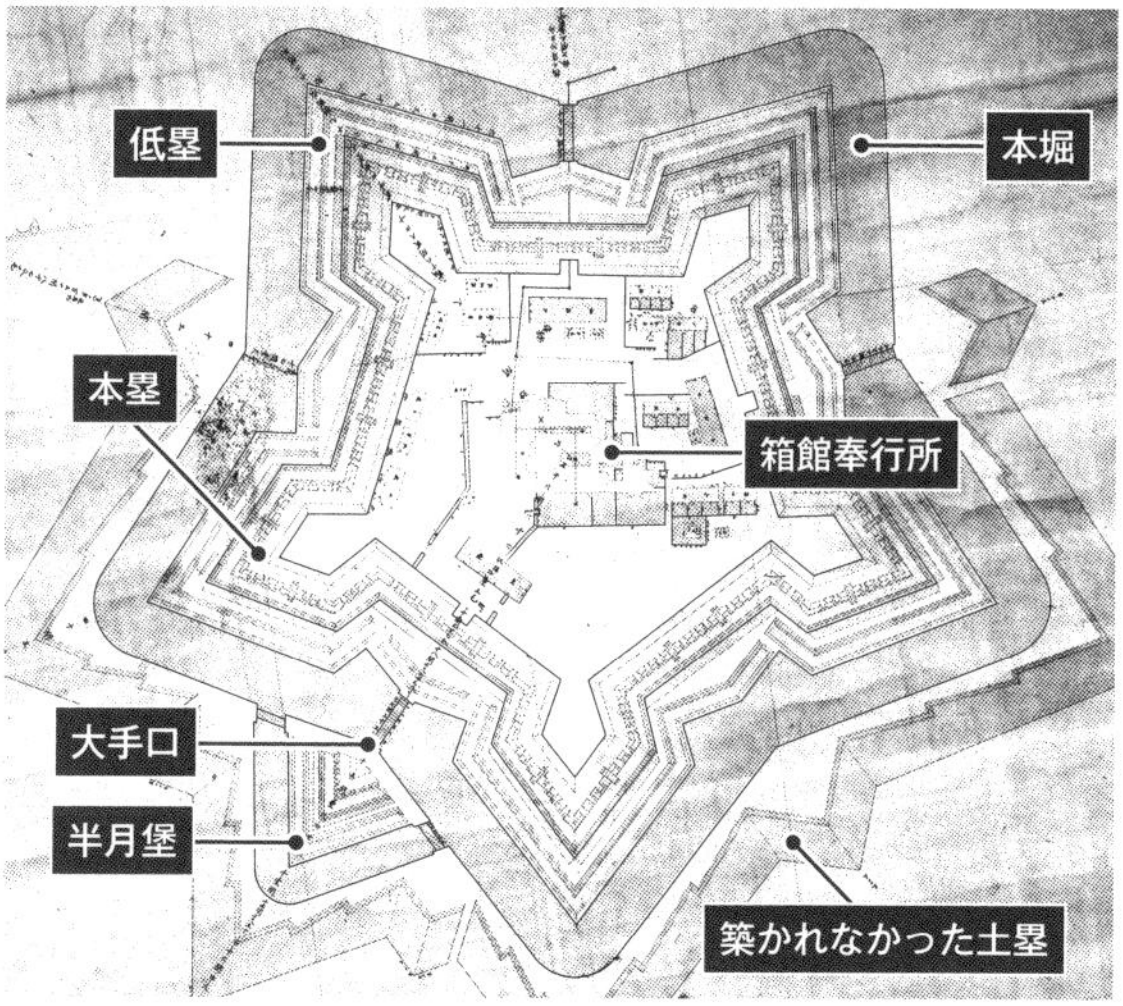

五稜郭平面図

五稜郭の設計図。本堀の外側には築かれなかった土塁が描かれている。（函館市中央図書館蔵）

五稜郭の空撮写真

上空から見るとその星の形がよく確認できる。春には桜が咲き、五角形を彩る。（函館市教育委員会提供）

五稜郭半月堡の跳出

石垣の二段目が飛び出しているため、上ってくる敵の侵入を防ぐ構造となっている。

大砲による攻撃が最大の武器であった。外部からの大砲による攻撃を想定したため、内部には目標となる高層建築は建てられず、箱館奉行所を中心として長屋が四棟、蔵が三棟、厩が二棟、門を含め二〇数棟の平屋造の建物群が軒を連ねていた。最も高い建物は、奉行所の屋根上に設置された宝形屋根の太鼓櫓であった。箱館戦争の際には、ここが艦砲射撃の格好の標的となり、旧幕府軍は慌てて太鼓櫓部分を撤去したが、射撃角度が知れてしまい、要塞としての機能は半減することとなった。

また、信濃佐久郡の領主大給松平乗謨は、**龍岡城**（**田野口陣屋**／長野県佐久市）を洋式築城の城として築き、慶応三年（一八六七）に完成をみている。規模は、箱館五稜郭の四分の一程度しかなく、実戦に備えるというより、乗謨の西洋趣味によって築かれた城と思われる。

幕末

長州征討に備えた城

倒幕の直接のきっかけとなった大乱

ポイント

- 長州藩主の毛利敬親は、有事に備えて高嶺城を詰城として移鎮した。
- 山口城は第二次長州征討時の拠点として重要な役割を果たした。

第一次長州征討

文久三年（一八六三）の八月一八日の政変で京都を追われ、禁門警備の任を解かれた長州藩は、勢力奪回を図るため翌年、蛤御門の変（禁門の変）を起こすが失敗。幕府は、この機に尊王攘夷派に打撃を与えることを狙い長州征討（第一次）を実施。征長総督に尾張藩主の徳川慶勝、参謀は西郷隆盛が務めた。

長州藩では、禁門の変の敗退、四国艦隊による下関砲撃の失敗もあり、保守俗論派が政権を掌握し、幕府に恭順の意を示した。三家老と四参謀を処刑し、藩主が謝罪、**山口城**（山口県山口市）が破却されたことで、幕府は撤兵することになる。

山口築城と第二次長州征討

文久三年、毛利敬親は攘夷戦及び幕末の政変に伴う有事に備えて、防長二州の指揮がしやすい瀬戸内海側の山口に居城を移築する。城は、大内氏の**高嶺城**（山口県山口市）跡がある一露山麓に位置し、この城跡を詰城とした。

天守のない平城で、大砲を備えた八角形の稜堡式城郭で、周囲を水堀と腰巻石垣で囲い込んでいた。御殿は、萩城御殿を解体移築して使用。元治元年（一八六四）に完成し、敬親が移鎮した。藩内では、山口屋形、山口政事堂と呼ばれた。第一次長州征討により、一部を破却し萩に戻るが、慶応元年（一八六五）に再移住し、第二次長州征討の政治・軍事の拠点となった。

長州藩では、俗論派に替わり正義派が政権を握り、武装恭順へ方向転換。軍制を改革し、銃器や艦船を購入、装備の洋式化が図られた。こうした長州藩の態度に、幕府は第二次長州征討を実施し、藩境の大島口、芸州口、石州口、小倉口と四境で戦闘が開始された。結果は、幕府軍の敗走に終わり、将軍・家茂死去で撤兵。幕府はその権威を失墜した。

第二次長州征討布陣図

第二次長州征討では長州藩の藩境にあたる４つの場所で戦闘が行われた。兵数では幕府軍が圧倒的だったものの、結果は最新兵器を駆使した長州軍が勝利した。

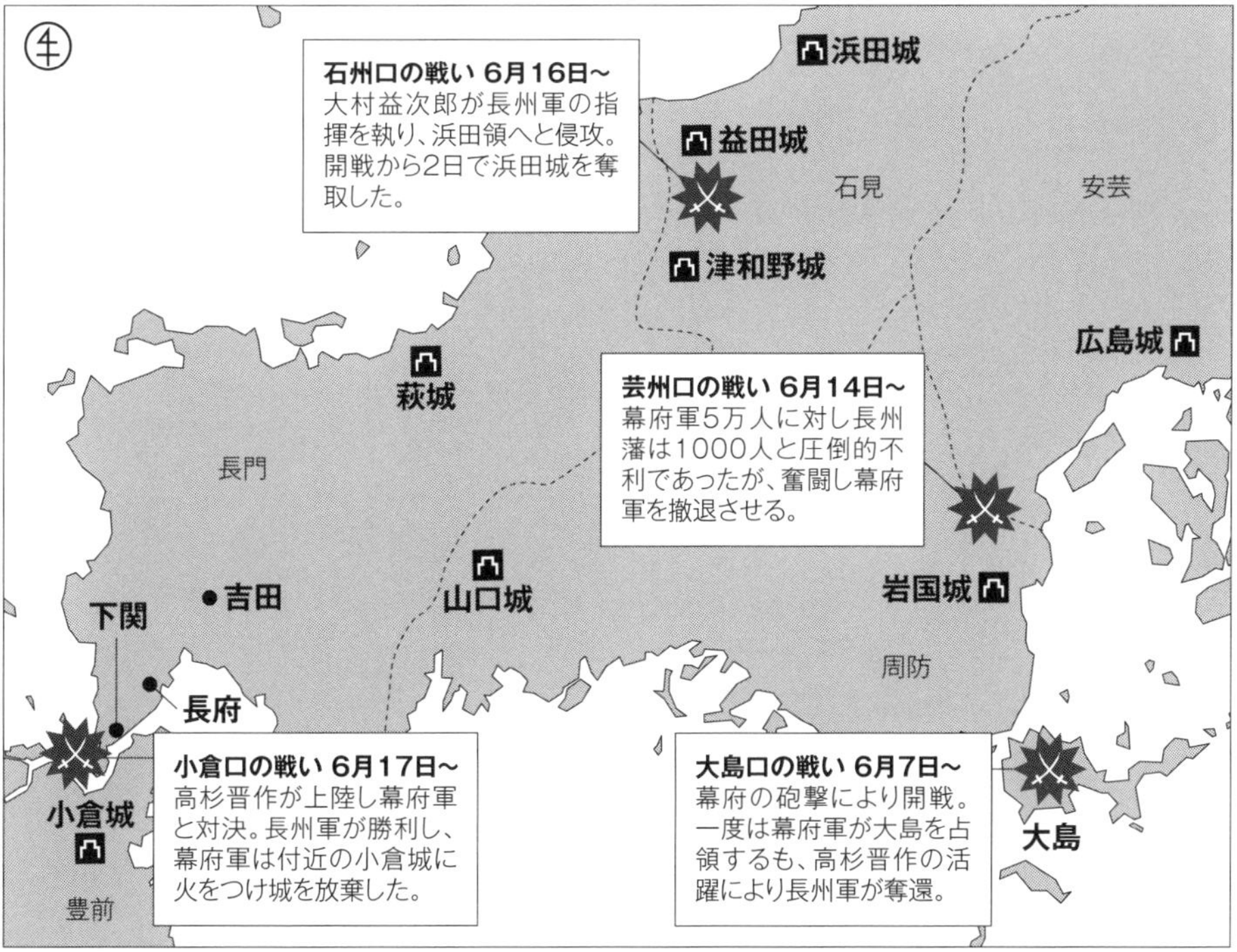
石州口の戦い 6月16日～
大村益次郎が長州軍の指揮を執り、浜田領へと侵攻。開戦から2日で浜田城を奪取した。
浜田城
益田城
石見
安芸
津和野城
広島城
萩城
長門
芸州口の戦い 6月14日～
幕府軍5万人に対し長州藩は1000人と圧倒的不利であったが、奮闘し幕府軍を撤退させる。
吉田
山口城
岩国城
下関
周防
長府
小倉口の戦い 6月17日～
高杉晋作が上陸し幕府軍と対決。長州軍が勝利し、幕府軍は付近の小倉城に火をつけ城を放棄した。
大島口の戦い 6月7日～
幕府の砲撃により開戦。一度は幕府軍が大島を占領するも、高杉晋作の活躍により長州軍が奪還。
小倉城
大島
豊前

九州小倉合戦圖

九州小倉合戦図

第二次長州征討の様子を描いた瓦版。中でも小倉口の戦いは長期化し、激しい戦闘が繰り広げられた。（山口県立山口博物館蔵）

山口城の表門

現存する山口城の表門。背後には詰城として利用された高嶺城があった一露山がそびえる。

新政府軍対旧幕府軍の舞台

戊辰戦争における攻城戦

ポイント

- 鳥羽・伏見の戦いで新政府軍が勝った結果、江戸城は無血開城がなされた。
- 戊辰戦争では新政府軍が旧幕府軍の城を次々に攻略していった。

鳥羽・伏見の戦いと江戸開城

慶応三年（一八六七）王政復古の大号令によって新政府が成立、徳川慶喜を政権から排除し、辞官・納地を要求した。これに反対する旧幕府軍との間で、翌年鳥羽・伏見の戦いが勃発し、旧幕府軍が敗退。新政府軍は、慶喜追討のため、諸藩軍隊を指揮し江戸へと向かう。江戸城総攻撃は、西郷隆盛・勝海舟会談により回避、城は新政府軍に明け渡された。

朝敵とされた会津・庄内を中心とする東北諸藩は、奥羽列藩同盟を結成、ここに北越諸藩も参加、奥羽越列藩同盟となって新政府に抵抗することになる。

長岡・白河・二本松城の戦い

慶応四年（一八六八）、長岡藩は旧幕府方に属し、新政府軍と二ヶ月余にわたる**長岡城**（新潟県長岡市）攻防戦を繰り広げた。一度は落城するが、家老・河井継之助の指揮のもと城を奇襲して奪還に成功。だが、新政府軍の増援部隊の攻勢で、再び落城という過酷な運命が待っていた。この戦いで城は見る影もない姿となった。戦後、わずかに焼失をまぬがれた建物も取り壊され、堀も埋め立てられ、その原型を失ってしまった。

会津に向かった新政府軍は、藩主不在のまま奥羽列藩同盟に加入した**白河小峰城**（福島県白河市）を攻撃。激戦が繰り広げられ、城は落城焼失してしまった（白河口の戦い）。新政府軍は**棚倉城**（同棚倉町）を攻略し、北上を続けた。次に藩兵の大半が白河口に出陣中であった隙を衝き**二本松城**（同二本松市）を攻撃。城は老人と少年隊士が守るのみで、わずか数時間で陥落している。

会津戦争

新政府軍は母成峠の戦いで旧幕府軍を破り、**会津若松城**（福島県会津若松市）の城下突入に成功。新政府軍の電撃的な侵攻の前に、各方面に

戊辰戦争の戦場となった主な城

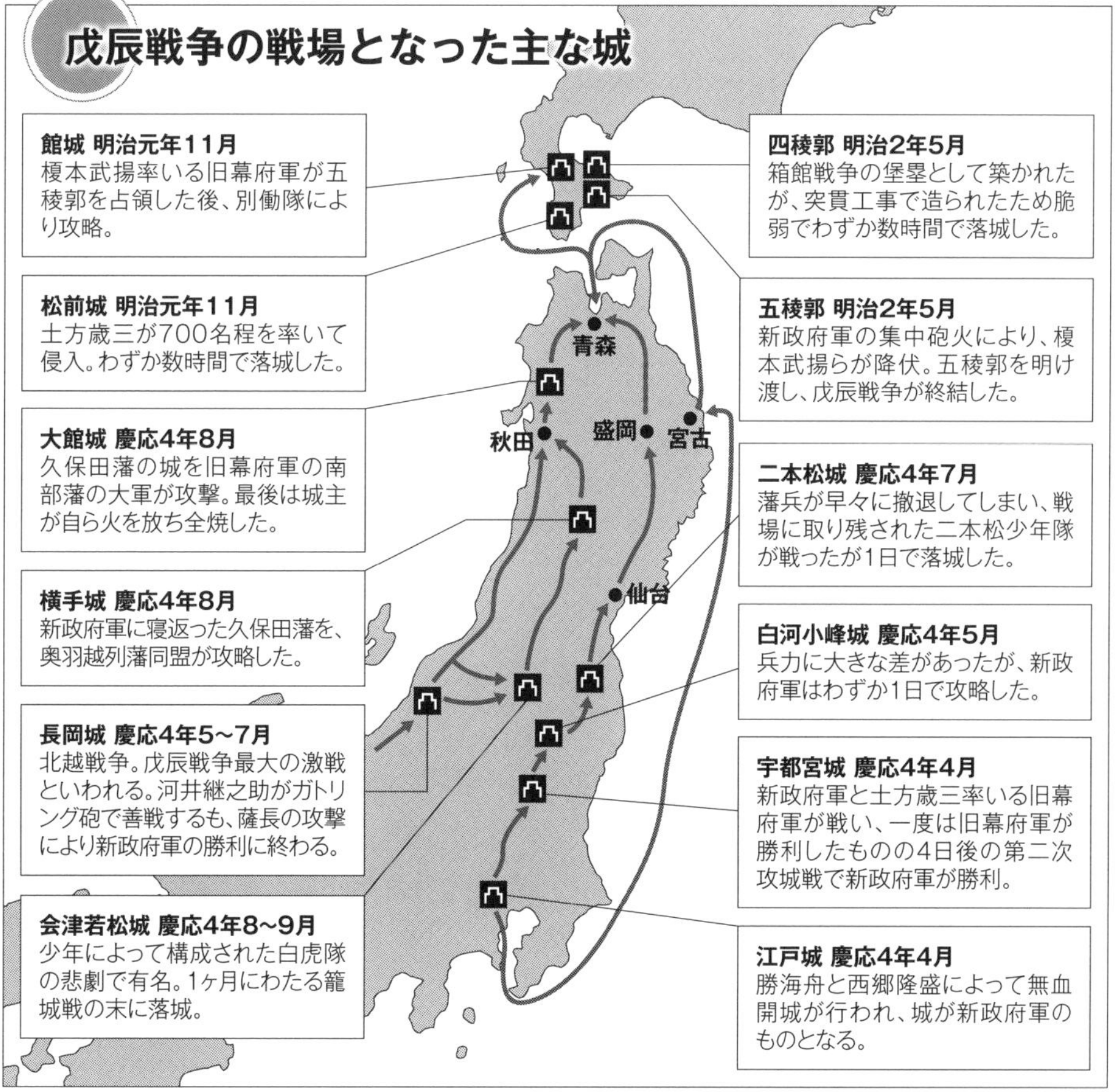

館城 明治元年11月
榎本武揚率いる旧幕府軍が五稜郭を占領した後、別働隊により攻略。
松前城 明治元年11月
土方歳三が700名程を率いて侵入。わずか数時間で落城した。
大館城 慶応4年8月
久保田藩の城を旧幕府軍の南部藩の大軍が攻撃。最後は城主が自ら火を放ち全焼した。
横手城 慶応4年8月
新政府軍に寝返った久保田藩を、奥羽越列藩同盟が攻略した。
長岡城 慶応4年5～7月
北越戦争。戊辰戦争最大の激戦といわれる。河井継之助がガトリング砲で善戦するも、薩長の攻撃により新政府軍の勝利に終わる。
会津若松城 慶応4年8～9月
少年によって構成された白虎隊の悲劇で有名。1ヶ月にわたる籠城戦の末に落城。
四稜郭 明治2年5月
箱館戦争の堡塁として築かれたが、突貫工事で造られたため脆弱でわずか数時間で落城した。
五稜郭 明治2年5月
新政府軍の集中砲火により、榎本武揚らが降伏。五稜郭を明け渡し、戊辰戦争が終結した。
二本松城 慶応4年7月
藩兵が早々に撤退してしまい、戦場に取り残された二本松少年隊が戦ったが1日で落城した。
白河小峰城 慶応4年5月
兵力に大きな差があったが、新政府軍はわずか1日で攻略した。
宇都宮城 慶応4年4月
新政府軍と土方歳三率いる旧幕府軍が戦い、一度は旧幕府軍が勝利したものの4日後の第二次攻城戦で新政府軍が勝利。
江戸城 慶応4年4月
勝海舟と西郷隆盛によって無血開城が行われ、城が新政府軍のものとなる。
青森
秋田
盛岡
宮古
仙台

守備隊を送っていた会津藩は虚を衝かれ、会津若松城に籠城し徹底抗戦を試みることになる。

会津若松城を包囲した新政府軍は、力攻めを避け、城内に砲撃を浴びせ続けた。当初、高い城壁に阻まれ有効な攻撃とはならなかった。だが、小田山(おだやま)から城内が俯瞰できることを知り移動。ここからだと城まで約一五〇〇m、高低差は約一四〇mである。アームストロング砲で砲撃し、砲弾は外れることなく目標に命中した。天守も被害は甚大で、残された古写真からは、数十発以上が着弾したことが判明する。特に東面の二重目屋根と出窓、四重目壁面の損傷が激しい。

激しい砲撃を受けても城内の士気は衰えることなく、新政府軍の総攻撃にも屈しなかった。だが、籠城一ヶ月余、遂に会津若松城に白旗が掲げられ、戦争は終結した。

天皇の江戸入城

新時代の幕開け

ポイント

- 明治新政府は、新たな時代の到来を示すため東京遷都を実行した。
- 天皇は徳川幕府の城だった江戸城に、宮城として移り住んだ。

天皇の東京移住

明治維新は、薩摩・長州などの勢力が徳川幕府を排除して、天皇中心の新国家を建設しようとしたものである。新政府の中核メンバーは、平安以来の京都の保守勢力からの脱却を画策し、遷都を計画した。慶応四年（一八六八）の大坂行幸の後、江戸遷都を見据えて東京改称の詔書が出される。

遷都は、天皇親政の新たな近代国家の誕生を、国の内外にアピールするためであった。この遷都計画に、変化を嫌う公家や旧大名たちが抵抗を示す。遷都計画は、二転三転し、大坂、江戸、京都の間で揺れ動いた。政府から何ら公的声明のない中、明治と改元した天皇は京都御所を出、江戸へと向かう。江戸入城後、名を**東京城**（翌年、皇城とされた）と改名する詔を発した。

城郭から宮城へ

新政府のねらいは、二六〇年という長きにわたって行われた徳川支配の居城に、新しい支配者となる天皇が入城し、天下に号令をすることにあった。民衆に、徳川支配の終焉を告げ、新たな時代の到来を知らしめようとしたのである。また、幕府によって蓄積された首都機能を継承する選択肢が他になかったことも事実である。

天皇移住当時の江戸城は、幕末に相次いだ火災によって本丸・二の丸は焼亡し、外郭・内郭の城門や櫓群も、荒廃を深めていた。皇城となったわずか四年後には、城内の建物や諸門の取り壊しが本格化し、その城としての機能に終止符が打たれることになる。

天皇の江戸入城によって、将軍・慶喜は水戸へ移って謹慎に処せられた。だが、平和裡に城の明け渡しが為されたことが評価され、徳川宗家は家名存続を認められ、御三卿の田安家が継いだ。

『武州六郷船渡』

月岡芳年が描いた、明治元年（1868）に行われた天皇の江戸行幸の様子。画面左には皇室のシンボルである菊紋章の旗が掲げられている。天皇はこの年の行幸のあと一旦京都に戻ったが、翌年３月に改めて東京に入り、ここを首都とした。（大田区立郷土博物館蔵）

明治天皇の肖像写真

明治天皇は写真嫌いで、残されたものは非常に少ない。写真は明治６年（1873）に撮影された貴重な１枚。（長崎大学附属図書館蔵）

江戸城の西の門

明治天皇は行幸の際にここから江戸城へと入った。現在も皇居正門として利用されている。

明治
時代

鎮台の設置

城跡を利用した陸軍軍事施設

ポイント

- 山県有朋は地方警備軍として「鎮台」を編成、全国に拠点を設置した。
- 鎮台の拠点は大阪城や熊本城など、多くは城跡が利用された。

御親兵と鎮台

明治維新直後の新政府を支えた軍事力は、薩摩、長州、土佐のわずか三藩の兵士でしかなかった。そのため新政府は、幕藩体制下での藩兵・旧武士団を解体し、全国統一的な常備軍の編成が急務となった。

兵部少輔となった山県有朋は、薩摩・長州・土佐三藩一万人をもって御親兵を設置。併せて、地方警備のための軍隊「鎮台」を将来全国に置くことを明らかにした。

明治四年（一八七一）、東山道鎮台（本営宮城県石巻市）と西海道鎮台（本営福岡県北九州市小倉城跡）の設置を布告。同年、廃藩置県により全国が直轄領となると、旧二鎮台は廃止され、新たに四鎮台（東京・大阪・鎮西・東北）八分営が設置されることになった。

城に置かれた四鎮台八分営

東京鎮台こそ元池田輝和邸の兵部省内に置かれたが、大阪鎮台は**大阪城**内（大阪府大阪市）、鎮西鎮台が**熊本城**内（熊本県熊本市）、東北鎮台が**仙台城**内（宮城県仙台市）に置かれている。また、八分営のうち東京鎮台第二分営が**上田城**内（長野県上田市）、同第三分営が**名古屋城**内（愛知県名古屋市）、大阪鎮台第一分営が**小浜城**内（福井県小浜市）、同第二分営が**高松城**内（香川県高松市）、鎮西鎮台第一分営が**広島城**内（広島県広島市）、同第二分営が**鹿児島城**内（鹿児島県鹿児島市）と、六分営が城に設置された。いまだ軍事施設として城を利用せざるを得ない状況がみて取れる。この時の鎮台は、御親兵から転じた者と、士族からの志願者で編成された。各藩に残されていた常備兵はこれをもって武装解除されることになったのである。

その後明治六年（一八七三）にはこれまでの四鎮台に名古屋・広島を加えた六鎮台に改正。徴兵令が施行されることになる。

明治４年８月の鎮台配置図

四鎮台八分営のうち、4分の3にあたる９ヶ所が城跡を利用している。また、同年末には東京鎮台第一分営が新潟から新発田城へ、大阪鎮台第一分営が小浜城から伏見へ移された。

広島鎮台司令部本館

明治 10 年（1877）に広島城本丸に建造された司令部本館。鎮台が解体された後も第五師団司令部庁舎として使用された。（広島城蔵）

大阪鎮台の古写真

明治期に撮影されたもの。左手の写真は大阪鎮台第10 連隊の建物で、正面の建物も鎮台関連の施設とみられる。（長崎大学附属図書館蔵）

明治
時代

廃城令と城の保存

破却か残存か、城の運命の行方

ポイント

- 明治六年（一八七三）、廃城令により全国の城の大半が取り壊された。
- 廃城が決まりながら、政治家や一般人の行動により保存された城もある。

「廃城令」とは

明治六年（一八七三）、太政官から陸軍省に「全国ノ城郭陣屋等存廃ヲ定メ存置ノ地所建物木石等陸軍省ニ管轄セシム」の通達が、大蔵省にも「全国ノ城郭陣屋等存廃ヲ定メ廃止ノ地所建物木石等大蔵省ニ処分セシム」の通達が発せられた。両件を総称して「全国城郭存廃ノ処分並兵営地等撰定方」と呼ぶが、略して「廃城令」、「城郭取壊令」とか「存城廃城令」ともいわれる。

これは簡単にいえば、全国に残っている城の土地建物については、これまでは陸軍省所管財産であったが、今後陸軍が軍用の財産として使用する城郭陣屋については存城処分（陸軍省所管の行政財産とする）とし、それ以外の城郭陣屋については廃城処分として、大蔵省へと引き渡して普通財産に所管替えし、売却用財産として処分するという通達であった。

存城処分で残された城

「存城処分」とは、城を陸軍の軍用地として利用するなら建造物や石垣、その他樹木等を利用することは構わないという内容であった。そのため、兵営地として利用する目的で石垣を壊し、堀を埋め立て、広大な敷地を確保した。また、堀や石垣は現況が維持されたが、建物を全て取り壊すことで敷地を確保することもあった。また、例えば広大な三の丸を有する城の場合、三の丸に建てられていた御殿などの建造物は取り壊されたものの、天守や主要な櫓や門は、江戸期のまま残されるということもあった。

こうした形で存城処分となった城は、**東京城（江戸城）**など四三城・一要害で、残りの城の大部分は廃城とされた。

廃城処分となった城

廃城処分となり、大蔵省の普通財

取り壊される小田原城天守

高さ 31 m を誇った天守が払い下げられ取り壊されている。三重天守だったが、写真には一重目の柱しか残っていない。

古写真に残る新発田城の三階櫓

明治７年（1874）に廃城令で取り壊された新発田城の三階櫓。新発田城は後に東京鎮台第一分営が置かれ、現在も陸上自衛隊の駐屯地である。（新発田市教育委員会提供）

産に所管替えされた城や陣屋は、地方団体や学校の用地などとして売却されることが多かった。無用と判断された全国一五〇程の城に廃棄が通達され、そのうち破却を免れたのは、わずかに四分の一程度であった。残された城も腐朽が進み、傷みの激しい建物は取り壊され、**姫路城**（ひめじ）（兵庫県姫路市）天守ですら二三円五〇銭で落札された程であった。

廃城処分となった城の建物については、天守・櫓・城門・御殿・土蔵（どぞう）・土塀をはじめ城内の立ち木に至るまで、競売の対象となり民間に払い下げられることになる。天守や櫓、櫓門などの巨大建築物は、落札すると取り壊しや移築費用がかさむことから、二束三文の安値で売却されてしまった。

移築再利用するために落札されたのは、薬医門（やくいもん）や高麗門（こうらいもん）などといった平屋の城門、あるいは二重櫓、土蔵などの使い勝手が良いもので、特に寺院に移築される例が多かった。御殿などは、式台のみが移築される例もみられる。

その他の建物は、大部分が解体され薪にされている。あまりに多くの建物が一気に薪にされたため、薪の値段が暴落したとも伝わる。堀は埋め立てられ、石垣は解体されるなど徹底的に破壊され、住宅地や耕作地となった城も多い。

城を守った政府要人

全国から次々と城がその姿を消していく中で、城を文化遺産として後世に残そうと考えた人たちがいた。陸軍省の中村重遠大佐は、建築学的にも、また芸術としても価値の高い城を、何とか保存できないかと考え、陸軍卿の山県有明に保存の建白書を提出した。

山県は、保存推進の訴えを聞き入れ、城郭の永久保存を決断。明治一二年（一八七九）に陸軍費用で、名城との呼び声高い姫路城と名古屋城の修理が決定し、破壊を免れたのである。

また、前年に奇しくも保存が決定した**彦根城**（滋賀県彦根市）は、明治天皇の勅命により取り壊しを免れた。北陸巡幸を終え、彦根に立ち寄った天皇に、大隈重信が城郭の保存をつぶさに奉上。これに同意した天皇は、宮内卿の徳大寺実則を通じて保存を命じたのである。

民間人が守った城

対して**松本城**（長野県松本市）は、一人の民権運動家の熱意によって保存された城である。「信飛新聞」を発刊した市川量造は、天守落札の話を聞きつけ保護保存に奔走する。買い主の笹部六左衛門に破却の猶予を乞い、有志らと共に資金を集め、天守の「一〇年間拝借」に成功。市川らは、天守での博覧会開催を計画。県令を動かし、博覧会は明治六年から九年（一八七六）までの期間で合計五回にわたって開催され、その入場収益は天守買い戻しの資金とされたのである。

松江城（島根県松江市）も、民間人の働きによって残された城である。明治八年（一八七五）陸軍省は、老朽化した建物の払い下げ処分を決定し、入札を実施。天守は一八〇円で落札された。この時、天守解体を惜しむ出雲郡の豪商の勝部本右衛門と旧藩士の高城権八は、陸軍大尉に懇願し、払い下げ金と同額の金を国に納付することを条件に天守の保存が認められた。二人はさっそく広く有志から資金を調達、無事保存されるに至ったのである。

保存され現存する城は、いずれも国宝や重要文化財となっている。

廃城令で破却を免れた主な城

天守、御殿といった代表的な建物が残っている城を掲載。市民の働きかけや天皇の勅令などで残ったものがほとんどだが、その後戦火により焼失したものも多い。

城名	所在地	概要
弘前城	青森県	本丸御殿、武芸所などが廃城時に取り壊されたが、旧藩主の津軽家が城地の貸与を許可され市民公園として一般開放される。
松本城	長野県	明治8年に天守落札の話を聞きつけた市川量造が、天守を取り壊そうとしていた買い主に直談判。資金を集めて買い戻した。
丸岡城	福井県	天守は大蔵省により競売にかけられ落札されたが、町民の尽力により買い戻される。その後丸岡町に寄付され、公会堂として使用された。
犬山城	愛知県	廃城令で天守以外取り壊し。明治24年、濃尾大地震で天守が半壊したが、修復を条件に旧藩主の成瀬家に譲渡される。
大垣城	岐阜県	廃城処分となったが、天守など一部の建物は破却を免れる。旧国宝に指定されていたが、昭和20年の空襲により焼失。
彦根城	滋賀県	廃城令を受け解体が着々と進んでいたが、大隈重信が明治天皇に城郭の保存を願い出て、勅命により保存が決定。
二条城	京都府	陸軍省の所管となった後で宮内庁の所管に移され、二条離宮として残された。平成6年「古都京都の文化財」として世界遺産に登録。
姫路城	兵庫県	陸軍省の中村重遠が姫路城の天守を価値あるものと判断し、山県有朋に保存を訴えたところ、陸軍費用で城の修理、永久保存が決定した。
松江城	島根県	明治8年、陸軍省により競売にかけられ、天守は180円で落札。解体を惜しむ地元の豪商が奔走し、払い下げ金と同額を納め保存が認められた。
備中松山城	岡山県	廃城令の後は放置され荒れていたが、昭和期に町によって二重櫓、天守などが修復された。
福山城	広島県	廃城令により門、櫓などが次々に解体。天守は修復・維持費用の関係から一度は荒廃するものの後年に修復された。昭和20年、空襲で焼失。
丸亀城	香川県	明治10年から櫓、塀などは順次取り壊されたが、旧藩士からの嘆願により天守と大手門は破却を免れた。
伊予松山城	愛媛県	大蔵省の所管となり、城門や櫓が払い下げられる。本丸一体は聚楽園という公園として整備。
宇和島城	愛媛県	存城となり明治23年には旧藩主の伊達家に払い下げられた。宇和島港の改修により堀が埋められ、石垣や櫓が壊されたが天守は保存された。
高知城	高知県	廃城令となるも本丸周辺の建造物と追手門は破壊を免れ、翌年には公園として一般に開放された。

松本城の天守

カメラのレンズ収差もあるが、天守が大きく右に傾いて見える。破却は免れたが傷みが目立ち、その後も市民中心の保存活動が起こった。（深志同窓会蔵／松本城管理事務所提供）

城あと発見!

五稜郭内に復元された

箱館奉行所

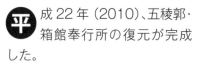

平成22年(2010)、五稜郭・箱館奉行所の復元が完成した。

中央に太鼓櫓を持つ特徴的な建物の復元にあたって役に立ったのが、解像度の高い古写真が残されていたことである。発掘調査で出土した瓦の大きさと、古写真から読み取った瓦の枚数から、奉行所の正確な大きさを算出した。パリの骨董市で発掘された古写真も参考にされた。

その数値をもとに実物大のモックアップ(外観デザインの試作・検討レベルで用いられる模型)が作成され、同じ位置から写真撮影を行い古写真に重ね合わせて検証が繰り返された。こうして、復元精度の向上が図られたのである。

内部の解説も充実

建物の高さや屋根の勾配、軒の反りなどは単写真解析や透視図法による解析などで割り出し、瓦の枚数を読み込むことにより、各部材の位置・大きさが確定された。

完成した奉行所は、玄関を入った使者之間をガイダンス施設、そこから再現ゾーン、歴史発見ゾーン、映像シアター、建築復元ゾーンと続いている。

写真は中庭から見た奉行所太鼓櫓。奉行所全体の3分の1程度の建物が復元された。

第1部
歴史編

第7章 近代の城

明治時代～平成時代

明治
時代

明治期の洋式要塞

対外戦争を想定した沿岸警備

ポイント

- 洋式要塞の第一号は横須賀に築かれた観音崎北門第一砲台だった。
- 清やロシアに備え、西日本の沿岸沿いを中心に洋式要塞が築かれた。

沿岸要塞の整備

西南戦争が終結し、国内政治が安定期に入った明治一三年（一八八〇）、それまでの「台場」から「洋式要塞」への転換が図られ、初の砲台として**観音崎北門第一砲台**（神奈川県横須賀市）の建設が開始された。

だが、当初砲台に据え付ける砲の生産性をあげることができなかった。そのため、当初の備砲は輸入砲が主力を占めていた。輸入砲の大半はフランスのカネー社製で、維新直後から海岸防備についてはフランス陸軍に範を置いたためであった。

要塞はレンガ造りで、ここでもフランス式のレンガ積みが採用された。また、洋上から発見されにくいように、山上の高所に樹木で隠れるように建設され、コンクリート製の砲座と、弾薬庫や砲員のための掩体壕、居住施設からなっていた。明治二七年（一八九四）、二四㎝カノン砲二門が臨時に据え付けされた。

日清・日露戦争の要塞

明治一七年から帝都東京を守る**東京湾要塞**を建造、湾の真ん中に浮かぶ第一～三海堡（千葉県富津市、神奈川県横須賀市）が最も難工事となった。それ以降、清との戦争に備え、**対馬要塞**（長崎県対馬市）、**下関要塞**（関門海峡周辺）、**由良要塞**（紀伊水道周辺）などが建設された。日清戦争までの間に、全国約五〇ヶ所を超える堡塁が構えられた。

日清戦争後は、対ロシアに備えた要塞を拡充。**函館要塞**（北海道函館市）、**舞鶴要塞**（京都府舞鶴市）、**広島湾要塞・芸予要塞**（広島県竹原市・愛媛県今治市）、**長崎要塞・佐世保要塞**（長崎県長崎市・佐世保市）、**基隆要塞・澎湖島要塞**（台湾）などが構築され、直接ロシア艦隊との交戦はなかったが、重要港湾防備の拠点となった。これらの要塞の備砲は陸揚げされ、旅順や奉天で使用されることになる。

明治期に築かれた主な洋式要塞

清やロシアへの対策のため、日本海沿いや瀬戸内海沿いが重視された。

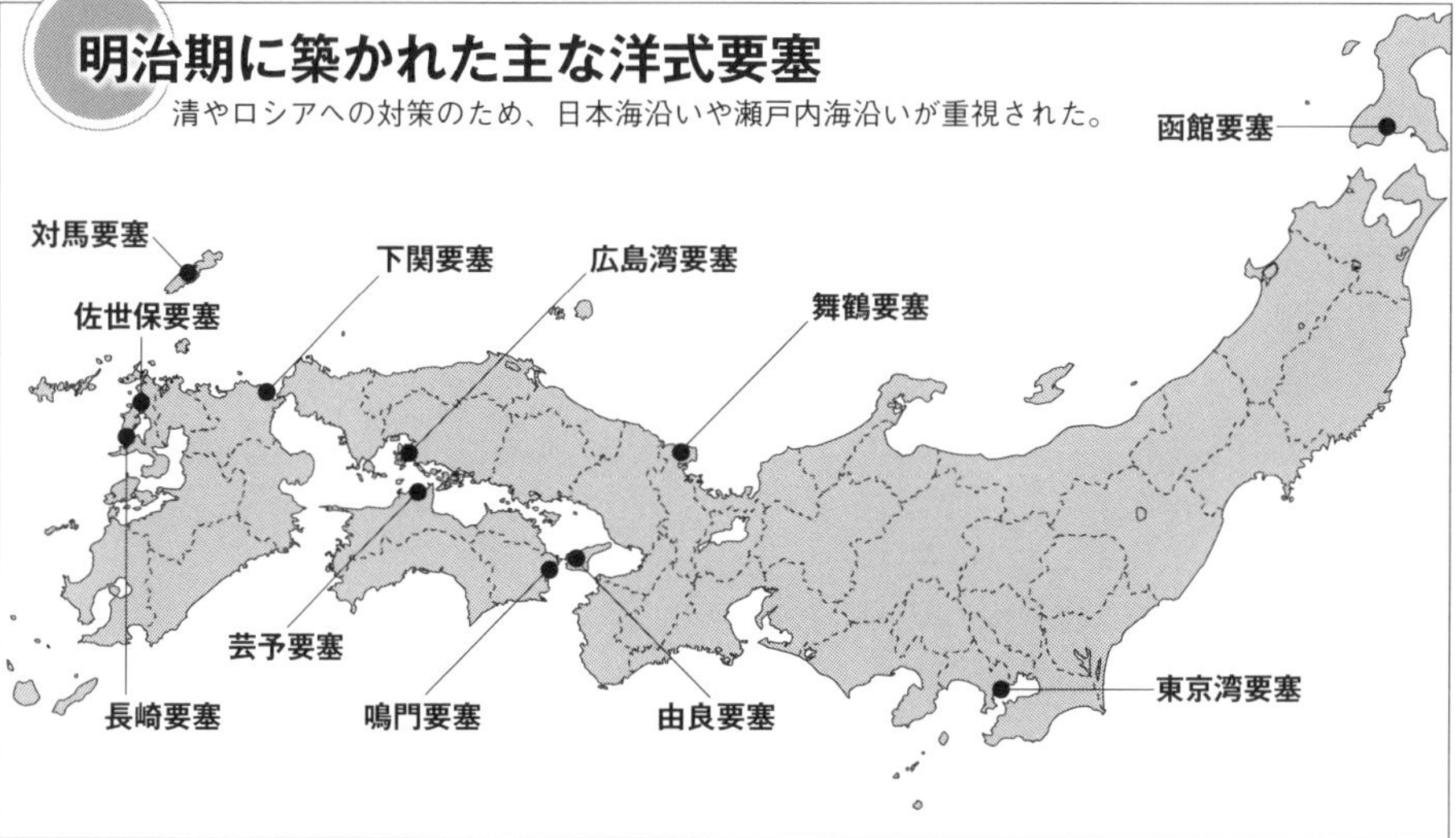

観音崎北門第一砲台跡

国内初の洋式要塞であった北門第一砲台。公園の一角にきれいに整備されている。

観音崎公園

観音崎砲台跡は現在公園となっている。写真は海に向けられた榴弾砲の実物大模型。

由良要塞深山砲台跡

由良要塞は大阪湾防衛のため淡路島を中心に設置された。レンガ積み建造物がよく残る。

佐世保要塞丸出山堡塁跡

海軍の拠点だった佐世保軍港の防御施設。佐世保湾一帯に砲台・堡塁が築かれた。

明治～戦前

明治後期からはじまる模擬天守の建築

戦前に再建された天守

ポイント

- 再建天守第一号は岐阜城。日本初のコンクリート製天守は洲本城。
- 戦前には大阪城、郡上八幡城、伊賀上野城などの模擬天守が建造。

明治・大正の再建

明治以降、天守台上に建てられた建物の初例は、明治三九年（一九〇六）に**甲府城**址（山梨県甲府市）で開催された「一府九県連合共進会」というイベントの際に建てられた仮設の二重模擬天守である。

常設として、天守台上に再建された初の天守は**岐阜城**（岐阜県岐阜市）で、同四三年（一九一〇）のことであった。廃城令から半世紀も経たない中、観光目的として天守が建てられたのである。岐阜保勝会（現在の観光協会）が、長良川橋の廃材を大量に購入し、岐阜建築業組合と共同の労働奉仕で天守再建を実施した。工期は約一年。高さ約一五m、屋根はトタン葺きであった。六月に看守を置き、翌年四月までの来場者が四万三九二五人との記録が残る。

大正一四年（一九二五）には、「大大阪記念博覧会」が天王寺公園と**大阪城**を会場に開催された。第二会場となった大阪城の天守台には、桃山様式の木造二階の仮設建物「豊公館」が建設され、わずか四五日の開催期間中に、七〇万人弱もの来場者を記録している。

日本初のコンクリート製天守

昭和三年（一九二八）、御大典（昭和天皇の即位式）を記念して、淡路・**洲本城**（兵庫県洲本市）天守台に、RC（鉄筋コンクリート）製の模擬天守（展望台）が建てられた。

同年、大阪市も御大典の記念事業として、天守閣の復元を含む大阪城公園整備を計画。土地所有者の陸軍と交渉して昭和五年（一九三〇）に起工にこぎつげ、翌年竣工、約二七〇年ぶりに天守閣が復興した。RC造りでエレベータまで採用された。その外観は「大坂夏の陣図屏風」等を参考に、豊臣秀吉時代の姿をできるだけ忠実に復元することとされた。だが、天守台は寛永三年（一六二六）に築かれた徳川天守のもの

岐阜城の旧模擬天守

天守台上に築かれた本邦初の模擬天守。この建造のために、天守台が積み直されている。昭和18年（1943）に失火で焼失した。（岐阜市教育委員会提供）

建設途中の大阪城天守

着工から約1年後の、鉄骨組み上げ中の大阪城。豊臣期天守、徳川期天守に続く3代目天守となった。（大阪城天守閣提供）

郡上八幡城の木造模擬天守

現存する木造再建天守では日本最古。現在も城のシンボルであり、内部は歴史資料館として利用されている。

であるため、徳川時代の天守台上に、豊臣時代の模擬天守が載る「豊徳合和」とでもいうべき建物となった。

全国に広がる模擬天守

昭和六年（一九三一）にはまた、南条氏（伯耆の国人領主）の子孫が、先祖の居城である**羽衣石城**（鳥取県湯梨浜町）に私費を投じて天守を建築。私費でもあり、鉄骨を組み、屋根も壁もトタンを張っただけの極めて質素な建物であった。

その後、昭和八年（一九三三）に**郡上八幡城**（岐阜県郡上市）が木造の四重五階模擬天守として再建。二年後には同じく木造で**伊賀上野城**（三重県上野市）天守が、伊賀文化産業館として再建されている。同十五年（一九四〇）には、地元の篤志家が**田辺城**（京都府舞鶴市）の模擬二重櫓を建てて寄付。城跡に建てられた初の模擬櫓であった。

昭和
時代

全国の天守と建造物が失われる
太平洋戦争による焼失

ポイント

- 米軍の空襲によって、七城の現存天守をはじめ多くの城郭が焼失。
- 最も大きな被害は原爆を受けた広島城と沖縄戦の舞台の首里城。

空襲によって失われた建築

太平洋戦争末期の昭和二〇年（一九四五）、日本の主要都市はアメリカ軍による無差別空襲を受け、至るところが燃え上がり、町は壊滅状態となった。当然のごとく、主要都市に位置する城も大きな被害を受けた。天守では、江戸時代から現存していた**水戸城**（茨城県水戸市）・**名古屋城**（愛知県名古屋市）・**大垣城**（岐阜県大垣市）・**和歌山城**（和歌山県和歌山市）・**岡山城**（岡山県岡山市）・**福山城**・**広島城**（広島県福山市・広島市）の七城が焼失している。

また天守以外にも全国の城の建造物が被害を受けた。戦前に「旧国宝」指定された建物では、**仙台城**（宮城県仙台市）の大手門と隅櫓、名古屋城の本丸御殿や正門（明治四三年に旧江戸城内の蓮池御門を移築）など七棟、大垣城の艮櫓、和歌山城の北西隅櫓など一一棟、岡山城の石山門、福山城の湯殿、**伊予松山城**（愛媛県松山市）の天神櫓など一一棟、**宇和島城**（愛媛県宇和島市）の追手門、**首里城**（沖縄県那覇市）の守礼門など五棟がある。

米軍による空爆は、軍事施設などを目標とした精密爆撃と、国民の戦意喪失を目論んだ無差別な都市爆撃とに区分されていた。これほど多くの城郭建築が被害を受けた背景には、米軍が都市爆弾に焼夷弾を用いて、木造建築の焼き討ち的攻撃を主流としたためであった。

壊滅した広島城と首里城

最も大きな被害を受けたのは、原子爆弾が投下された広島城と、沖縄戦で艦砲射撃の的となった首里城である。

広島城は天守の他、東走櫓・裏御門の一部・中御門・表御門・二の丸の平櫓・多門櫓・太鼓櫓が失われた。広島城は爆心地からは約一㎞離れていたが、天守は過重により跡形もなく崩れ落ち、城内の樹木は全滅し、

太平洋戦争で被害を受けた主な城

昭和 19 年（1944）末から始まった本土空襲によって、多くの人命とともに、天守や旧国宝の建造物を含む貴重な文化財が失われた。

★マークが付く建造物は、戦前の「旧国宝」に指定されていたもの

城名	所在地	焼失・倒壊した主な建物	経緯など（全て 1945 年の出来事）
仙台城	宮城県	大手門★、大手門隅櫓★、二の丸表舞台楽屋、三の丸巽門	7 月 10 日の仙台空襲による
水戸城	茨城県	御三階櫓	8 月 2 日の水戸空襲による
江戸城	東京都	大手門	5 月 22 日の東京空襲による。明治宮殿も全焼
名古屋城	愛知県	大天守★、小天守★、本丸御殿★、東北隅櫓★、表一の門★、東一の門★、東二の門★、不明門★、正門★	5 月 14 日の名古屋空襲による。西南隅櫓、東南隅櫓、西北隅櫓、表二の門の 4 棟を除く旧国宝が焼失
大垣城	岐阜県	天守★、艮櫓★	7 月 29 日の大垣空襲による
大阪城	大阪府	二番櫓、三番櫓、伏見櫓、坤櫓、京橋口多門櫓	8 月 14 日の大阪大空襲による。天守台や青屋門も損傷
和歌山城	和歌山県	大天守★、小天守★、北西隅櫓★、西南隅櫓★、楠門★、北東多門★、北西多門★、西多門★、南多門★、東倉庫★、西倉庫★	7 月 9 日の和歌山空襲により旧国宝 11 棟全てが焼失
姫路城	兵庫県	ー	7 月 3 日の姫路空襲で爆撃対象となったが、城内の中学校校舎のみが焼失
岡山城	岡山県	天守★、石山門★	6 月 29 日の岡山空襲による
福山城	広島県	天守★、湯殿★	8 月 8 日の福山空襲による
広島城	広島県	天守★、東走櫓、裏御門の一部、中御門、表御門、二の丸の平櫓・多門櫓・太鼓櫓	8 月 6 日の原爆投下により全壊
高松城	香川県	三の丸桜御門	7 月 4 日の高松空襲による
徳島城	徳島県	鷲之門	7 月 4 日の徳島空襲による
松山城	愛媛県	天神櫓★、馬具櫓★、太鼓櫓★、巽櫓★、乾櫓★、乾門東続櫓★、太鼓門★、太鼓門続櫓★、乾門西塀★、太鼓門東塀★、太鼓門西塀★	7 月 26 日の松山空襲により旧国宝 11 棟が焼失
宇和島城	愛媛県	追手門★	7 月 12 日の宇和島空襲による。天守は焼失を免れた
高知城	高知県	ー	7 月 4 日の高知空襲で城内の一部が焼失したが旧国宝の天守・黒鉄門などは免れた
府内城	大分県	大手門	7 月 17 日の大分空襲による
熊本城	熊本県	ー	7 月 1 日に熊本空襲を受けるが、建造物の焼失は免れた
首里城	沖縄県	正殿★、守礼門★、歓会門★、瑞泉門★、白銀門★	5 月 25 日から 3 日間にわたる砲撃で全壊

堀一面の蓮の葉も焼け爛れてしまった。最も悲惨だったのは、水を求めて炎から逃れた人々が、この堀中で多数死亡したことである。

沖縄戦の戦火の犠牲になった首里城は、「鉄の暴風」と呼ばれる二〇万発の艦砲射撃により、正殿・守礼門・歓会門・瑞泉門・白銀門と多くの建物や城門が焼失し、一部の石垣を残し完全に破壊し尽くされた。標的になった理由は城の地下に陸軍第三二軍の司令部があったためで、戦後激しい艦砲射撃の弾痕が一面の水溜りを作っていたという。

国宝・名古屋城天守の炎上

このように、全国に残っていた城のほとんどが都市空襲の餌食となった。中でも、国内最大規模の名古屋城天守焼失の様子が比較的よくわかっている。昭和二〇年五月一四日、名古屋市域にアメリカ軍機が侵入し空襲を開始。午前八時頃に第一波、二〇分後に第二波と無差別に焼夷弾を投下し、上空を通過していった。

その第二波の焼夷弾が、金鯱を避難させるための足場にひっかかり発火、天守が燃え上がった。天守は大爆発を起こして二時間にわたって燃え続けた。同時に、本丸御殿、東北隅櫓も焼夷弾で焼失している。天守は銅瓦葺、壁は漆喰であったため、焼夷弾に対してもある程度の効力を持っていたはずだが、金鯱の避難作業用の足場に焼夷弾が直撃してしまい爆発し、その勢いで天守の窓が開いて内部に引火したと考えられる。足場の設置は、空襲二日前のことであり、不運な偶然が重なった炎上であった。

失われた天守と空襲への対策

同年六月二九日深夜には、空襲警報が発令されないまま岡山空襲が始まり、照明弾と焼夷弾により市内はほぼ壊滅状態となった。市内の七割が焼け野原となり、岡山城天守、石山門も灰燼に帰した。七月九日には和歌山城天守が、同月二九日には大垣城天守が、八月二日には水戸城御三階櫓と、次々と空襲によって失われていった。

混乱の中で、城を守ろうとする動きもあった。修理中であった**姫路城**（兵庫県姫路市）天守は、本土空襲に備え、わら縄で編んだ網で覆い隠された。西の丸多門には、暗幕を張って覆うための金具が今も残されている。また、福山城天守の鉄板は黒く塗られ、上空から見えにくくしたとか、**松本城**（長野県松本市）天守の白漆喰部分を黒く塗ったなどの話も残るが定かではない。

いずれにしろ、空襲から城を守るために、人々が様々な工夫を凝らしたことも事実である。

壊滅した広島城

一発の原爆によって、広島城は全ての建造物が失われ壊滅した。爆風によって破壊した天守は炎上することなく、やがて燃料や建材として持ち去られたという。（米軍撮影／広島平和記念資料館提供）

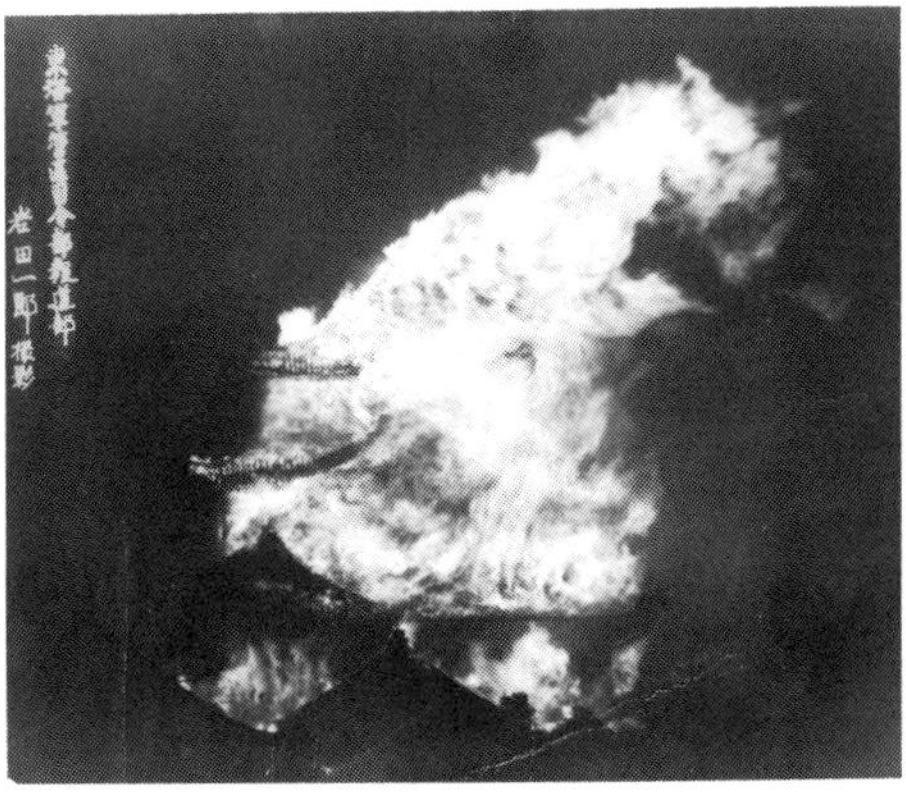

炎上する名古屋城天守

最上層に設けられた足場から引火して炎上。昼間の出来事だったが、一帯を黒煙が覆ったという。（岩田一郎撮影）

沖縄戦で焼失した首里城

地下に司令部があったため集中砲火を受け、わずかな石垣を残して壊滅状態となった。（沖縄県平和記念資料館提供）

昭和
時代

戦後復興と復元天守

復興をとげる街のシンボルに

ポイント

- 戦後、復興のシンボルとして、全国でRC造りの模擬建造物が築かれる。
- 戦災で焼失した天守のうち、水戸城以外はRC造りで再建される。

戦後復興と博覧会開催

　戦後、日本経済が復興（ふっこう）してくると、全国各地で復興記念の博覧会が開催されることになる。昭和二九年（一九五四）、富山県富山市で富山産業大博覧会が開催された。会場は**富山城**址公園一帯で、この時将来の郷土博物館としてRC（鉄筋コンクリート）造りで富山城模擬天守が建設された。郷土博物館として築かれたが、外観は天守であり、復興のシンボルでもあったため、いつしか富山城と呼ばれるようになった。

　同年、愛知県豊橋市でも、豊橋産業文化大博覧会が**吉田城**跡を会場に開催された。鉄櫓（くろがねやぐら）跡には吉田城の入道櫓（にゅうどうやぐら）を模したRC造りの三重櫓が恒久建築として建てられ、郷土資料が展示され、博覧会終了後、郷土資料館となった。

寄付で復元された城

　昭和二九年には**岸和田城**（きしわだ）（大阪府岸和田市）でも天守が建てられた。国や市の補助金だけでなく、市民一人ひとりの寄付で賄われた。RC造りで三重天守（記録では、本来の天守は五重だと推定される）が再建されている。昭和三〇年には、**田原城**（たはら）（愛知県田原市）で古写真が残る二の丸二重櫓がRC造りで再建されている。同年には、やはり市民の寄付等により**赤穂城**（あこう）（兵庫県赤穂市）の大手高麗門・隅櫓・土塀もRC造りで再建されている。

　我が国で初めて天守台上に再建された**岐阜城**天守は、昭和一八年（一九四三）、浮浪者のたき火により焼失、シンボルを失った市民は、再建に向け嘆願や寄付行為を行っている。戦後復興記念として各地で天守が再建されだすと、岐阜でも再建計画が動き出し、約四ヶ月で一八〇〇万円の寄付が集められ、工事に着手した。昭和三一年（一九五六）に完成した天守は、RC造りで三重四階で落成式典後、岐

富山城郷土博物館（模擬天守）

「天守閣」と紹介されることも多い郷土博物館。富山城は近年も、元来土塁の場所に石垣が新造されてしまった。

豊川対岸から見た吉田城鉄櫓

資料館として築かれた模擬櫓。この場所に建っていた鉄櫓は、往時は三重櫓であり天守代用の格式があった。

岸和田城模擬天守

市民の寄付や旧城主の要望などにより造られた模擬天守。現在は資料館だが、かつては市立図書館として利用されていた。

皇市に寄付された。それが、現在も残る天守である。

戦後復興のシンボルとして再建された城は、古写真が残る櫓もあったが、旧状に復すというよりそこに建てることが目的であった。当然天守は、維新段階ですでに失われており、その旧状ははっきりしない。富山城にいたっては、存在しない天守の建築であった。

空襲を受けた天守の再建

空襲被害を受けた全国各地の都市では、復興のシンボルとして消失した天守を再建しようとする動きが活発化する。火付け役となったのが、原爆被害を受けた**広島城**天守の再建であった。広島市は昭和三三年（一九五八）、広島復興大博覧会開催の目玉に、天守復元をめざした。二度と焼失することのない象徴として新しく素晴らしいというイメージのRC造り天守を人々が希望した。

同年、やはり戦災で焼失した**和歌山城**天守がRC造りで再建されている。「尾張名古屋は城でもつ」といわれた**名古屋城**の再建は、昭和三二年からで、この年天守台の基礎調査が実施され、翌年工事が開始。金鯱は、大阪造幣局に製作を依頼、ブロンズ製で銀メッキを施し、その上に金板を張った物で、雄雌合わせて七三・五キロの金が使用されている。戦災焼失から一四年ぶりに天守の雄姿が蘇ったのである。

昭和三四年（一九五九）には**大垣城**天守が、同四一年（一九六六）には岡山城と福山城天守がいずれもRC造りで再建され、戦災で焼失した天守は、水戸城御三階櫓を除き全てが再建されたことになる。

正確性を欠く復元天守

戦災で焼失した天守を再建する動きは、米軍の爆撃によって焦土と化した街が、再び復興したことを示すモニュメント造りであった。何より経済復興こそが最優先課題であったため、焼失前の姿と比較すれば、不正確で史実と異なる点が目立つ。

例えば、大垣城天守は四重目の窓の大きさや、懸魚・六葉・鯱や瓦が異なっている。**岡山城**は窓の位置や数が異なり、天守台中央に入口を新設してしまった。また、**福山城**は窓枠や高欄の形状が違い、北面の鉄板張りを撤去している。

このように、復元された天守は異なっている部分が多く、数え上げたらきりがない。ただし、戦災で失われた城の再建は、焼け野原となった街の復興を示すシンボル的役割を担う建物であった。外見が元通りになってさえいれば大衆は満足し、復興を肌で感じることができたのである。

倒壊前と復元された天守の比較

大垣城

最上層の窓の位置や大きさが異なる。また、復元後は懸魚の装飾が省略されてしまっている。平成23年（2011）に古写真にもとづき外壁改修工事と屋根瓦の葺き替えが行われた（写真左は改修工事前のもの）。

岡山城

外観は一見よく摸されているが、よく見ると窓の数や五重目の高さなどが異なっている。

広島城

細部が異なる他、古写真では最上層の華頭窓を板戸が覆っているが、復元では板戸が再現されていない。

平成
時代

発掘と史料を基にした忠実な再建

平成の木造復元

ポイント

- 平成に入ると、木造による史実に忠実な復元が主流となる。
- 白河小峰城御三階櫓が嚆矢に。大洲城天守が国内最大規模の復元。

本物志向の木造再建

平成を迎えると再び全国に城を建てようとする動きが活発化した。過去の復元と比較し、「平成の復元」最大の特徴は、本物志向が強まる中、木造再建の城が急激に増加したことである。

平成三年（一九九一）に木造再建された**白河小峰城**（福島県白河市）御三階櫓は、全国の城郭ファン、自治体関係者に驚きをもって伝わった。巨大建築が、RC（鉄筋コンクリート）造りでなくとも建てられることがわかったのである。消防法や建築基準法の規制についても、クリア可能だと判明したことは大きな成果であった。その後、同五年（一九九三）には日本初の木造再建の天守となった**掛川城**（静岡県掛川市）天守、同七年（一九九五）には**白石城**（宮城県白石市）大櫓、同一六年（二〇〇四）に**新発田城**（新潟県新発田市）御三階櫓、同年には戦後最大の木造復元天守である**大洲城**（愛媛県大洲市）天守が完成を見た。こうして次々と木造再建天守が建てられたことによって、その後の復元は木造が主流となっていく。

正確さを求めた白河小峰城

白河小峰城御三階櫓は、寛永九年（一六三二）に建てられ、慶応四年（一八六八）戊辰戦争によって焼失した。木造による模擬復元天守の例はあったが、発掘調査及び各種史料から検証し、木造復元された初の天守相当建物である。復元の重要史料となったのが文化五年（一八〇八）に作成された『白河城御櫓絵図』に記載されている『三重櫓絵図』で、寛永創建の図面である。

再建にあたり、より正確性を増すために実施された発掘調査によって、完全な状態の礎石が検出された。併せて、炭化木材や漆喰壁材が出土するとともに、戊辰戦争による火災痕も確認した。図面と検出礎石が一

平成以降の主な木造復元建造物

括弧内は復元建造物の完成年を示す（一部例外あり）

城名	所在地	復元建造物	復元の特徴・経緯
五稜郭	北海道	奉行所庁舎（2010）	パリで見つかった古写真によって屋根瓦の枚数まで判明した
白石城	宮城県	大櫓（1995）、大手一ノ門・二ノ門（1995）	天守とともに大手門も復元。工事費用は市民の寄付でまかなわれる
山形城	山形県	二ノ丸東大手門（1991）、本丸一文字門と大手橋（2013）	東大手門は山形市政 100 周年事業。2033 年に向け長期的な復元事業を進行中
会津若松城	福島県	南走長屋・干飯櫓（2001）	寒さに強い赤瓦が使用され、のちに天守も赤瓦に葺き替えられた
白河小峰城	福島県	御三階櫓（1991）、前御門（1994）	豊富な史料をもとに実現した御三階櫓は木造復元ブームの火付け役に
新発田城	新潟県	御三階櫓（2004）、辰巳櫓（2004）	復元に向け市民３万人の署名が集まる。復元工事の模様がネット配信される
松代城	長野県	太鼓門・前橋（2002）、北不明門（2004）	建造物とともに、石垣・水堀や千曲川の堤防でもあった二の丸土塁も復元
松本城	長野県	黒門枡形二の門（1990）、太鼓門枡形（1999）	発掘調査と指図をもとに枡形を復元。現在、三の丸の調査・整備が進む
甲府城	山梨県	鍛冶曲輪門（1996）、稲荷櫓（2004）、山手門（2007）、鉄門（2013）	鉄門は礎石の矢穴や江戸初期の絵図をもとに江戸初期の姿を再現
掛川城	静岡県	天守（1994）	高知城天守を模した復興天守。関係者の熱意で建築基準法をクリアした
駿府城	静岡県	東御門（1996）、坤櫓（2014）	坤櫓復元には名古屋城の復元櫓も参考に。現在、天守台の発掘調査が進む
名古屋城	愛知県	本丸御殿（2008 ～進行中）	３期に分けて工事が進められ、最終的な完成は 2018 年を予定
金沢城	石川県	菱櫓・五十間長屋・橋爪門続櫓（2001）、河北門（2010）、橋爪門（2015）	長期的な事業計画で城郭全体が復元。「平成の築城」と称される
和歌山城	和歌山県	御橋廊下（2006）	橋の復元は全国でも貴重。現在は二の丸御殿の発掘調査が進む
篠山城	兵庫県	大書院（2000）	着工から４年かけ、二条城二の丸御殿を模したとされる格式高い御殿が完成
広島城	広島県	表御門・御門橋（1991）、平櫓・太鼓櫓・多門櫓（1994）	1989 年に築城 400 周年・市制 100 周年の記念事業として計画される
松江城	島根県	二の丸南櫓（2000）、二の丸中櫓・太鼓櫓（2001）	櫓をつなぐ土塀もともに復元。現在、大手門復元に向けた計画が進む
大洲城	愛媛県	天守（2004）	築城時の工法で復元された戦後初の天守。雛形を元に忠実な設計がされる
松山城	愛媛県	本丸内の櫓や門（1968 ～ 1990）、二の丸多門櫓・四脚門など（1992）	30 年に及ぶ工事によって、本丸は続櫓や塀も木造復元されて完全によみがえる
今治城	愛媛県	山里櫓（1990）、鉄御門・東多門櫓・西多門櫓（2007）	鉄御門は、枡形を構成する高麗門や前面の石垣は再現されなかった
佐賀城	佐賀県	本丸御殿（2002）	建物は 2500㎡に及び、木造復元の城郭建造物では日本最大級である
熊本城	熊本県	南大手門（2002）、飯田丸五階櫓（2005）、本丸御殿（2008）、馬具櫓（2014）	数十年に及ぶ城郭全体の復元を計画。現在は熊本地震の復興工事が進む

致し、一二三年ぶりに元の場所に正確な姿の御三階櫓再建が成ったのである。建造物は伝統工法による木造であるが、本瓦葺（ほんがわらぶき）の高さ約一四mの建物の重量を支えるために、基礎のみ現代工法が選択されている。

掛川・白石・新発田の例

我が国初の木造復元天守となった掛川城天守は、山内一豊（やまうちかずとよ）の創建で慶長（けいちょう）九年（一六〇四）に地震で倒壊している。掛川市では、絵図が残る江戸後期の姿ではなく、一豊創建時の姿に戻すべく、宮上茂隆氏に設計を依頼した。宮上氏は、掛川から土佐へ転封したおり「天守は掛川のように」といったことを根拠とし、高知城天守やその他絵図を参考に考証し、現在の天守を設計した。ただし、一豊時代の史料的根拠がないため、木造ではあるがいわゆる復興天守ということになる。市民や地元企業などから一〇億円の募金が集められた。白石城大櫓（天守相当櫓）は、文政六年（一八二三）に再建され、明治七年（一八七四）に取り壊されている。再建にあたっては、発掘調査を実施し、その構造を把握すると共に、外観については絵図等を参考に設計された。

新発田城には、明治五年（一八七二）に撮影された六枚の御三階櫓の古写真が残されていた。我が国唯一の三匹の鯱が載る御三階櫓であるため、長年にわたって再建を望む声が寄せられていた。再建に際しては発掘成果の他、三階櫓の平面図が記載された『新発田御城中御間柄全図』等の絵図類、寸法が記された『所々御普請年暦』などの文献史料が用いられ、現存する旧二の丸隅櫓等を参考に、コンピュータで復元設計した。それを古写真と合成することで寸法比率を確認し、再建された。

歴史に忠実な大洲城天守

初の史実にもとづいた木造復元天守が大洲城天守である。この天守は、維新後も地元住民の活動によって保存されていたが、老朽化と吹き抜けの構造が裏目となり、明治二一年（一八八八）に解体された。明治後半まで現存していたため、様々な角度から撮影された写真が残り、『元禄五年大洲城絵図』などの絵図史料、さらに大洲藩作事棟梁の中村家に伝わる天守雛形（ひながた）など、豊富な史料が残されていた。大洲市市制施行五〇周年記念事業として、江戸期以降で初めてとなる当時の工法・木造で復元された天守が完成した。

なお近年では、復元工事が進む**名古屋城**（愛知県名古屋市）の本丸御殿など、史料・発掘調査をもとにした天守以外の建造物の復元が全国の城で実施されている。

木造復元された大洲城天守

吹き抜けだった天守内部

天守雛形が残っていたことから吹き抜け構造が判明した。内部の造作は宇和島城や松山城など現存天守も参考にされた。

天守雛形

雛形が残っていたことで、内部の梁組みまで明らかになり、正確な木造復元が可能になった。立体的な雛形の残存例は極めて少ない。

復元された天守

復元には地元産のヒノキが使用された。両隣の高欄櫓と台所櫓は現存建造物である。

北西から撮影された古写真

明治初期に3方向から撮影された古写真が残っており、外観を復元する大きな手がかりとなった。

復元工事

建材の加工から組み立て、仕上げまで、可能な限り伝統的な技術を用いて進められた。

写真は全て大洲市教育委員会提供

平成
時代

中世城郭の復元

往時の姿がよみがえる山城、土の城

ポイント

- 平成以降、逆井城を嚆矢に中世城郭の復元も試みられている。
- 推定による建物も多いが、わかりにくい中世城郭を理解する助けになる。

復元されなかった中世城郭

南北朝期から江戸初期の間に、我が国では実に三～四万にもおよぶ城館が築かれている。その中で、天守が建つ近世城郭の数は、わずか四〇〇余りに過ぎない。国内の城のほとんどは、土でできた中世城郭になる。

これ程の数を持ちながら、中世城郭に建物が復元されることは皆無に等しかった。その理由はいたって簡単で、姿かたちを伝える史料がないことに尽きる。当時の城郭建築が現存している例はなく、図面やまた絵画史料として残されている例もほとんどない。唯一、文献記録にその規模や建物の特徴が記されるのみで、そこから外観を推定するのは、極めて困難と言わざるを得ない。そのため、数多く残る中世城郭ではあるものの、本格的復元建物が建てられることはなかったのである。

逆井城の復元

平成を迎えると、中世の城跡に建物再建という最初の事例が生まれた。天正五年（一五七七）、北条氏繁によって築かれた**逆井城**（茨城県坂東市）である。時代考証を重ねて中世城郭の姿を再現した城址公園が誕生した。

再建された建物は、櫓・井楼櫓・主殿・櫓門・塀などで、いずれも無骨な姿で、中世的な雰囲気を出している。その後、全国各地で中世城郭の発掘調査や研究が急激に進展し、現在では疑問と思える箇所も多いが、平成はじめの段階でここまで中世城郭を再現したことは、大いに評価されるべきで、後に与えた影響も多大であった。

次々と再建される中世の城

平成四年（一九九二）には**東条城**（愛知県西尾市）に物見櫓と城門、柵が推定で再建。翌五年には、**足助城**（愛知県豊田市）で、発掘調査に

荒砥城
推測による建物も多いが、中世山城の姿をイメージできる。平成19年（2007）のNHK大河ドラマ『風林火山』のロケ地になった。

逆井城の物見櫓
再建に際して同じ北条氏の城郭を参照しているが、発掘に忠実な復元ではない。また、遺構の保存のため、位置をずらしている箇所がある。

高根城
大規模な発掘調査にもとづく考証によって復元が進められた。建物だけではなく、堀切や切岸などを含む山城の全体像が理解しやすい。平成29年（2017）のNHK大河ドラマ『おんな城主 直虎』のロケ地になった。

もとづき数多くの建物が復元された。同六年には、**田峯城**（だみね）（愛知県設楽町）の主要部に中世段階の建物群が想定で建てられた。同七年に、長野県上山田町（現千曲市）が「ふるさと創生事業」を利用し、**荒砥城**（あらと）を城山史跡公園としてオープン。また、同年には**伊奈城**（いな）（愛知県豊川市）が、同一二年には**金鑵城**（かなつるべ）（兵庫県小野市）が整備された。

同一六年に、城域内の発掘調査によって検出した遺構にもとづき、推定復元されたのが**高根城**（たかね）（静岡県浜松市）である。発掘調査によって検出された、井楼櫓・礎石建物・門四基・柵列を推定で復元。周囲に配された土塀は調査では未検出であるが、安全柵として再現された。このように平成以降、中世城郭の整備・再建が盛んに進められているのである。

城あと発見!

敵を惑わす珍しい建造物

高知城橋廊下

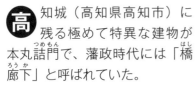

高知城（高知県高知市）に残る極めて特異な建物が本丸詰門（つめもん）で、藩政時代には「橋（はし）廊下（ろうか）」と呼ばれていた。

三の丸から見れば櫓門、二の丸から見れば廊下橋で、二階櫓部が、本丸と二の丸を結ぶ廊下橋となり、一階城門部は、空堀の仕切門となっていた。門内に侵入した敵が容易に通り抜けられないよう、入口と出口の扉の位置を「筋違い」にする工夫が施されているだけでなく、本丸へと続く門に見えるが、実際は本丸西側の梅ノ段に抜けるように造られており、本丸には繋がっていない。

内部一階は籠城用の塩を貯蔵する塩蔵（しおぐら）になっていた。

乱世の余韻を残す構造

詰門と呼ばれたのは、家老・中老などの詰所として二階が用いられていたためである。三の丸から眺めれば、二重櫓にしか見えず、階上に通路が設置されていることなど思いも及ばない。

江戸中期の建物でありながら、極めて戦闘的な側面を残しているのも、旧状通りとしたためであろう。

三の丸から見た詰門（橋廊下）。国の重要文化財に指定されている。

第1部
歴史編

第8章 北海道と沖縄の城

蝦夷（北海道）①

時代と共に用途が変化した アイヌのチャシ

ポイント

- チャシは自然地形を利用して築かれることが多く、五種類に分類することができる。
- 東蝦夷地（道南・道東）特に根室・釧路・十勝・日高地方にチャシが集中分布している。

チャシの分類

チャシとは一般的に蝦夷地に存在した「砦」「城」の総称で、アイヌ語では「山の上にあって割木の柵をめぐらせた施設」いわゆる「柵囲い」を意味する。

従って、現在残るのは「チャシの跡」という意味の「チャシコツ」というアイヌ語を使うのが妥当という意見もある。チャシは、自然地形を利用し築かれていることが多く、地形をもとに五分類される。

①丘先式…岬や丘陵の先端を利用し、一～二条の弧状の堀で区画されたチャシで、最も一般的な形態のチャシである。

②面崖式…崖に面した台地や丘陵上に、半円形あるいは四角形の堀をめぐらしたもの。

③丘頂式…丘陵や尾根の頂上部を利用し、周りに堀をめぐらしたもの。

④孤島式…湖中や湿地帯の中に孤立する島や丘を利用したもの。

⑤平地式…平坦部に堀をめぐらしたもの。

いずれのチャシも弧状、半円形の堀によって区切られるが、直状や方形をしたものも認められる。

残されたチャシ

チャシは、現在五五〇基ほど確認されているが、東蝦夷地（道南・道東）特に根室・釧路・十勝・日高地方に集中分布する。この分布範囲が、江戸時代前期のアイヌ民族の首長であるシャクシャインの勢力圏とほぼ一致するため、シャクシャインと和人の争いの中でアイヌ側が築いたと推定されている。

だが、その用途には現在でも諸説があり、一概にシャクシャインにのみ、その起源を求めることはできない。祭祀の場として使われるなど、チャシの用途は様々で、時代と共に変化していった。大部分のチャシは規模も小さく、大規模な戦闘行為に耐え得る施設とは思えない。

コンブウシムイチャシ

24ケ所ある「根室半島チャシ跡群」の一つ。国指定史跡に指定されている16～18世紀頃に築かれたと考えられる。根室半島のチャシ群は､「面崖式」のチャシ跡が多く、堀を組み合わせた大規模なものが多いことで知られる。

館山チャシの二重堀

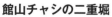

館山チャシは舌状大地に築かれた丘先式チャシである。東・西・南側は急斜面であり、北側には緩やかなカーブを描くような二重堀が残る。

シベチャリチャシ

シャクシャインの最後の砦。松前藩との和議に応じたシャクシャインは謀殺され、シベチャリチャシも焼き払われた。

蝦夷（北海道）②

道南十二館

和人による道南支配の拠点

ポイント

- 安東政季が蝦夷地に渡り、道南支配のために十二の館を築かせた。
- コシャマインを討った武田信広が蠣崎氏の養子となり勝山館を築く。

和人の蝦夷地移住

和人の蝦夷地移住は、鎌倉～室町頃といわれる。享徳三年（一四五四）、南部氏に破れた安東政季は武田信広らと蝦夷島へと逃げ渡った。政季は、配下の武将を箱館から上ノ国にかけて十二の館を築いて配置した。築かれた館は、「道南十二館」と呼ばれる。

茂別館（北斗市）を拠点とする安東（下国）家政が下之国守護に、**大館**（松前町）を拠点とする下国定季が松前守護に、**花沢館**（上ノ国町）を拠点とする蠣崎季繁が上之国守護となり、他の館主を統率させ道南支配を確実なものとしていった。

アイヌ民族との対立

和人の勢力が増大するにつれ、アイヌ民族との間で徐々に摩擦が生まれていった。

長禄元年（一四五七）、道南各地のアイヌ民族はコシャマインを指導者に一斉蜂起。和人の館は次々と陥落し、松前から上ノ国付近にまで追い詰められてしまう。残った館は、茂別館と花沢館のわずか二館となった。和人全滅の危機を救ったのは、客将であった武田信広で、計略を用いてコシャマインを討ったという。

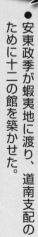

この功績により、信広は花沢館主蠣崎季繁の養子となり、上之国守護の地位を継承した。信広が築いた館が**勝山館**（上ノ国町）で、文明五年（一四七三）前後には完成したと考えられる。館は、渡島半島の南部、宮ノ沢川と寺ノ沢川に挟まれた台地を利用し築かれた。大手口を海岸に設け、船着場を兼ねた施設とした。

大手から西上部に続く台地のほぼ中央部に大規模な二重の空堀を配し、手前と奥に曲輪が造られている。主要部は周囲に柵をめぐらせ中央に通路を設け、両側に段々状に屋敷が構えられた。

館は両側の沢に落ちる断崖を巧みに利用し、前後に堀切を設け尾根筋を遮断している。

道南十二館と交易ルート

松前藩の歴史を記した『新羅之記録』に、十二の館が記されていることから、道南十二館と呼ばれる。それぞれの館はアイヌ民族や和人商人との交易や領域支配の拠点となった。

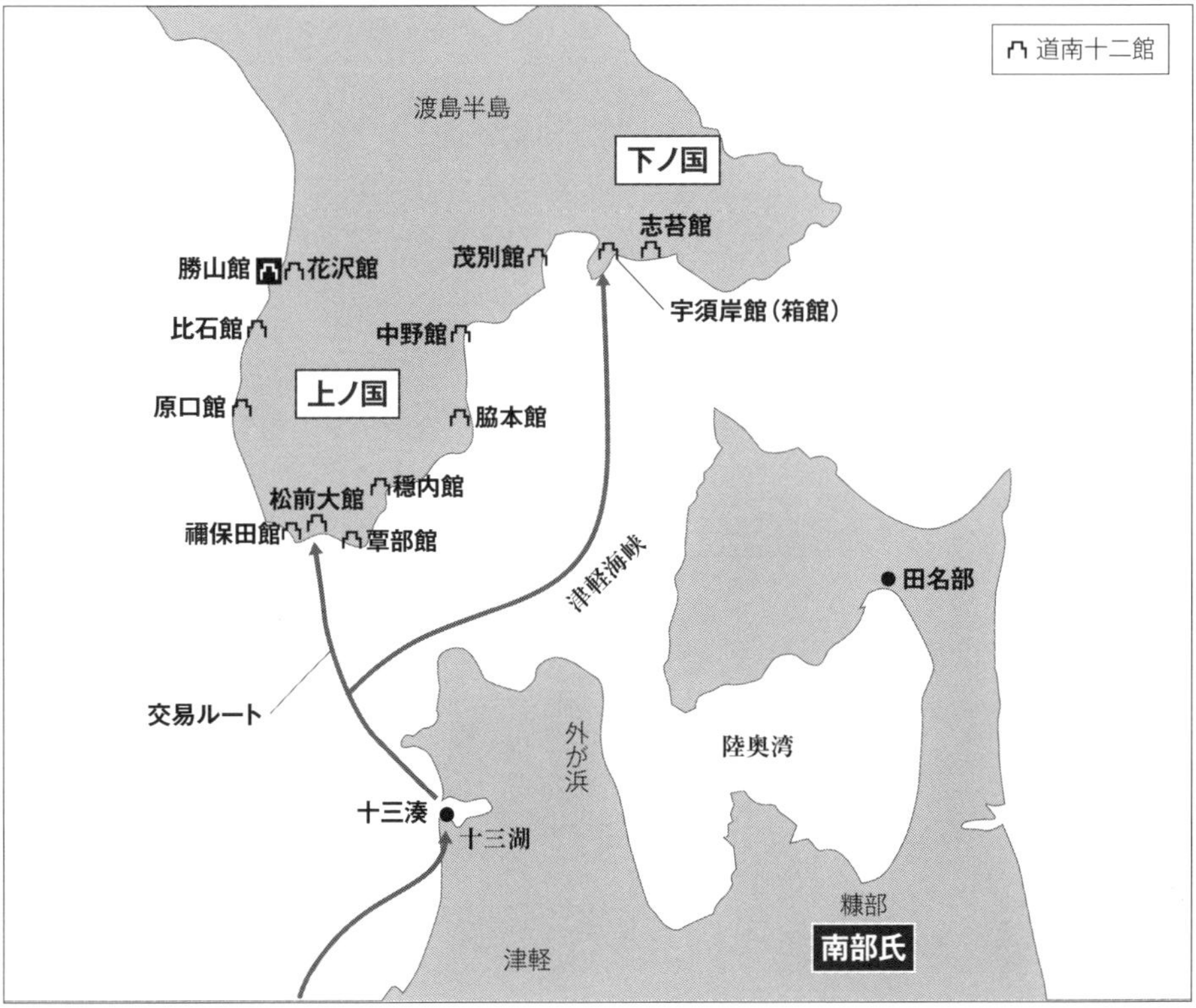

岬の上にあった比石館

館の名前の比石は、アイヌ語でピツウシ（石の多いところ）に由来するといわれている。館跡には神社が建てられている。

勝山館の整備された主郭

発掘作業のたびに新たな出土品が発掘されるという。骨角器が多く出土し、アイヌ民族が混住していたと考えられている。

琉球（沖縄）①

琉球のグスク

聖地に築かれた城

ポイント

- グスクの城壁は、緩やかなカーブを持つ曲線城壁である。
- グスクは軍事施設というだけでなく、聖なる空間としても利用された。

グスクの歴史

グスクは、奄美諸島から沖縄諸島、先島諸島、宮古、八重山群島の島々の広範囲にわたって三〇〇ヶ所ほど点在している。集落近くの丘上や、森の中、海岸に突き出た岬上、あるいは険しい断崖上と様々な地形を利用され築かれている。

琉球のグスクは、十四世紀中頃に按司（地方領主）たちが、地域支配のために築いたと考えられている。按司たちは武力を蓄え、支配権の拡大をねらって抗争を繰り返していった。やがて北山、中山、南山という三勢力が対立する三山時代を迎える。

やがて後の第一尚氏王統になる中山王・尚巴志が登場、**浦添城**（浦添市）、北山の**今帰仁城**（今帰仁村）、南山の**島尻大里城**（糸満市）を次々と攻略し、一四二九年に琉球を統一、琉球王国が誕生した。

後に築城の名手と呼ばれた護佐丸も今帰仁城攻めに参加し、戦後、**座喜味城**（読谷村）を築き尚氏に従っている。

二代尚泰久王は、**勝連城**（うるま市）を居城とし、力をつけつつあった阿麻和利に備え、護佐丸を**中城**（北中城村）へと入城させた。だが護佐丸の軍事力を警戒した泰久王は、一四五八年、皮肉にも阿麻和利の讒言を受け、護佐丸を攻め滅ぼしてしまった。

謀が成功した阿麻和利であったが、時をおかず謀反が発覚。泰久王率いる首里の軍勢に攻められ同年滅亡。ここに第一尚氏王統が安定期を迎えるのであった。

首里城（那覇市）を居城とした尚氏は、中国や日本だけでなく、東南アジア諸国や朝鮮とも交易を広げ、貿易国家として繁栄の一途をたどっていった。

グスクの石垣と門

グスクは石垣によって囲まれてい

グスクの特徴

①曲線を描く石垣

上空から見た座喜味城跡。星形のような造りになっていて、どの場所からの攻撃にも対応可能である。

②石造りのアーチ門

中城城で最も広い一の郭と二の郭との間に築かれたアーチ門。規則正しく積まれた石垣が美しい。

④拝所を伴う

どのグスクにも、拝所や御嶽（うたき）という聖域が置かれている。

③石灰石による石積み

勝連城の石垣は、方形の石をレンガ状に積む「布積」で築かれている。

る。どれもが緩やかなカーブを持つ曲線城壁であるが、角は直角に近い鋭角となっている。城壁には見張りや横矢のためと考えられるアザナ（物見台）が多数設けられ、上部内側には通路を兼ねた胸壁が見られる。胸壁は、本土の城でいうなら土塀の役割を担う施設である。

　門は、ほとんどが城壁の一部を開口させた石造アーチ門（石造拱門）となっている。この門の上部（二階部分）には、建物が載り防備を厚くしていた。首里城の石造アーチ門が好例である。また、自然の岩盤をアーチ形に刳り貫いた門や、その周辺を切石積としたものまでも見られ、グスク特有の門となっている。

城壁の石材と積み方

　城壁の石材は、比較的加工の容易な琉球石灰岩が主流であるが、硬質の古生期石灰岩を利用した石積みも見られる。

　石積みは、大きく分けるとブロック状に石を加工し、横目地を合わせ、縦目地をずらしながら積み上げ、接合部を鍵状にしてずれを防いだ「布積」、五角形や六角形に加工して接合面を合わせて噛み合わせるように積み上げた「相方積」、比較的小さな石材を加工せずにそのまま無秩序に積み上げた「野面積」の三種類に分けられる。

　このような石積みが導入されたのは、発掘調査結果から一四世紀の前半から中頃のことと判明している。

　石積みの中央部を四角形に空けて設けた狭間も残る。弓矢を用いる場合や、火矢と呼ばれる三眼銃を用いる場合もあった。城門脇には、飾りのためコーナー部上端を突出させた「隅頭石の見上げ」が、配される場合もある。

　本土の城と根本的に異なるのは、城郭前面や背後に、尾根筋を遮断するための堀切などの施設が配されていないことである。また、城壁の周りに深い堀がめぐらされてもいない。ただ石垣を使用していない城では、尾根筋を遮断する堀切が現存している。石積みを持つ城より古い形態と考えられる。

　もう一つの大きな違いは、城郭内部に広大な祈りスペース、いわゆる神域が存在することである。本土の城にも、堂や祠が存在したケースは見られるが、曲輪全体にまで及ぶ空間が確保されている状況はない。

　グスクは、単に戦闘的意味合いの軍事施設というだけでなく、聖なる空間としても利用された地域の防衛拠点でもあった。

　なお、世界遺産となっているグスクは、首里城（建物は復元なので世界遺産ではない）、座喜味城、中城城、勝連城、今帰仁城の五城である。

16世紀末の今帰仁城

琉球王朝の山北監司の頃を描いたイラスト。大隅は広い郭で、戦闘訓練をする場所だったと考えられている。城の正門である平朗門は、アーチ型ではなく一枚岩を載せた造りになっており、古い時期に造られたと推測される。

今帰仁城大隅の石垣

古生石灰岩を採石して築かれた城壁と考えられ、石に加工はされていない。また、城壁は地形に沿って曲線を描くように築かれている。

中城城アザナの石垣

中城城は、グスクの中でも特に保存状態がよい。二の郭の北東端に築かれたアザナ（物見台）の石垣は堅牢である。

琉球（沖縄）②

貿易国家琉球の繁栄を今に伝える

琉球王国の象徴・首里城

ポイント

- 貿易国家として繁栄を極めた、琉球王国の政治と文化の中心地である。
- 首里城は、随所に中国や日本の建築文化の影響を受けている。

城の歴史

一四世紀、琉球は北山、中山、南山という三勢力が対立する三山時代を迎えていた。やがて尚巴志が登場し、**浦添城**（浦添市）、**今帰仁城**、**島尻大里城**を次々と攻略していった。そして一四二九年に、琉球全土の統一を成し遂げ「琉球王国」が誕生したのである。

琉球王国は、中国や日本だけでなく、東南アジア諸国や朝鮮とも交易を広げ、貿易国家として繁栄の一途をたどっていく。その居城が**首里城**であった。

慶長一四年（一六〇九）島津氏の来襲により無血開城した。その後、万治三年（一六六〇）と宝永六年（一七〇九）に焼失するが、再築。五百年君臨した王国も、明治一二年（一八七九）日本の一県に組み入れられ、幕を閉じたのである。さらにその居城には、太平洋戦争の戦火により灰燼と帰す過酷な運命が待っていた。

城の立地と構造

城は小高い丘の上に立地し、高さ約六～一〇mほどの曲線を描く城壁で囲み、城門は一五世紀初期に完成した内郭に九門、一六世紀中頃に完成を見た外郭に四門が配されていた。内郭にはいくつもの広場があり、また信仰上の聖地も存在する。

本土復帰二〇周年記念事業として正殿を取り巻く北殿・南殿・奉神門等、往時を彷彿とさせる威風堂々とした建物群が平成四年（一九九二）に復元された。城は、中国や日本との長い交流の歴史があったため、随所に中国や日本の建築文化の影響を受けている。

積み上げた石の下の部分を刳り貫いて円弧を形作る沖縄独特の城門・アーチ門（石造拱門）が、「歓会門」や「久慶門」で、石積みの上に木造の櫓を載せた形式で、より強固な防備を誇っている。歓会門より西側手前に位置する守礼門は、シンボルと

復元された首里城の正殿

昭和 20 年（1945）の沖縄戦で焼失した正殿は、琉球最大の木造建築物であった。復元事業が推進され、平成 4 年（1992）に正殿などが復元された。

第一の正門である歓会門

「歓会」とは歓迎するという意味。首里城へ招く中国皇帝の使者・冊封使などを歓迎するため、この名が付けられた。

唯一残っているオリジナルの遺構

園比屋武御嶽石門（そのひゃんうたきいしもん）。首里城の正門にあたる歓会門と守礼門の中間にあり、尚真王によって 1519 年に創建された門である。

しての門で、軍事的色彩は感じることはできない。

近年の再建

平成二五年、御内原の黄金御殿（往時国王や王妃の居室がある御内原の中心建物）・寄満（国王やその家族の毎日の食事を調理する建物）・近習詰所（国王への取次ぎを行う近習の控室）が完成、国王が執務の間に休息した建物・奥書院も完成し、二階で正殿・南殿と接続し、建物間（書院～正殿、御内原等）を行き来したであろう国王の動線が再現された。

御庭から御内原や城の南東側へ抜ける通路である黄金御殿一階の左掖門も併せて公開された。古写真及び古絵図資料をもとに庭園の復元整備も実施された。今後、御内原では、世誇殿、女官居室を整備する予定で、これにより正殿裏の「後之御庭」空間が形成されることになる。※

※令和元年（2019）、火災により正殿など主要６棟が全焼。

城あと発見！

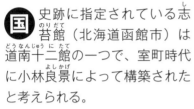

津軽海峡に面し下北半島を一望
志苔館

国史跡に指定されている志苔館（北海道函館市）は道南十二館の一つで、室町時代に小林良景によって構築されたと考えられる。

函館空港近くの標高25ｍ程の河岸段丘南端部に位置し、西を志海苔川が流れ、南は津軽海峡に面し、館跡からは函館市や対岸の下北半島が一望できる。

コシャマインの戦いで落城

館はほぼ長方形を呈していた。四方を高さ約2～4ｍ、幅約10～15ｍの土塁で囲まれ、土塁外側の北と西には幅約5～10ｍ、深さは最深で約3.5ｍの空堀が配される。郭内は東西70～80ｍ×南北50～65ｍであった。

松前藩の史書「新羅之記録」によると、長禄元年（1457）志苔館付近でアイヌ民族の蜂起（コシャマインの戦い）があり、この戦いにより志苔館が攻め落とされたとされる。

発掘出土品は、15世紀前半頃が主体で、青磁・白磁・珠洲焼・越前焼・古瀬戸などである。遺物の年代は、志苔館陥落の時期と矛盾はしない。

志苔館の空撮。四方を土塁と空堀で守り、主郭の西側に虎口を持つ。

第2部
構造編

第9章 縄張

縄張／曲輪

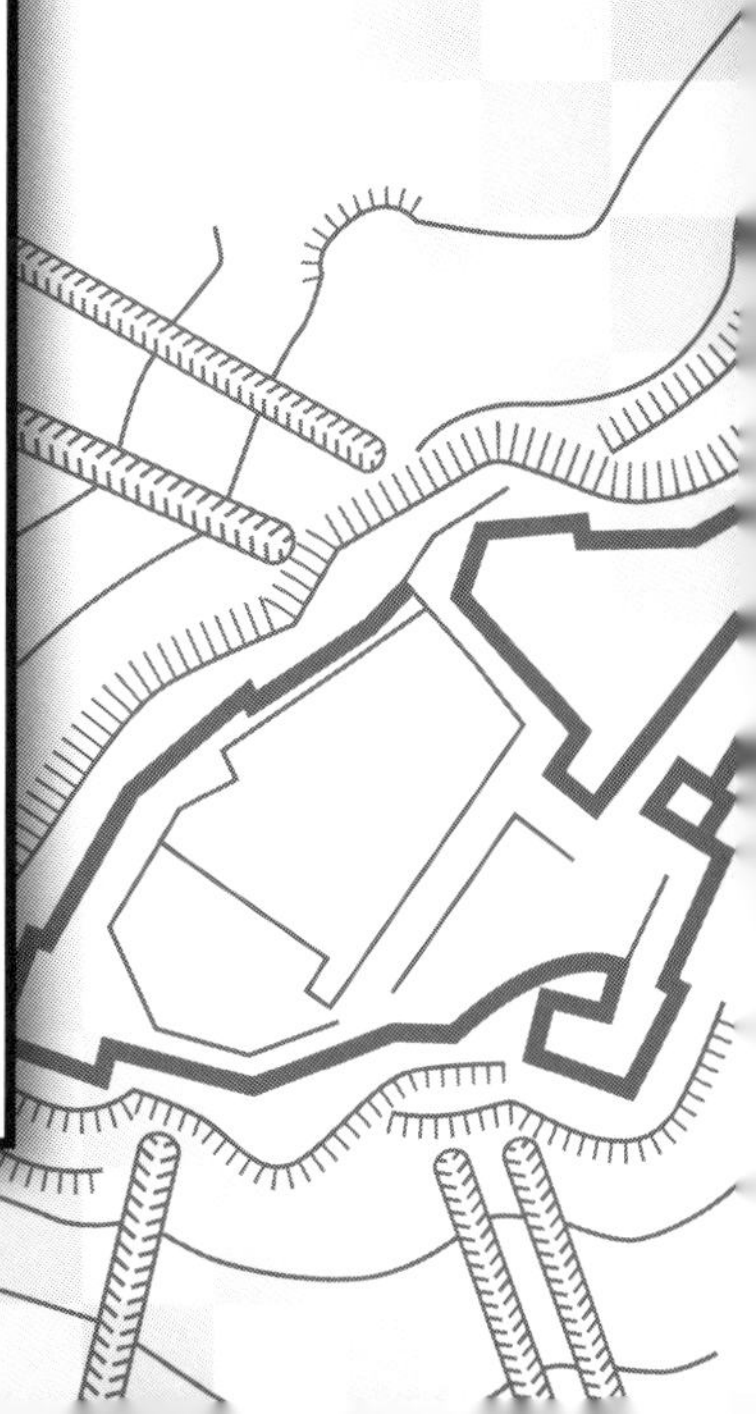

縄張①

城造りのグランドプラン

縄張とは何か

ポイント

- 城を築く際に最も重要なことは、「どこに城を築くのか」ということである。
- 縄張とは杭を立て、縄を張って工事区画を決めることから名付けられた。

城地の決定と縄張

ゼロから城を築き上げる場合、「地選」・「地取」・「縄張」という手順で築城工事は進んでいく。つまり、城を築くための最重要ポイントは、「どこに築くのか」という地選・地取であった。土塁や石垣という人工的防御ラインのない南北朝時代は、自然の要害・要衝の地である山に城が求められた。それは、崖や急斜面という防御性の高さがあったからに他ならない。守りやすく攻め難いことこそが重要だったのである。

　城地が決定したなら、次はどのような城を築くかという設計に移る。縄張とは、城の設計、いわゆるグランドプランのことで、曲輪配置や広さ・形状設定であった。堀・石垣・土塁の位置、その深さ・高さ、幅など、こと細かに設計されていった。

　城が恒常的な施設となるにつれ、防御機能の高さは、堀や石垣・土塁などの配置だけには留まらず、櫓や城門、土塀・柵という上屋構築物との機能的連携・連動による検討が必要となった。

城下町建設を含めた設計

　城の設計が縄張と呼ばれるのは、杭を立て、縄を張って工事予定ラインを決める作業が現地での最初の作業だったからである。

　現地工事の前に、今でいうなら方眼紙を利用した詳細な設計図を作成。まず城郭部分の広さを決め、その範囲内の曲輪・建物の配置が決定される。それを元に縮小された土や木の模型（木図）を作成するなどして検討が重ねられた。その周りに武家地、さらにその周りに町屋が配置されることになる。

　計画的な町割を実現するために、河川の付け替え、運河の掘削、湖の干拓なども実施されており、城下町建設まで見据えた城下全体の基礎工事の後、城の築城が開始されるのが常であった。

縄張の図面（「越前国丸岡城之絵図」）

江戸時代に入り、幕府に命じられて提出した丸岡城と城下町を描いた絵図。石垣、天守、城門などは立体的に描かれており、道は黄色、堀は青色で色分けし、城へ至る登城道は朱線で引かれている。（国立公文書館内閣文庫蔵）

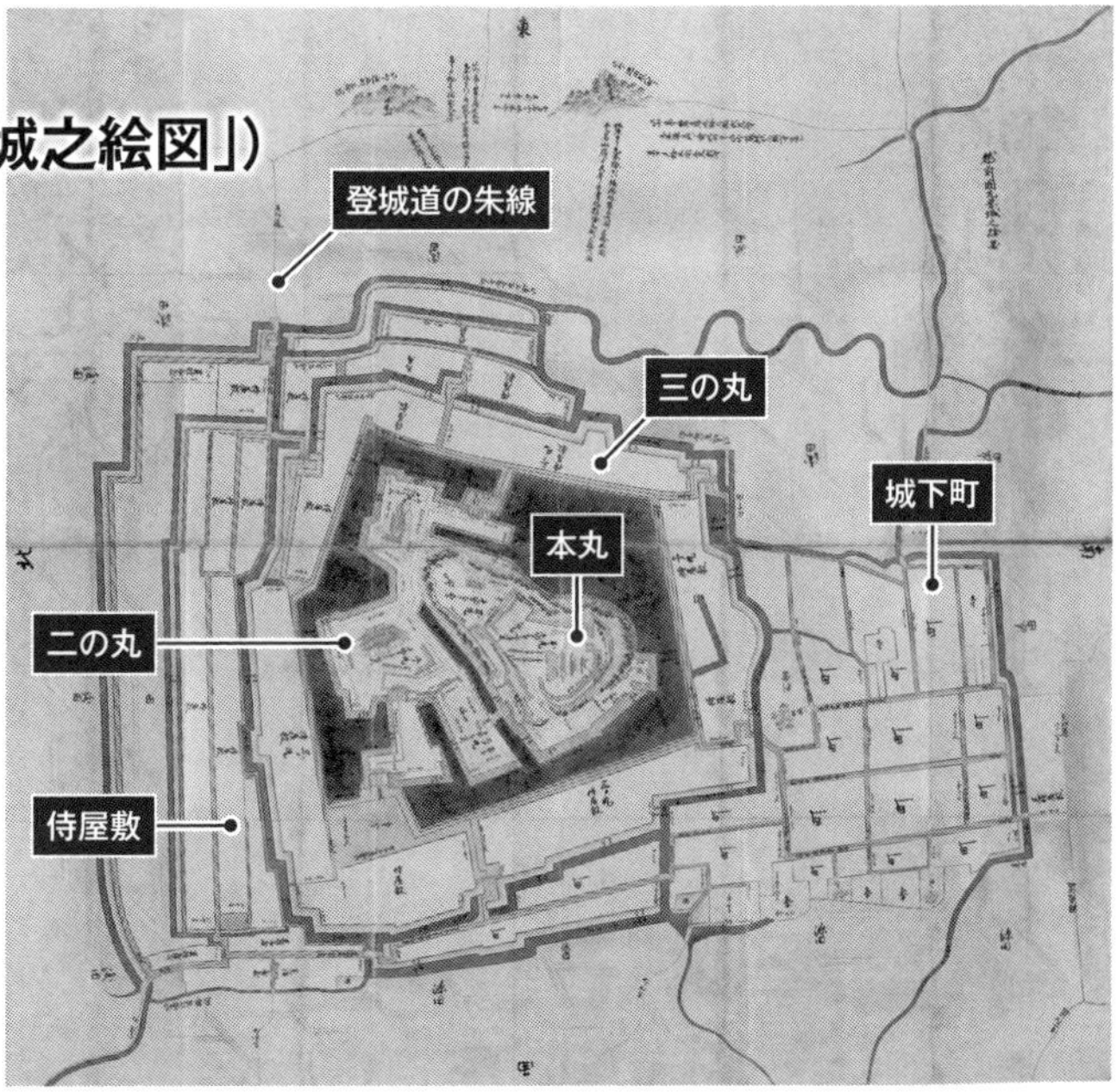

実地調査して図面に起こした丸子城

今川氏の駿河入府に伴い築かれた丸子城。実地調査して作成した図を「縄張図」と呼ぶこともある。平坦部やケバ線を用いて高低を表現している。

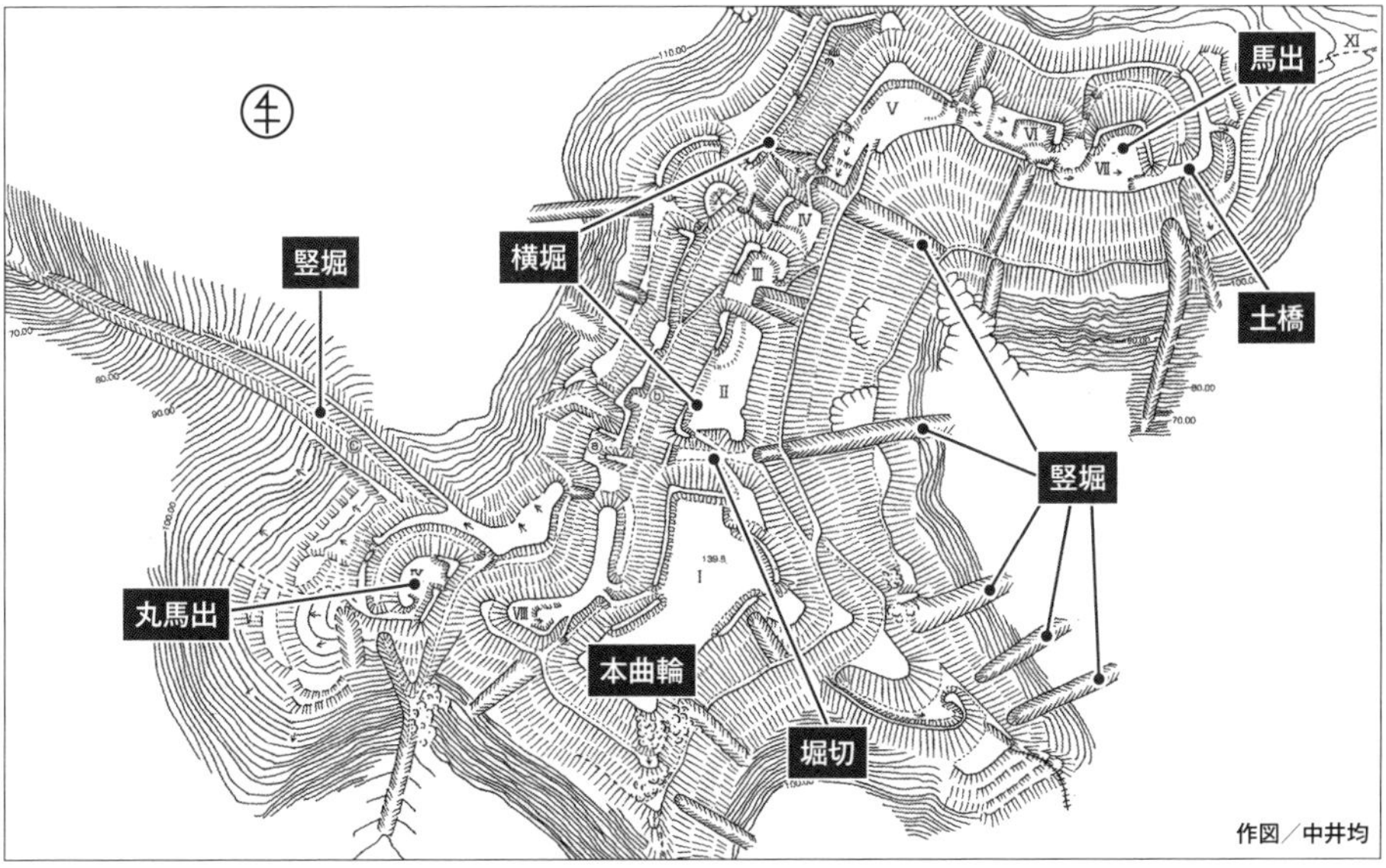

縄張 ②

山城・平山城・平城

戦乱の終結と共に山を降りる

ポイント

- 戦乱の終結と共に、居住と領国支配を優先するための城が造られる。
- 石垣構築技術の完成が、どこにでも城を築くことを可能にした。

山城とは

「山城（やまじろ）」は通常一〇〇～二〇〇m級の独立した山頂部や、高い山から派生する尾根上の先端部やピークに築かれることが多い城である。その最大の特徴は、守りやすく攻め難いという立地にあった。自然の要害を取り込みつつ、防御性を高める構造であったが、防御性のみを重視して地選されたわけではない。

最も重要な点は、周辺が見渡せるかという視界の広がりにあった。戦乱の世が続くと自然地形を生かすだけでなく、尾根上を削り削平地（曲輪）を設け、斜面を切り欠き切岸（きりぎし）とし、尾根筋は堀切や竪堀（たてぼり）・横堀（よこぼり）で遮断し、土塁を設けた。

また、敵の侵入を阻むために、虎口（こぐち）を工夫し、馬出（うまだし）や横矢（よこや）が発達した。こうして、軍事的防御施設を備える戦国山城が完成した。

平山城とは

戦乱の世が終息を迎えると、軍事的色彩の強い山城に代わり、居住と領国支配を優先するため丘陵部に築かれる「平山城（ひらやまじろ）」が出現した。丘陵部に築かれた城郭部分を水堀で囲い、山麓平野部には城下町を設け、それらを丸ごと取り囲む惣構（そうがまえ）も発達した。なお、山城と平山城の明確な区分はできない。

天険をフルに利用した山城に比較すれば、築城の際の土木工事量は、数百倍にも達することとなった。城地となる自然丘陵を観察し、頂部から順番に斜面を崩し、切土（きりど）と盛土（もりど）によって平坦地が設けられていったのである。

石垣が登場すると、その上に櫓や城門といった人工構築物の建築が容易になり、より強固な防御機能を持つに至った。権威の象徴であった天守（てんしゅ）や豪華な御殿（ごてん）、軍事的施設としての櫓や土塀、生活のための倉庫や台所など、恒常的な施設として城が完成域に達するのである。

山城（岐阜城）

平山城（姫路城）

平城（今治城）

山城・平山城・平城の例

岐阜城は険しい要害であった、標高329mの金華山の山頂に築かれた山城である。姫路城は、鷺山と姫山という丘を利用して築かれた平山城である。その縄張は、防衛線が三重のらせん形になった複雑な造りをしている。
今治城は水陸交通の要衝に築かれた平城で。三重の堀に海水を引き入れており、海から船で直接城内に入ることができた。

平城とは

「平城（ひらじろ）」は、デルタ地帯や湖沼、湿地帯という平野部の中の要害を利用して築かれた城である。軍事・政治・経済の中心となることをめざし、城下町をも含んだ計画的プランにもとづいていた。

統一政権誕生によって出現する平城は、土木建築技術の進展という裏付けによって可能になった。特に石垣構築技術の完成が大きく、自然の山や丘を利用することなく、どこにでも城を築くことを可能にした。

河口デルタを埋め立てたり、湖や海を埋め立てたりして、広大な城地を確保する大土木工事が実施されることになった。

平城における最大の課題は、いかに城地を確保するかにあった。平城こそが、最も計画的で精密な工事過程を必要とした城なのである。

縄張③

縄張の形

同じ縄張は一つとしてない

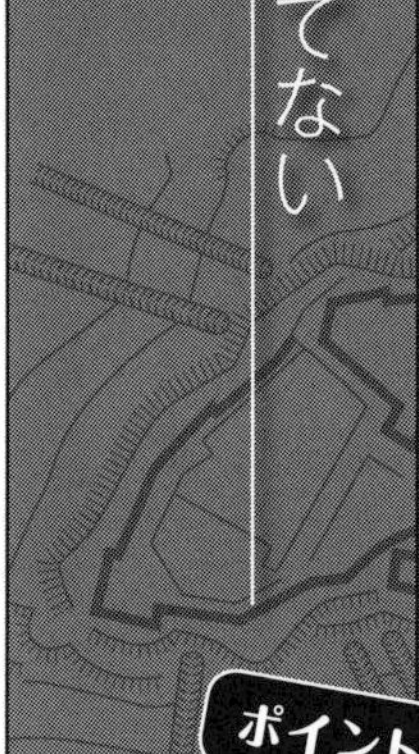

ポイント

- 本丸や主郭に対して、他の曲輪をどう配置しているかで分類する。
- 防御構造を強化するため、自然地形等を考慮して曲輪を配置。

縄張の分類形式

曲輪の配置状況から、縄張を「連郭式」・「梯郭式」・「輪郭式」・「円郭式」などと呼ぶことがあるが、これは曲輪の配置状況から縄張の全体の形をおおよそ捉えるための分類形式である。

基本的には、本丸や主郭に対して、他の曲輪をどのように配置しているかによって区分する。

模式的に描いた図を見ればその違いは一目瞭然であるが、実際の縄張できれいにあてはまる事例はほとんど見られない。

①**連郭式**…本丸とその他の曲輪を並列に配置したものだが、側面を防御するために帯曲輪や腰曲輪が置かれることが多い。

②**梯郭式**…本丸を天嶮に面した隅角に配置し、その周囲二～三方向を他の曲輪で囲い込むように配置したものである。

③**輪郭式**…中心に本丸を置き、その周囲を他の曲輪で囲い込んだ形式で、必然的に城郭規模は大きくなる。平城に多く見られる。

④**円郭式**…輪郭式の一形態で、本丸の周囲を囲む曲輪群が円形あるいは半円形を呈すものをいう。

この他、「並郭式」、「渦郭式」、「階郭式」などと呼ぶ分類もあるが、厳密な定義はなく、円郭式に至っては全国で**田中城**（静岡県藤枝市）以外は認められない。

実際の城との相違

また、実際に城を見てみると、どの分類なのかはっきりしない城も存在する。

なぜならば、実際の築城にあたっては、より強固な防御構造とするため、自然地形などを考慮して曲輪を配置したためである。

あくまでも、江戸時代という太平の世の学問による机上での分類で、大まかに曲輪配置を把握する程度と考えることが必要であろう。

主な縄張の分類

連郭式

彦根城、水戸城、高知城など。

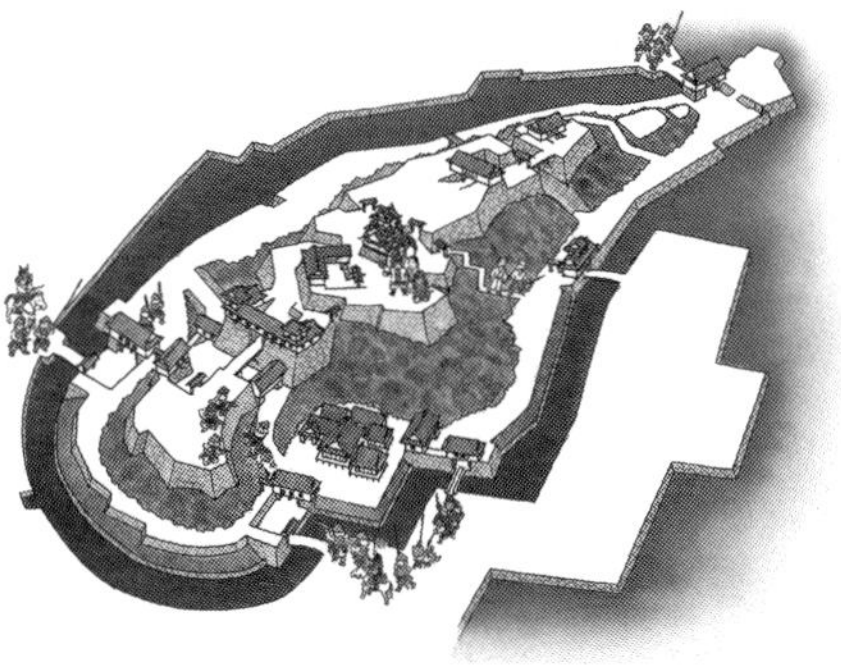

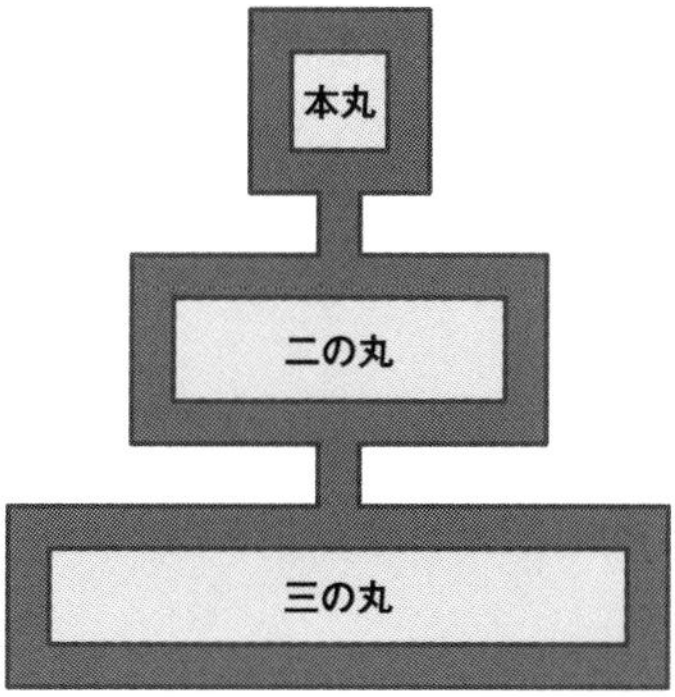

梯郭式

小田原城、岡山城、萩城など。

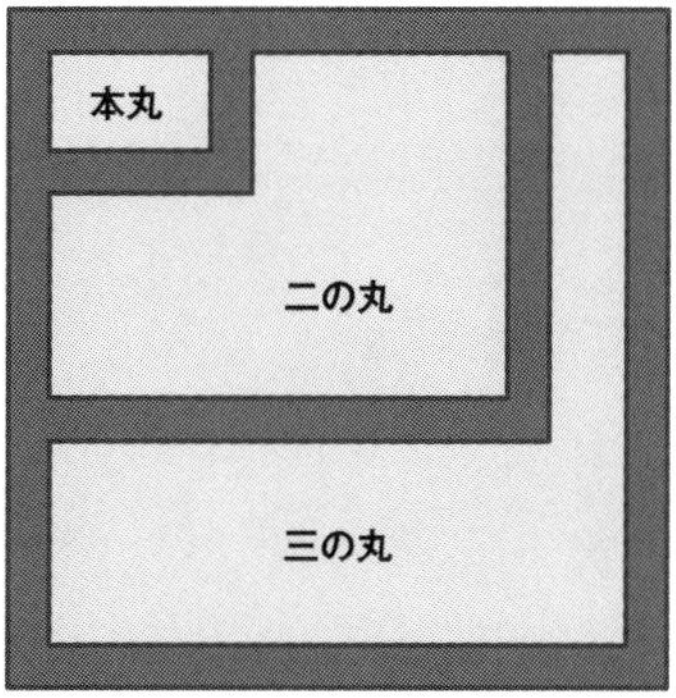

輪郭式

米沢城、田中城、駿府城など。

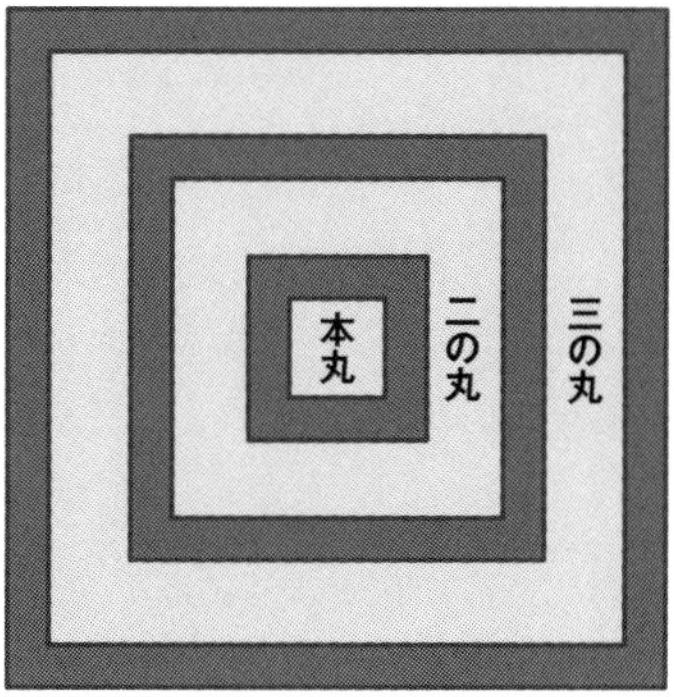

曲輪とは何か

堀などで分けられた城の区画

ポイント
- 江戸軍学では、円形なので曲輪と呼び、何々丸と名付けるとされる。
- 各曲輪の名称は、用途、目的、位置などによって付けられる。

曲輪とは何か

「曲輪」とは、城の一区画のことで、「郭」「廓」とも表記される。近世城郭においては、「本丸」「二の丸」というように「丸」が用いられるが、これも同義である。

江戸軍学では、円形だから曲輪と呼び、何々丸と名付けるとされ、さらに曲輪は丸く造るべきで、円形は面積が広いわりに外周が短いので、守備に有利とされていた。

曲輪の呼称は、個々の平坦面を指す場合が多いが、小曲輪のまとまりの総称として「○○曲輪（郭）」と呼ばれるケースも見られる。

曲輪の配置方法は、地形によって制約を受けるが、本丸（本曲輪）を中心にして、大手（城の表口）方面に向けて重点的な配置となるのが一般的である。

各曲輪の名称は、用途、目的、位置などにより付けられた。基本的に本丸に近いほうから二の丸・三の丸・出丸などと呼び、方角から西の丸・北の丸という呼称も用いられた。

内郭と外郭

一城の中心となる曲輪である本丸と、それを補完する曲輪を併せ、城の中心的役割を担った部分を「内郭（内曲輪）」と呼ぶが、惣構で囲まれた近世城郭の場合、城郭部分をもって内郭と呼ぶこともあった。

内郭に対して「外郭（外曲輪）」とは、城下町も含めて大きく惣構で囲んだ場合の城下部分のことである。最も外側にある曲輪の総称としても用いられる。

また、城下町の防備や家臣団防備の目的で、城の機能的構成部分から、さらにもう一重外側に設けられた防御ラインを指す場合もある。

外郭内部を武家居住地と町人居住地に区別して、ここに堀や土塁を設けて区画を行った場合、内側の武家居住地内を「中曲輪」と総称することもあった。

姫路城の内郭

姫山に築かれた姫路城の内郭を上空から写した写真。平坦部の曲輪部分には、それぞれ名前が付けられている。

「陸奥国会津城絵図」に見る内郭と外郭

会津若松城では外堀内側が外郭となり、上級武士の屋敷や藩校などの施設が置かれた。内郭である本丸や二の丸、三の丸は政庁となり御殿などが建ち並んだ。（福島県立博物館蔵）

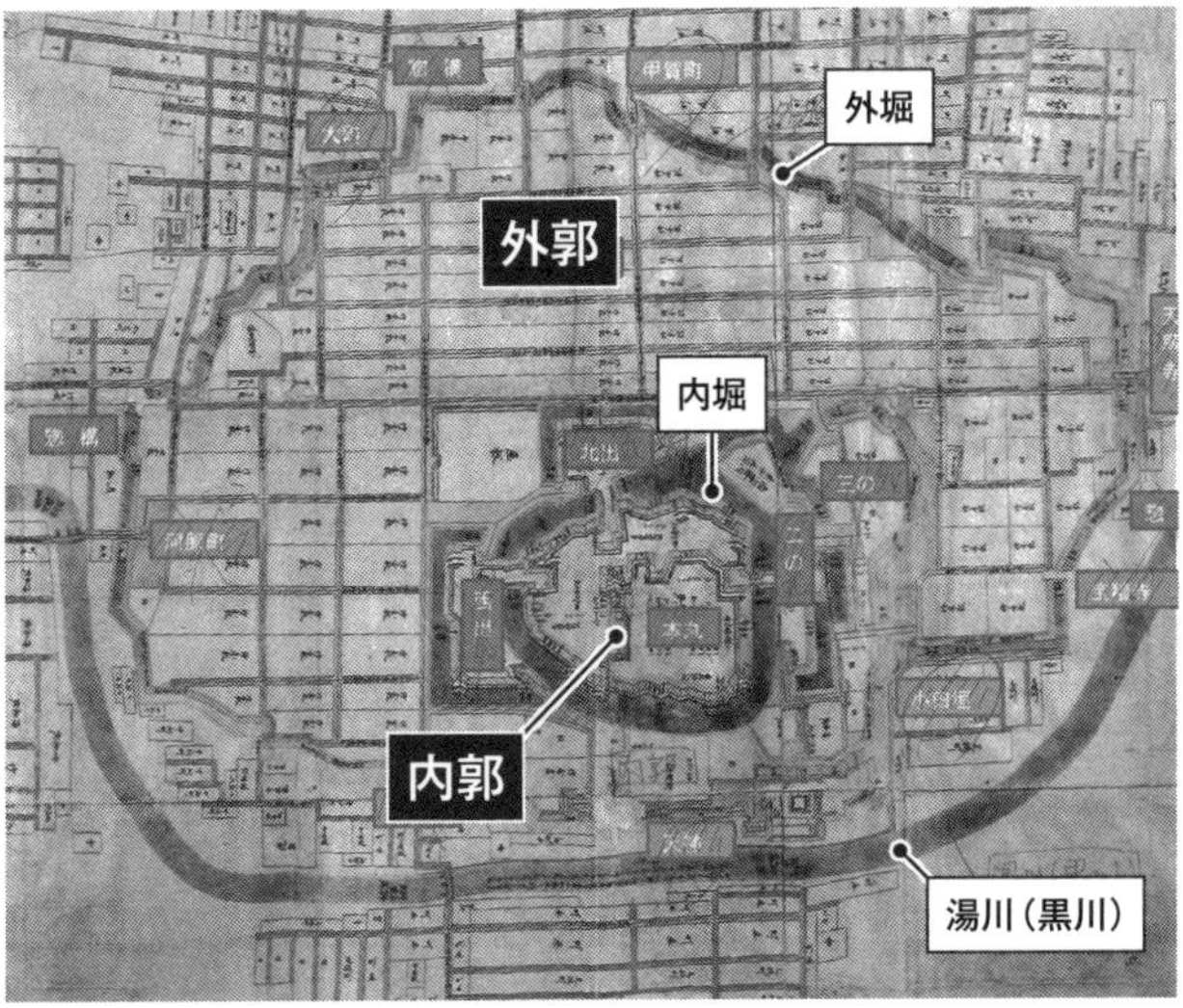

曲輪 ②

築城場所によってパターンが変わる

曲輪の配置と役割

ポイント

●本丸、二の丸、三の丸と、それぞれ役割別に設けられた。
●城の核になる曲輪が二つ以上の部分に分かれる形は「一城別郭」式と呼ぶ。

城の中心施設

城の中心をなす「本丸」・「二の丸」・「三の丸」という曲輪の他に、そこに付属・付加される形で機能する様々な曲輪が存在する。

「天守曲輪（丸）」は、一段高くして大きく見れば本丸であるが、「別曲輪」とすることもあった。当初は、最高所の面積が狭く御殿建築を築けないがための苦肉の配置でもあった。また、本丸の面積が広いため、あえて天守曲輪を区切って配置した例もある。

築城当初は本丸であったが、時代の変遷の中で一段低く巨大な本丸を造成したため、天守のある一段高い曲輪として天守曲輪と通称されるようになったケースも見られる。

本丸とは、城の中枢部であり、居住施設と政庁機能を併せ持ち、有事の際には最終防御拠点となった。二の丸は、本丸の補完機能を持つ曲輪で、平和な時代になると政庁機能が本丸から移されることになる。三の丸は、家臣たちの屋敷地として利用されることが多く、二の丸に近接して設けられていた。

付属の曲輪群

本来なら、本丸こそが最後に拠る曲輪となるが、城の背後の高所に戦いに適した曲輪を設ける場合、「詰丸」と呼んでいる。詰丸が最終防御施設なら、最前線に設けられた曲輪が「出丸（郭）」である。城の主体をなす本丸・二の丸などから外へ張り出したり、あるいは少し離れた場所に配置されたりした曲輪を呼ぶ。

これらの大型の曲輪と異なり、城内に点在する小曲輪に「帯曲輪」・「腰曲輪」がある。帯曲輪と腰曲輪共に、本丸などの主要曲輪の周囲に配された小曲輪で、明瞭な区別は存在しない。

中世山城の場合、山上の曲輪に対して山腹に取り付いた形の曲輪を、腰の位置にあるので腰曲輪と呼

山中城の出丸の例

山中城は北条氏によって築かれた箱根を守る支城の一つ。岱崎（たいさき）出丸は東海道を進む軍勢に対して側面攻撃ができる位置に設けられていた。

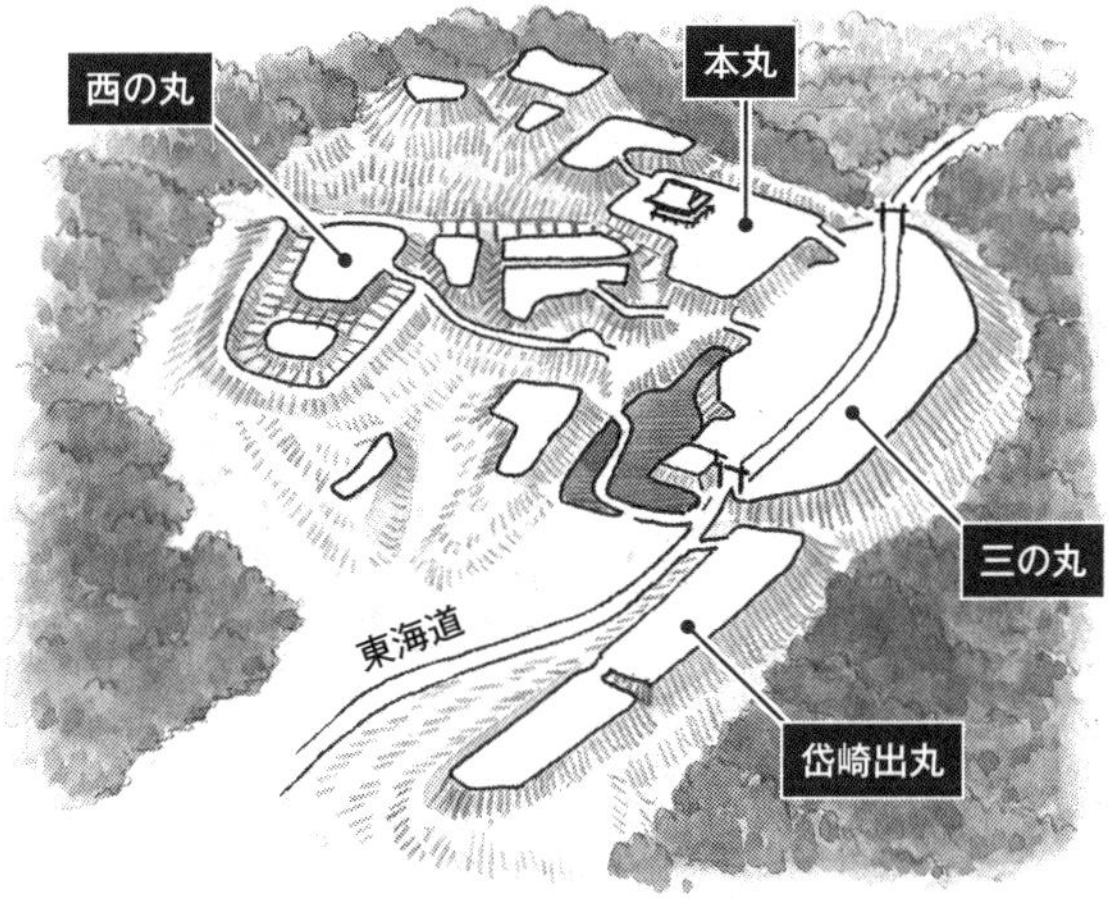

「一城別郭」式の高天神城

高天神城は、中心となる曲輪が東西の峰に分かれて造られており、それぞれの曲輪は尾根でつなげられている。

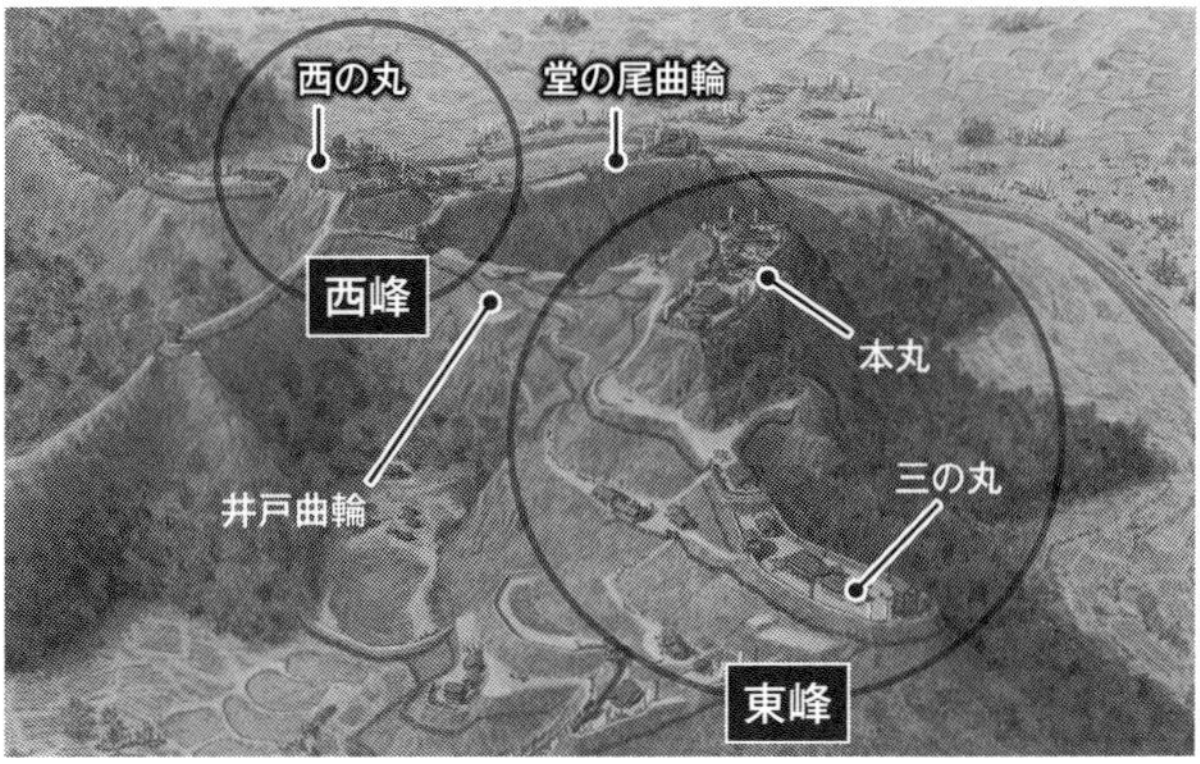

んだために生じたとの説もある。ただし、稜線から逸れて側面に位置すると「袖曲輪（そでくるわ）」と呼んで区別することもあり、山腹一帯に段状に重なるものや鉢巻状に取り巻くケースも多く、細長く帯状に延びると帯曲輪となり、厳密な区分はできていない。

近世城郭の場合は、通路上に細長くなるケースが多いため、中段に存在する小曲輪は概して帯曲輪と総称されている。

全体的な曲輪配置の一つの形として「一城別郭（いちじょうべっかく）」・「別郭一城（べっかくいちじょう）」・「別城（べつじょう）一郭（いっかく）」という用語が見られる。一城別郭と別郭一城は、同義で言い方が異なるだけである。本来は、城内を戦闘時の核によって二つ以上の部分に分けて、全体は一つの城であるが、それぞれが別の曲輪として機能した状態を呼ぶ。一方の曲輪が落とされても、もう一方の曲輪で戦いを継続できる利点があった。

お城コラム

全体に「西高東低」な傾向に

日本三大○○城

日本人は「三大○○」が好きな国民だとよくいわれるが、城も同様である。

「三大名城」の選定は江戸時代から行われており、将軍家の江戸城を別格として、その他の城で上位三城を挙げている。荻生徂徠の『鈐録外書』では、築城名人の加藤清正や藤堂高虎が築いた城のうち、特に優れた名古屋城・大坂城・熊本城を「三城」としている。

現在では、「日本三大名城」として姫路城・名古屋城・大坂城が挙げられることが多いが、何かの基準にもとづいているわけではない。

西日本に偏りがちな選定

この他にも、「三大山城」として岩村城・高取城・備中松山城、「三大平山城」として津山城・姫路城・伊予松山城、「三大平城」として松本城・二条城・広島城、「三大水城」として高松城・今治城・中津城（または宇和島城）がセレクトされているが、理由ははっきりしない。

ただ、現存天守と高石垣が残る城が多いためか、「西高東低」の傾向があることは事実である。

それ以外にも「日本三大湖城」として、高島城（写真）・膳所城・松江城が挙げられる。

第2部
構造編

第10章 普請

普請／虎口／堀／土塁／石垣／横矢／植生

普請

城を形造る土木工事

普請とは何か

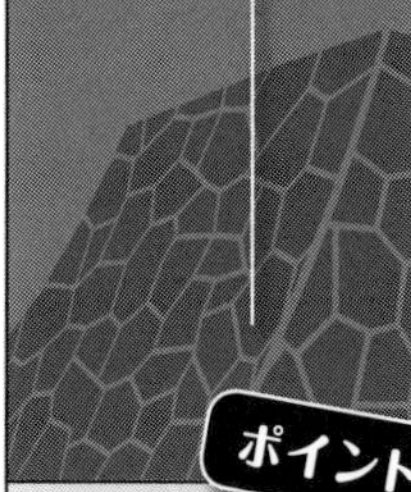

ポイント

- 曲輪や堀、土塁、石垣などを造る土木作業を普請と呼ぶ。
- 山城は普請の加工が少なく、平山城、平城と平地に行くほど加工が増える。

普請と作事

築城においては「普請」とは「作事」の対になる用語である。まず、地選された築城予定地に、設計図にもとづいて土工事を実施することが普請である。土工事とは、曲輪の造成、堀や土塁、石垣の構築などである。これに対し、天守や櫓、門などといった上屋構造物を建てる大工仕事のことを作事と呼ぶ。

平地に築く平城と、丘陵に築く平山城、山に築く山城では、築城にあたって土工事を行う加工率がそれぞれ異なる。山城の加工率は低く、平山城、平城と低地になるほど、加工率が高くなる。

「城」という漢字の語源は、土より成るである。このことからもわかる通り、土を盛ったものが、当初の城であった。敵から城を守るために、土を掘り、その土を盛る工事が、普請そのものである。

山城・平山城・平城の普請

山城では曲輪を造成するために、斜面を削りその土を盛って平坦部を造りだすことが基本で、崩れないように突き固めることこそが、必要な条件であった。

平山城の場合は、事前に切土する箇所と盛土する箇所を決めておき、頂部から順番に、斜面を崩し、平地を設けていく。斜面の勾配を一定にするためには、パネル板を貼り、内部に土を入れ、上から突き固める作業を繰り返す「版築」工法が一般的であった。

平城の場合も、基本的には平山城と同様で、切土と盛土部を決め、地均しすることがベースであった。堀となる部分は、事前に掘り下げ、その排土は、曲輪造成用に使用された。土工事が終了すると、石垣工事へと移ることになる。

現代のように、大型機械が存在しないため、全ての工事は人手によって実施された。

築城の段取り

城の築城にはいくつかのステップがある。人工的な防御施設の多くは普請の段階で築かれた。

地選

築城の最も初期の段階で、どこに築くかを決めていく。戦闘用の前線基地であれば街道沿い、大名の居城であれば人口密集地に近い要害の地など、目的に応じて築城の場所を選ぶ。

築城開始

地取

地選によって決めた地域の中で、どの範囲にどの程度の規模の城を築くかをより具体的に決めること。

縄張

堀、櫓や門をどこに配置するかを決める城の設計、グランドプラン。実際に縄を張って作業を進めたことからこの名が付いた。

普請

縄張にもとづいて行われる土木工事の総称。曲輪の造成、堀や土塁、石垣の構築などで、多数の労働力を必要とした。

城下町

大名の居城では、築城と並行して城下町が造られた。城下町は経済的な利便性と有事の防御の二つを兼ねていた。

作事

天守や櫓、門などの上屋構造物を建てる工事のこと。専門的な技術を有する職人衆が行った。

完成

完成

上記の行程を経て、城が完成する。イラストは伊予松山城。近世の平山城である。

虎口 ①

敵の侵入を防ぐ攻防の最前線

虎口の役割と種類

ポイント

- 虎口は敵が殺到する激戦地帯で、防御を固めるため様々な工夫が凝らされた。
- 敵の直進を妨げる喰違虎口には、側面攻撃を仕掛けられる利点もあった。

「小口」と「虎口」

　城の出入口となる「虎口」は、攻城戦の最前線となるため、城郭の中でも最も防御構造を厚くする必要があった。そのため、敵の侵入を防ぎ、守城側をより有利にするための工夫を凝らした様々な形を持つ虎口が出現することとなった。

　城の出入口は、一度に多人数の侵入を防ぐために、開口部を狭めていた。そのため「小口」と書かれる。攻城戦の場合、入口に敵が殺到するため、戦闘が激化する危険地帯でもあった。それが、危険な場所や戦闘を指す「虎口」と融合し、出入口を「虎口」と総称するようになったと考えられている。

　虎口は、城を防御する上で最も重要な地点である。そこで、この虎口の防御を固めるために、様々な工夫が施されることとなった。ただ、余りに虎口を複雑にし、その数を増やせば、自分たちの生活にも支障をきたすことになるため、防御面の強化と併せ普段の利便性も考慮されることになる。

虎口の進化

　最も単純で基本的な「平虎口（平入り）」は、土塁を割って門を配すものの、城内へは直進できた。仮に大軍が押し寄せた場合は、正面から敵に対することになり守りは弱くなってしまう。そこで、直進を防ぐために、入口の前後や前面に遮蔽物として土塁を構えた「一文字土居」が出現する。虎口の内側に「蔀」、虎口の外側に「茀」と呼ばれる直線の防塁（土塁）を構築し、前面から内部が容易に目視できないようにすると共に、真直ぐ敵が侵入するのを防ぐ工夫である。

攻撃も兼ねた喰違虎口

　さらに両側の土塁をずらして、敵の直進を妨げる「喰違虎口」が構築され、折れ曲がらせる工夫が図られ

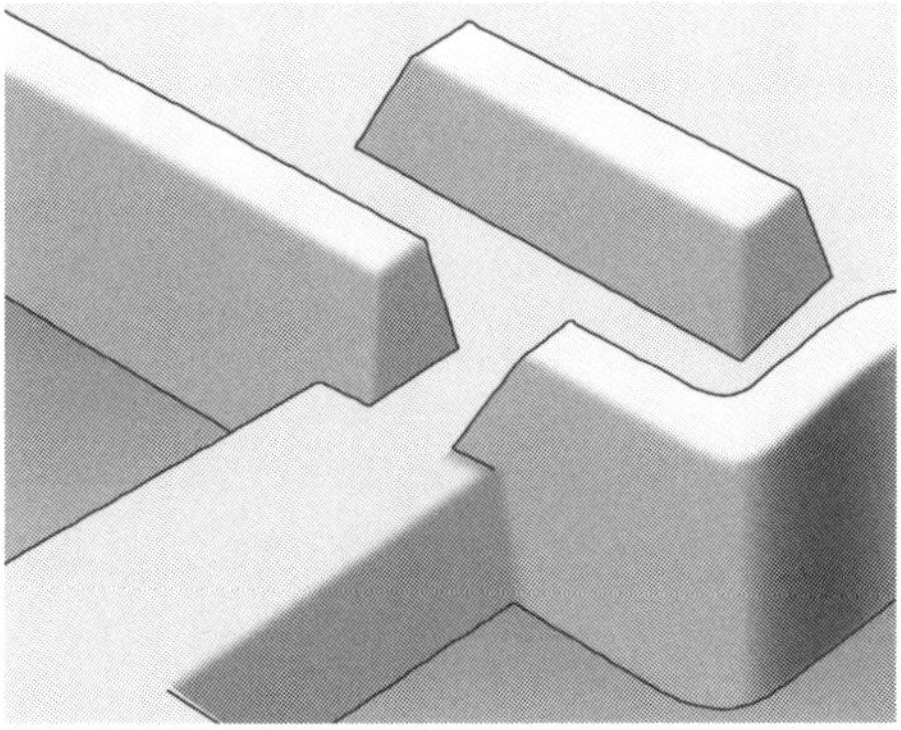

一文字土居

城内側に真っ直ぐな土塁（蔀）を築いたもの。敵の直進を妨げ、かつ城内を敵に把握されないようにした。

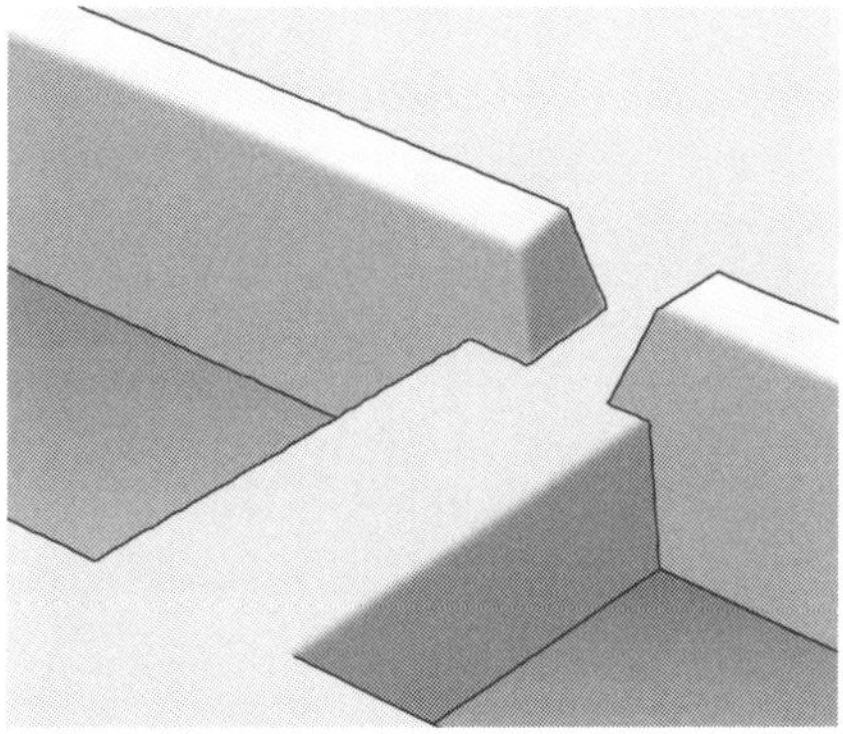

平虎口（平入り）

最も単純な虎口の形態で、城内に直進できるため居住性には優れているが、敵の侵入を許しやすい。

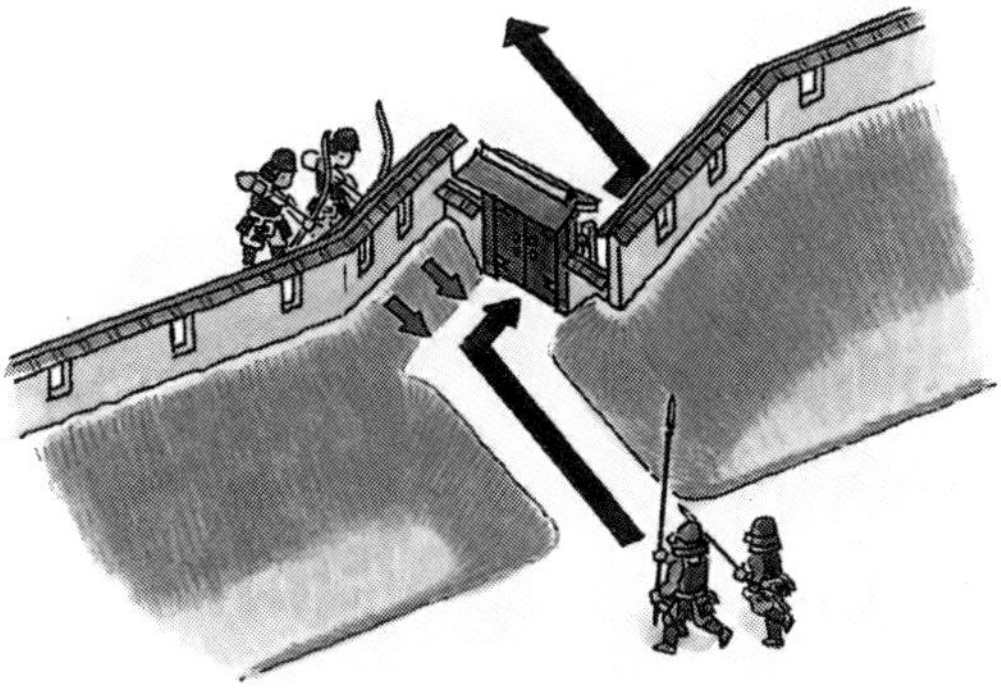

喰違虎口

両側の土塁を屈曲させることで、敵の直進を妨げている。さらにこうして通路を曲げることで、「横矢掛」と呼ばれる進行する敵の側面から攻撃できる仕組みも備えている。

た。これは土塁や石垣を平行ではなく、互い違いに喰い違わせることで、開口部を側面に設ける工夫である。攻城側は、鍵の手に折れなければ城内へ侵入できないことになった。

　喰違虎口の最大の利点は、一方向だけでなく多方面から側面攻撃を仕掛けられることであった。押し寄せてくる敵に対し、二ヶ所以上から側面攻撃を仕掛けたり、死角の部分をなくすようにしたりして屈曲を設けたのである。これを「横矢掛（よこやがけ）」と呼んでいる。

　中世段階では、普請のみで防御機能の強化が図られたが、戦国期以降は、ここに作事による建物が加わり、やがて防御の中心となっていた。単純な平入りであったとしても、櫓門（やぐらもん）を配置することで防御性能の強化を図ることが容易になった。虎口は、作事と普請によって、より防御性を増すことになっていくのである。

虎口 ②

攻撃拠点となった馬出

虎口前面の小規模曲輪

ポイント

- 虎口の手前に設けられた、敵部隊を迎え撃つ小規模な曲輪を馬出と呼ぶ。
- 半円を描く丸馬出と、コの字型の角馬出の二種類に大別される。

「丸馬出」と「角馬出」

虎口の前面（外側）に設けられた、攻撃の拠点となる施設を持つ小規模な曲輪のことを「馬出」と呼ぶ。通常は周囲を堀で囲み、内側・外側との連絡は、土橋か木橋が利用された。曲輪内部に建物は建てず、出撃する武者溜として利用されることが多かった。

馬出は、外側の塁線の形態から円弧を描く「丸馬出」と、コの字形に折れ曲がる「角馬出」に大別される。

基本的に、馬出は土造りの城に多用される施設であり、地形に左右されることも多く、歪んだ円弧や、円か角かわかりづらい馬出も見られる。円弧を描く丸馬出の塁線は、石垣では極めて構築しにくいため、石垣造りの場合は角馬出となることがほとんどである。

一方、丸馬出は、半円形であるため、角馬出に比較して死角が少なくなり、少人数でも守りやすいといわれるが定かではない。

江戸軍学に見る馬出

江戸軍学では、馬出の両側面を擁護するように内側の曲輪が張り出す構造を「真の角馬出」「真の丸馬出」と呼び、馬出のみが外側に張り出したものを「草の角馬出」「草の丸馬出」と呼んでいる。実際に城に多用されていたのは「草の馬出」の方であり、ほとんどの城がこちらの形式を採用している。

馬出の存在によって、虎口の前面の防備強化が図られると共に、城門本体を防備することができるという利点があった。

また、敵の包囲網を分散し、仮に馬出内に侵入を許したとしても、逃げ場を失った敵に一斉攻撃を仕掛けることが可能であった。内部に侵入した敵は、馬出外側との連絡・連携が難しくなる。守城側は、左右二本の土橋から兵を分散させ、二方向への出撃が可能であった。

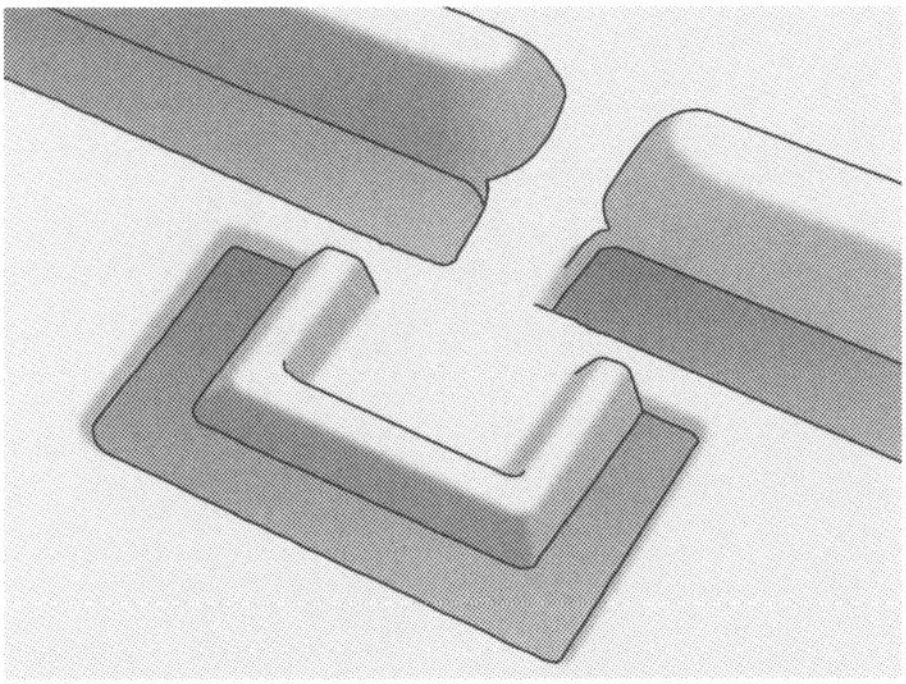

角馬出

北条氏の城に多用されたのが角馬出である。ここから攻撃を仕掛けるというよりは、防御陣地としての役割が強かった。

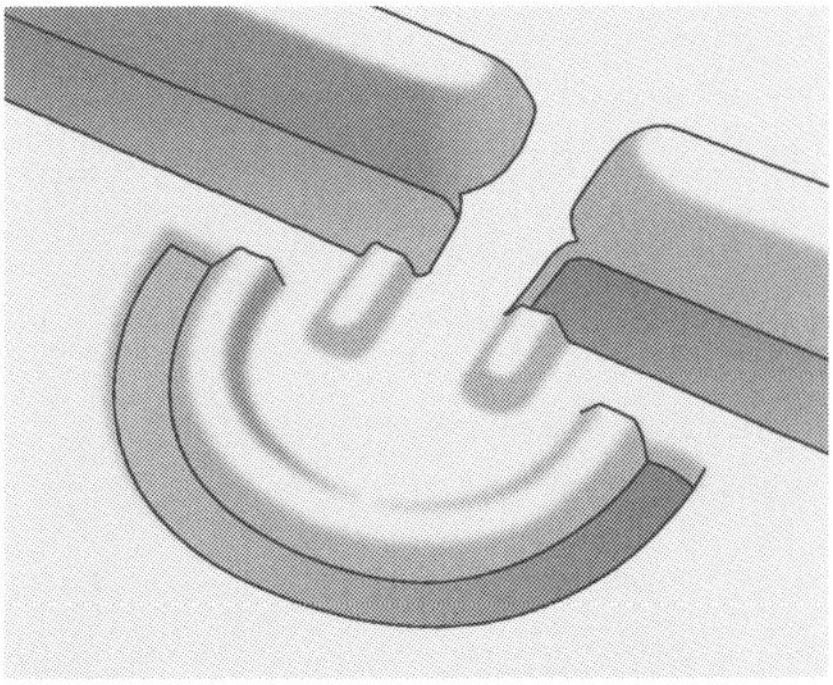

丸馬出

丸馬出は武田氏や徳川氏の城でよく見られ、内部から攻撃を仕掛ける際、角馬出より死角が少なかった。

馬出の攻防

馬出の内部に兵を駐屯させる武者溜としての機能の他、馬出内に入ろうとする敵に横矢を掛けたり、馬出内に誘い込んで袋叩きにするような使い方もあった。

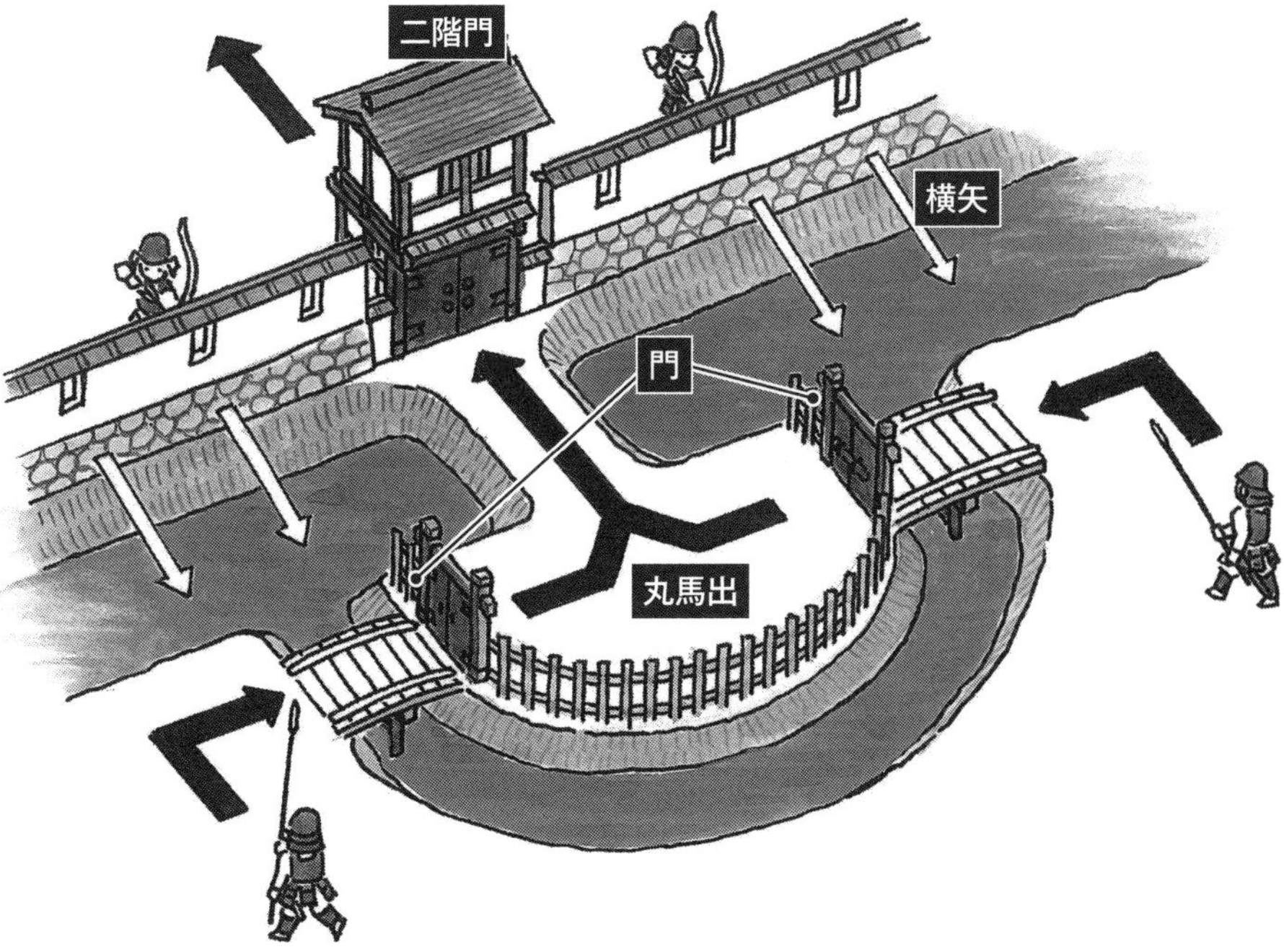

虎口 ③

枡形虎口の登場

敵を囲い込む閉鎖空間

ポイント

- 戦国末期、四方を囲い込んだ空間で敵の動きを封じる枡形虎口が登場した。
- 曲輪外に突出した外枡形、曲輪内部に造られた内枡形、混合型の三種がある。

枡形虎口とは

「枡形虎口」とは戦国末期に用いられるようになった虎口で、虎口前面に方形の空間を設けることで、敵は直角に曲がって門へ入るため、より有効な側面攻撃が可能になった。当初は、門が一つしかなかったが、やがて方形の区画を石垣や土塁・堀によってほぼ四方を囲い込み、前後二つの門を配置する形が一般化した。

この空間（枡形）は、防御する側にとっては城外の敵に対する陣地となった。また仮に、ここを敵方に占拠されたとしても、囲い込む空間であるため、敵の動きを封じることができたのである。枡形内部を仕切り、枡形を連続配置することで防御性能を高める場合もあった。

「外枡形」と「内枡形」

枡形虎口を大別すると「外枡形」と「内枡形」、両者の混合した形がある。曲輪外側に突出した枡形を外枡形（出枡形）、曲輪の内側に設けたものを内枡形と総称する。一部が外側に張り出し、一部が内側に食い込んでいるのが混合型である。

曲輪内部から虎口部分を突出させた外枡形は、内部スペースの有効利用が可能な上に、多くが枡形の三方を堀で囲んでいたため、前線の陣地と同様な攻撃拠点ともなった。

曲輪の内部空間に虎口部分を包み込む形態を呈する内枡形は、内部面積を減らしてしまう欠点があった。だが、外枡形と異なり三方が曲輪と地続きとなるため、背後にも守備兵を配置することが可能で、枡形に侵入した敵に対し、三方から連続攻撃を仕掛けることが容易であった。

軍学書による枡形の効能

『甲陽軍鑑』などの軍学書では、枡形空間の大きさの理想を「五八」としている。つまり奥行五間（約九m）、間口八間、面積四〇坪が定型ということである。そこに騎馬武者

内枡形虎口の攻防

徳川大坂城大手口の左折れの内枡形虎口をもとに考証。土橋を渡る敵には千貫櫓から横矢を掛け、枡形内に侵入した敵には三方向から攻撃を仕掛けられるようになっている。

二五騎から三〇騎、一騎につき従者四名を収容可能としている。こうした規模の枡形は小規模城郭のもので、**名古屋城**（愛知県名古屋市）本丸表門枡形は一一・五×一〇間、**江戸城**（東京都千代田区）外桜田門枡形は一五・五×二一・五間、**徳川大坂城**（大阪府大阪市）大手門枡形に至っては一七×二八間と、実に十倍以上の広さを有していた。

　枡形内部では道筋を折り曲げるのが軍学の常識で、一の門と二の門は向きを直角にずらすとする。だが、実際には直角ではなく左右にずらしただけの枡形も多い。折れ曲がりの方向も右折れを定法としていた。そのため、枡形の多くは右折れを採用しているが、枡形が曲輪の右出隅に位置しているため左折れとなる事例も少なくない。二門によって挟まれた枡形の登場は、関ヶ原の戦い以降になる。

堀による守り

敵の侵攻を妨げる遮断線

ポイント

- 城に侵入した敵の進軍を妨げるのが堀である。
- 水のない空堀と水を張った水堀に大別され、その配置で様々な種類がある。

堀の登場と山城の堀

「堀」は、攻め寄せる攻城軍を城内に侵入させないようにするための遮断線で、土塁や石垣の前に位置する最前線の防御施設である。

堀の歴史は古く、縄文・弥生時代にまで遡る。当初の堀は、害獣から集落や耕作地を守るために掘られたもので、小規模な区画溝のような施設であった。

堀は、水が張られた「水堀（みずぼり）」と、水のない「空堀（からぼり）」とに大別される。水が張られた堀は、「濠」と記されることも多い。城の周りに低湿地や湖沼群が展開する地形では、水堀とも空堀とも区別のつかない泥田堀（どろたぼり）も見られる。山城や平山城では、山麓や丘陵裾に河川の流れを取り込み、天然の堀とする場合もあった。

堀切・竪堀・横堀

「堀切（ほりきり）」には、曲輪間を独立させたり、尾根筋を遮断する目的があった。城域を区切る場所には、二本、三本と連続して配置し、防御機能を高めていた。

堀切の両サイドに「竪堀（たてぼり）」を設けると、より防御機能は増すことになる。竪堀は等高線に対して直角に設けたもので、斜面を縦に仕切って敵の横方向への移動を阻止する目的があった。竪堀は、堀切部分だけでなく、曲輪直下にも配されることが多かった。この竪堀を連続して並べたものを「畝状竪堀（うねじょうたてぼり）」という。

等高線に沿って掘られた堀を「横堀（よこぼり）」と呼ぶ。曲輪や虎口部分の増強を目的に配された堀で、曲輪を取り巻くように掘られていた。緩斜面となる部分の補強のために、数百mにわたって設けられた横堀も存在する。

中世段階の堀は、山城が主流であったため大部分が水のない空堀であった。空堀の機能をより充実させ、敵方の取り付きを不可能とするため斜面は人工的に削り込んで「切岸（きりぎし）」としていた。

山城の堀の種類

戦国時代の山城の模式図。図のように一つの城の中に様々な堀が配されていたが、大手側には敵の動きを封じる空堀が、搦手側は自然の川などを天然の要害として使われることが多かった。

竪堀

等高線に対して垂直に掘られた堀のこと。斜面における敵の横移動を封じる役割を持つ。

堀切

尾根筋を断ち切る堀のこと。尾根筋は道がわかりやすく侵入を許しやすいため造られた。防備が薄くなりがちな曲輪の背後に造られることが多い。

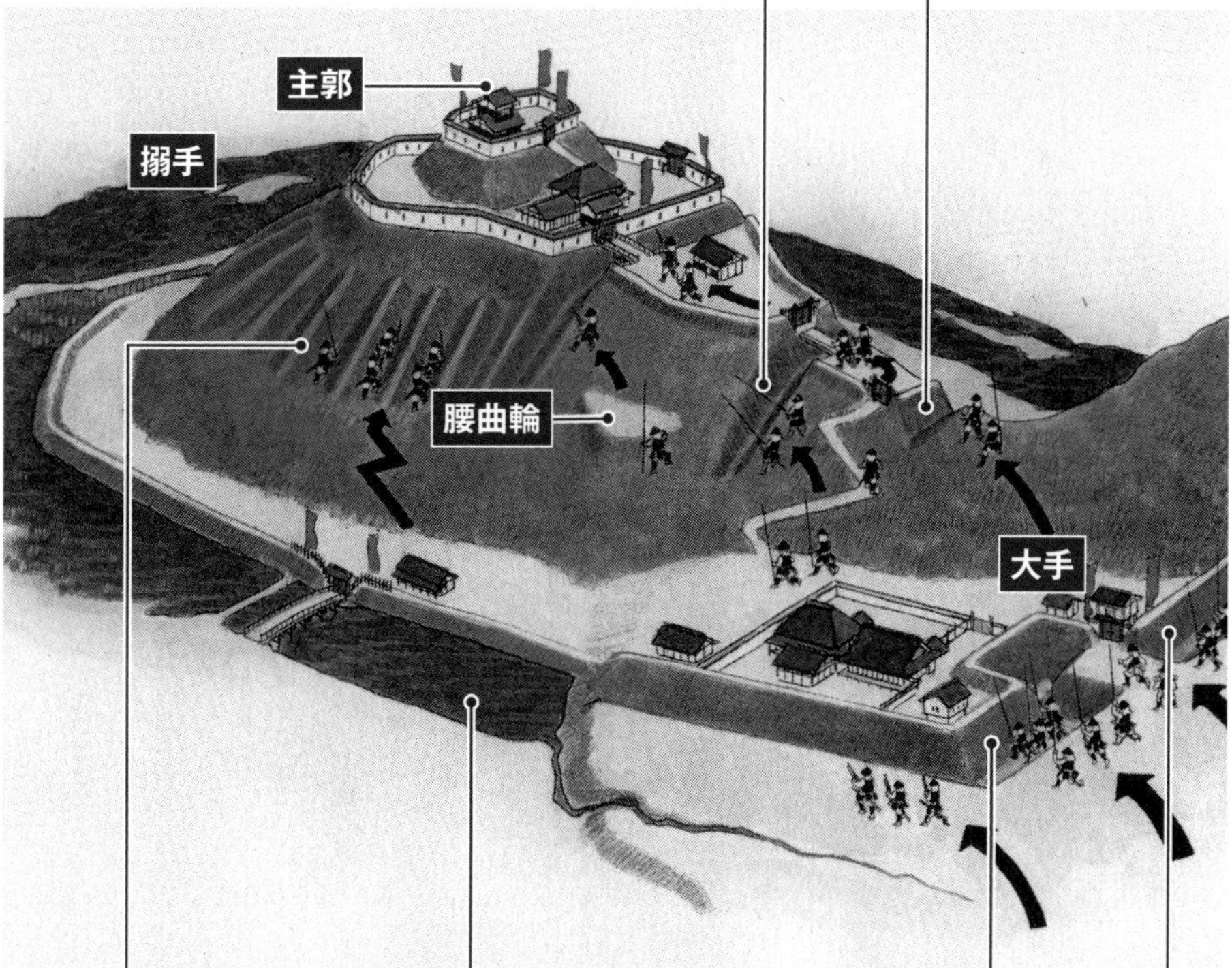

畝状竪堀

竪堀をいくつも並べて配したもの。敵は堀底を進むしかなくなるため、城内から攻撃を仕掛けやすい。

水堀

内部に水を張った堀のこと。山城で人工のものは少なく、自然の川などを天然の水堀として利用していた。

横堀

等高線と平行に掘られた堀。途中から竪堀と接続するものもある。

堀②

様々な種類の堀

近世城郭では水堀が普及

ポイント

- 近世城郭では立地や防御の観点から大規模な水堀が登場した。
- 効率的に掘ることができる薬研堀など、堀底の形で四種類に分けられる。

水堀の普及

「堀に二つあり、水堀、乾堀なり」と林子平の『海国兵談』にあるように、堀は水を湛えた「水堀」と、水のない「空堀」とに大別される。水堀は「濠」・「水濠」と書かれることもある。

水堀は、平城や平山城に用いられ、湧水や排水処理のために水が溜まった場合と、人為的に河川・湖・海から引くケースがあった。平城の場合、本丸を中心に置き、その周りに堀を幾重にも設けることが多い。二重に囲み込んだ場合は、内堀・外堀と呼び、三重の場合は、内堀・中堀・外堀と呼んだ。これらの堀とは別に、城下町までを含め、大きく取り囲む堀は「惣構堀」と称される。

平山城と平城の普及は、やがて大規模な水堀を誕生させた。これは、城の立地が、河川の河口部や沼地、海や湖を利用するケースが増えたこと、鉄砲の普及によって射程距離が伸び、堀幅を広げる必要性に迫られたためである。

堀底の形態による分類

堀は、堀底の形態によって大きく四種類に分類されるが、時代の流れや堀の用途による場合が多く、意図的に底を変化させる例は少ない。

「薬研堀」は、断面がV字を呈す堀のことで、弥生時代の環濠集落にまで遡る。最も効率的に掘ることができ、排土量も少ない。同様に断面がレ字状を呈し、片側がほぼ直角となる堀を「片薬研堀」という。山城の堀切や竪堀、戦国期の堀の多くは、どちらかの形状となる。

「毛抜堀」とは、断面で見ると堀底が丸みを帯びていて毛抜き道具のように見えることから言い表したものである。この毛抜堀の堀底の丸みを帯びた部分を逆台形に掘り込めば、断面が箱型の「箱堀」となる。堀幅を広げていけば、当然堀の両側斜面が離れていくので、平らで広い堀底

山中城の復元された堀障子
堀底を土塁で縦横に区画することで、敵の動きを封じた。北条氏の城に特有の遺構である。

広島城の広大な水堀
広島城は太田川の河口という完全な平地に築かれた。地形を生かした守りができなかったため、広大な水堀で城を幾重にも囲んで防御した。

堀底の分類

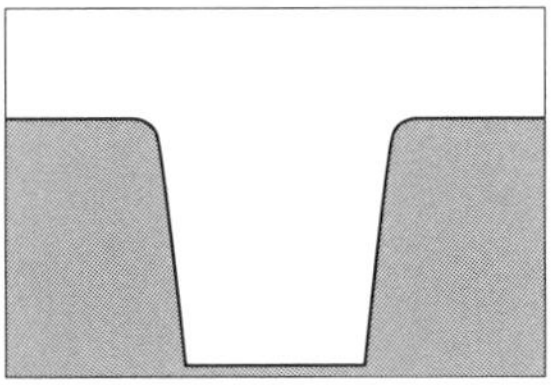

箱堀
箱のように台形に堀底を削ったもの。山城でも堀底道に使用されたが、近世の城で水堀として使われる例が多かった。

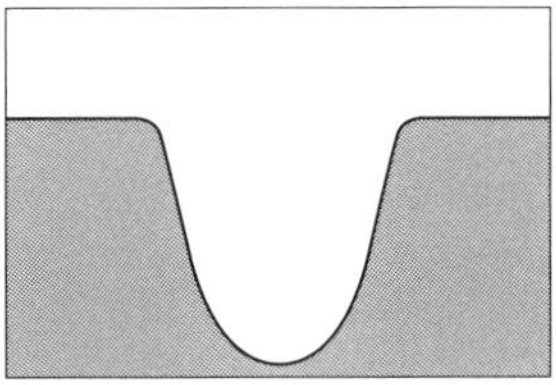

毛抜堀
堀底が丸みを帯びているもの。堀幅は確保したいが、堀底を道として使用したくない場合に用いられる。

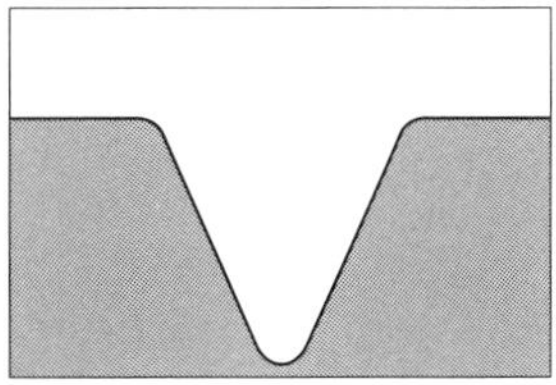

薬研堀
断面がV字型をしているもの。掘る手間が少なく効率的ながら防御力が高く、戦国時代の城に多く見られる。

が生まれ、これも箱堀となる。箱堀は、近世城郭に用いられ大規模なものがほとんどだが、山城にも若干見られる。幅が狭いにもかかわらず、断面がV字ではなく、あえて箱型とするのは、堀底を通路として使用する目的があったためで、堀底道とする場合は箱堀となる。近世城郭に用いられた箱堀は、ほとんどが水を満面に溜めた水堀であった。

これとは別に堀内に畑の畝状の区画を設け、敵方の堀底の移動を阻んだ特異な形態の堀も存在する。畝を一列に何本も入れたもの、障子の桟のように縦横に組んだものも見られる。これを「堀障子」または「障子堀」と呼ぶ。堀底に畝のみを築いたものは「畝堀」と称するのが妥当であろう。堀幅が狭ければ障子堀とはならず、畝堀となる。形態に若干の違いはあるが、堀底を仕切ることで敵方の移動の自由を奪う工夫である。

土塁

土塁の構築

土より成る城の主力防備

ポイント

- 土塁は堀を掘った排土で造られたため、切っても切れない関係であった。
- 土塁は壁としてだけでなく、上を歩いて通路としても使用された。

土塁の構築

城が「土より成る」と書く通り、その土を盛った施設が「土塁」である。曲輪の縁辺部に設けられ、内部への敵の侵入を防ぐ目的があった。

土塁の構築には、堀を掘った排土が利用された。堀を掘った時に出る排土は不必要なもので、城内で再利用がなされなければ、城外へ排出するしかない。この排土を、そのまま城内側に積んで突き固めればおのずと土塁が完成する。このように、堀と土塁は、不即不離の関係であった。

また、土を盛らずに自然の断崖や山の斜面を削り残して土塁とする場合もあった。

土塁の勾配は、四五度程度が通常で、それ以下だと緩斜面となり敵方の取り付きを許してしまう。また、急勾配にすると雨などにより崩れ落ちる危険性が高くなる。

土塁の構造

近世城郭の土塁は、土塁上（上辺）を「褶（ひらみ）」、底辺を「敷（しき）」、斜面を「法（のり）（矩）」や「法面（のりめん）」と称した。法は、内側と外側に存在するが、外側を外法（そとのり）、内側を内法（うちのり）と呼ぶ。高さは、褶と敷の間の距離であるが、外側の堀の深さを含めた場合、堀底からの高さとする。水堀の場合は、水面上からの高さが基準となる。法と褶が交わる部分を法肩（のりかた）といい、敷と交わる箇所を法尻（のりじり）とか法先（のりさき）という。

土塁上にあたる褶は、馬踏（まふみ）ともいい、城兵や馬が動き回る場所になる。ここに、塀や柵を設けることも多いが、通常ほぼ中央部かやや外側に築くことになる。この場合、塀や柵を挟んで内側と外側に平坦部ができることになる。城内側の平坦面は、兵士の通路として利用されるため「武者走（むしゃばしり）」といい、城外側を「犬走（いぬばしり）」と呼ぶ。武者走が広くとられ、犬走が狭くなるのは当然で、犬走は万が一の際、敵方の足がかりとなる危険性があったためである。

土塁の構造

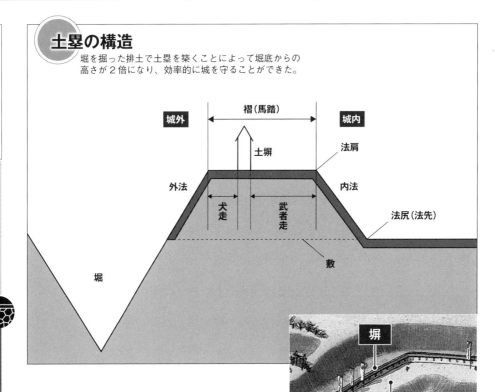

堀を掘った排土で土塁を築くことによって堀底からの高さが２倍になり、効率的に城を守ることができた。

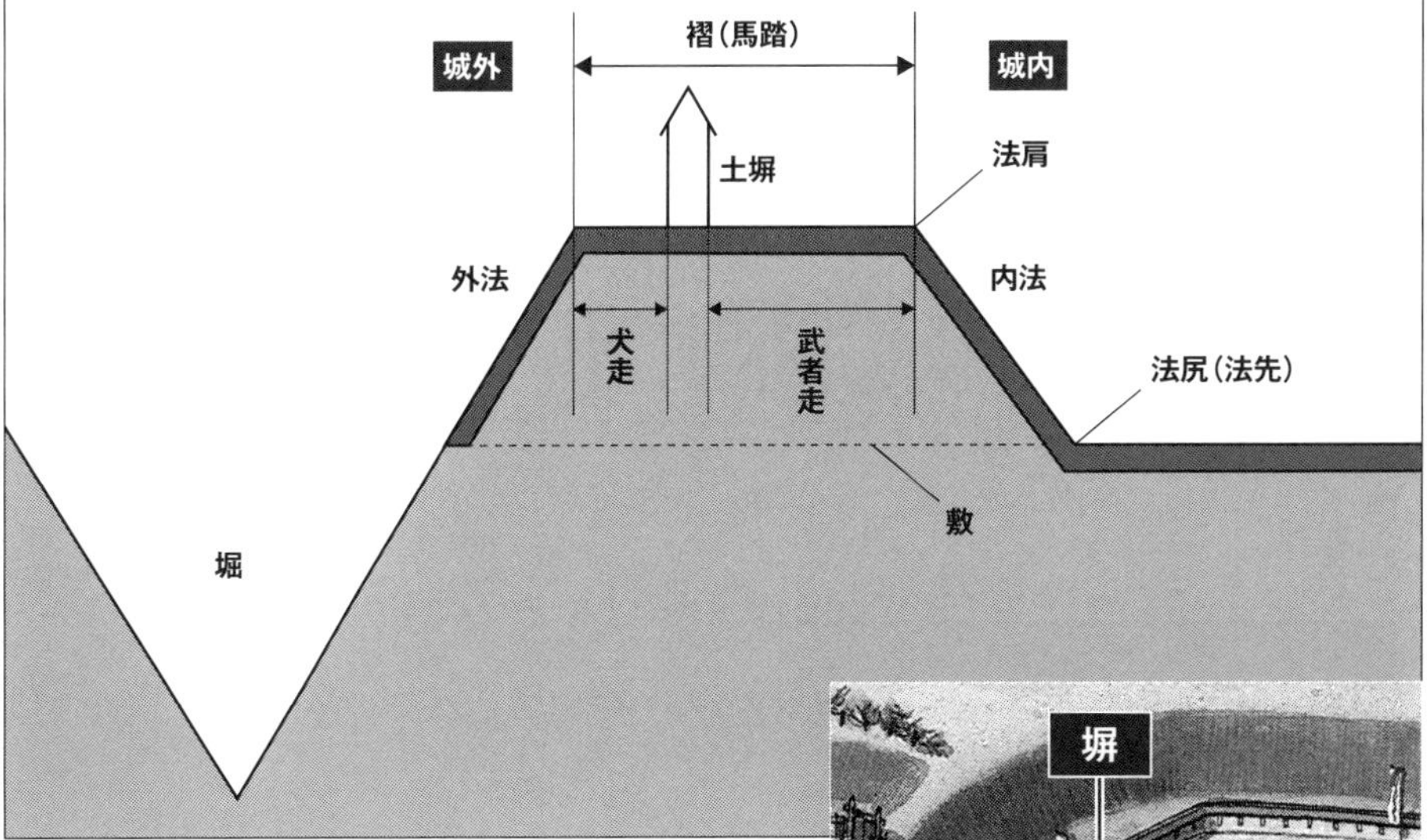

諏訪原城の土塁

土塀を挟んで内側に武者走があり、外側には幅の狭い犬走がある。土塀は中世には木柵のこともあった。

土塁上へ登る施設

城内側から土塁上に登るために、坂や階段が設けられた。これを「雁木(がんぎ)」と呼ぶ。二本の雁木を向かい合うようV字状に設けたものを「合坂(あいざか)」、平行して設けたものを「重ね坂(かさねざか)」という。多くの城兵が一度に昇り降りするためには重ね坂のほうが便利であった。時代が下るにつれて、内側の全てを雁木とし、どこからでも昇降可能な状態とするケースが多く見られるようになった。

「土居(どい)」は、土を盛り上げて築いたもので、その造り方によって分類が可能である。「たたき土居(どい)」は、粘土や礫(つぶて)を土に混入して突き固めて構築したもので、混ぜ合わせたもの、粘土と礫を交互に突き固めたものが見られる。「芝土居(しばどい)」は、法面の崩落を防ぐために、芝を植えて築いたものである。

石垣 ①

石垣の登場と発展

近世城郭を代表する施設

ポイント

- 安土城を嚆矢として、織豊政権下で石垣の技術が発展していった。
- 関ヶ原の戦い後は新城築城の需要が高まり、さらに技術が飛躍した。

石垣の登場

安土城（滋賀県近江八幡市）が、総石垣で築かれた初の城である。ただ、安土城以前にも、各地に石垣もしくは石積み技術は存在し、城に使用されている。そのほとんどが戦略的位置付けの中で、曲輪の土留のためとか、重要部分（たとえば虎口）の強化のために使用されていた。中には巨石を用い、見せることを意識したものもあった。

これらの発生は年代的には一六世紀後半のうねりの中の出来事として捉えられるだろう。この時期の石垣に共通項はなく、いずれの石垣も、その地方独自の技術をもって積まれていたのである。

織豊政権と石垣

織田政権の誕生により築かれた城は、築城技術者集団なるものを生む。そして城は戦闘目的だけではなく、政治的シンボルという役目も担うものとなった。

豊臣政権が誕生すると、配下の大名たちは、覇者の城を築くことを命じられ、その技術を習得することになる。また、秀吉の命を受け、己が居城を築くことになる。政権に参画することによって、技術者を貸し出されたり、学ぶ機会が与えられたりして、全国の大名たちは、石垣構築技術を取得することになった。

統一政権の誕生により、信長・秀吉の築いた石垣が全国規格となり、地方にあった石垣技術は自然淘汰され、城郭石垣がほぼ完成する。慶長前半期、算木積はほぼ完成し、本格的な高石垣の構築が可能となった。関ヶ原の戦い後の全国的規模の大名配置替えに伴う新規築城の増加と、天下普請による負担が、より効率的で量産化を可能とする石垣構築技術を生み出し、それが規格加工石材を登場させる。やがて、さらに加工度が高くなり、完全な規格石材が常時用いられるようになった。

石垣普請の様子

当時の築城を行ったのは主に専門的な知識を持つ職人たちである。築城の機会が増えると共にここで技術を体得した職人の需要も高まり、穴太衆（あのうしゅう）の名で全国的に知られるようになっていった。

版築
木枠を使って土を固めながら盛っていく。最も丁寧で丈夫な土の盛り方である。

裏込
小粒の石を詰めることで、雨が降った時に土を固定し、水だけを排出する仕組みを作る。

胴突
版築の際に土を突き固めること。突く回数が多いほど丈夫な版築になる。

栗石
裏込に利用する小さい石。

根石
最下段に積まれる、石垣の基礎となる石材のこと。

石材を運ぶ工夫
石垣が高くなるにつれて、石材を運ぶのも困難になってくる。そのため図のように斜面を設けるなどの工夫が見られた。

修羅
大きな石材を運ぶための木製のソリ。大きなものでは数百人がかりで運ぶこともあった。

石垣②

加工や積み方は多種多様

石垣の築き方と分類

ポイント

- 石垣の材料となる石材の調達は、時には数百人単位の大規模な仕事だった。
- 石垣は石材の加工度により三種類、積み方により二種類に大きく分けられる。

石垣を築く

石垣を築くにあたって、まず石材を採取し調達しなければならない。領内に石切丁場や石山があれば問題ないが、ない場合は河原石などを利用する場合もあった。また、古墳の石材や墓石（五輪塔・宝篋印塔など）、庭石なども転用され、石垣の石材として用いられた。

石山や丁場では、石垣構築に可能な大きさに石を粗割し、切り出していく。次に、石材を築城場所まで運ぶ作業に移る。持ち運べる石材は、人夫が背負子などで背負ったり、もっこ（編み籠）に入れて担いだり、神輿のように数人で運んだりした。大きなものになると、転がし丸太や手子木で運んだ。さらに巨大な石材になると修羅（木橇の一種）に載せ、数十人、数百人で運んだともいう。

水上運搬には船や筏が利用された。城内に運び込まれた石材は、利用する場所ごとに搬入され、それぞれの場所で最後の調整が施されていった。調整段階で出たこっぱも保管され、裏込石や間詰石として利用された。最後に、順次組み上げ、石垣を完成させたのである。

石垣の分類

「野面積」「打込接（打込ハギ）」、「切込接（切込ハギ）」という用語は、荻生徂徠が『鈐録外書』で石垣勾配の上から三種にしたのが最初で、以後定着した用語である。分類すると石材の加工具合によって前述の三種類に、積み方によって二種類に分けることができる。

■野面積

自然石をほとんど加工せず積み上げた石垣。石材は、未加工の小、中自然石を使用する場合が多い。石材間の隙間が空くため、間詰石を積めることもあった。

■打込接

粗割石の接合部を加工し、石材間の隙間を減らし、その隙間に丁寧に

石垣の加工と積み方

石垣の加工法は大きく３種類、積み方は２種類あり、この組み合わせによる６種類が基本パターンである。

	野面積	打込接	切込接
	野面積 最も原始的な積み方。加工せずに積み上げているため丸みを帯びた石が多く、かえって高い技術を必要とした。	**打込接** 石垣の需要が高まった16世紀以降に多く見られる。石の接合面が加工され、野面積に比べると角張っている。	**切込接** 元和年間（1615～24）以降に多用された、石材を徹底的に加工した石垣。隙間がなく、手を掛けて登ることはほぼ不可能。
布積 石垣の横目地が通るように並べて積む方法。同じ高さになるように石材を選ぶ必要があるが、その分技術がなくても積みやすい。	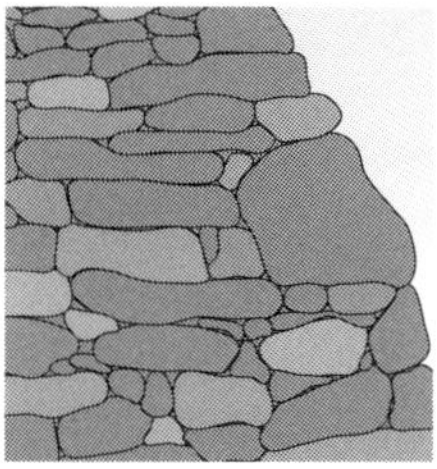	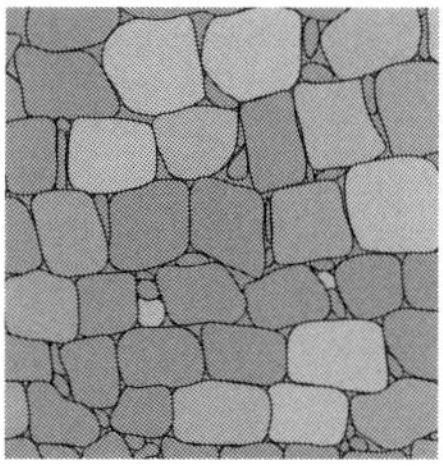	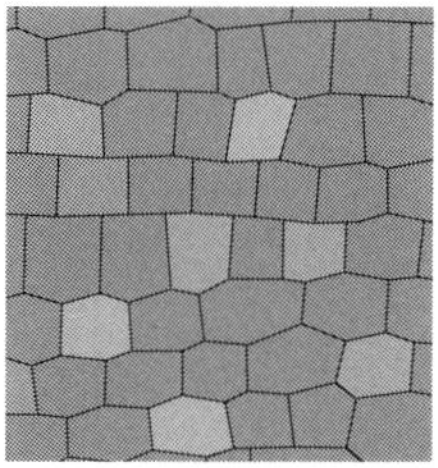
乱積 布積とは違い、横目地が通っていない。適当に積み上げているようだがバランスよく積まなければ崩れてしまうため、高い技術を要した。	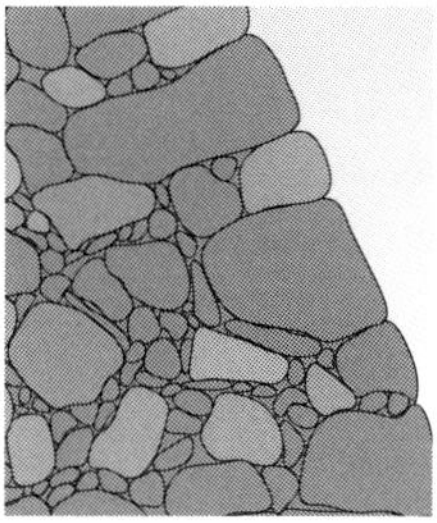	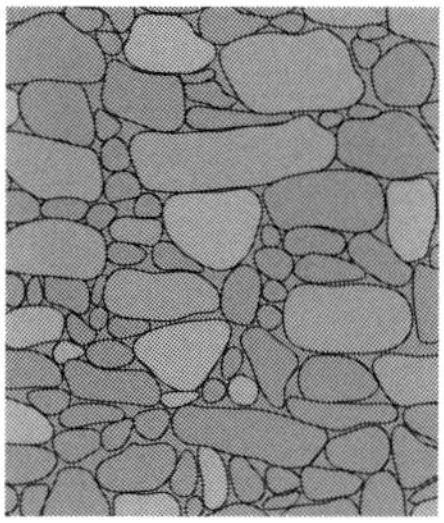	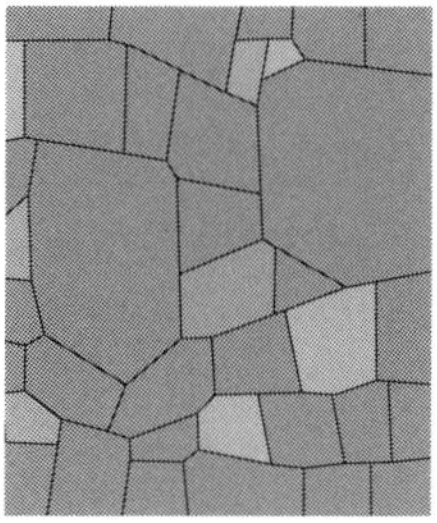

間詰石を積めた石垣。法面の傾斜度は、野面積に比較し急になる。高石垣も登場し、反りの強い「扇の勾配」も見られる。

■切込接

石材を徹底的に加工し、石材間の隙間をなくした石垣。法面は急勾配となる石垣が多い。

　この他に、変則的な石垣も存在するが、ほとんどが江戸後期以降に登場した新しい積み方である。石材を斜めに積んだ「落積（谷積）」、六角形に加工した石材を利用した「亀甲積」、大きさのそろった四角形の石材を積み上げた「間知石積」などである。

　石の積み方からは、石材を横方向に並べて据え、横目地が通るように積み揃えられた「布積」と、石材が不揃いであるため、横目地が通っていない「乱積」の二種類に分けることができる。

石垣 ③

石垣の構造

高く堅牢に築くための仕組み

ポイント

- 多量の石材が崩れないよう、石垣の土台には万全の工夫が凝らされた。
- 隅角部分や最頂部など、石垣の場所によってそれぞれ名前がある。

石垣の基礎

石垣の基礎は、地盤の強弱によって異なる。強固な地盤の場合は、地面を掘り下げ「根石」（最下段に積まれる石垣の基礎となる石材）を固定し、そこから石材を順次積み上げていく。また、岩盤を利用し、岩盤を根石が据わりやすいように加工し、そこに根石を置いている事例も多く認められる。

地盤の軟弱な低湿地に築く場合は、「胴木」と呼ばれる加工丸太材を根石の基礎に用いた。胴木は直接地面に設置するのではなく、丸太材や角材を補助材として敷き、その上に置かれた。胴木には石垣全体の荷重がかかるため、梯子状に組み合わせることもあった。多量の石材の組み合わせで成り立つ石垣は、根石がまちまちに沈下すると、たちどころに全体が崩落することになる。わずかな不同沈下も起きないように、万全の工夫が凝らされたのである。

石垣を構成する様々な石

石垣の角部分は「隅角部」と呼ばれ、完成域に達した石垣の角は、「算木積」（直方体の石を交互に組み合わせる積み方。石の形が占や計算に用いる算木に似ているところからこの名が付いた）となる。算木積の短辺側の脇に置かれた石は「角脇石」と呼ばれ、長辺部とほぼ同じ長さになる石材が用いられた。隅角部根石の上に載せる角石を「一番角石」といい、一石積み上げるごとに二番角石・三番角石と呼ぶ。

隅角部以外を構成する石垣は「築石（積石）部」と呼ばれる。築石部に用いられた石材と石材の隙間を埋めるために詰められた石は「間詰石」と呼ばれる。石垣の最頂部の石は「天端石」という。石垣は、石材と石材を組み合わせて積まれていく。基本的に短辺部を表面に出し、長辺部が裏側に利用される。その際、石材同士の後部の隙間を固定するため

石垣の構造

隅角部に大きな石を配置し、石材同士の隙間を埋める石を飼石、その奥に詰める小さな石を裏込石（栗石）と呼ぶ。隅角部以外を築石部と呼び、この隙間を埋める石は間詰石という。

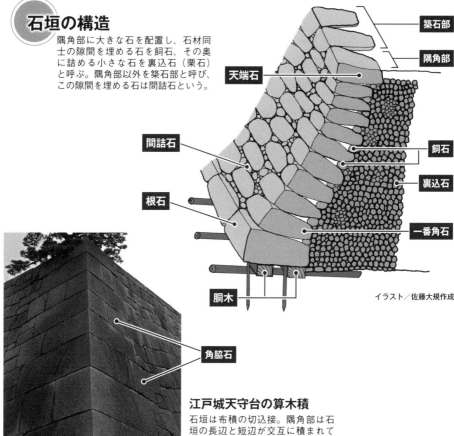

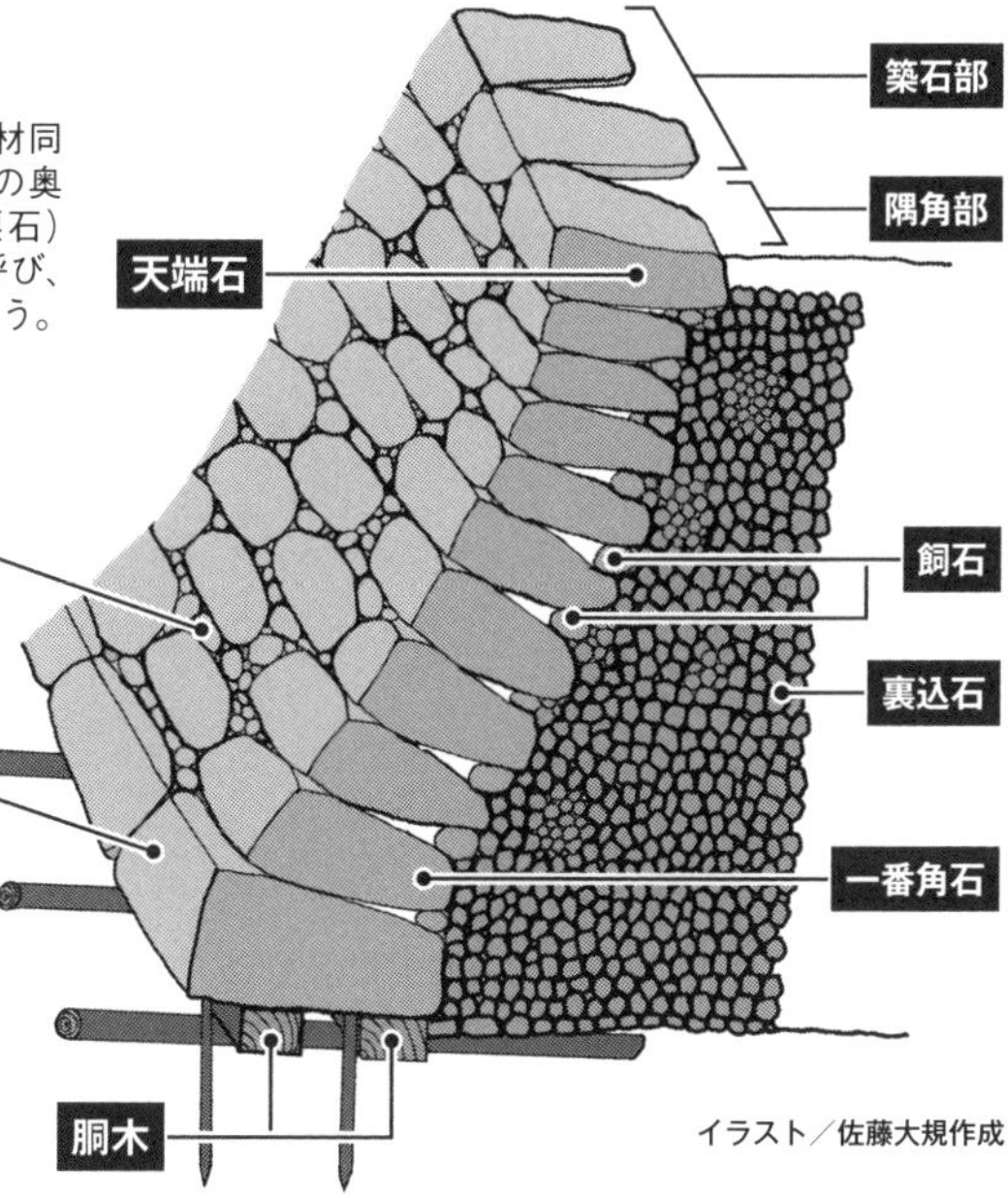

イラスト／佐藤大規作成

江戸城天守台の算木積

石垣は布積の切込接。隅角部は石垣の長辺と短辺が交互に積まれているのがよくわかる。

に挟まれた小石を「飼石」と呼ぶ。そのさらに背後には、「裏込石（栗石）」と呼ばれる排水のための小石がぎっしり詰められていた。

石垣の勾配

石垣の下部は緩い勾配だが、上部にいくにつれて次第に急勾配となり、最後は垂直にそそり立つような石垣を俗に「扇の勾配」と呼ぶ。石垣を登ろうとする敵兵などを寄せ付けないため、武者返とか忍返とも言う。加藤清正が多用したため清正流石垣とも呼ばれる。

勾配のない石垣も存在する。まったく反りがなく一直線に立ち上がる石垣は、反りをつける手順を考慮すれば、より効率的であった。

天端石（最上段）の一石下を、外へ張り出させたものを「跳出（桔出）石垣」と呼ぶ。江戸時代後期以降の新しい手法である。

横矢

横矢を掛ける

敵の側面を狙う攻撃施設

ポイント

- 虎口に多く見られる、敵の側面から攻撃を仕掛ける施設を横矢と呼ぶ。
- 塁線の一部を凹ませる入隅や、逆に突出させる出隅が多く用いられた。

横矢とは

侵攻する敵に対して、側面から攻撃することを「横矢（横矢掛）」と呼ぶ。虎口（こぐち）は、横矢を有効的に利用するために工夫された施設であった。塁線上で横矢を掛けるためには、土塁や石垣、土塀（どべい）や柵などを折れ曲げたり、突出させたりしなければならず、塁線に折れが多用され出入りが激しいのは、このためである。

横矢は効果的な場所に設定された。その際たる場所が虎口になった。虎口は、攻め寄せる敵方の最大の攻撃目標となった。そこで、虎口左右の塁線を突出させたり、虎口脇に重層櫓を配置したりして側面からの攻撃を狙ったのである。

枡形虎口が、有効な横矢利用の典型であった。常に、敵の進行方向に対し横矢を掛けることが可能な優れた施設である。

横矢の種類

江戸軍学では、横矢の種類を塁線の折れ方、突出の程度や形状から、出隅（ですみ）・入隅（いりすみ）・雁行（がんこう）・合横矢（あいよこや）・横矢枡形（よこやますがた）・横矢隅落（よこやすみおとし）・屏風折（びょうぶおれ）・横矢邪（よこやひずみ）などに分類する。

最も多く利用されたのが塁線の隅角部を内側に折り曲げた「入隅」と、外側に突出させた「出隅」の二種類である。

塁線が長大な場合は、入隅と出隅を繰り返す「雁行」や、長方形の突出部を突出させた「横矢枡形」、反対に窪ませた「合横矢」が用いられた。

塁線を鋸（のこぎり）の歯状に三角形の突起状の折れを設けたものを「屏風折」と呼ぶ。塁線自体を折り曲げる場合と、土塀のみを折り曲げて配置する場合とがあった。

「横矢隅落」とは、塁線の出隅部を斜めに形造ったもので、塁線から離れた敵にも横矢を掛けることが可能であった。塁線を緩い凹曲線状にし、連続的な横矢を掛ける場合を「横矢邪」という。

多彩な横矢掛

横矢を掛けるため、近世城郭の城壁は複雑に屈曲することになった。

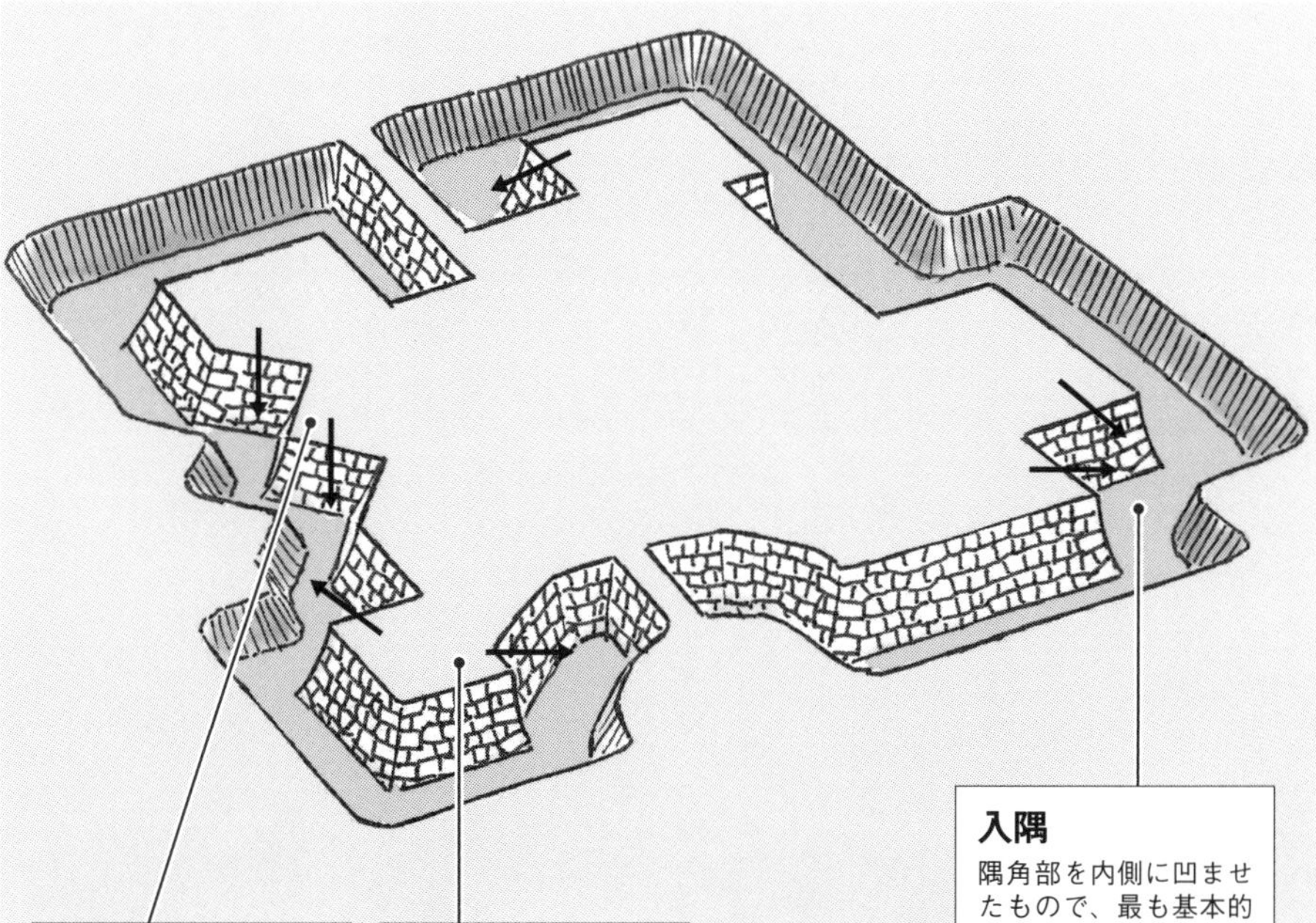

屏風折

石垣を連続して屈曲させたもので、主に城壁の途中に用いられた。

出隅

入隅とは逆に、隅角部を外側に突出させたもの。

入隅

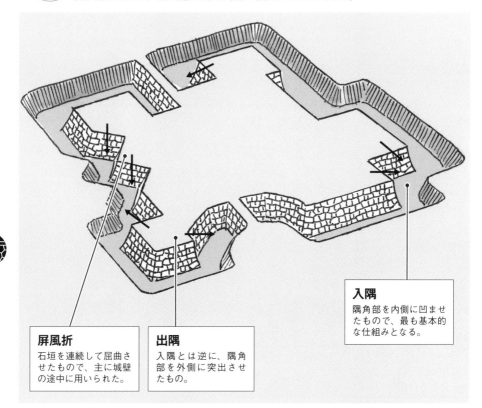

隅角部を内側に凹ませたもので、最も基本的な仕組みとなる。

大坂城の雁行

広大な水堀と高石垣に加え、幾重にも屈曲する石垣が防御力を高めている。

植　生

植生とは

当時の城における樹木の様相

ポイント

- 現在とは違い、当時は城内に木が生えていることは稀だった。
- 城内に木を植える場合、目隠しとして以外に食用・薬用などの用途があった。

城内の樹木

中世段階の城は、木があることにより視界は遮られ、また寄手の取り付きや盾ともなるため、完成当初は城内には全くといっていいほど樹木はなかった。

近世城郭の植生については、正保年間（一六四四～四八）に、幕府の指示のもとで描かれた「正保城絵図」を見ることで、樹木の有無が判明する。

本丸・二の丸主要部に樹木が確認される城は極めて少ない。大部分の城は、木のない視界が広がる姿であった。樹木が確認されるのは、**白河小峰城**（福島県白河市）が本丸下段に数本の針葉樹、**棚倉城**（福島県棚倉町）は御殿背後に庭園らしい樹木が見られる。また、**関宿城**（千葉県野田市）本丸に数本の松、**岸和田城**（大阪府岸和田市）二の丸に四～五本の松程度である。その他の絵図を含めても、城内に樹木が描かれている例は稀である。

特異な事例は、「正保城絵図」に準ずる仕様で描かれた**島原城**（長崎県島原市）である。この城では、本丸を囲い込むように数多くの松が描かれている。また、**福岡城**（福岡県福岡市）は、三の丸の堀際全てに等間隔で松が植えられている。松は、緊急時の食用になるといわれるが、絵図からも城に多くの松があったことがわかる。

蔀の植物、茀の植物

城内主要部を外から隠す目的をもって、城内に植える「蔀の植物」、「茀の植物」が置かれることがあった。ここに植えられた植物は、単に目隠しとしてのみ使われたのではない。万が一に備えて食料となるもの、薬や燃料となるものが選ばれたという。植栽にあたっては、樹皮・若葉・果実・根茎などが食用や薬用に適する松・椎・刺五加などといった草木が選ばれたのである。

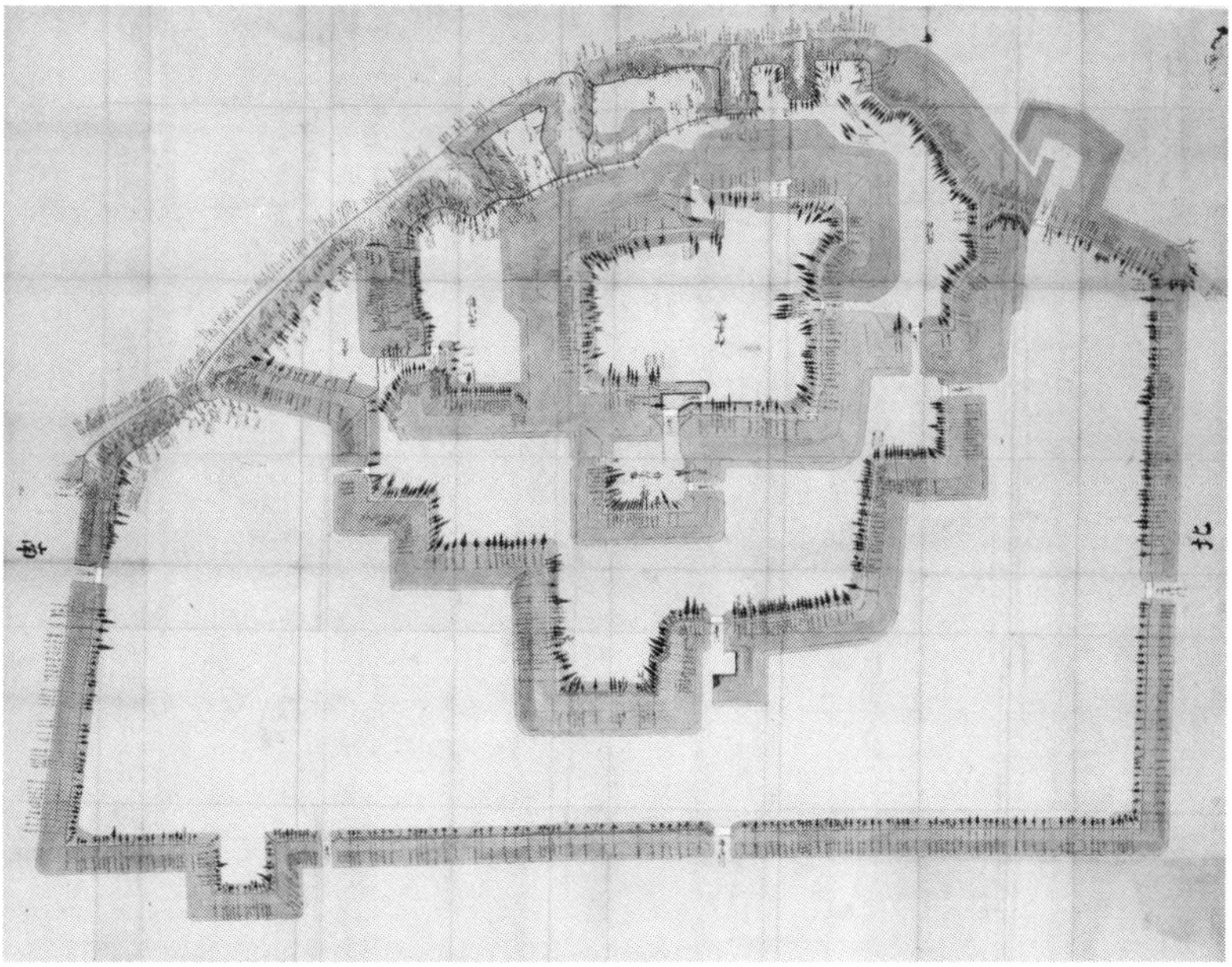

「御城御土居通御植物木尺附絵図」

文化 14 年（1817）作成。土居上の樹木を 1 本ずつ調査し、その高さと樹種を描く。土居上の樹林は「茀（かざし）の植物」として重視された。（高崎市教育委員会蔵）

桜の見頃を迎えた弘前城

桜の名所になっている城は多いが当時からそうだったわけではなく、明治以降の廃城令で城が公園として市民に開放されるようになってからである。

お城
コラム

石垣に「化粧」をして仕上げる

「はつり」と「すだれ」

石垣表面をノミで削ったり、はつったりする仕上げを「化粧」という。簡単にいえば表面をきれいにして、見栄え良く施すことである。

江戸期の仕上げは、石垣表面にある凹凸を削って平らにし、ノミで化粧をつけた。化粧には「はつり仕上げ」と「すだれ仕上げ」の２種類があって、はつりは石材に満遍なく１㎝ほどの細かな溝を穿（うが）つもの、すだれはノミで直線状のすじに削り取るものである。

共に、鉄製のノミではつる（打ち欠く）だけであるが、細かな作業のため時間を要した。はつり仕上げの丁寧なものは、切込ハギの石垣石材や天守台の隅石部分に多い。

根気のいる手作業

すだれ仕上げは、はつり仕上げよりは雑であるが、縦にすじが施されたものや、斜めに施されたものなど、バラエティ豊かではある。

また、天端（てんば）から根元まで、見事に線が通るものもあり、気の遠くなる作業であったことがわかる。

江戸城汐見坂に残る化粧。右側の石はすだれ仕上げ、左側ははつり仕上げが施されている。一つの石に異なる化粧がされているのはたいへん珍しい。

第2部
構造編

第11章 作事

作事／天守／御殿／門／櫓／塀／橋／庭園／その他施設

作事

作事とは何か

建物を新改築・修繕する

ポイント

- 作事は建築の専門家である大工や番匠を使い、費用は城主持ちだった。
- 普請と違い作事には届出の義務はなく、旧来と同様に復旧すればよかった。

普請と作事

築城工事は、「普請」と「作事」の二つに分かれる。作事とは、建築工事のことになる。具体的には、天守・御殿・櫓・城門・塀などを建てる作業のことで、普請と異なり工事期間も長く、また定期的に必要な修繕や改修工事も含まれる。

工事を担当したのは、建築専門職の大工（大工棟梁）と番匠（建築の工匠）で、その費用は特別なことがない限り城主の負担であった。普請は、土木工事であるため住民らを大量動員して対応が可能であったが、作事は専門的技能を要するため、動員はほとんど不可能である。

三代将軍・徳川家光のときに改訂された武家諸法度の規定においても、普請と作事は明確に区別され、普請は幕府へ届出、許可を得る必要があったが、作事には届出の義務はなく、旧来と同様に復旧すればよかった。御殿などの居住施設は、軍事施設とはみなされておらず、自由に増改築が可能であった。

作事に関わった職人集団

作事を担当したのは、専門の技術者集団で、そうした諸職人を指揮統括するのが作事奉行である。作事は、建物本体を造る木工事が中心で、土壁を塗る左官工事、瓦や柿を葺く屋根工事、金具や建具類の製作、畳の製作というように現代の住宅建設のようなものであった。御殿の場合は、襖絵の製作も加わることになる。職人たちは全て有給で、銀や銭で賃金が支給された。現場作業に対しては、併せて食事の支給もあった。

木工事にあたった職人を「番匠」と呼び、多くの番匠を従えて施工指導をするのが「大工」である。家康に仕えた大工の中井正清は、幕府大工頭という役職を与えられ、大和守に任じられ、大名として処遇されている。大工頭がいかに重要な地位であったかが判明する。

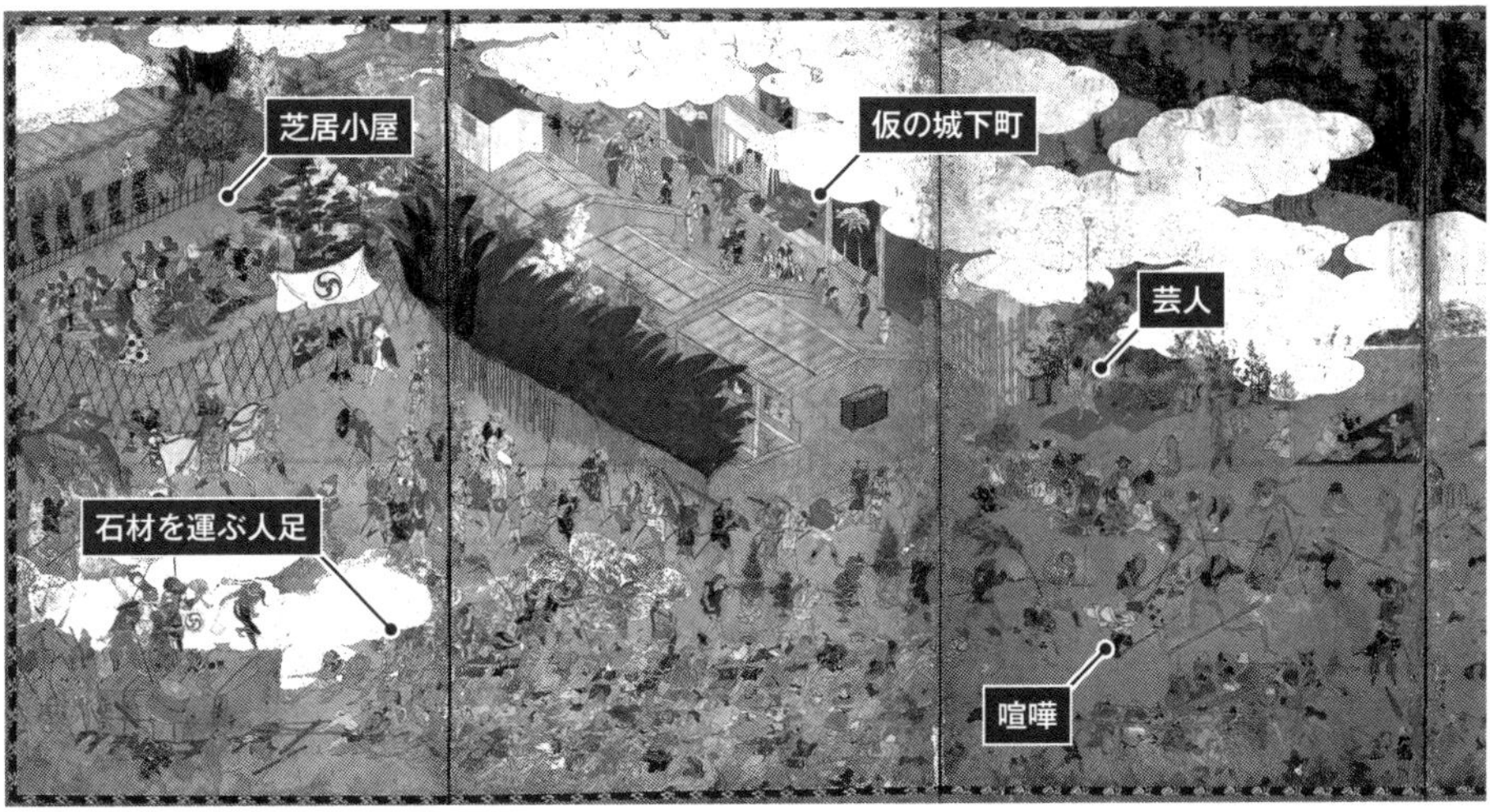

『築城図屏風』部分

修羅という木製のソリに載せた巨大な石を運ぶ人夫たちや、人夫同士の喧嘩、見世物小屋など築城で沸く城下町が描かれている。(名古屋市博物館蔵)

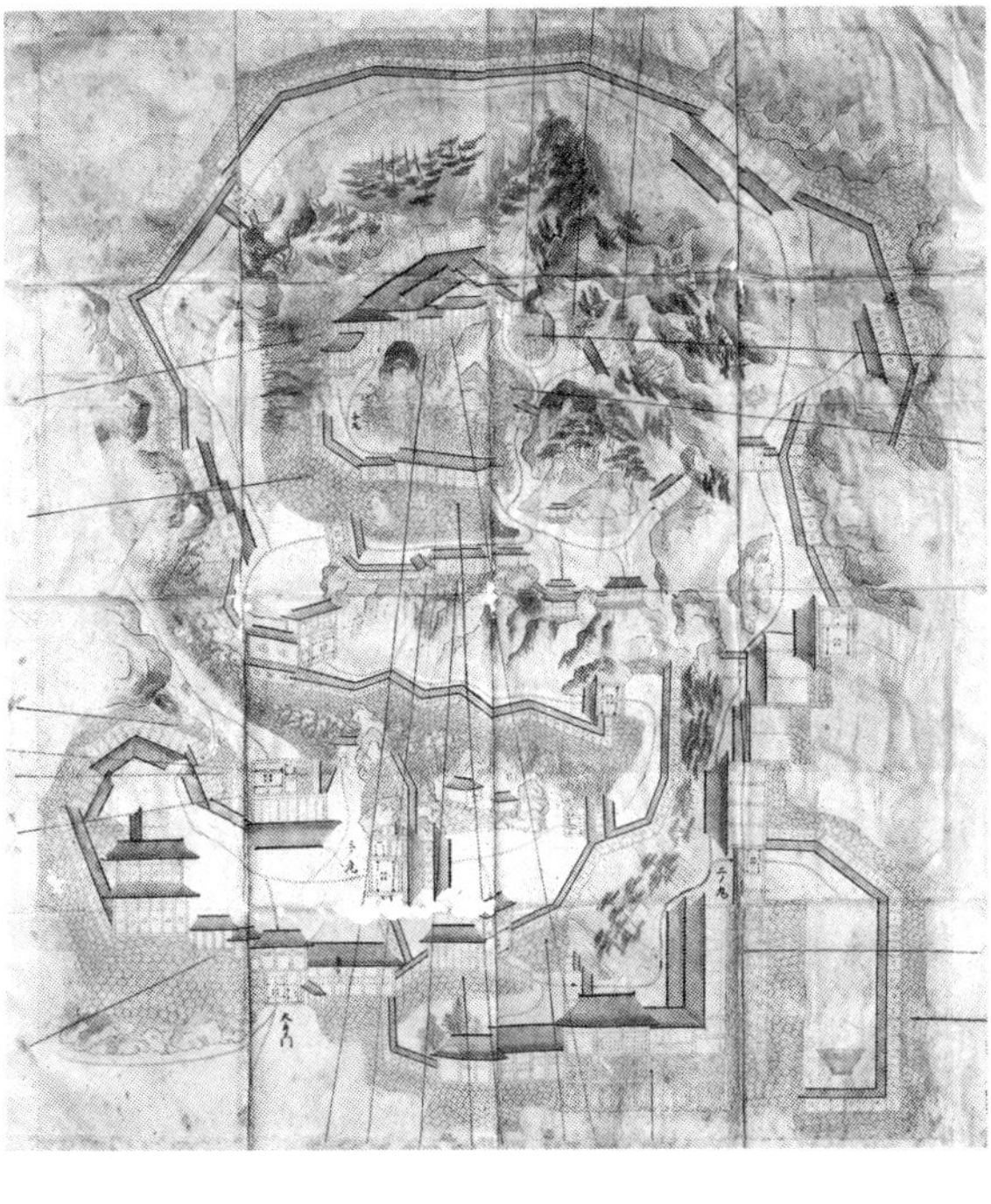

「苗木城絵図」

享保3年(1718)の地震によって崩れた石垣について、幕府に提出した修理願いの絵図の控え。崩壊した部分は、朱線で示されている。(苗木遠山史料館蔵)

天守 ①

権威を見せつけるシンボル

天守の誕生と発展

ポイント

- 天守（天主）が初めて築かれた城は、織田信長の安土城である。
- 武家諸法度による増改築等の禁止により、天守は造られなくなる。

天守の歴史

織田信長、豊臣秀吉の登場によって誕生した城内最大の建築物を「天守」と呼ぶ。今日では、天守閣と呼ばれているが、これは楼閣建築から天守が生まれたという考えのもとで造られた造語であって、幕末以降に呼び習わされた俗語である。文献や絵図には、天主・天守・殿守・殿主などが使用されているが、読みはいずれも「てんしゅ」である。学術用語は「天守」が使用されている。

天守（天主）が初めて築かれた城は、織田信長の**安土城**（滋賀県近江八幡市）である。それまでの城にも、高層建築物は存在していた。しかし、その高層建築物を城内の最も高所に築き、自分の居住施設とし、名前も「てんしゅ」と呼ばせたのは、信長の安土城からである。信長は天主を天下布武のシンボルとしたのである。

秀吉による天下統一が完成すると、各地に配置された諸大名は、こぞって天守を築き、全国津々浦々に天守が林立することになった。

望楼型天守と層塔型天守

関ヶ原の戦い後の大名の大規模な配置転換で、城はさらに発達し、最高水準に達した技術で様々な天守が築かれた。天守は大きく二種類に分かれる。**望楼型**（望楼式）天守は、一階または二階建ての入母屋造の建物を造り、その屋根に上階を載せたものであった。天守の最上階を物見（望楼）と呼び、大屋根の上に望楼を載せた形式であるためにこの名がある。

対して、一階から最上階まで、上階を下階より規則的に逓減させて順番に積み上げていく形式を層塔型（層塔式）天守と呼ぶ。各重の屋根は、四方へ均等に葺き下ろされており、まるで塔のようでもあった。史上初めて、この層塔型の天守を建てたのは藤堂高虎である。慶長九年（一六〇四）から同一三年まで、築城工事が実施された**今治城**（愛媛県今治

望楼型天守と層塔型天守

望楼型天守は一階建てや二階建ての大きな入母屋造の建物の上に一階建てから三階建ての物見（望楼）を載せたものをいう。層塔型天守は一階から最上階までを順番に積み上げていく形をいう。

望楼型の天守

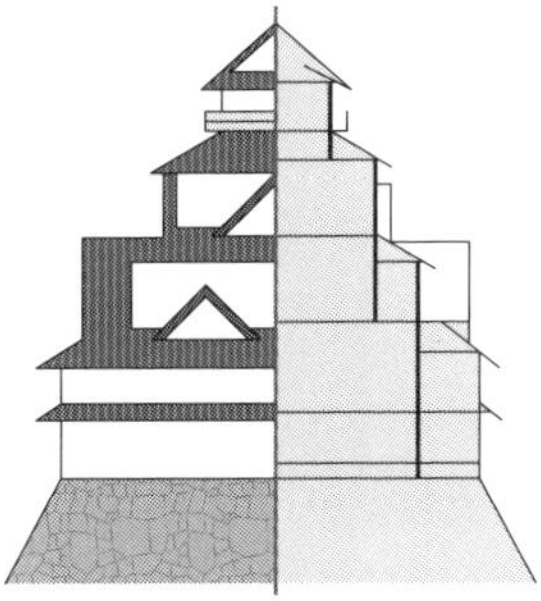

望楼型天守の犬山城

層塔型の天守

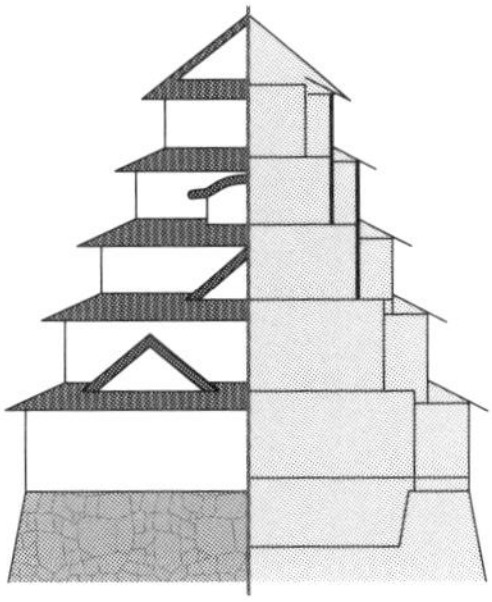

層塔型天守の宇和島城

市）においてであった。以後、望楼型に代わり、この層塔型天守が主流となっていく。

天守造営の中断

層塔型天守の出現により、より巨大な天守の造営が可能となり、将軍家は、**江戸城**（東京都千代田区）、**大坂城**（大阪府大阪市）、**名古屋城**（愛知県名古屋市）と次々に巨大天守を築き上げ、その権力を見せ付けた。

武家諸法度が発布され、諸大名の新規築城、増改築が禁止されると、諸大名は幕府に遠慮し、巨大天守はおろか五重天守の造営も見送るようになる。果ては、天守台のみ築き、上屋（うわや）は構築しないケースまでもが出現し、天守は衰退の一途をたどることとなった。格式として天守を欲した大名も「三重櫓（さんじゅうやぐら）」を築くことで「天守代用」としたため、特別な例外を除き、遂に天守は築かれなくなった。

天守②

天守の構成

外観や造りによって分類される

ポイント

- 天守は付属する建築物によって四つに大別される。
- 天守の外観から「南蛮造」・「復古式」・「略式」と呼ばれる。

天守の四分類

天守は、付属する建築物によって、大きく四種類に大別される。

①**独立式**…付属建築がなく、天守だけで単独で建つ形式を呼ぶ。基本的には、直接天守へ入ることが可能な天守である。

②**複合式**…最も多く見られる形式で、天守に付櫓や小天守が接続される形式を呼ぶ。いずれも付属施設を経由しないと天守には入れない構造となっている。

③**連結式**…天守と小天守を渡櫓で接続した形式を呼ぶ。接続する小天守は、通常一基であるが、二基が接続するケースもある。小天守を経由しないと、大天守には入れない構造である。

④**連立式**…大天守と二基以上の小天守または隅櫓を口字状に渡櫓で接続しあう形式を呼ぶ。曲輪全体を使用して、連立式を発展させた形式も、連結式と同一であるため、連結式の変異体として捉えられる。

南蛮造・復古式・略式

天守の外観から「南蛮造」・「復古式」・「略式」と総称される場合がある。

南蛮造とは、天守の最上階の平面をその下階より大きく造って張り出した形態のものを呼ぶ。

幕府による城郭規制により、大型天守構築をはばかり、最上階直下の屋根を省略したり、簡易な板葺にしたりすることによって、外観の重数を減らすことが目的であった。なお、南蛮造とは近代に造られた用語で、唐造（唐作）と記録されている。

復古式とは、江戸時代中期以降の建築にもかかわらず、望楼型や下見板張の採用、廻縁・高欄を付設した古式の姿をした天守を呼ぶ。

略式とは、簡略化された天守のことで、当初の規模より縮小して建て直された天守や、再建にあたって規模縮小されたケースなどをいう。

天守の分類

天守は単独で構成されるものから、付櫓や小天守が付属するものがある。その付き方によって分類されている。

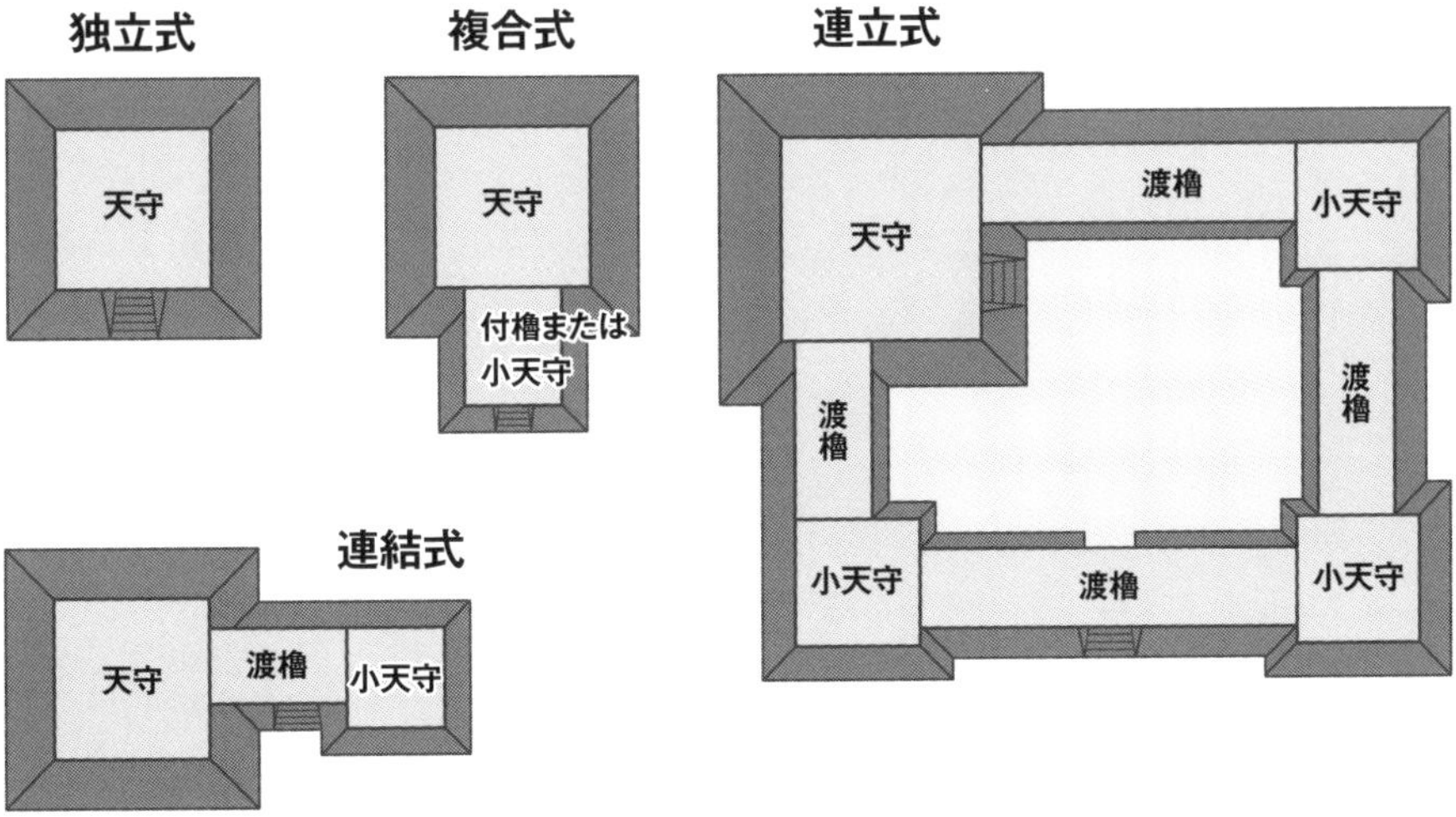

南蛮造の小倉城復元天守

４階と５階の間に屋根のひさしがなく、４階より５階が大きくて張り出している南蛮造である。古図などをもとに復元したが､破風（はふ）など当時なかったものも付いている。

復古式の高知城天守

火事で焼失した天守を、延享４年（1747）に再建。外に出られる廻縁があるなど、最初に高知城を築いた山内一豊の天守を再現している。

天守③

大名らの美意識を味わう

天守の外壁と破風

ポイント

- 天守外壁の見た目や色は、築城者の好みで選ばれる。
- 破風には、「入母屋破風」・「切妻破風」・「千鳥破風」・「唐破風」がある。

天守の外壁

天守の外壁は、大きく分けると「白漆喰総塗籠」の白い天守と、「下見板張」の黒い天守に大別される。両者共に、内部の土壁を塗り固める方法は同じで、仕上げの違いによって、板を張る下見板張と、全面的に白漆喰で塗り固める白漆喰総塗籠に分かれるだけである。

共に柱を見せない「大壁造」が主体で、柱を見せる壁仕上げである「真壁造」は極めて少ない。下見板張が古く、白漆喰総塗籠が新しいということはなく、天守を築いた築城者の好みとしかいいようがない。

時代が下ると、「海鼠壁」を採用した天守も登場する。海鼠壁は、平らな瓦を外壁面下部に張ったもので、耐水性・防火性に優れている。寛永一五年（一六三八）に建造された**江戸城**天守は、外壁の下部を下見板張ではなく、「銅板張」としたことが想定されている。**福山城**（広島県福山市）は北面のみ「総鉄板張」であった。

天守を飾る破風

屋根の端部の形状によって、「入母屋破風」「切妻破風」「千鳥破風」「唐破風」と呼ばれている。入母屋造の大屋根の端部に設けられた、三角形の破風が入母屋破風である。切妻破風は、切妻屋根の端部を呼ぶ。千鳥破風は、屋根上に置かれた三角形の破風である。千鳥破風を横に二つ並べたものを「比翼千鳥破風」と呼んでいる。

唐破風には二種類があり、軒先の一部分だけ丸くカーブを持った形の破風が「軒唐破風」で、屋根全体が唐破風となるものが「唐破風造」である。また、破風の下部内側に取付けられた、棟木や桁の先を隠すための装飾部材を懸魚という。天守に用いられるのは、梅鉢懸魚・蕪懸魚・三花蕪懸魚の三種類で、破風の大きさによって使い分けられていた。

下見板張の彦根城天守

彦根城は三重の天守で、様々な破風と華頭窓を組み合わせることで複雑な造りとなっている。一重の格子は塗籠とせず下見板張を採用している。

白漆喰総塗籠の姫路城天守

姫路城大天守は、二重に軒唐破風、三重に比翼千鳥破風、四重に千鳥破風、最上階に軒唐破風を設けて変化を持たせ、総塗籠の白さと相まって美しさを際立たせている。

天守④

天守を彩る各種装飾 屋根瓦・廻縁・石落

ポイント

- 城内一の高層建築物であった天守は、特異な意匠をしていた。
- 徳川政権下では、金属瓦や寒暖差に強い瓦が用いられるようになった。

天守は、その城のシンボル・権威の象徴であり、城内一の高層建築物でもあった。そのため、その外観は他の諸櫓と異なり、特異な意匠をしていた。

屋根瓦・鯱・窓

城の屋根に瓦が葺かれるようになるのは、室町時代末頃からで、当初は寺院の瓦を転用して葺いていた。城郭専用の瓦が登場するのは、信長の**安土城**が最初で、その後普及していくことになる。軒先に金箔を張る「金箔瓦」は、安土城から始まり、豊臣政権で普及するが、許認可もしくは規制が存在する政治的な瓦であった。徳川政権下では、「銅瓦」や「鉛瓦」という金属瓦が登場する。寒冷地では、寒暖差に強い「石瓦」や「施釉瓦」も用いられた。

鯱…「鯱」または「鯱鉾」。想像上の動物で、口から水を吐き火を消すといわれている。そのため、天守最上層の大棟の両端に飾られた。当初は、瓦製であったが、江戸時代中期以降になると、「青銅製」や「木造銅板張」の鯱も使用されるようになった。瓦同様、寒冷地では石製の鯱が使用されることもあった。

窓…通常、実用的な「格子窓」と、装飾的な「華頭窓」（火灯窓・花頭窓）とがある。格子窓は、木格子で板戸を設けるものや、格子を漆喰で塗り込め、内側の引戸を土戸とするものがある。窓幅は、一間のものと半間のものとが多い。華頭窓は、先が尖る曲線形の窓枠を持つもので、本来は唐様の寺院建築に使用されていた窓である。最上階にのみ使用された例が多いが、**彦根城**（滋賀県彦根市）では最上階とその下の階に、**松江城**（島根県松江市）では中央階に使用されている。出窓は、床面を石落として使用されるケースが多いが、装飾性の高い窓でもあった。

廻縁と高欄

最上階外側に「廻縁」と呼ばれる

松江城天守の華頭窓

松江城の三重外壁は、華頭窓を目立たせるために下見板張ではなく塗籠にしてある。

犬山城天守の廻縁と高欄

四方を見渡せる廻縁が配された犬山城。外に出て歩ける構造となっている。

松本城天守の石落

石垣の上に張り出すように設置された石落。登ってくる敵に対して石を落とし、また鉄砲や矢を放った。

復元された名古屋城の金鯱

名古屋城の金鯱は、雄（写真右）が北側、雌（写真左）が南側に配されている。

縁側をめぐらし、「高欄」を付けた天守も多い。寒冷地であったため設計上では予定されていたが、建築段階で変更した事例や、まわりを板で囲ってしまった例もある。**熊本城**（熊本県熊本市）のように、後に廻縁の縁先に雨戸を付加したケースもある。廻縁と高欄があるにもかかわらず、実際に歩くことが不可能な形骸化した彦根城や**丸岡城**（福井県坂井市）のような例も見られる。

石落と狭間

天守台石垣上にあたる一階部分を張り出して石落（いしおとし）を設ける天守は多い。武者返（むしゃがえし）ともなり、多くは、隅部や中央部に見られる。狭間（さま）は、弓矢や鉄砲で攻撃するための穴で、四角形のものと、照準をあてやすい上下に長いものがほとんどである。松江城天守の入口上には、槍を突き出すための「槍穴（やりあな）」も見られる。

御殿 ①

表御殿と奥御殿

政務・儀式の舞台であり日常生活の場

ポイント

- 城主と家臣たちが、政務や儀式を行う場所が「表御殿」である。
- 城主やその一族が私的に過ごす場所は「奥向」と呼ばれる。

表御殿の役割

「表御殿」は、城主が家臣たちと対面したり、使者の饗応や、正月行事などの儀式、客人の接客が行われる場所である。玄関、広間（書院）、対面所が主な御殿構成である。

「広間」は、城内最高格式の殿舎である。主室には、「上段の間」と呼ばれる床が一段高くなった場所があった。通常、上段の間というのは、主室という意味で、全てが床を一段高くしているというわけではない。

「書院」は、広間とセット関係にある殿舎で、広間と書院とで、表向きの諸行事をこなした。広間と比較して、書院のほうが小さく、広間を大書院、対面所を小書院と呼ぶ。広間と書院は共に対面施設として使用されたが、対面する者の身分により対面場所が違うため、多くの部屋を必要としたのである。

　また、家臣が登城した際の控えの場としても使用されるケースが多かった。これらの公的殿舎には、遊興施設として、茶室や能舞台が付設される場合も見られる。この遊興施設は、主として饗応に使用された。

奥御殿の役割

「奥向」は、城主が生活するための私的空間で、奥御殿が中心建物となる。これに付属して、休息所や居間、寝所が設けられていた。当然、城主夫人たちのスペースや、城主に従がう女官の住居も併設されていた。

　また、城主一族のための湯殿や便所、土蔵などの日常生活に欠くことのできないスペースも確保されている。庭も設けられ、表とは異なる茶室などの遊興施設も完備されていた。

裏方の空間

「裏方」部分とは、藩士や家中の者の勤務場所であり、食事や雑用をまかなうための施設の総称である。番所、様々な役職を持った家中の者の仕事部屋、料理部屋、台所、物置などがあった。

復元された名古屋城本丸御殿

焼失した名古屋城本丸御殿は、二条城二の丸御殿と並び、武家書院建築の双璧といわれていた。その御殿と同じ材料・工法により復元が図られた。

高知城の本丸御殿上段の間

高知城の本丸御殿は、対面所として天守に接続した完全な形で残る全国唯一の遺構である。内部には藩主の御座所となる上段の間が設けられており、床の間・違い棚・付書院がある。左の襖は武者隠の間に繋がっている。

川越城本丸御殿の家老詰所内部

嘉永元年（1848）に川越城本丸に建てられた本丸御殿内にある家老詰所。室内は、正面に床の間・床脇を備えた10畳を奥とし、8畳・8畳の3室を中心に構成されている。

御殿 ②

御殿の様々な役割

城内にあった多彩な住居

ポイント

- 生活の場である「御殿」の増改築は、武家諸法度の違反にならなかった。
- 「奥御殿」で働く女性たちの住まいは通常最奥にあり「長局」と呼ばれた。

様々な御殿

「御殿」は、その建てられた場所によって、「本丸御殿」、「二の丸御殿」、「三の丸御殿」などというように総称されている。その中には「西の丸御殿」とか「紅葉山御殿」と呼ばれる、隠居した城主のための御殿なども存在した。

また、隠居した場合、政務をつかさどる表向きの部分のみならず、城主が生活する「奥向」も引き渡すのが通常であった。

そのため、隠居した場合は、城内に新たな御殿を築くか、領内の別の城を隠居城として、幕府の許可を得て移り住むしかなかった。

本丸御殿が最も格式が高く、次いで二の丸御殿というわけではなく、時代と共に、表口に近い二の丸御殿、三の丸御殿が正式な御殿として拡張・整備される場合も多く見られる。このように、御殿の増改築が頻繁に実施され移動していったのは、御殿が城郭建築として扱われていなかったためである。

武家諸法度（ぶけしょはっと）などの規制は、櫓や城門という城郭施設部分に限られ、御殿は生活空間として規制外であった。そのため焼失や老朽化、城主交替などにより、御殿の新築・増改築が実施されることになった。

御殿女中の住居

「奥御殿」の主役は女性であった。奥御殿に勤務し、様々な仕事をこなす多勢の御殿女中の住居も城内に確保する必要があった。こうした女中たちの住居は、通常は奥御殿の最奥に建てられ「長局（ながつぼね）」と呼ばれた。

長局は、多数の住戸を並べて一棟の長屋としたもので、城の規模によりその数は大きく異なっていた。一戸は、六畳から八畳程度の主室に小さな次の間を付け、専用の台所と便所が設けられていた。「湯殿（ゆどの）」は、共同と専用があり、長局と奥御殿とは渡り廊下で往来を可能にしていた。

『江戸御城之絵図』

18世紀初頭の江戸城を描いたと考えられている絵図。吹上を除く江戸城内郭が描かれている。曲輪を覆うように巨大な御殿が建てられていた。(東京都立中央図書館特別文庫室蔵)

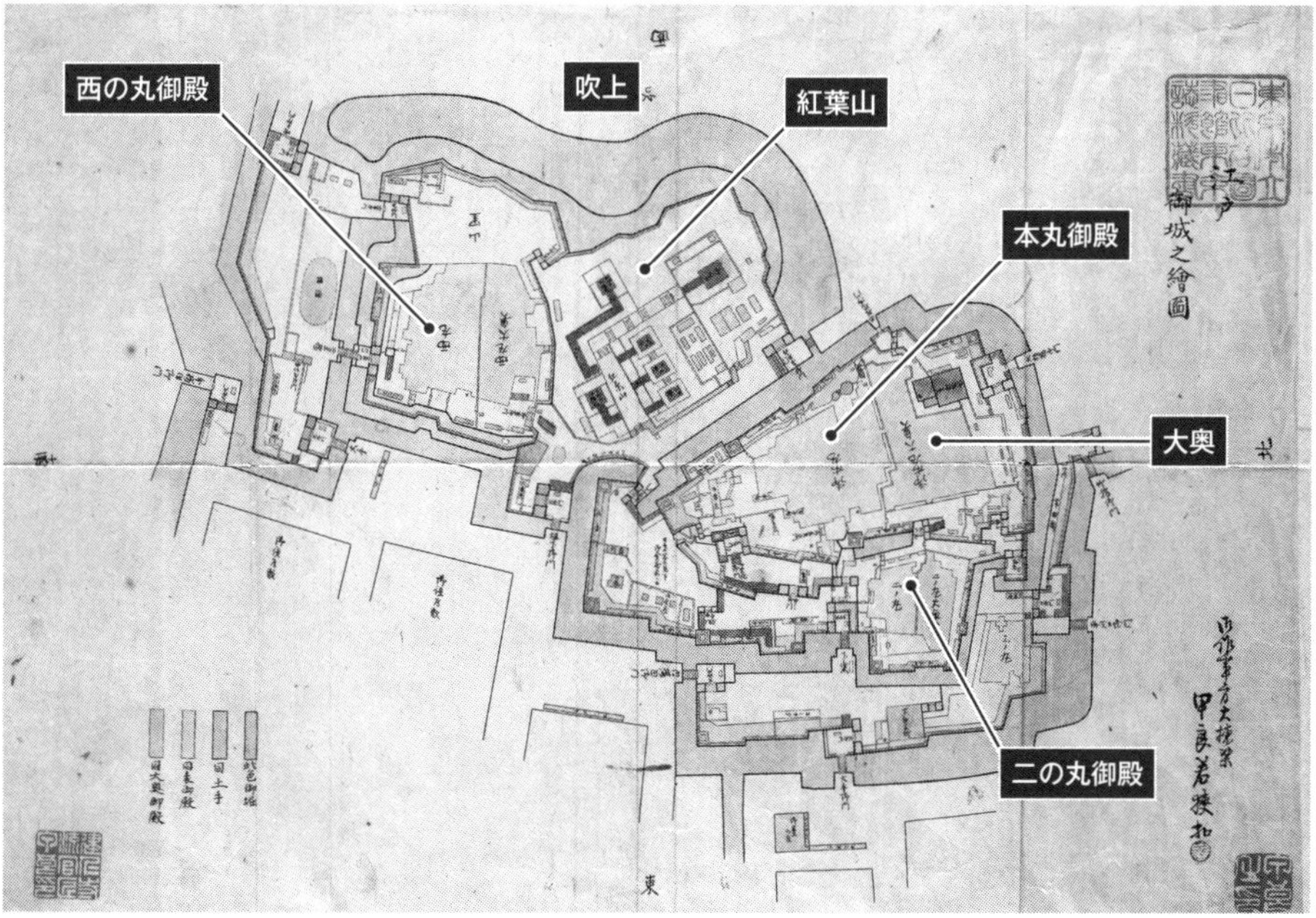

姫路城西の丸にある化粧櫓内部

化粧櫓は徳川秀忠の娘である千姫が、本多忠刻に嫁いだ際の持参金10万石で造られたという。写真は、娘の勝姫と貝合わせに興じる千姫である。

姫路城西の丸長局群

化粧櫓から続く長局という渡櫓には約300mもの長い廊下と多くの小部屋があり、千姫に仕える侍女たちが住んだといわれている。

門 ①

強固に造られた城の出入口

門の役割と構造

ポイント

- 門は平時は出入口として、戦時は敵の侵入を防ぐ防御施設となった。
- 大型の門には通用口として脇扉が設けられるなど工夫が凝らされた。

虎口に建つ門

城の虎口（出入口）に設けられた施設を総称して「門」と呼ぶ。日常は出入口として使用し、戦時にあたっては防備の最前線となる。

門は時代と共に工夫が凝らされ、後世になるにつれ、より複雑な門が登場した。中世においては「木戸」と呼ばれ、簡単な施設であったと推定される。門は、その位置や構造、使用材料や目的などによって様々な名称で呼ばれている。

門の構造

門の扉は、基本的には内開きであった。敵の侵入を防ぐことを第一の目的としているので、扉を支える「肘壺」などが内側に設けられるためである。外開きとして、外側に設ければ、簡単に扉が壊され内部侵入を許してしまうことになる。

門扉には、化粧金物類が使用されている。「八双」は、壺金の部分に付く金物で、先端部が曲線状に広がり、真中が割れた形をしている。本来は軸の強度を補強するためのものであったが、時代と共に装飾品として変化していった。「饅頭金物（乳金物）」は、肘金の柄の先端を隠すための半球状の金具である。

城門の扉は通常二枚の両開き扉であるが、大型の場合は、脇間に片開きの「小門」を設ける場合が多い。中央大門を閉めておき、通用口として脇扉を使用していた。小型の門では、小門を設けるスペースが確保できないため、大門の中に「潜戸」と呼ばれる、体を屈めて出入りする小さな戸口を設けることがある。

門扉は、全面に横板もしくは縦板を張った扉が普通で、より堅固な造りとするために鉄板を張り詰めたもの、間隔をあけて鉄板を張ったものも多い。また、表側の横板の一部を張らずに、外部が見渡せるよう透かした門も存在する。上部のみ透かす例と、上下を透かす例もある。

松本城の黒門

本丸の入口となっている黒門。鏡柱や冠木に煌びやかな装飾がなされ、格式の高さを示す。大門は横板張である。

肘壺の構造

肘壺は扉側の壺金と柱側の肘金からなり、それぞれ柄を打ち込んで取り付ける。壺金に肘金を差し込むことで門扉を接続する。

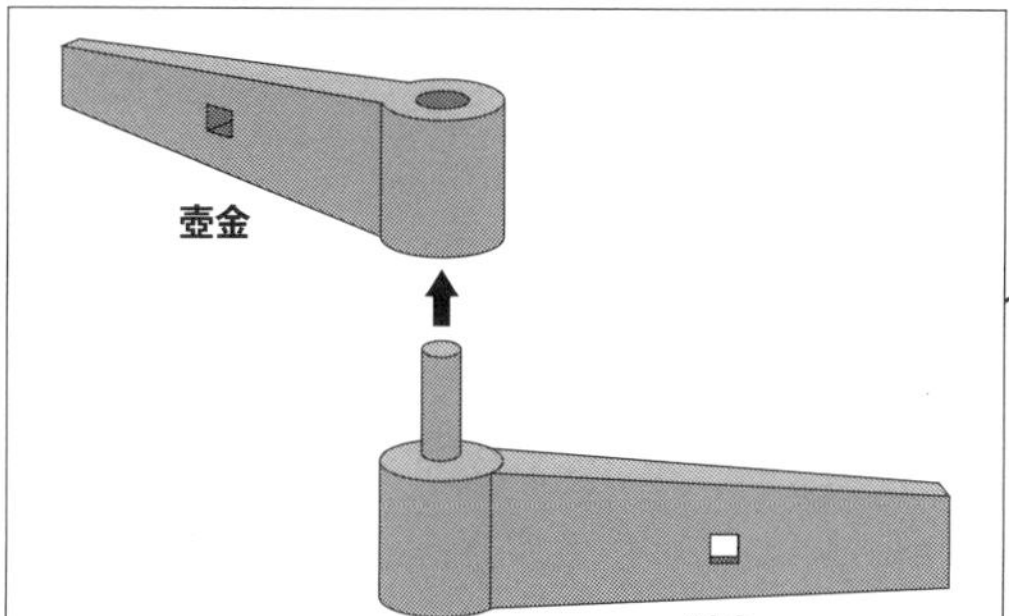

門 ②

役割が異なる多様なタイプ

門の多彩な種類

ポイント

- 最も格式が高く厳重なものが櫓門で、それに続くのが薬医門である。
- 塀重門、冠木門が簡易なものだったのに対し、唐門には装飾が多用された。

櫓門・高麗門

城に使用された門を形式から分類すると、櫓門・高麗門・薬医門・棟門・長屋門・塀重門・冠木門・唐門・埋門などがある。

二階建ての門で、階下を門とし、階上を櫓としたものを「櫓門」と呼ぶ。城門としては、最も格式が高く厳重な構えの門であった。大別すると、石垣上に櫓部分を載せたものと、載せないものとがある。石垣上に櫓を載せた櫓門は、城門の両脇が石垣となり、より強固であった。石垣に載せない櫓門は、総二階建ての門で、両脇は土塁もしくは塀ということになる。片側のみ石垣に載った櫓門や、上部が連続する多門櫓となる事例も見られる。防御力は高く、階上の櫓には窓や狭間が設けられ、監視と攻撃が可能であった。また、床板を外すと石落となり、敵への頭上攻撃ができる構造となる。

「高麗門」は本柱（鏡柱・親柱）の背後に控柱を立て、本体の大屋根に直行するように、それぞれの控柱上にも小屋根が載る形式で、屋根はいずれも切妻屋根となる。冠木（本柱の上にくる横木）は、二種類に大別され、本柱の上に載せたものと、本柱に貫き状に差し込むものが見られる。本柱の上に載せた型式が古い型式である。高麗門という名称ではあるが、関ヶ原の戦い後に登場した我が国独自の門である。

薬医門・棟門・長屋門

一階建てで、本柱と控柱を貫で繋ぎ、その上に一つの屋根を架けた形式の門が「薬医門」で、櫓門に次ぐ格式を持つ。控柱がなく、本柱だけの門を「棟門」と呼ぶが、単独で建っているわけではなく、土塀や石垣を利用して、控柱がなくても支えがきく構造であった。「長屋門」は、武家屋敷や陣屋によく見られ、細長い長屋の中央を開けた門である。両脇には、小部屋が付くことになるが、

様々な門の種類

高麗門（江戸城桔梗門）

櫓門（新発田城本丸表門）

埋門（二条城西門）

薬医門（宇和島城上り立ち門）

主に番所として利用されていた。

塀重門・冠木門・唐門・埋門

最も簡易な門が「塀重門（塀中門）」で、二本の柱を建てて扉で開閉する門である。実用には適さないため、城内の仕切りや型式だけの門として利用された。塀重門の上に冠木を通すと「冠木門」になる。共に屋根のない簡略な城門である。冠木門は格式を示すだけの門であるため、江戸時代になって登場する門である。一見冠木門のように見える中世の門は、扉のない「木戸門（きどもん）」である。

「唐門」は、装飾性の強い象徴的な門で、中央部に丸い起りをつけた門を呼ぶ。城というより、寺社や廟（びょう）に使用される場合が多い。

「埋門」は、石垣中に設けられた小型の門である。石垣に穴を開けて造られる場合と、石垣を開けて上部に土塀（どべい）を設けた門がある。

櫓 ①

門と共に防備の要となる

櫓の位置と役割

ポイント

- 櫓は門とともに城の防備を担い、どんな城にも必ず設置されていた。
- 物見や攻撃拠点として使用された他、物資の貯蔵庫としての役割も果たした。

櫓の起源と位置

「櫓」の起源を望楼的な物見とするなら、縄文～弥生時代にまで遡る。中世の絵巻物にも登場し「矢倉」「矢蔵」と記され、当初は武器庫であったと考えられており、有事には攻撃の陣地ともなった。戦国期になると、防備の要としてより発展していく。櫓は、城門とともに城の防御を担う重要な建築である。従って、天守は存在しなくても、櫓の存在しない城はなかった。

櫓の主要な役割は、物見と高所からの弓や鉄砲による射撃である。そのため、周囲をよく見渡せ、城壁に近づいた敵に有効な攻撃が可能なよう、石垣や土塁の隅部に多くが建てられた。隅角からは、二方向に対し横矢掛となる利点がある。

方形を呈す曲輪では、曲輪の四隅に建てられ、方位で艮・巽・坤・乾櫓と呼ばれていた。また、虎口の防御を補完するために、門の脇や、登城路を見下ろす場所に建てられることも多い。いずれにしろ、その配置は軍事上の配慮と工夫が凝らされていたのである。

櫓の多様な役割

櫓の持つ最大の役割は、物資の貯蔵であった。特に武器や武具、兵糧といった軍需物資が多かった。鉄砲櫓、弓櫓、槍櫓、煙硝櫓、塩櫓、干飯櫓、荒和布櫓などの名称は、内部に貯蔵された物資を表したもので、各地の城に残っている。また、城内や城下の人々に刻を告げる役割を持った太鼓櫓や鐘櫓も多かった。着到櫓、潮見櫓という物見のための櫓も見られる。

特別な櫓として、月見櫓や涼櫓という櫓がある。形状も特別で、廻縁を設けたものや、唐破風などで飾られ、開放的な数寄屋建築となるものもあった。これらの櫓は主に、城主が風流を楽しむために用いられたものである。

中世城郭の櫓

中世城郭では櫓は弓矢での戦闘のために発達したため、当初は「矢倉」と記され、壁のない造りだった。戦国後期になると、壁付きのものが登場し「櫓」の名称が広まっていく。

近世城郭の櫓

鉄砲を用いた攻城戦が主流になり、櫓の造りも堅牢になっていく。曲輪や隅角部といった防御の要所に築かれた他、城主が風雅を楽しむための月見櫓のような櫓もあった。

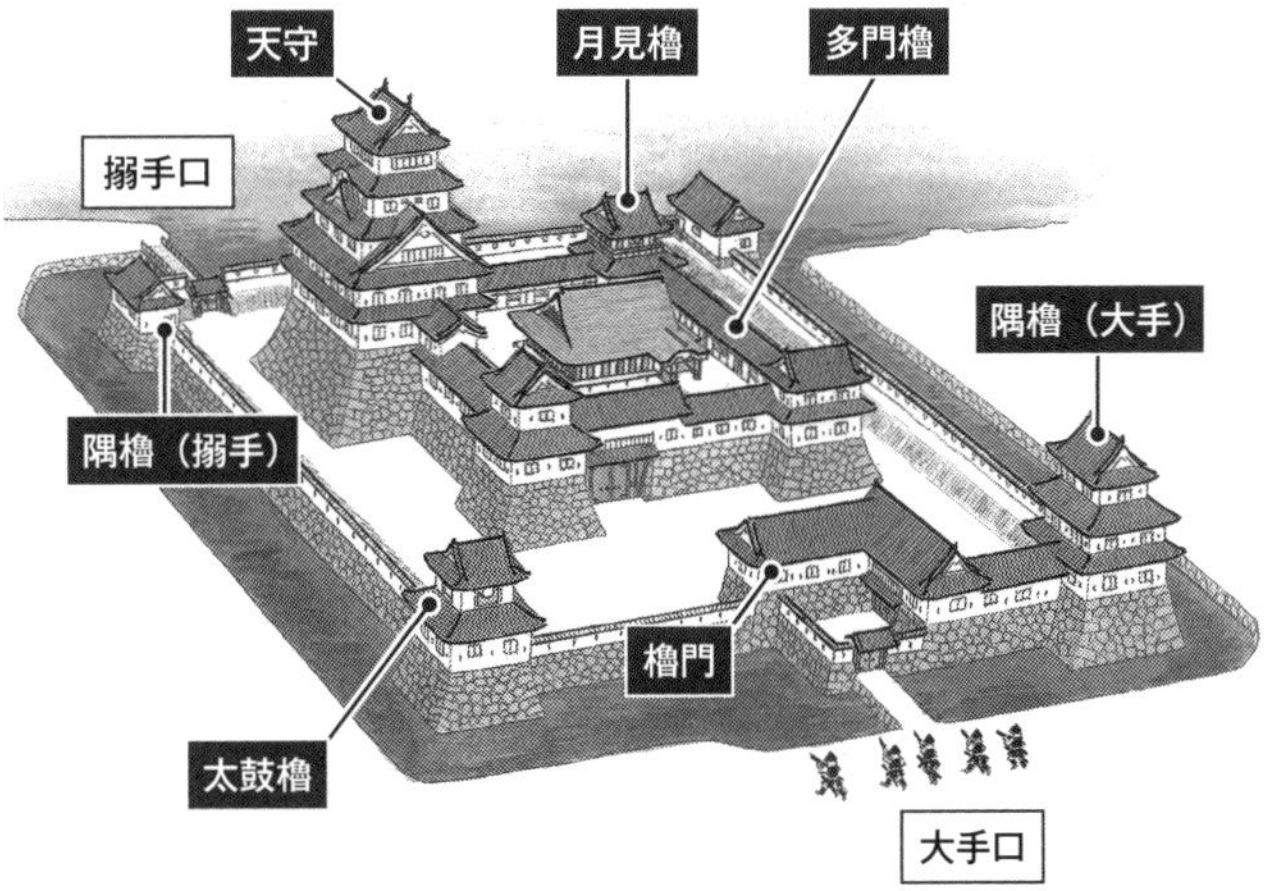

様々な櫓の種類			
目的や機能	弓櫓／武器櫓／道具櫓／鉄砲櫓／太鼓櫓	由来による	塗師櫓／清明櫓／御成櫓／千貫櫓／化粧櫓
形式や形状	平櫓／二重櫓／三重櫓／菱櫓／天秤櫓	数え方	一番櫓～七番櫓／備前丸二ノ櫓／いノ櫓～おノ櫓
方位や位置	隅櫓／東北隅櫓／巽櫓／鬼門櫓／山里櫓	動物や干支	虎櫓／狸櫓／龍所前櫓／鹿櫓／龍櫓
地名や人名	伏見櫓／松倉櫓／日比谷櫓／清水櫓／伊賀櫓	その他	内海櫓／籾櫓／麻木櫓／オランダ櫓／菊櫓

櫓 ②

多種多様な櫓

天守代用を務めることも

ポイント

- 物見と攻撃の拠点となるため、標準的な櫓は二階建ての二重櫓であった。
- 特別な三重櫓は天守代用として使われることがあった。

標準的な二重櫓

櫓の規模は様々であったが、物見と射撃の拠点として利用されるため、標準的な櫓は「二重櫓」であった。塀や多門櫓の屋根越しに城外をうかがうには適度な高さが必要であったためである。

平面規模の標準は、五×四間（九×七・二m）で現存例も多い。また、二重櫓は特殊な形状のものも多く、平面が歪んだ台形や菱形になるもの、建築面積を節約するため平面を直角に折り曲げL字型を呈すもの、一・二階が同大で重箱櫓（じゅうばこやぐら）と呼ばれるものまで存在する。

特別な三重櫓

「三重櫓」は特別な櫓で、天守が存在しない城においては天守代用となる場合もあった。

現存する**弘前城**（ひろさきじょう）（青森県弘前市）、**丸亀城**（まるがめじょう）（香川県丸亀市）は、天守代用であった。木造復元された**白河小峰城**（しらかわこみねじょう）（福島県白河市）は天守代用の御三階櫓（ごさんかいやぐら）で、**白石城**（しろいしじょう）（宮城県白石市）は、大櫓（おおやぐら）と呼ばれていた。東日本では、幕府に対する配慮から、天守を建てず御三階櫓をもって天守代用とする城が多かった。

大型の三重櫓は、天守に匹敵する規模を誇っていたため、例外を除けば巨大な城にしか存在しなかった。中でも**徳川大坂城**（大阪府大阪市）は一二基を有す特別な城である。

平櫓と多門櫓

最も簡略な櫓が「平櫓」（ひらやぐら）である。一階建てであるため、物見や射撃の拠点としての役割はなく、倉庫としての機能が優先された。一般的には土塀などがない三の丸や外郭に多く建てられたり、天守や三重櫓、二重櫓、櫓門に接続する付櫓として建てられたりした。

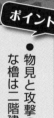

平櫓が長大化したものが「多門櫓」（たもんやぐら）で、土塀の代わりに石垣上に建てられ、天守や櫓を結んで防御機能の強

高松城の三重櫓（月見櫓）

当時は瀬戸内海に面し、船の到着を監視していた。二重目に軒唐破風を設け、長押がめぐる等格式高い姿である。

福岡城の多門櫓

南二の丸の多門櫓。長さ 54 mにも及ぶ平櫓が続いている。

化を図る施設として利用された。稀に、二重多門櫓も見られるが、機能というより格式を示すための側面を併せ持っていた。

　多門櫓という呼び名は、松永久秀の**多聞山城**（奈良県奈良市）に初めて建てられたとか、多聞天を祀ったためとかいわれるが定かではない。多門櫓が隅櫓や天守、櫓門などの間を連結すると、「渡櫓」ともいわれた。通常、隅櫓間には土塀を掛ければ良いわけだが、防御強化をめざし多門櫓を採用する場合があった。多門櫓で囲まれた曲輪は、鉄壁の守備を誇ることになる。平時においては、長大である上に面積があったため、内部を五間程度ずつに仕切り、倉庫として利用されることが多かった。

　また、長屋であるため集合住宅として利用されることもあった。**名古屋城**、**大坂城**には一〇〇mを超える長大な多門櫓も存在していた。

塀

塀による守り

城内で最も多い防御施設

ポイント

- 最小限の設備で城を防御できる塀は、城内で最も多く築かれた施設である。
- 土塀には様々な種類があるが、狭間や横矢など攻撃の仕組は必ず設けられた。

城内で最も多い施設

城内の建物の中で、最も多く築かれたのは「塀」である。石垣上には、櫓などの構築物よりも塀が掛けられる場合が多かった。塀には、城の守備を固め、攻撃をするために最小限で、最大の効果を発揮するような工夫が凝らされていた。塀は建てるとか作るではなく、「掛（懸）ける」または「付ける」という。往時は、どの城にも総延長数㎞の「土塀」が掛けられていた。

板塀から発展を遂げる

近世城郭では、土塀が一般化するが、それ以前の中世城郭では「板塀」が普通であった。当初は『大坂冬の陣図屏風』に見られるような臨時的な柵であったと考えられ、ここに板を張ったり、盾を並べたりしたものであったと考えられる。しかし板塀では、火矢や鉄砲玉に対して、効果が薄いため、土塀に変わったと考えられる。

土塀は、軸を木材、あるいは粘土ブロックとし、表裏ともに土壁で塗り固めたものを呼ぶ。建築物と同様、内部が土壁で下見板張の塀や、漆喰で塗り固めたものもあり、**金沢城**（石川県金沢市）や**新発田城**（新潟県新発田市）のように、海鼠塀も存在した。

骨組を持つ土塀、ない土塀

土塀は、壁本体に木造の土台や柱といった骨組を持つものと、骨組を持たないものと二種類があった。骨組を持つ土塀は自立しないため、控柱を立てなければならなかった。控柱を垂直に立てて、土塀の主柱との間に「貫」という棒状の材を渡して支える場合と、貫を使わずに、控柱を斜めに傾けて立てて、直接土塀の柱を突っ張る場合があった。控柱は腐食するため、後に下部のみ石柱が利用されるようになった。こうした土塀には、表裏共に土壁で塗り固め柱を見せなくする大壁造のものと、裏のみ

近世城郭の土塀

攻撃のための狭間が石垣の上部や塀の中段に設けられた。
これに加え塀の上や石落からも敵を射撃した。

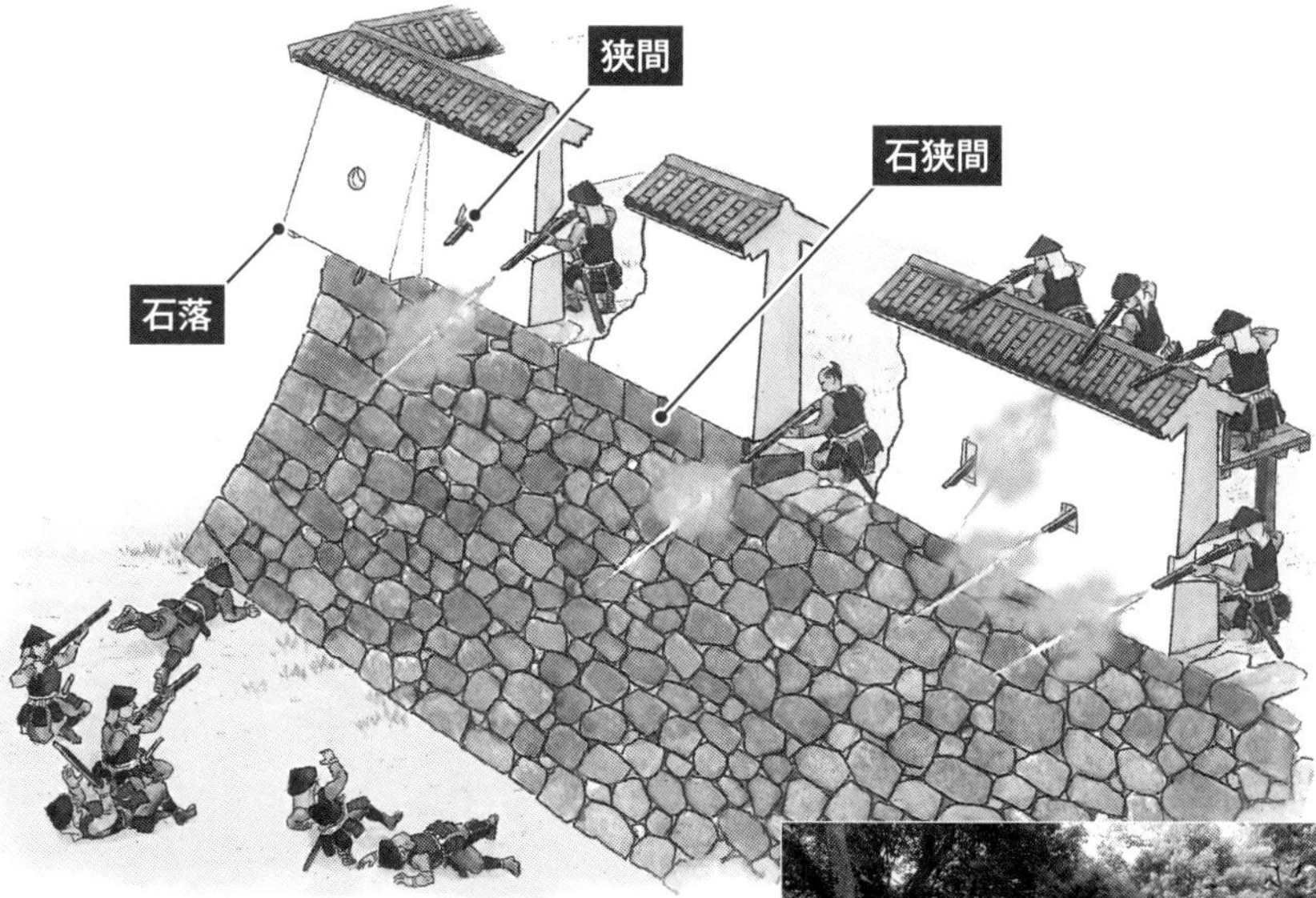

備中松山城の土塀

骨組のない自立する土塀で、狭間の形は丸や四角など様々。槍や弓矢で攻撃した中世から鉄砲を使う近世になり、狭間の大きさが小さくなった。

柱が見える真壁造のものがある。

骨組のない土塀は、粘土ブロックを積み上げ、仕上げに表面に薄く土壁を塗るものと、古瓦や石を粘土に混ぜて積み上げた練塀があった。**名古屋城**の二の丸北面には、粘土と砂利に石灰を加えて造った南蛮練塀と呼ばれる塀が崩れかかってはいるが現存している。

また、特殊な例として築地塀も見られる。これは古代の寺院などに多用されたもので、両側に板で作った型枠をあて、その間を版築（壁土を厚さ数㎝ずつ敷き詰め、棒で叩き固める作業を繰り返す）した塀で、**姫路城**（兵庫県姫路市）に残る油壁がこれにあたる。

いずれの塀にも、弓や槍、鉄砲で攻撃するための狭間が標準装備されていた。折れやV字状に曲げられている塀が多いのは、横矢を掛けるためである。

橋

用途により使い分けられた

内外を接続する橋

ポイント

- 土橋は大手などの重要な場所に、木橋は搦手など補助的な場所に造られた。
- 藩主専用の特殊な橋として廊下橋があり、全国三ヶ所で復元されている。

土橋の効能

城に設けられた橋は、城内と城外、あるいは各曲輪間を接続するための施設である。

一番多いのは、堀を渡るための橋になるが、低い曲輪から高い曲輪へ上がるために渡された橋もある。

橋を大別すれば、「土橋」と「木橋」の二種類になる。中世の山城の空堀は、土橋がほとんどであったが、数本丸太を渡した簡易的な木橋が利用されていたことも想定される。

土橋は、恒久的な橋で、土塁や石垣で構築され（岩盤を掘り残す例もある）、多人数が一度に渡ったり、重量のあるものを搬入出させたりするために欠かすことができなかった。また、水堀と空堀を区分することや、高低差によって差が生じる水位調整のための「水戸違い」としての役割を持つこともあった。

城内全ての橋を木橋とすると、破壊や落橋により、退路を失うこともあったため、重要な城門の前は土橋とする場合が多い。土橋は狭く一直線であるため、敵兵は自由な行動が制限され、城内からは狙い撃ちしやすいことになる。

撤去可能な木橋

木橋は堀に掛けてあるため、「掛（懸）橋」ともいう。敵方の軍勢が多勢の場合は、橋板を外したり、橋そのものを切り落としたりして渡れなくすることができた。逆に敵によって焼き落とされ、城中に閉じ込められる危険性もあった。そのため搦手や、普段使用しない補助的な橋とする場合が多かった。

特殊な橋として廊下橋がある。橋の両側に塀を立てるか、あるいは柱を立て屋根を付けるものもあった。多くが藩主専用の橋で、藩主の移動を見えないようにするために壁が設けられたのである。現在、**福井城**（福井県福井市）など、全国三ヶ所で復元されている。

松本城北裏門の土橋

両脇を石垣で固めた堅固な土橋。当時は橋の向こうに北裏門があり、本丸御門へと続いていた。

松代城の太鼓門橋

木橋は風雨にさらされ劣化するため、当時のものは残っていない、松代城では平成14年（2002）に太鼓門とその前橋となる木橋を復元した。

福井城の御廊下橋

明治初期に撮影された古写真をもとに復元された御廊下橋。当時の写真から壁が白漆喰であったことなどが判明し、忠実に復元された。

庭園

権力を象徴する庭園

風雅な儀礼・社交の場所

ポイント

- 中世の守護たちは、京の都を模して権力の象徴として庭園を築いた。
- 近世城郭と庭園はセットで、特に江戸時代の庭園は広大で工夫が凝らされた。

庭園の造営

室町幕府と関係の深い守護たちは、都の暮らしや建物を真似ることで、地方での己がステータスを見せつけた。そのために、**花の御所**（京都府京都市）の小型版の御殿を建て、内部に「庭園」を築いたのである。**一乗谷朝倉氏館**（福井県福井市）、**大内氏館**（山口県山口市）、**北畠氏館**（三重県津市）、**吉川元春館**（広島県北広島町）などがこれにあたる。

近世城郭に庭園を持ち込んだのは、**豊臣大坂城**の山里曲輪である。ここには茶室と御殿、庭園が設けられ、茶の湯と賓客接待のための場となった。

さらに秀吉は、陣城である**肥前名護屋城**（佐賀県唐津市）にも山里曲輪を設けている。

近世城郭と庭園

近世城郭には、必ずといっていいほど庭園が設けられた。本丸御殿と庭園、二の丸御殿と庭園というように、常に御殿と庭園はセットで築かれたのである。

幕府政権が安定すると、藩主の静養や隠居場所として別邸が築かれ、そこには広大な庭園が設けられることが多かった。

これら大名庭園の多くは、大きな池を海に見立て、その周りに起伏のある地形や巨石を配して山や平野を表現したのである。池には島まで設けられ、橋が架けられることになる。庭園には散策路が整備され、ところどころには休憩所として、あるいは庭園を眺望するための茶亭や東屋（四阿）などが置かれていた。こうした庭園を「池泉回遊式庭園」と呼ぶ。

徳川政権の安定による平和の世の到来によって、庭園は大名同士の儀礼や社交の場として用いられるだけでなく、有力大名たちは将軍の御成を迎える施設ともしたのである。そして主たる役割は、藩主の静養や遊興にあった。

朝倉氏館の諏訪館跡庭園

朝倉義景の妻・小少将の屋敷庭園とみられる。丸石を多用した柔らかい意匠が特徴。城内には荒々しい石組みの湯殿跡庭園も存在する。

山里曲輪と大坂城天守

茶の湯や会見の場として築かれたとされる豊臣期大坂城山里曲輪の復元イラスト。華美な天守がここからはよく見えたようである。

岡山城の後楽園

金沢城の兼六園、水戸城の偕楽園と共に日本三大庭園に数えられる。旭川を挟んで対岸の天守を借景として取り入れている。

その他施設

城に欠かせない付属建築物

その他の様々な施設

ポイント

- 米や武器を保存した蔵や、見張りを目的とした番所などの施設があった。
- 水を確保する井戸は、城にとって最も重要な施設だった。

様々な付属建築

城内に設けられた付属建築は、軍事建築及び御殿建築以外の軽微なものを指す。主な事例に、蔵・番所・馬屋（厩）・作業場などがあった。

「蔵」は、様々な物品を保管する施設で、大半が外壁を厚い土壁とする防火建築の**土蔵**であった。城内最大の蔵は、米蔵で、主として年貢米を保管したが、飢饉に備えた備蓄米や兵糧米も保管されていた。親藩・譜代の城には、幕府の兵糧米を保管するための施設もあった。米蔵の外観は、通常細長い土蔵で、屋根には瓦が葺かれていた。絵図などでは、米蔵が林立するように建ち並んでいる様子がうかがえる。

米以外の食糧関係の備蓄品としては、塩が挙げられる。塩蔵も多くの城に設けられていたが、現存するものはない。

米や塩と同様に、蔵には武器や火薬も保管されていた。**大坂城**には、二の丸焔硝蔵が現存しており、石垣で囲まれた厳重な造りの建物である。中身が火薬だけに造りも厳重で、万が一に爆発した際にも、他に被害が及ばない工夫がなされている。この大坂城の焔硝蔵が厳重なのは、万治三年（一六六〇）に落雷により爆発、天守や櫓までもが被害を受け、多数の死傷者が出たためである。

番所と馬屋（厩）

見張りや管理を目的とした建物として「番所」がある。その種類は豊富で、最も多いのは城門近くにあって、出入りを監視した番所である。重要な門には、外と内の二ヶ所に設けられるケースもあった。一般的な番所は、畳敷きの二室程度の平屋建で、正面には低い縁側を設け、本体の屋根より一段低く下屋の庇が架けられていた。櫓門などでは、その一部を仕切って設けられたものもある。

登城に利用した馬をとめておく施設が「馬屋（厩）」で、通常五～六

江戸城の同心番所

登城する大名を監視していた番所。現存する番所は全国でも多くないが、江戸城にはこのほか百人番所、大番所の計３つが現存している。

二条城の土蔵（米蔵）

二条城に３棟現存するうちのひとつ、北土蔵。米俵を高く積み上げられるよう、１階建てだが通常の平屋よりも高く造られていた。

彦根城の馬屋

藩主や客の馬をとめておく小屋で、彦根城では馬の模型で当時の様子を再現している。近世城郭に残る馬屋としては類を見ない大規模なものである。

大坂城の焔硝蔵

火薬を収めていた焔硝蔵。現存するものでは唯一で、石による堅牢な造りだった。

頭前後を繋ぐことが可能な大きさであった。近世城郭では、山麓平坦部に設けられる場合が多い。

作業場・作事小屋と井戸

「作業場」「作事小屋」と呼ばれる建物もあった。武器の修理や、城の修理の際の作業をしたり、建築資材の置き場となったりしていた。

城を築くにあたって最も重要なのは、水の確保であった。「井戸」は、素掘りの井戸から、木組、石組など様々であったが、通常「上屋（井戸屋形）」が架けられていた。井戸屋形とは、井戸を保護し、水を汲む人を雨風から守るために造られた建物で、四本柱で屋根を架けただけの簡易なものである。天守内に井戸曲輪を設け、内部に備える例もある。城内に井戸がない場合は、川縁に井戸櫓を構え、川から水を汲み上げていた事例もあった。

お城コラム

現在進行形で進む復元

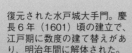

令和に入り、各地で城門の復元が相次いだ。まず令和2年（2020）、水戸城の正門である大手門が復元。高さ約13m、幅約17m、奥行き約6mの櫓門である。ついで同年、鹿児島（鶴丸）城居館正面の御楼門（ごろうもん）が復元。高さ約20m、幅約20m、奥行き約7mの我が国最大規模の櫓門だ。令和4年には、昭和20年（1945）の空襲によって被災し焼失した高松城桜御門が復元。高さ約9m、幅約12m、奥行き約5mの櫓門になる。

この三基の櫓門を復元するにあたって、最も有力な資料となったのが古写真である。古写真によって、外観の詳細なデザインや、細部のサイズを読み解くことができた。さらに、発掘調査によって、礎石に残る柱の痕跡から、かなり正確な柱の寸法も判明したのである。史跡内で歴史的建造物を再現するには、可能な限りの資料を収集し、その分析・研究を積み上げ、復元の根拠を整理していくことが必要なのである。

復元された水戸城大手門。慶長6年（1601）頃の建立で、江戸期に数度の建て替えがあり、明治年間に解体された。

第2部
構造編

第12章 城下町

城下町／惣構／侍町／商人街／街道と水運

城下町

現在に繋がる商業拠点

城下町の発展と構造

ポイント

- 現在の国内の都市の内、約七割が当時の城下町から発展している。
- 商業都市としての城下町を確立した戦国大名は織田信長である。

戦国城下町の誕生

現在の国内の主要都市の内、実に七割近くが城下町から発展した都市である。全国各地に存在する城跡と町、その数の多さからも城と町が密接した関係にあることが判明する。

戦国期以前、各地の守護は「守護館」と呼ばれる平地居館に居住し、その周辺に「侍屋敷」が集まり町を形成していた。その代表が、越前朝倉氏の**一乗谷**（福井県福井市）である。この町は、上下の城戸に囲まれた谷間に、朝倉館を中心として家臣団の屋敷と商工業者の居住した「町屋」が、整然と配置されていた。内部だけで城下は完結せず、その外に展開する町並みもあった。城下全体を把握しきれないという戦国大名による城下町の限界を示す事例である。

織田信長の城下町

戦国城下町の持つ限界を乗り越えようとしたのが、織田信長の築いた**小牧山城下**（愛知県小牧市）であった。永禄六年（一五六三）、信長は新首都建設をねらい、小牧山に居城を移転。城下町は「惣構（総構）」を設け、内部に主要な四本の南北道路と直線的な複数街路を配置し、職能集団を集住させた。寺社勢力の影響下から脱し、自由な商取引の道を開こうとしたのである。同一〇年（一五六七）、美濃の**岐阜城**（岐阜県岐阜市）へ移住した信長は、山麓に居館を築き、その前面に重臣たちの屋敷を置いた。堀に区画された外側に町屋と侍屋敷が混在し、惣構で囲まれていた。その南方に「楽市楽座」とした加納市場が位置する。兵農分離を推し進めた新しい形の町だったが、侍屋敷と町屋は未分化であった。

また、**安土城下**（滋賀県近江八幡市）も、岐阜城下と同様で、従来からの集落を取り込み、そこに新たな町を付設することで、交通の利便性を上げ一大商業拠点を築き上げた。信長は、整然と区画された城下町建設

江戸時代の城下町模式イラスト

塀で建物を囲んだ侍屋敷や堀・石垣で区画された防御力の高い寺町を配置することで、防衛上の弱点を補っている。

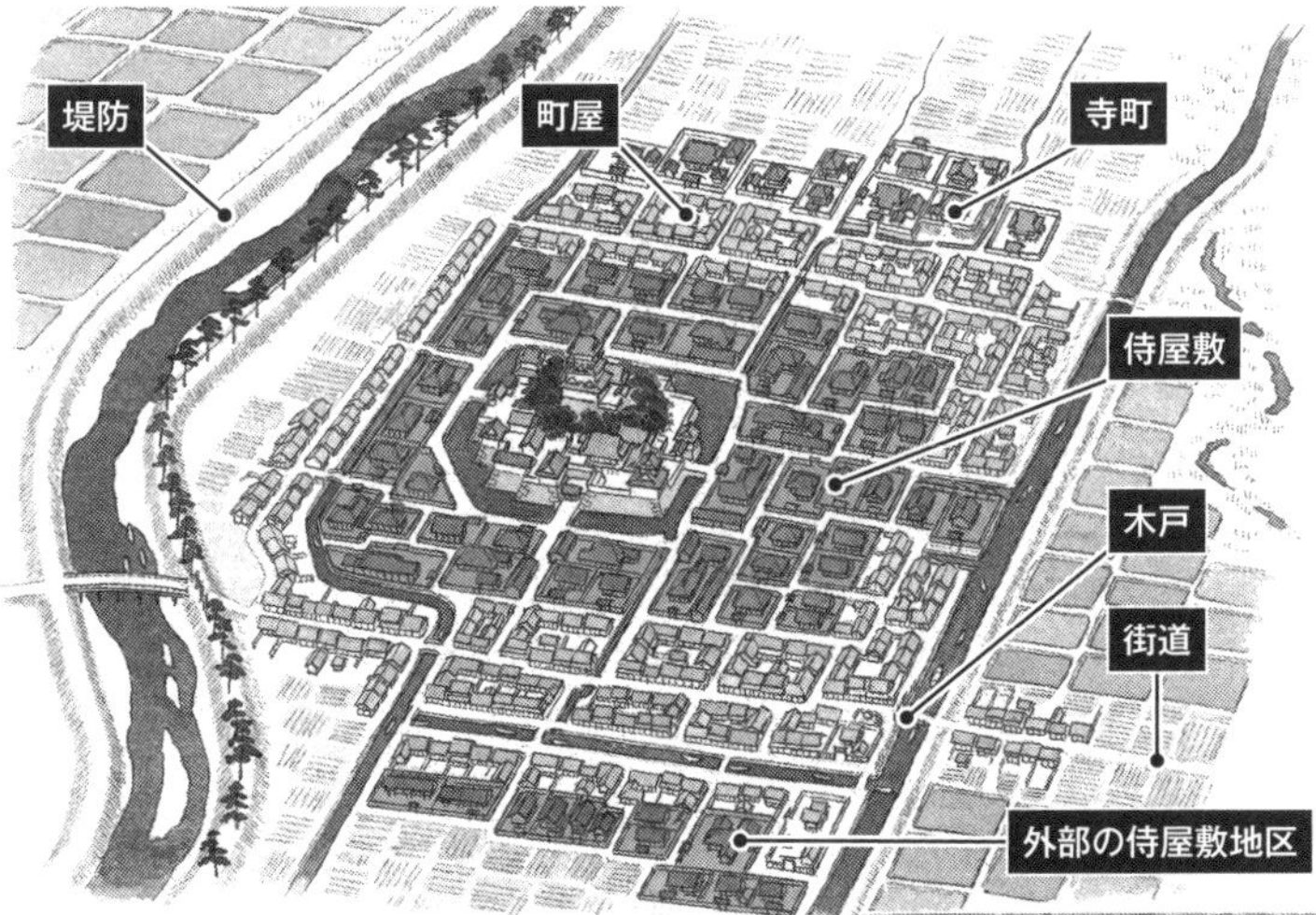

岐阜城から見た城下の町並み

長良川の内側の旧城下町地区には、江戸時代から道路網などの基盤がほとんど変わらず残る。このように、城下町の町割は現在の都市形成にも大きな影響を及ぼしている。

より、喧噪や雑踏があろうとも、活気あふれる一大商業都市の発展を求めたのである。

城下町の構造

江戸期の城下町もまた、碁盤の目状に整然と配置されていたわけではない。共通するのは、城の周囲に町屋はなく、広大な敷地は全て侍屋敷で占められていたことである。その侍屋敷の中に「街道」が設けられると、その両側が町屋となった。侍屋敷と町屋が混在するように見えるのはそのためである。当然、社寺や藩の役所も侍屋敷の敷地に位置していたのである。

寺院もまた「寺町（てらまち）」といわれるように、集中させることが多かった。

基本的には、身分によって侍と町人は明確に住み分けられ、街道によって「侍町」が分断されたとしても、混在することなく明確に分離されていた。

惣構

惣構の役割とは

城を囲む長大な防御ライン

ポイント

- 惣構とは、城下一帯を囲む長大な防御ラインのことである。
- 秀吉は京都の町を総延長二〇㎞以上の土塁と堀で囲む御土居を築いた。

惣構とは

「惣構」とは、土塁や堀（部分的に河川や丘陵などの自然地形を利用した）によって囲い込まれた内部、あるいは囲い込む施設が作り出すラインを呼ぶ。前者を、外構・総曲輪・外曲輪などと呼び、後者は総堀や外郭ラインと称す。いずれも、極めて広大で長大なライン・空間であった。

外郭ラインは、通常の場合は虎口部分を除けば、土塁と堀で築かれていた。土塁上に土塀や櫓が建つことは稀で、時折目隠しのための木が植えられることがある程度である。現存する**名古屋城**（愛知県名古屋市）の外郭ラインも土造りの巨大な防御施設である。

城郭部分は、複雑な折れを持っていたが、一方で外郭ラインは虎口付近を除けば、ほぼ直線であった。外郭ラインは長大となるため、大人数で守らざるを得ず、統一的な防御のために、直線とするのが有利と考えられていた。

小田原城と御土居

戦国期の惣構の代表が**小田原城**（神奈川県小田原市）である。豊臣秀吉襲来に備え、総延長九㎞余の土塁と堀で囲い込んだ。この惣構の比高差は一〇〇ｍ以上あり、その構築は容易ではなかった。『北条五代記』には、この惣構が全国の城の手本になったことが記されている。

小田原攻めの翌天正一九年（一五九一）、秀吉は京都の町を土塁と堀で囲い込んだ。これを「御土居」という。総延長は約二二・五㎞、土居は基底部が約二〇ｍ、上部、高さ共に約五ｍ、外側に設けられた堀は幅約一〇ｍ、深さ四ｍ程であった。これにより京都市中は内外の連絡が遮断され、内部が覆い隠されることになった。京都の町は守られることにもなったが、逆に外との連絡が不便になった。囲い込むことでメリットとデメリットが生まれたのである。

惣構の概略図

本城を中心に、城下町を取り込んで堀や土塁で囲んでいる。内側スペースに援軍を収容することが可能で、巨大な兵屯地としても機能した。

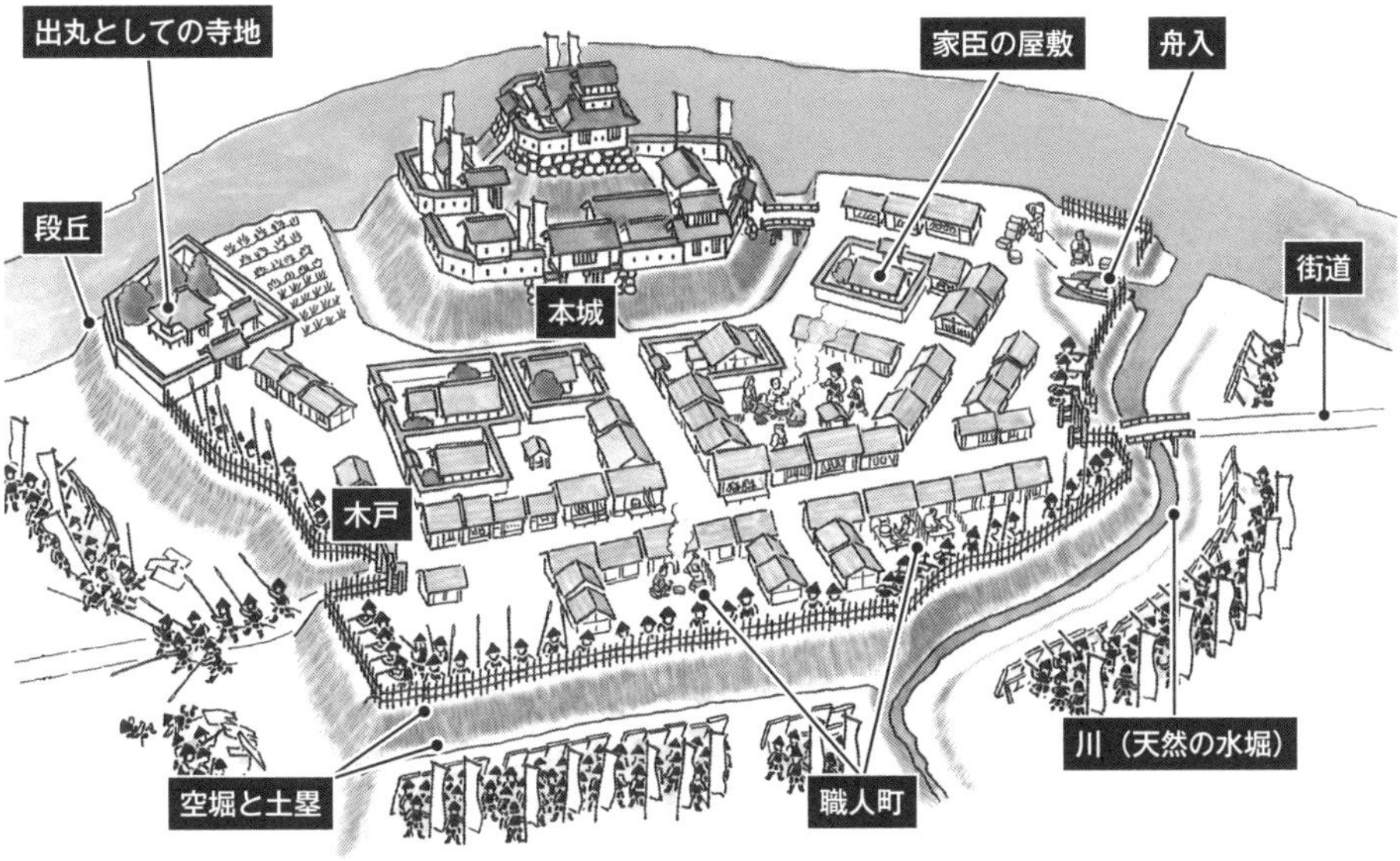

会津若松城惣構の土塁

会津若松城は楕円形の広大な惣構を有していた。ほとんどが会津戦争後に崩され、この天寧寺町の土塁は貴重な遺構である。

小田原城小峯の大堀切

小田原城の惣構の中でも状態良く残っており、最大の空堀といわれる。横矢を掛ける屈曲が多数みられる。

侍町

武家屋敷と侍屋敷

大名と家臣団の住まい

ポイント

- 武家屋敷は主に城の中心部に建てられた、武家官位を持つ大名の屋敷である。
- 大名が家臣に土地を与えて建てさせた屋敷は侍屋敷と呼ぶ。

様々な武家屋敷

「武家屋敷」とは、武家官位を与えられた武家（基本的には大名）が所有した屋敷のことで、「大名屋敷」あるいは「藩邸」と総称される。各大名が、城内あるいは城外の敷地を家臣たちに貸し与え、建てさせた屋敷が「侍屋敷」になるが、近年ではこの侍屋敷を武家屋敷と呼んでいる。正式には、侍屋敷と呼称し武家屋敷とは区別すべきである。

武家屋敷は城の中心部に建てられ、御殿（表御殿・奥御殿）と呼ばれ、その外側の敷地に侍屋敷が配置されることになる。武家屋敷は、領内だけでなく、江戸や京都、大坂にも建てられた。

幕府から江戸城付近に土地を与えられ建てた屋敷を「江戸屋敷」と呼ぶ。江戸屋敷は、各大名家の江戸出先機関で、居住だけでなく、政治的、経済的、外交的な役割を担っていた。大名の中には、本宅となる「上屋敷」と、別邸の「下屋敷」を持つものもいた。この屋敷地は、秀吉の**聚楽第**・**伏見城**（京都府京都市）の大名屋敷に始まったため、初期の江戸屋敷は金箔瓦が使用されるなど、豪華絢爛な建物群で構成されていた。だが、寛永一二年（一六三五）の武家諸法度により華美な屋敷造営が禁止されると、多くの屋敷地が質実剛健なものへと変化していった。

京に建てられた屋敷は京屋敷、大坂に建てられた屋敷は、藩の御用米の管理が主で、米を収める蔵が多く建ち並んでいたため蔵屋敷と呼ばれ「天下の台所」の一翼を担う施設となった。

城下に広がる侍屋敷

侍屋敷は、城の周囲に配置されるのが基本で、上級武士ほど中枢部近くの土地が与えられた。家老や最上級の屋敷は、二の丸、あるいは三の丸にあり、正面には巨大な長屋門を配し、周囲には土塀がめぐっていた。

新発田城足軽長屋

寄棟造、茅葺屋根の足軽長屋。当時はここに100棟ほどの足軽長屋が並んでいたが、現存するものは全国的にみても貴重である。

彦根城下の旧西郷家長屋門

彦根城下に残る長屋門としては最大のものである。保存状態がよく、特に正面の外観はほとんど旧来の姿を保っている。

彦根城（滋賀県彦根市）の大手門近くに位置した西郷家の長屋門が現存しているが、かつては街路に沿ってこうした上級武士の長屋門が建ち並んでいたのである。中級以下の武士たちは、長屋門を建てることができず、簡略化した薬医門を表門とし、土塀や生垣をめぐらせていた。石高の高い大名ともなると、大身家臣だけで三の丸が埋まってしまい、中級家臣以下は、外堀より外側に居住せざるを得ないことも多かった。

足軽は、侍町の一番外側に長屋を建てて、共同住宅とする例が多い。**新発田城**（新潟県新発田市）城下には、長さ四四mの足軽長屋が現存している。また、文久三年（一八六三）に松坂（三重県松阪市）御城番職の藩士と家族の住居として建てられた御城番屋敷が現存する。小路を挟んで東西に、東棟一〇戸・西棟九戸が入る長屋建物である。

町屋と商人街

軍事・経済両面の要衝

ポイント

- 敵兵の視界をふさぐため、道の両側に町屋がびっしり建てられた。
- 商人や職人を職種ごとに分けて住まわせ、城下町を計画的に造った。

町屋の配置

町屋（町家）は、城下町を通る主要街道の両側に隙間なく建ち並ぶことが多かった。町屋の建物の多くは間口一間半（約二七〇㎝）、奥行き二間と狭く、二階建てが普通であった。街路に面して庭や門はなく、家の正面壁面が直面し、隣家どうしの隙間もほとんどなかった。

町屋の壁面がびっしり建ち並ぶことで、街道から城下町に侵入した敵兵たちは、両側の視界を遮られることになる。さらに、城下を通る街道は、屈曲したり、鍵の手に折れたりと、一気に進むことを困難にしていた。町屋も一つの防御施設として機能を果たしていたのである。

町屋は、間口が狭いため、それを補うために奥行きがあるものもあった。今日の京都の町屋が良い例で、いわゆる鰻の寝床と呼ばれる、短冊形の細長い敷地であった。

商人街の成立

街路の両側に建ち並んだ町屋は、その利便性を生かし、一階を店舗として様々な物品の販売を行うようになった。また、二階を作業場とする職人もいた。これが初期の町屋の姿であろう。

駿府城（静岡県静岡市）の城下町は「駿府九十六ヶ町」と称され、九六ヶ所の町が存在したと考えられる。この呼び名は近世初頭にまで遡ることができ、元禄年間（一六八八〜一七〇四）にはすでに定着していた。

この九十六ヶ町の町名から同業の集住が判明する。呉服町・魚町・茶町・材木町という商人町、鍛冶町・紺屋町・上桶屋町・御器屋町などの職人町、伝馬町・川越町・人宿町・車町などは運送業者の集住である。

こうした同業の集住は、自然発生的に生まれたのではなく、商人や職人を職種ごとに分けて移住させた結果である。江戸期を通じ、城下の姿も計画的に変化していったのである。

駿府九十六ヶ町と呼ばれた駿府城下

駿府は今川氏に支配されていた頃に基礎がつくられ、徳川時代につくられた東海道沿いに広がる街並みは、駿府九十六ヶ町と呼ばれた。「駿府城下町割絵図」(静岡市文化財資料館蔵)

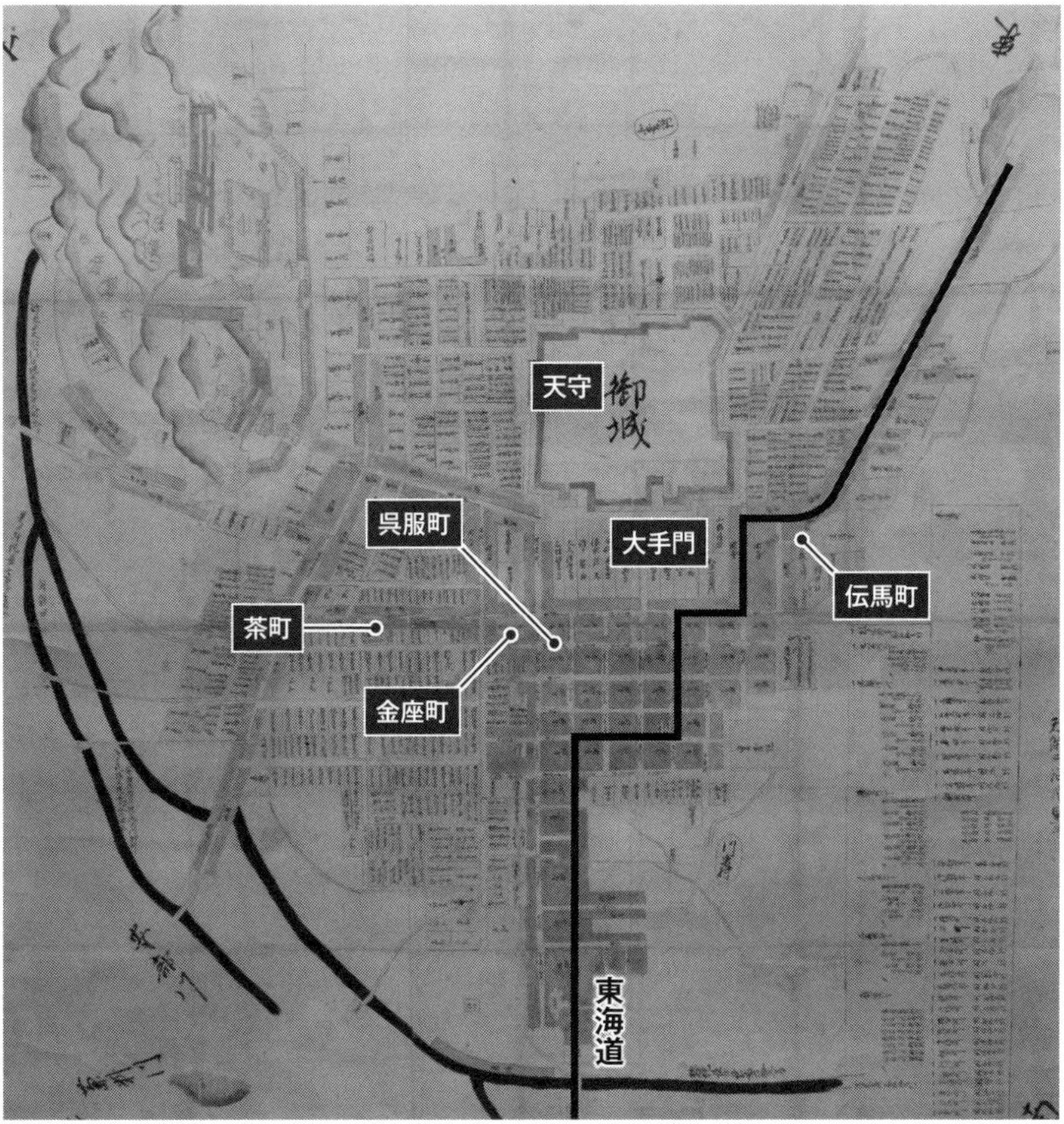

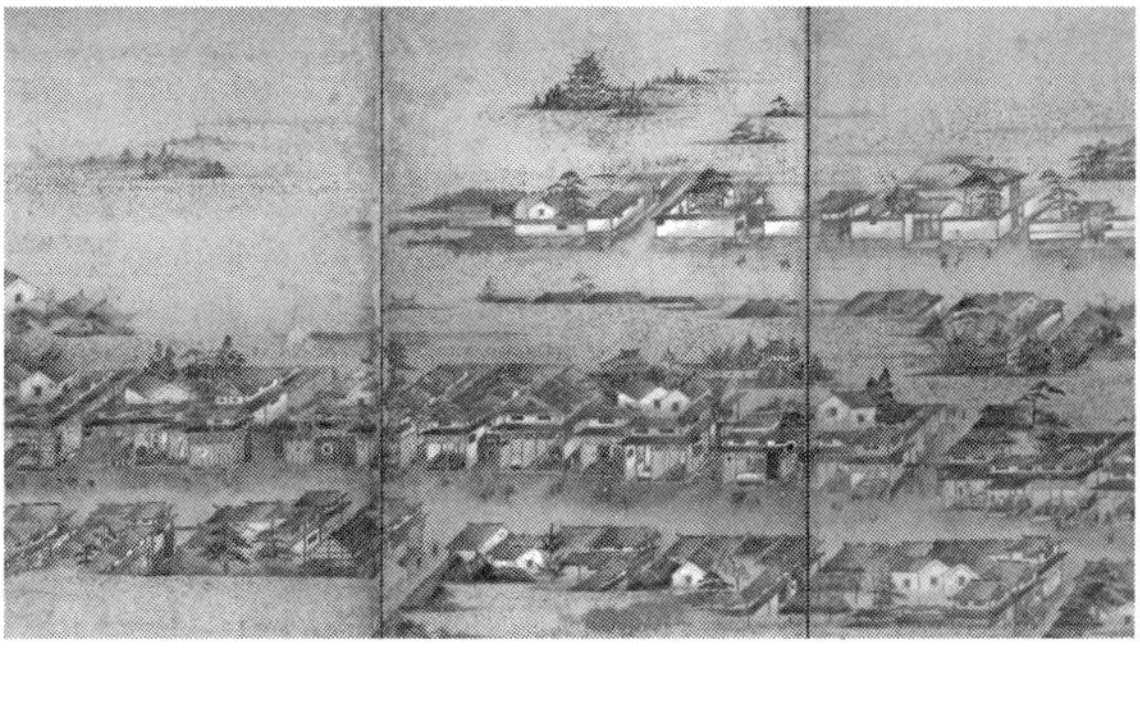

広島城の城下町を描いた屏風

西国街道に沿った城下町の主要部分が描かれている。街道に沿って商家が隙間なく建ち並ぶ。「広島城下絵屏風」(広島城蔵)

街道と水運

街道と港の整備

城を起点にした交通網

ポイント

- 城を築く目的として、陸上・河川・海上交通の要衝を押さえる役目があった。
- 江戸期には軍事・経済上の目的から、街道は城下に引き入れられた。

街道を通す

もともと城は、陸上・河川・海上交通の要衝を押さえることも大きな目的の一つであった。織田信長は、街道を整備し、諸国の関所を撤廃、自由な往来による経済の発展を促した。そのため、新しい道を設けたり、旧道を付け替えて城下を通すなどしたりしている。

街道を完全掌握する最も近道は、街道を城下に引き込むことである。後北条氏は、軍事的目的を持って、箱根街道を**山中城**（静岡県三島市）や**足柄城**（同小山町、神奈川県南足柄市）内に引き込んでいる。だが、ただ単に引き込めば、敵方を安易に城内に入れることになるため、様々な工夫が施されることになる。

江戸期に入ると、必ずといっていいほど、街道は城下に引き入れられた。これは、軍事上・経済上両面から街道を押さえる目的があったからだ。城下を通す場合、必ず入口部分に「木戸」が設けられた。木戸は「町門」とも呼ばれ、木戸番が置かれ厳重に管理されていた。開閉時間は日の出日の入りと決められ、夜間は完全に閉ざされたのである。

惣構を持つ城では、石垣や堀で固められた総門（惣門）が配され、さらに内部の辻々に木戸が配される厳重さであった。

例えば**膳所城**（滋賀県大津市）では、街道を取り込むために東西に大津口と瀬田口の二ヶ所の総門を構え、城下内への入口を固めていた。さらに、大津口の外側には木戸を設ける厳重さであった。

かつては全ての城下に置かれた総門であるが、現存しているものはない。平成一六年（二〇〇四）**萩城**（山口県萩市）の総門が復元され、往時の姿が甦った。

城下を通過する街道

街道を城下に引き入れる場合、大手方面を通すことが重要で、必ず権

江戸時代に膳所城を描いた絵図

三の丸の堀端には東海道が通っており、直進できないように、大津口総門（北大手門）と瀬田口総門（南大手門）で枡形を構えていた。「膳所城絵図」（国立公文書館内閣文庫蔵）

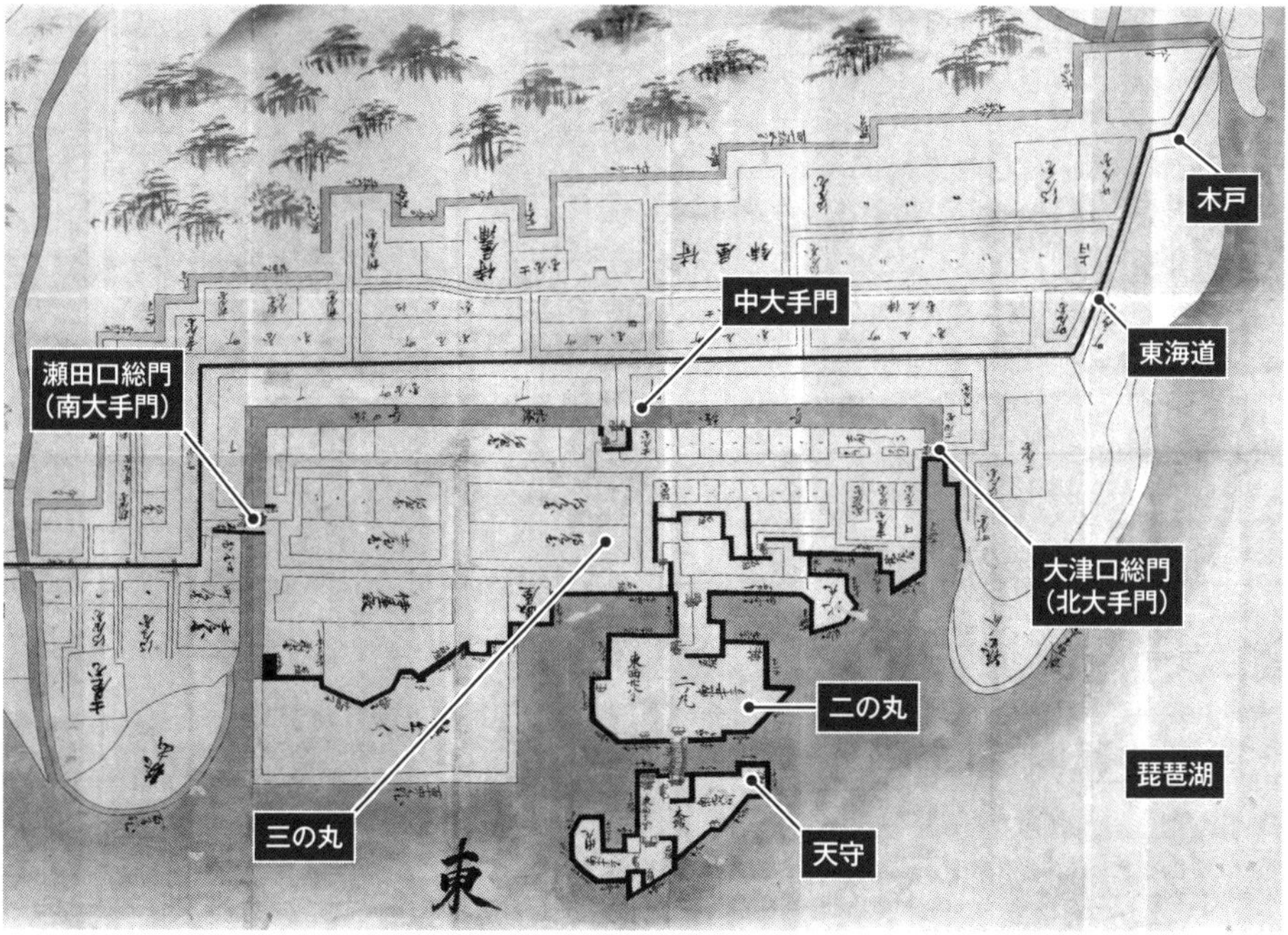

萩城の復元された総門

萩城の総門は高さ７ｍの高麗門であり、日本最大級である。門の再現と共に、土塀付きの土橋も再現されている。

山中城跡に残る東海道（箱根旧街道）

街道を通行する人馬を保護するために松や杉の並木道が造られている。また、道が滑りやすいため延宝８年（1680）頃には石畳が敷かれた。

威の象徴である天守（あるいは代用建築）に向かって進むような工夫がなされていた。**駿府城**の場合、天守と富士山が覇を競うように並び立つ位置に、街道の付け替えが行われた程である。街道の左右には町屋が建ち並び、目隠しとなるため、総門を過ぎれば、城そのものの位置を確認するのも難しい。道は、遠見遮断（一度に遠くまで見渡せないようにする）のため、屈曲や喰違によって、長い直進街路とはならなかった。

堀の外側を堀に沿って通すことも多く、その場合町屋の背後に侍屋敷を配し、外堀と街路の間に空白地が生じないようにしていた。これは、万が一の際敵方の陣地となることを防ぐためである。

港と舟入

江戸期の物資の運搬は、水運が中心であった。陸路は、馬や人力での運搬となり、橋のない川、箱根などの峠道があり、荷車の通行には極めて不便であったためである。

海や川の近くに城が築かれたのも、水運の利用の利便性を考慮してのことであった。海から離れた**岡山城**（岡山県岡山市）では、天守下に旭川の船港が置かれていた。**高知城**（高知県高知市）は、堀を利用し鏡川から海へと続くルートがあった。海の穏やかな瀬戸内海地域では、海を城に取り込んだ海城が多い。**赤穂城**（兵庫県赤穂市）、**三原城**（広島県三原市）、**高松城**（香川県高松市）、**今治城**（愛媛県今治市）、**宇和島城**（愛媛県宇和島市）などが代表例である。

高松城、今治城、宇和島城などには、城内に船着場（港）を設け、船着場へ直接開く門が開けられていたり、船着場を守備するための櫓が構えられたりしていた。

当時の大型商船は、港の岸壁に着岸することはできなかったため、積み荷などは小舟で運ぶのが常であった。従って、小舟が着岸できるような施設を堀内や河川・海辺に設けていたのである。

この施設は、潮の干満に影響されないよう「雁木」と呼ばれた石造の階段状を呈す場合が多かった。「高松城下図屏風」を見ると、小舟と大型船が描かれ、往時の船運の様子がわかる。

参勤交代で船を利用する西国大名の多くは、御座船を係留しておくための「舟入」を設けていた。今治城では瀬戸内海へと続く堀を利用して城内に設けていたが、多くは城下町の端に設けられていた。

萩城には、奥行き二七m、間口約九mで、両側と奥を石垣造りとし、上部に瓦屋根を葺き、前面に木製扉を有す、藩主の御座船や軍船を格納した「御船倉」が現存している。

高松城の城下を描いた屏風

17 世紀半ばの高松城と城下町を描いた屏風。中堀と外堀の間は武家地となっており、その外には商人町屋や職人町が広がる。「高松城下図屏風」（香川県立ミュージアム蔵）

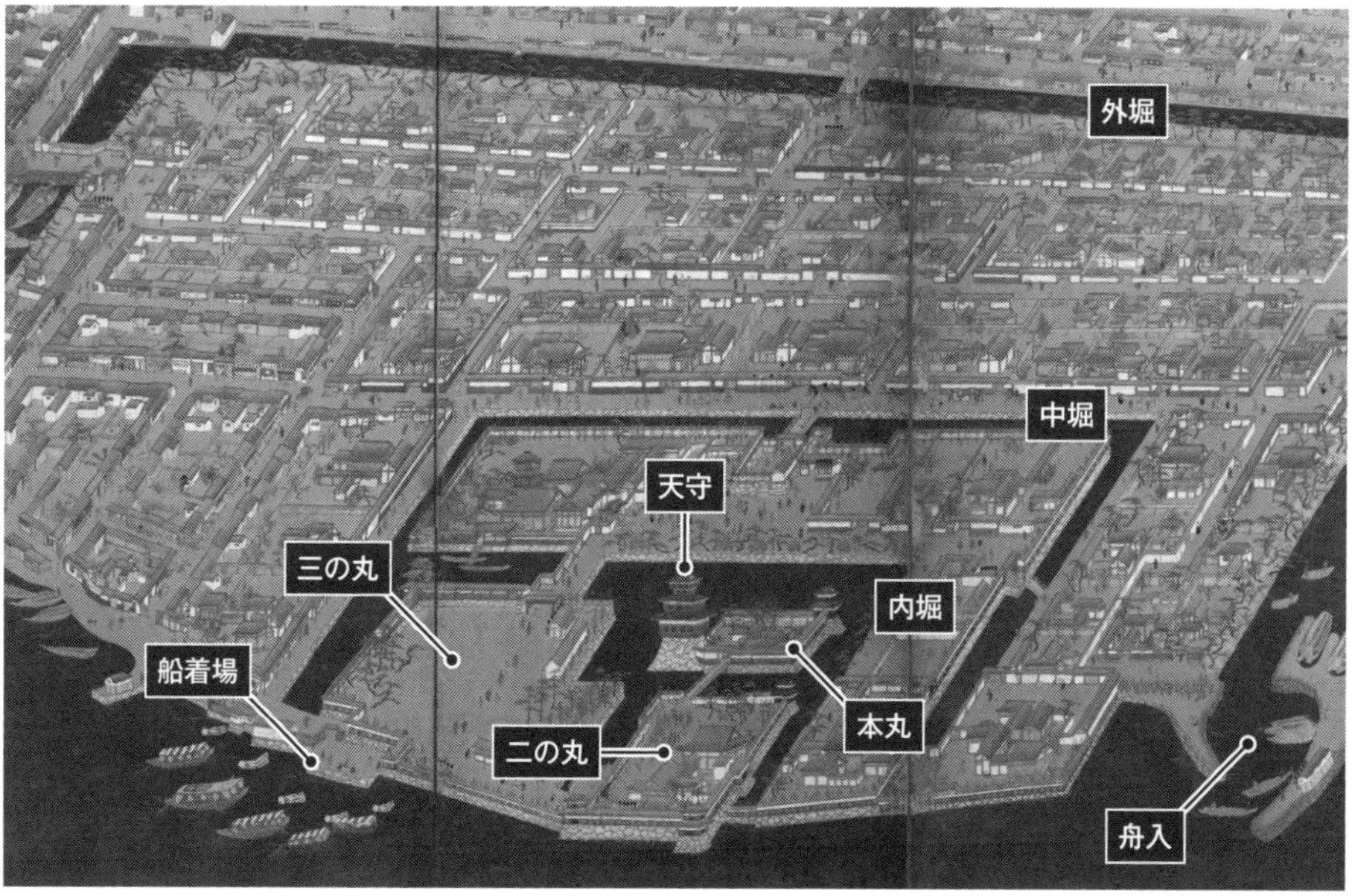

現存する萩城の御船倉

藩主の御座船や軍船を格納した御船倉。往時は松本川に面しており、船が自由に出入りしていた。

今治城の舟入跡

船が発着する今治城の舟入だったところは現在、港になっている。

お城コラム

薩摩藩の「小京都」
知覧城の城下町

知覧城（鹿児島県南九州市）麓の玄関口に位置する亀甲城の西側一帯には、江戸時代の武家屋敷群が残る。東西に貫く本馬場通りを中心に、約18.6haが国の伝統的建造物群保存地区となっている。18世紀中頃に整えられたとされ、領主の佐多（さた）氏の御仮屋（政庁）を中心に地割が実施され、小路・馬場と呼ばれる通りの両側に家臣の屋敷（平均約500坪弱）が広がっていた。

小路は幅狭で、いずれもまっすぐに見通せないよう折れ曲がり、また屋敷の敷地より低く築かれている。残された武家屋敷はいずれも門が建ち、門を潜ると正面に石垣の壁（屏風石）が立ちふさがり、L字に折れて中へと続く。

武家屋敷の庭園が多く残る

武家屋敷にはツツジやイヌマキ等の生垣と石を配した庭園が設けられ、七つの庭園が名勝に指定されている。1ヶ所のみ池泉式庭園だが、残りは枯山水式庭園となる。

南国特有の雰囲気を醸し出す武家屋敷通りで「薩摩の小京都」と呼ばれる。

石垣と生垣が美しい小路。カーブを描いているため先を見通すことができない。

城ファン必携！ 受験者必読！
検定統一城郭用語集

櫓　やぐら
基本的には倉庫だが、指揮所（陣地）や遊興目的で使用されるものもある。使用目的や場所、保管物の名前を冠する櫓名称が多く見られる。

櫓門　やぐらもん
二階建ての門で、階下が城門、階上が櫓となる。通常両脇が石垣となる場合が多いが、両脇が土塁の場合は単独で建つ。最も強固な門であるため、大手門など重要な場所に用いられた。

薬研堀　やげんぼり
堀の断面がＶ字形となる堀で、山城に多く見られる。完全な遮断線とする堀に多い。

矢狭間　やざま
矢を射るための狭間で、縦長を呈す。縦１尺５寸、横４寸（約45×12㎝）が定法と軍学書に記されている。

山里曲輪　やまざとぐるわ
数寄屋風の建物や、庭・池・茶室などを設けた風雅を楽しむための曲輪。

山城　やまじろ
天嶮を利用して、独立した山頂部などを中心に曲輪群を設けた城。中世から戦国期に多く築かれた。

横堀　よこぼり
曲輪下に等高線と平行にめぐるように掘られた堀。山城に多く見られ、広大な規模を持つ場合が多い。

横矢・横矢掛　よこや・よこやがかり
側面から攻撃するために、塁線を屈曲させたり、凹凸を設けたりすること。

ラ行

乱積　らんづみ
→布積　ぬのづみ

略式天守　りゃくしきてんしゅ
簡略化された天守のことで、当初の規模より縮小して建て直された天守や、再建にあたって規模縮小されたケースなどをいう。

稜堡　りょうほ
中世ヨーロッパで発展した城塞の防御施設のこと。大砲による攻撃の死角をなくすために外に向かって角のように突き出す形に考案されたもので、堡塁全体は星形となる。我が国では、五稜郭で初めて取り入れられた。

輪郭式縄張　りんかくしきなわばり
本丸を中心に、二の丸、三の丸がそれぞれ取り囲んだ配置となる城の縄張。

塁線　るいせん
城を囲む石垣・土塁や堀のライン。通常、真っ直ぐではなく、横矢を掛けるために折れが多用される複雑なラインを形成する。

連郭式縄張　れんかくしきなわばり
本丸、二の丸、三の丸を一列に連ねて配置した城の縄張。

連結式天守　れんけつしきてんしゅ
天守と小天守を渡櫓で接続した形式。接続する小天守は、通常一基であるが、二基が接続するケースもある。渡櫓あるいは小天守を経由しないと、大天守には入れない構造。

連立式天守　れんりつしきてんしゅ
大天守と二基以上の小天守または隅櫓を口字状に渡櫓で接続しあう形式を呼ぶ。曲輪全体を使用して、連立式を発展させた形式も、連結式と同一であるため、連結式の変異体として捉えられる。

廊下橋　ろうかばし
廊下のように屋根をかけた橋。橋の両側に塀を掛けるか、柱を立て屋根を付けるものもあった。多くが、藩主専用の橋で、藩主の移動を見えないようにするために壁が設けられた。

楼門　ろうもん
社寺などの入口にある二階造の門。下層に屋根のない門をいう。

ワ行

倭城　わじょう
文禄・慶長の役に際して日本軍が朝鮮半島の南部各地に築いた日本式の城（城砦群）を、朝鮮側が呼んだ呼称。

渡櫓　わたりやぐら
左右の石垣上に渡して建てられた櫓。あるいは、石垣上に長く渡っている櫓や、櫓と天守あるいは櫓間の間にある接続目的の櫓もいう。

りとして用いられることが多かった。

堀障子　ほりしょうじ
空堀内を畝（うね）で仕切った堀で、後北条氏（小田原北条氏）が多用した。畝のみとなるものを「畝堀」、障子の桟のように田字型の畝を持つものを「障子堀」とも呼ぶ。

本瓦葺　ほんがわらぶき
中国から朝鮮を経て、寺院建築とともに日本に伝えられた瓦の葺き方で、丸瓦と平瓦を組み合わせて葺き上げていく方法。通常、瓦葺といえば本瓦葺をさす。城郭には、16 世紀頃から、寺院の瓦の転用が見られるが、城郭専用瓦の普及は安土城以後のことになる。

本丸　ほんまる
城内で最も中心となる曲輪。城主の居所が置かれた曲輪をいう。本曲輪･主郭･実城（みじょう）も同義。

本丸御殿　ほんまるごてん
本丸に建てられた、藩の政庁と城主の居所があった御殿。本丸が狭くて、やむをえず二の丸や三の丸に御殿を構えたケースもある。太平の世になると、より外郭に近い二の丸御殿や三の丸御殿に政庁機能が移されていった。

マ行

枡形・枡形虎口　ますがた・ますがたこぐち
門の内側や外側に、敵方の直進を防ぐために設けた方形の空間。近世城郭では、手前に高麗門、奥に櫓門が構えられた。

町屋　まちや
城下町の町人地や宿場町などに建てられた家。商人、職人が居住し、商人（職人）街を形成することも多い。通常二階建てで、家の正面の壁面を街路に直面させ、隣家どうしの隙間はほとんどなかった。道の両側に建つことが多い。

間詰石　まづめいし
石材間の隙間を防ぎ、見栄えを良くするために詰められた石。

馬踏　まぶみ
→褶　ひらみ

丸馬出　まるうまだし
外側の塁線が円弧を描く馬出で、土居造となり、前面に三日月堀が配される。

丸瓦　まるがわら
半円筒形の瓦。本瓦葺で伏せて用い、凹面を上に向けた平瓦と交互に組み合わせて葺く。筒瓦、牡瓦ともいう。軒先に用いる瓦を軒丸瓦という。

廻縁　まわりえん
建物の周囲にめぐらせた縁側。建物の本体の周りに短い柱（縁束）を立て並べ、それで縁板を支えたもの。転落防止のために手摺を付けるが、高級な手摺であったため、高欄とか欄干と呼んだ。通常、天守の最上階に用いられる。

饅頭金物　まんじゅうかなもの
→乳金物　ちちかなもの

水城　みずじろ
河川・湖・海などを堀に取り込んで築かれた城。平城の一形態である。海水を取り入れた城を海城と呼ぶこともある。

水堀　みずぼり
水を引き入れた堀、平城の場合は、湧水があるため必然的に水堀とせざるを得なかった。水運や排水処理施設としても利用された。

向唐破風　むかいからはふ
→唐破風　からはふ

武者走　むしゃばしり
塁上の平地に塀や柵を設けた時、城内側の通路を武者走と呼ぶ（城外側は犬走）。

棟　むね
屋根の頂部をいい、屋根の分水嶺となる水平な直線箇所を指す。大棟ともいう。また、入母屋屋根、寄棟屋根、方形屋根のように４隅に向って傾斜する棟もできるが、これを隅棟（下り棟）と呼ぶ。

模擬天守　もぎてんしゅ
城は実在したが、元々天守のあるはずもない中世城郭や、天守の存在が証明できない城に建てられた天守を総称して呼ぶ。天守の存在は確実だが、史実とは異なる場所に建てられた場合や、全く異なる姿かたちで建てられた場合、天守台はあるものの、そこに天守が建てられた記録がないにもかかわらず、天守台上に建てられた場合も模擬天守となる。

身舎　もや
主要な柱に囲まれた家屋の中心部分。建物の中心部分となる部屋のこと。周りに回廊がめぐることが多い。

ヤ行

薬医門　やくいもん
鏡柱と控柱をまとめて一つの切妻造の屋根で覆った格式の高い門。高麗門の出現以来数を減らし、防備より格式を重んじる場所に建てられることになった。

役所　やくしょ
国や藩などの行政事務を行っている場所のこと。

比翼千鳥破風　ひよくちどりはふ
→千鳥破風　ちどりはふ

平瓦　ひらがわら
四角形の板を凹方向に湾曲させた形状を呈す本瓦葺の瓦。丸瓦（牡瓦）に対する牝瓦。軒の部分に用いられたものを軒平瓦と呼ぶ。

平虎口　ひらこぐち
土塁や石塁を割って、真っ直ぐに入ることのできる出入口。入口を狭めただけの、最も単純な虎口形態である。

平城　ひらじろ
主に湿地帯や平地に、堀をめぐらせて築かれた城。江戸時代の居城のほとんどがこの城になる。海城も広義ではこの分類に入る。

褶　ひらみ
土塁の塁上にある平面のこと。「馬踏」ともいう。底辺は「敷」、傾斜は「法（矩）」という。

平櫓　ひらやぐら
一重の櫓。最も簡略な櫓で、平面規模も二重櫓より小さいのが常。倉庫的役割が主であった。

平山城　ひらやまじろ
丘陵上や平野の中にある低い山の峰を利用して、山上から山麓にかけて雛壇状に曲輪群を設けた城。近世初頭から急激に築かれた。

広間　ひろま
表御殿の主屋。玄関の隣に建てられ、大広間・大書院とも呼ばれた。最奥は一段床が高く張られた「上段の間」となっており、城主着座の間であった。主に対面儀礼に利用された。

檜皮葺　ひわだぶき
屋根葺手法の一つで、檜（ヒノキ）の樹皮を用いて施工する。 日本古来から伝わる伝統的手法で、世界に類を見ない日本独自の屋根工法である。

復元天守　ふくげんてんしゅ
当時の図面（設計図）・文献資料・発掘成果などを総合的に検証し、当時と同様な材料（全て新材）を使用して、当時と同様の（伝統的）工法によって忠実に再建された天守。

複合式天守　ふくごうしきてんしゅ
最も多く見られる形式で、天守に付櫓や小天守が接続される形式を呼ぶ。いずれも付属施設を経由しないと天守には入れない構造となる。

武家屋敷　ぶけやしき
大名屋敷のこと。家臣たちの屋敷を「武家屋敷」というが、正式には「侍屋敷」である。石高に応じて、城の御殿を小規模かつ簡略化したような建物を建て、その外周を土塀などで取り囲んでいた。

普請　ふしん
築城工事の中で、堀や土塁・石垣などを築く土木的工事全般を呼ぶ。中世城郭は普請が築城の中心であった。

復興天守　ふっこうてんしゅ
古写真や図面は残らないが、文献資料や発掘調査成果などから、かつて存在したことが確かな建物を、位置は史実とほぼ同様でありながら、外観が史実とは異なる姿で再建された天守。

復古式天守　ふっこしきてんしゅ
築造年代が新しいにもかかわらず、武家諸法度の規定により失われた古い形をほぼ忠実に再建したため、望楼型天守となったり、高欄を設けたり、下見板張とするなど古式を採用した天守。

舟入　ふないり
船を岸へつけるために設けた堀や入江をいう。海城では、堀と川や湖、海を結び、曲輪から石段を設け水面へ降りられるようにしていた。門を設け、門を開けると船着場となる城もあった。

塀重門　へいじゅうもん
門柱と扉だけで、冠木を省略した門。現存例は、すべて近代の建築である。

別郭一城　べっかくいちじょう
→一城別郭　いちじょうべっかく

防塁　ぼうるい
沿岸、国境などに土塁や石垣（石塁）、空堀や水堀などを平行線状に築いた防御構築物。古代の水城や元寇時の防塁がそれにあたる。幕末に、異国船に備えた砲台と共に、防塁を築いたのが菊ヶ浜台場（山口県萩市）で、海岸線に沿って構築された。

望楼型天守　ぼうろうがたてんしゅ
一階または二階建ての入母屋造の建物を造り、その屋根の上に一階建てから三階建てのいずれかの上階を載せた天守。最上階を物見（望楼）と呼び、大屋根の上に望楼を載せた形式であるためこの名がある。

掘立柱建物　ほったてばしらたてもの
礎石を用いず、地面に穴を掘り窪めて、そのまま柱を立て地面を底床とした建物。中世城郭の建物は、掘立柱建物が主流であったが、礎石建物の普及に伴い淘汰されていった。なお、民家建築では18世紀頃まで主流であった。

堀・濠　ほり
城を守るために、曲輪の周りや前面の土を掘って造られた外側との遮断線のこと。水堀と空堀に大別される。

堀切　ほりきり
尾根筋や丘陵を遮断する空堀。等高線に対し直角に配置される。山城で、曲輪間や城域の区切

部屋の周りを漆喰（土壁）で塗り固めること。燃えやすい木製建材を漆喰で塗り固めることで、防火性を高める目的があった。軒下から壁に至るまですべての露出面を漆喰で塗り固めると「総塗籠」。白漆喰で塗り固めた場合は「白漆喰総塗籠」と呼ぶ。

根石　ねいし
石垣最下段に据えられた石。

根小屋　ねごや
根古屋ともいう。館や城のある山の麓の集落のこと。転じて、山城の麓に築かれた館の呼称。

能舞台　のうぶたい
観客席と舞台の間に緞帳も幕もなく、極度に簡略化された能を演じる場所。本舞台(三間四方)、橋掛かり、後座、地謡座で構成。室町末期に登場し、城の御殿内に築かれるようになった。

軒唐破風　のきからはふ
→唐破風　からはふ

野面積　のづらづみ
未加工の自然石を積み上げた石垣。石垣の積み方では、最も古い段階の石垣となる。

法（矩）　のり
→褶　ひらみ

法面　のりめん
切土や盛土により造られる人工的な斜面のこと。城では、登り難く、崩れ難い、45度が理想とされた。曲輪内の法面を内法、外側を外法という。

ハ行

廃城令　はいじょうれい
明治６年（1873）の太政官達「全国ノ城廓陣屋等存廃ヲ定メ存置ノ地所建物木石等陸軍省ニ管轄セシム」及び「全国ノ城廓陣屋等存廃ヲ定メ廃止ノ地所建物木石等大蔵省ニ処分セシム」の件の総称。陸軍が軍用として使用する城郭陣屋と、大蔵省に引渡し売却用財産として処分する城郭陣屋に区分された。

箱堀　はこぼり
堀の断面が逆台形となる堀で、底を堀底道として利用することもあった。水堀は、基本的にこの形である。

端城　はじょう
羽城ともいう。本城に対する支城のことで、枝城・出城などと同義。

破城　はじょう
敵対勢力や不要となった城が、再び利用されることのないように破却すること。当初は、建物のみの破却であったが、後に石垣などを含め徹底的に破却されることになる。「城割」と同義。

鉢巻石垣　はちまきいしがき
土塁の補強、石垣の節約のために、土塁の上部にのみ築いた石垣をいう。土塁上に建物（櫓や土塀）を建てる場合の基礎ともなった。

八双金物　はっそうかなもの
先端が二股に分かれ、または油煙形に突き出した形の装飾金具。門に取り付けられた壺金の補強と飾りに使用された。

はつり仕上げ　はつりしあげ
→すだれ仕上げ　すだれしあげ

跳出石垣　はねだしいしがき
石垣の防御性を高めるための手法。天端石の一石下を板状の切石に成形し、それを庇のように突き出して並べた石垣。武者返とか忍返とも呼ぶ。実例は少なく、人吉城、五稜郭、龍岡城などわずかしか見られない。

破風　はふ
切妻造や入母屋造の屋根の妻側に見られる端部のこと。破風の端部の板材を破風板、その背後にある壁を「妻壁」、破風板が合わさる頂部の破風板の拝みには「懸魚」という飾りが下げられた。妻壁に設けられた飾りを「妻飾」という。破風には、入母屋破風、切妻破風、千鳥破風、唐破風などがある。

破風の間　はふのま
千鳥破風や入母屋破風の内部に設けられた狭い部屋のこと。狭間を設け攻撃の場となることもあるが、採光の目的もあった。

梁　はり
柱の上に、棟木と直行に渡して、上からの荷重を支える部材のこと。棟木と平行する部材が桁。

番所　ばんしょ
門や御殿入口に置かれた監視所。曲輪の見回りや管理、門の開閉など多岐にわたる仕事を持った番所役人が詰めていた。一つの城に、数十ヶ所置かれるのが常であった。

版築　はんちく
土を強く突き固める方法で、土や石（礫）のみ、もしくはそれらと少量の石灰などの混合物で固めることが多い。曲輪の造成や、土塁や築地塀に用いられた。

肘壺　ひじつぼ
城門の扉を吊る金具。扉の側面に差し込む壺金と、鏡柱の背面に打ち込む肘金を組み合わせたもの。共に、円柱形の本体に平たい柄を付けた形となる。

比翼入母屋破風　ひよくいりもやはふ
→入母屋破風　いりもやはふ

られ、床柱、床框（とこがまち）などで構成。掛け軸や貿易陶磁などを飾る場所であった。「床の間」は俗称。

都城　とじょう
中国の都制の基準で、東アジア文化圏で採用されている。南北中央に朱雀大路を配し、南北の大路（坊）と東西の大路（条）を碁盤の目状に組み合わせた左右対称で方形の都市プラン（条坊制）によって設計・建設された首都で、市域全体を城壁（羅城）で囲まれた都市の名称。

土蔵　どぞう
物資を保管するための倉庫。分厚い土壁を塗った瓦葺の建物。最も大規模な土蔵は米蔵で、他に焔硝蔵、塩蔵、金蔵、武器庫などがあった。

土台　どだい
木造建築で、基礎の上に横にして据える材のこと。この材に、ほぞ穴をあけて柱を差し込む。

土橋　どばし
堀を横断する出入りのための通路として掘り残した土手（土の堤）。主要門への通路は通常土橋となる。

土塀　どべい
柱を立て中心となる構造を造って、土を塗って固めた塀。固めた土を積み上げて造ったものもある。いずれも小さな屋根が付く。

土塁　どるい
土を盛って造った土手。土居も同義。土を突き固め版築したものを「版築土塁」、土をそのまま盛り叩いて固めたものを「たたき土居」、この表面に芝を貼ると「芝土居」と呼ばれた。「版築」も参照。

ナ行

中奥　なかおく
奥・奥御殿と同義。特に、江戸城で将軍が政務を執る場所を「中奥（奥）」、将軍の私邸を「大奥」と呼んで区分したため、表御殿と奥御殿の間にあった殿舎を指すことが多い。

中郭・中曲輪　なかぐるわ
城を三つの区画に分けた場合、その中間にある部分をいう。二の丸に該当する。

長局　ながつぼね
長屋のこと。長い一棟の中をいくつもの局（女房の部屋）に仕切った住まいで、奥御殿で働く御殿女中が住んだ。

長屋　ながや
複数の住まいが水平方向に連続し、壁を共有していた建物。一棟の建物を輪切り状にいくつかに区分し、それぞれを独立した住まいとした集合住宅。それぞれに玄関が付き、外との出入りが可能であった。

長屋門　ながやもん
長屋（多門）の中に組み込んだ城門。城内の仕切りや家臣の屋敷の入口に使用された。

長押・長押柱　なげし・なげしばしら
書院造や社寺建築に使う部材で、柱の表面に打ち付ける横材。格式を上げるために、窓の上下に付けられることが多い。

海鼠壁　なまこかべ
土蔵の外壁に多用され、下見板の代わりに瓦を打ち付け、目地に漆喰を盛ったもの。耐久性が高い。

鉛瓦　なまりがわら
木製瓦の上に、厚さ2mm程度の鉛板を張り付けて造った瓦。少量の銅が添加され、強さや硬さを高め、酸による腐食を防いでいた。寒暖差による割れを防ぐためとか、意匠として使用されたとかいわれるが定かではない。戦闘時に溶かして使用したというのは、伝説に過ぎない。

縄張　なわばり
城を築く際の設計プランのこと。曲輪や堀、門、虎口などの配置をいう。地表面で確認できる曲輪などの配置を図面化したものを「縄張図」という。

南蛮造　なんばんづくり
→唐造　からづくり

西の丸　にしのまる
本丸に対し、その西側にある一郭。西曲輪ともいう。江戸城では、隠居後の将軍および世子の住居であったため、隠居所を指す場合もある。

二重櫓　にじゅうやぐら
二階建ての櫓で、標準的な櫓。櫓は、物見と射撃の拠点とされたため、平櫓では不十分で、二重櫓が理想とされた。構造上の制約が少ないため、特殊な形の二重櫓も多い。

二の丸　にのまる
本丸を補完・守備するための第二の区画。本丸を取り囲むもの、並列し第二拠点となる場合もあった。

貫　ぬき
木造建築で柱などの垂直材間に通す水平材で、水平方向の固定に使用。壁・床下の補強などに用いられた。

布積　ぬのづみ
石垣の積み方で、石材の列が横方向にほぼ並んだ積み方。横方向の目地が通らず乱れているのを「乱積」という。

塗籠　ぬりごめ

僧侶の私室に造られた出窓状の施設で、開口部に小障子を入れ、机を作り付けにして読書の場所として使用されていたとされる。

付城　つけじろ
本城とは別に要所に築いた出城。または、攻撃の拠点として敵方の城の近くに築いた城。支城の一形態である。

付櫓　つけやぐら
天守に付属する櫓のこと。「附櫓」とも記される。

土戸　つちど
板戸の表面に壁土を塗ったもの。重いため、一般的に引戸になる。敷居に雨水が溜まるため、溝の底に排水口を設ける。

続櫓　つづきやぐら
主体の櫓に付属する櫓のこと。

妻飾　つまかざり
→破風　はふ

妻壁　つまかべ
→破風　はふ

積石　つみいし
積み上げられた石材によって構成される石垣の面。築石部とも呼ばれる。

詰城　つめのしろ
戦闘目的で、館（居館）の背後や近くの山上などに築かれた城。有事の際の、最後の防衛拠点とする。

詰丸　つめのまる
城内の最奥にあって、最後に拠る曲輪。本丸よりも奥の高所に、適した一郭を設けた場合の名称。

庭園　ていえん
観賞用に自然を模して川・池・築山などを設け、木や草が植えられた人工的に整備された施設。庭園の中を歩き鑑賞することができる庭を「回遊式庭園」、池や遣水などの水を用いずに石や砂などにより山水の風景を表現する庭を「枯山水」という。

梯郭式縄張　ていかくしきなわばり
本丸を中心に、二の丸、三の丸がＬ字形に取り囲んだ配置となる城の縄張。

鉄砲狭間　てっぽうざま
→狭間　さま

出窓　でまど
外壁面から突き出した窓。床面を石落、側面を横矢掛にするなどの防備機能と、装飾意匠の目的を併せ持っていた。

出丸　でまる
城の主体となる本丸・二の丸などから離れて設けられた曲輪。主郭の前線で敵方を防いだり、挟撃したりするのに役立った。出郭も同義。

寺町　てらまち
城下町内で、寺院が集中して配置された地域。寺院を城下町の外縁や主要往来沿いにまとめ、戦闘の際の陣地とする目的があった。

天下普請　てんかぶしん
徳川幕府が諸大名を動員して行った城普請。軍役の一種。手伝い普請ともいう。

天守・天主　てんしゅ
近世大名の居城の中心建物で、通常最大規模、高さを持つ建物の名称。安土城天主のみ、信長が「天主」と命名したため「天主」と表記し、他は「天守」と記す。殿主・殿守とも書かれるが、読みはいずれも「てんしゅ」である。

天守閣　てんしゅかく
江戸時代後期に、庶民の間の俗称として用いられ、明治以降は「天守閣」と呼称されることが多くなった。学術用語としては「天守」が用いられる。

天守台　てんしゅだい
天守を建てるための石垣の台座。当初から、天守建築の予定がないにもかかわらず、家格のために天守台のみを築いた城もある。

天守代用　てんしゅだいよう
天守が建てられないため、代わりの役目を担った御三階などの櫓をいう。櫓ではなく、書院を代用とした記録も残る。

天端石　てんばいし
石垣の一番上に据えられた石。礎石を兼ねることもあった。

土居　どい
→土塁　どるい

胴木　どうぎ
軟弱な地盤に石垣を築き上げる時、不同沈下を防ぐために据えられた木材。ずれないように杭を打って止めたりした。耐水性に優れた松材が利用されることが多い。

遠侍　とおざむらい
玄関の古名で、小広間と称することもあった。正面には式台が突き出している。

通柱　とおしばしら
→心柱　しんばしら

独立式天守　どくりつしきてんしゅ
付属建築がなく、天守だけで単独で建つ形式をこのように呼ぶ。基本的には、直接天守へ入ることが可能な天守である。

床　とこ
ハレ（非日常的）の空間である客間の一角に造

天守や櫓、殿舎群などの建造物の柱などを支える土台（礎）とするために据え付けられた石のこと。礎石を用いると、柱が直接地面と接しないため、湿気や食害などで腐食や老朽化が進むことを防ぐ効果があった。

外枡形　そとますがた
曲輪外側に突出した枡形。曲輪内部から虎口部分を突出させるため、内部スペースの有効利用が可能なうえ、多くが枡形の三方を堀で囲むことになり、敵方に対する前線の陣地と同様な攻撃拠点ともなった。

反り　そり
→扇の勾配　おうぎのこうばい

タ行

代官所　だいかんじょ・だいかんしょ
江戸時代、領主に代わって任地の事務を司った代官が政務を執り行った役所。

台場　だいば
幕末に沿岸警備のために築かれた砲台を台場と呼び、全国各地の沿岸全域に約800ヶ所程が築かれた。

たたき土居　たたきどい
→土塁　どるい

竪堀　たてぼり
山の斜面に、等高線に直角に掘られた堀で、斜面移動を防ぐ目的があった。連続して配置されたものは畝状竪堀と呼ぶ。

谷積　たにづみ
石を斜めに落とし込んで積む方法で、江戸末期の新しい石垣に見られる。明治以降は、この積み方が主流となる。「落積」とも呼ばれる。

多門（多聞）　たもん
「多門櫓」の略称で、江戸時代は単に「多門」と呼ばれた。足軽たちが住んだ共同住宅の長屋も意味し、「多聞」と記されることはない。

多門櫓（多聞櫓）　たもんやぐら
塁線上に細長く築かれた長屋形式の櫓。松永久秀の多聞城に初めて建てられたため、または毘沙門天（多聞天）を祀ったため、「多聞」と呼ばれる。「多門」とは長屋のことであるため、正しくは「多門櫓」とすべきだが、近代以降「多聞櫓」と記されるようになった。

垂木　たるき
桁（棟木）の上に等間隔に渡された屋根瓦を支える細い角材。この先端部に、飾り瓦や化粧金具を打ち付けることもあった。

地選　ちせん
自然地形などを考慮して、戦略的に有利なように城を築く土地を選ぶこと。その土地のどのあたりに城を築くか具体的範囲を決めることを「地取」という。基本的には、同義である。

池泉回遊式庭園　ちせんかいゆうしきていえん
回遊式庭園の一形態。大きな池を中心に配し、その周囲に園路をめぐらして、築山、池中に設けた小島、橋、名石によって、景勝などを再現した庭。休憩所として、茶亭、東屋（四阿）なども設けられた。

乳金物　ちちかなもの
鏡柱の表側に出た肘金の柄の先端を隠すための乳形の金物。「饅頭金物」ともいう。

地取　ちどり
→地選　ちせん

千鳥破風　ちどりはふ
屋根上に載せた三角形の出窓で、装飾や採光のために設けられた。屋根面に置くだけで、どこにでも造ることができた。二つ並べたものは、「比翼千鳥破風」という。

チャシ　ちゃし
チャシとは一般的に蝦夷地に存在した砦や城の総称で、アイヌ語では「山の上にあって割木の柵をめぐらせた施設」いわゆる「柵囲い」を意味する。

中世城郭　ちゅうせいじょうかく
天下統一以前に築かれた、石垣・天守・瓦葺建物を持たず、土着の支配者層によって築かれた土の城のこと。

町家　ちょうか
→町屋　まちや

朝鮮式山城　ちょうせんしきやまじろ
→古代山城　こだいさんじょう

帳台構　ちょうだいがまえ
書院造における設備の一つ。上段の間、床、違い棚をはさんで付書院の反対側に一段高く敷居を入れ、丈の低い襖を立てた座敷飾り。

築地塀　ついじべい
古代から中世の寺院や邸宅に使用された土塀の一種。両側に板で作った型枠を当て、その間に壁土を薄く敷き込み突き固める作業を繰り返し行い、固め上げた土塀。

突上戸　つきあげど
板製の戸を格子の外に上から吊り、外側に跳ね上げて開くもの。防火性に難点があった。

継手　つぎて
→仕口　しくち

付書院　つけしょいん
床の間脇の縁側沿いにある開口部で、座敷飾りのための場所。原型は出し文机と称された貴族・

火事の際には水を噴き出して火を消すといわれたため、大棟の両端に取り付け守り神とされた。織田信長が安土城天主で初めて使用し、その後普及したといわれる。姿は魚で頭は虎、背中には幾重もの鋭いとげを持つ想像上の動物。一字で「しゃちほこ」とも読み、または「鯱鉾・魚虎（しゃちほこ）」と表記することがある。

守護所　しゅごしょ
守護が居住した館の所在地のこと。守護の政治的権限の拡大とともに政庁所在地としての機能が国衙より移されていった。守護の居館を中心に重臣の居館が配置され、その周辺に市場や社寺などが集まるようになり、地方都市としての役割を果たすようになった。

書院　しょいん
政庁である表御殿を構成する殿舎の一つで、広間の奥に建つ対面の儀式を行う場所であった。広間に比較し、格式が高い対面所となる。

書院造　しょいんづくり
室町時代に登場した書院を主室とした武家の住宅様式をいう。当初は、日常空間として利用されていたが、後に接客空間になり、江戸期には対面所としての役割を持つ儀式の場へと変化していった。

城下町　じょうかまち
平山城や平城の普及に伴い、城郭部の周囲に設けられた家臣たちの住居である侍屋敷と、商人や職人が住む町人地および社寺から構成される。現在の大都市の大部分が城下町から発展した都市である。

城柵　じょうさく
７世紀から11世紀頃まで、大和政権が蝦夷経営のために築いた軍事的防御施設で、政治行政機能を併せ持っていた。一般的に、築地や柵によって囲まれた方形の外郭の中に、政庁などの建物を配した方形の内郭が置かれる姿であった。

障壁画　しょうへきが
織田信長の安土築城を契機に、大規模な殿舎が造営されるようになり、そうした殿舎の襖・衝立などに描かれた豪壮な金碧障子絵などの総称。床の間・違い棚や長押の上の壁などにも描かれた。狩野永徳を中心とした狩野派が著名な担い手である。

城割　しろわり
→破城　はじょう

真壁造　しんかべづくり
壁の塗籠にあたって、建物を組み立てている柱を見せる仕上げで、大壁造より古式な壁となる。防火の点では、木の柱が露出している分不利となるが、温度や湿度が調節できるため居住性には優れている。

陣城　じんじろ
戦闘や城攻めに際し、臨時的に築かれた簡易な城。石垣山城、肥前名護屋城も広義の陣城となる。

心柱　しんばしら
土台から最上階まで一本で通した「通柱」の中で、身舎（もや）中央部に位置する他の柱より一回り太い柱をいう。真柱とも呼ばれる。高層建築の天守は、梁が著しく太いため、通柱はほとんど使用されず、梁上に別の柱を立てることが多い。

陣屋　じんや
城の構築が許可されなかった無城大名の居所、あるいは上級旗本、大藩で知行地を持つ家老、飛地を持つ大名が現地支配のために置いた建物。行政・居住機能のみに特化されたものが多く、塀や石垣、堀で囲い込む陣屋は少ない。

数寄屋　すきや
和歌や茶の湯など風流を楽しむための施設。月見なども範疇に入る。

すだれ仕上げ　すだれしあげ
石垣の石を積み上げた後に施された石材表面の化粧仕上げの一つ。縦筋あるいは横筋などのすだれ状に仕上げたものをいう。小さなはつり（ノミで打ち欠いた痕）を満遍なく施したものは「はつり仕上げ」という。

隅棟　すみむね
入母屋造・寄棟造の屋根で、屋根面が互いに接した部分にできる隅に向かって傾斜した棟のこと。

隅櫓　すみやぐら
曲輪の隅角に建てられた櫓。曲輪が四角形であれば、東西南北の隅に建てられるのが常であった。

井楼櫓　せいろうやぐら
木材を井桁状に組み上げて物見のために使用した簡易的な櫓。中世段階に多く用いられた。

惣構　そうがまえ
城だけでなく城下町まで含めた全体を堀や土塁などで囲い込んだ内部、または大外に設けられた防御ラインのことで、「総構」とも。

層塔型天守　そうとうがたてんしゅ
一階から最上階まで、上階を下階より規則的に逓減させて順番に積み上げた形式をいう。関ヶ原の戦い後に登場する新式の天守形式である。

総塗籠　そうぬりごめ
→塗籠　ぬりごめ

惣門・総門　そうもん
外構えの大門。または、外郭の正門のこと。

礎石　そせき

にのみ築いた石垣。土留の役割を持つため、一般的に高さは低い。

腰屋根　こしやね
通常、建物の側面から張り出した庇状の簡易的な屋根をいうが、出窓上や大棟の上に設けた小さい屋根も腰屋根と呼ばれる。また、初重が石垣天端いっぱいに建てられない場合、板庇で隙間を埋める例が見られるが、これを腰屋根と呼ぶこともある。

古代山城　こだいさんじょう
飛鳥時代から奈良時代頃に、対朝鮮・中国の情勢に応じて西日本各地に築造された防衛施設の総称。『日本書紀』や『続日本紀』に記載されている城を「朝鮮式山城」、記載がなく遺構でのみ存在が確認される城を「神籠石系山城」という。

御殿　ごてん
城主が、政治を行ったり、生活したりする建物。表向（公邸）と奥向（私邸）の二つに大別される。

小天守　こてんしゅ
天守に付属する付櫓のうちで、その最上階が天守本体から独立しているもの。

サ行

逆茂木　さかもぎ
枝が付いた立木を並べて、敵の侵入を阻んだもので、臨戦時に使用された。

作業場　さぎょうば
一般的に土蔵造で、武器の補修や製造場となった建物をいう。建築工事の作業場や資材置き場となった簡略的なものは「作事小屋」と呼ばれた。

柵・柵列　さく・さくれつ
敵の侵入を防ぐために設けた構造物の一種。木材や竹、杭などを支柱として等間隔に並べ、これに渡すように横木を横方向に固定して作る。横木は、敵方の足掛かりになるのを防ぐために、上下にのみ渡された。

作事　さくじ
天守や櫓・塀・門などを建てる建築的工事を呼ぶ。近世城郭では、築城の中心となった。

作事小屋　さくじごや
→作業場　さぎょうば

座敷飾　ざしきかざり
座敷を飾るために設けられた「床の間」「棚（違い棚）」「付書院」「帳台構」などをいう。

狭間　さま
城内から敵を攻撃するために、建物や塀・石垣に設けられた四角形や円形の小窓。縦長が鉄砲・弓両用、四角・丸・三角は鉄砲用になる。

侍屋敷　さむらいやしき
城主の家臣たちの住居。身分や石高に応じて規模が異なっていた。

算木積　さんぎづみ
隅石の長辺を短辺の2倍から3倍とし、整然と長短交互に積み上げた石垣。関ヶ原の戦い後に完成した積み方。

三重櫓　さんじゅうやぐら
三階建ての最高格式の櫓で、大城郭にのみ建てられていた。最も多く三重櫓を有したのが徳川大坂城で12棟。次いで、岡山城・福山城の7棟である。

敷　しき
→褶　ひらみ

敷居　しきい
→鴨居　かもい

式台　しきだい
玄関の土間と床の段差を埋めるために設置された板敷。身分の高い人の公式の出入口を指すこともある。

仕口　しくち
在来工法（木造建築）における木材の繋ぎ方や継ぎ手の種類の一種で、二つ以上の材を、ある角度に接合する時に使用する。土台と柱や、梁と桁の繋ぎ目など、それぞれの材を組む時に用いる。材の長さを増すため、材を継ぎ足す時に用いる手法は「継手」と呼ぶ。

支城　しじょう
本城（居城）を補完·補強する目的で築かれた城。枝城・端城も同義である。国境付近に築かれることが多かった。

下見板張　したみいたばり
大壁造の仕上げ方の一つで、煤と柿渋からなる墨を塗った板を張ったもの。漆喰仕上げと比較し、風雨に強い。

漆喰　しっくい
土壁の仕上げ材料として用いられる日本特有の塗壁材。海藻を炊いてのりを作り、麻すさ（麻の繊維）と塩焼き消石灰を混合して、水で練って作られる。天井仕上げや、瓦・石材の目地の充填や接着にも用いられた。

寺内町　じないちょう・じないまち
室町時代に一向宗などの寺院や道場（御坊）を中心に形成された自治集落のこと。防御のために、堀（濠）や土塁で囲い込み、信者、商工業者などが集まり居住した。

芝土居　しばどい
→土塁　どるい

鯱　しゃち・しゃちほこ

貼った瓦。安土桃山時代に隆盛するが、江戸期には神社仏閣、廟所などに使用されることが多くなった。

喰違虎口　くいちがいこぐち
左右の土居（石塁）が、互い違いにずれているため、鍵の手に曲がらないと入れない虎口をいう。

グスク　ぐすく
奄美群島から沖縄諸島、先島諸島にかけて分布する按司たちが築いた城の総称。単に軍事施設というだけではなく、神域としての役割も担う施設と考えられている。

蔵　くら
→土蔵　どぞう

郭・曲輪　くるわ
城内で、機能や役割に応じて区画された一区域。中世段階は「曲輪」、近世では「郭」を用いる。また、近世城郭は「丸」が使用される。

鉄門　くろがねもん
門扉や鏡柱の表面に隙間なく、あるいは少し隙間を空けて筋状に鉄板を張り詰めた門。隙間を空けた門は、筋鉄門と呼ぶこともある。

郡衙　ぐんが
奈良時代に制定された律令制度の下で、郡の官人（郡司）が政務を執った地方役所。正殿・脇殿のほか、正倉（倉庫）などが置かれていた。郡家（ぐうけ）ともいう。

懸魚　げぎょ
破風の下部内側に取り付けられた、棟木や桁の先を隠すための装飾部材。天守に用いられるのは、梅鉢懸魚・蕪懸魚・三花蕪懸魚の三種類で、破風の大きさによって使い分けられた。

桁　けた
柱の上に、棟木と平行に渡して、垂木を受ける部材のこと。桁に対し、棟木と直行する部材は梁という。

毛抜堀　けぬきぼり
堀の底を半円形のように丸く掘ったもので、毛抜きの先のようにU字型であることから、この名がある。

現存天守　げんぞんてんしゅ
江戸時代またはそれ以前に建設され、現代まで修理を重ねて保存されてきた天守。現在残っているのは、12城のみである。

神籠石系山城　こうごいしけいやまじろ
→古代山城　こだいさんじょう

格子窓　こうしまど
敵の侵入や矢玉を防ぐため、太い格子を付けた窓。格子は木製であったが、防火のために表面は壁土で塗り籠められた。

豪族居館　ごうぞくきょかん
古墳時代の豪族たちが、地域支配のために築いた館。防御性能より見た目が重視され、堀や土塁・塀や柵で囲い込まれていた。内部は、居住と祭祀、金属器などの製作場所などで区画されていた。

高麗門　こうらいもん
冠木の上だけを覆う小さな切妻造の屋根を架け、二本の控え柱の上にも別々に小さな屋根を架けた門。慶長年間頃に出現した比較的新しい門で、性能の良さから江戸時代に多くの城で用いられ隆盛した。

高欄　こうらん
建物の縁に、転落防止のために付けられた手摺。通常、天守の廻縁に設置される。勾欄ともいう。

国衙　こくが
律令制下の地方の政治を行う役所群や領地。国衙を中心に重要施設が集められた都市を国府、国司が儀式や政治を行う施設を国庁という。

虎口　こぐち
城の出入口の総称で、攻城戦の最前線となるため様々な防御構造を工夫した形式が見られる。一度に多人数の侵入を防ぐため、小さく出入口を築くので小口と呼ばれたのが語源という。

御家人館　ごけにんやかた
御家人（武士）が居住した、土塁・堀などに囲まれた館。入口には門を構え、戦に備えた城砦の役割も併せ持っていた。館の中心建物が主屋と副屋（対屋）で、館主の居住空間であり、対面施設としても利用された。

杮葺　こけらぶき
木材の薄板をずらしながら下から平行に重ねて並べ、竹釘で止めた我が国の伝統的な屋根。木材を横に渡し、石で固定するだけの場合もある。ヒノキ、サワラ、スギ、エノキなど、筋目がよく通り削ぎやすく、水に強い材木が使用された。

御三階　ごさんかい
最高格式の櫓で、天守を持たない城の天守代用櫓をいう。

腰掛　こしかけ
城門の外や御殿の玄関横に建てられた長大な建物で、藩士が登城する時に連れてきた供の者の待合。「供待」ともいう。茶室の外の露地に設けた休憩所や、江戸城内の番士の詰所もいう。

腰曲輪　こしぐるわ
曲輪の側面に設けられた削平地で、帯曲輪のように帯状にならない短い曲輪。

腰巻石垣　こしまきいしがき
土塁の補強、石垣の節約のために、土塁の下部

土桃山時代前後に城郭に使用されるようになった。火灯窓ともいう。

冠木　かぶき
鏡柱の上や、鏡柱を貫いて渡された太い水平材。冠木門の略称として用いられることもある。

冠木門　かぶきもん
平屋建ての門。現在は、屋根を載せない門の通称となっている。屋根のない冠木門は、明治以降になって流行した門である。

鴨居　かもい
建具（襖や障子など）を立て込むために引き戸状開口部の上枠として取り付けられる横木で、建具を滑らせるために溝を設ける。下部に取り付ける同様のものは「敷居」と呼ぶ。

唐造　からづくり
最上階を下階より大きく造って、その間の屋根を省略したもの。俗称は「南蛮造」。

唐破風　からはふ
軒先の一部を丸く持ち上げて造った「軒唐破風」と、屋根自体を丸く造った「向唐破風」とがある。もとは社寺建築に多用された装飾性の高い破風である。

空堀　からぼり
水のない堀で、山城に多用された。近世城郭においても、重要箇所は空堀が採用された。底は、通路（堀底道）に使用されることもあった。

搦手門　からめてもん
城の背面、裏口を呼ぶ。目立たず、小型で狭いことが多いが、大型の門を採用する場合もあった。

唐門　からもん
室町時代以降の社寺建築に多用された門で、開口正面に向かって左右に唐破風のあるものを平唐門、前後にあるものを向唐門という。屋根上の唐破風は、軒唐破風と向唐破風の二種があった。

側柱　がわばしら
柱と柱の間に、壁下地を取り付けるために立てた小柱（間柱）で、外周りに立てられると側柱という。

瓦　かわら
屋根葺き材料の一つで、粘土を混練、成形、焼成した屋根材の総称。通常、瓦といえば粘土瓦を指す。大きく丸瓦・平瓦・役瓦に種別される。

雁木　がんぎ
塁上へ昇り降りするための坂や石段。近世城郭では、石塁内側全面が雁木となる例が多い。雁が群れをなして飛行する時、折れ線状に列を作るので、その形状から名付けられた。

環濠集落　かんごうしゅうらく
周囲に堀（濠）をめぐらせた集落。水稲農耕とともに大陸からもたらされた新しい集落の形態と考えられている。弥生時代と中世に多く見られる。吉野ヶ里遺跡が代表例。

亀甲積　きっこうづみ
石を六角形に整形して積んだ石垣。正六角形でなく多角形の場合が多い。江戸後期の比較的低い石垣を中心に使用された。

木連格子　きづれごうし
縦横等間隔で組まれた格子。入母屋破風の下の格子として使用されることが多く、狐格子ともいう。

木戸　きど
中世城郭の城の出入口をさす。近世城郭に比べ、簡素な構造の門をいう場合もある。

木橋　きばし
主要部材に木材を用いた橋。「掛（懸）橋」とも呼ばれ、堀に架けるものであった。有事に際し、守備側が落とすことが可能であった。廊下橋など様々な種類が見られる。

擬宝珠　ぎぼし
伝統的な建築物の装飾で橋や神社、寺院の階段、廻縁の高欄（手すり、欄干）の柱の上に設けられている飾り。ネギの花に似ていることから「葱台」とも呼ばれる。城では、最上階の廻縁の高欄に使用されることが多い。

宮都　きゅうと
東アジア文化圏において中国の都の影響を受けて造られた、城壁に囲まれた都市。「都城」と同義。

切岸　きりぎし
曲輪斜面の自然傾斜を加工し、絶壁にして登れないようにしたもの。

切込接　きりこみはぎ
石材を完全に加工し、形を整え隙間なく積んだ石垣。江戸時代になって登場した積み方。

切妻造　きりづまづくり
屋根の最頂部の棟から地上に向かって二つの傾斜面が、Λ（逆V字）の形状をした屋根を持つ建築物。

切妻破風　きりづまはふ
軒先まで三角形の屋根の端部を出っ張らせたもので、おもに出窓上に用いられた。

近世城郭　きんせいじょうかく
織田信長の安土築城以後に普及した、石垣や瓦葺の天守などを持つ城を指す。地域や支配者によって差が見られる。

金箔瓦　きんぱくがわら
安土城で初めて使用された、漆を下地に金箔を

になる。

内枡形　うちますがた

曲輪の内部空間に虎口部分を包み込むような形態を呈する枡形。曲輪の内部面積を減らしてしまう欠点があったが、外枡形と異なり三方が曲輪と地続きとなるため、背後にも守備兵を配置することが可能で、三方から連続攻撃を仕掛けることができた。

畝状竪堀　うねじょうたてぼり

竪堀を連続して三つ以上並べたもの。畝状空堀群ともいう。竪土塁と竪堀が交互に連続し、敵が横に移動するのを防ぐ目的があった。実用的でなく、防御の強固さを見せる目的と推定される。

馬出　うまだし

虎口の外側に、防備強化と出撃拠点を目的に置かれた曲輪。外側塁線が円弧状となる丸馬出と、方形となる角馬出に大きく分けられる。

馬屋・厩　うまや

馬を飼っておく独立した建物や家屋内で馬を飼う部屋。現存するのは彦根城のみである。

裏込　うらごめ

石積みの背面の水抜きをよくして、表面の石材にかかる土圧を減らすために、背面に詰めた、栗石や砂利のような透水性の良い小石。

円郭式縄張　えんかくしきなわばり

本丸の周囲を囲む曲輪群が円形あるいは半円形を呈すものをいうが、田中城（静岡県藤枝市）以外は認められず、輪郭式の一形態と捉えるのが妥当である。

扇の勾配　おうぎのこうばい

下部は緩く、上部にいくにつれて次第に急勾配となり、最後は垂直にそそり立つような「反り」を持つ石垣。

大奥　おおおく

江戸城に存在した将軍家の子女や正室、奥女中（御殿女中）たちの居所。あるいは、江戸時代の大大名家の奥向の別称。

大壁造　おおかべづくり

一般的に柱を見せないように外壁の表面を厚く塗ったもの。漆喰を塗った塗籠と下見板張の２種類がある。

大手門　おおてもん

城の正面、表側に位置する門。追手も同義。城内で、最も大きく厳重な門となる場合が多く、近世城郭では枡形門となる。

奥・奥御殿　おく・おくごてん

城主の居所で、居間・寝所、また夫人・側室などの住まいにあてられた建物。庭園や遊興施設も付設されていた。

帯曲輪　おびぐるわ

帯状に細長く曲輪の側面や周りを取り囲むように設けられた補助的な小曲輪。

表・表御殿　おもて・おもてごてん

公の政務・儀式などを行う御殿で、通常玄関・広間・書院で構成される。主に対面の儀式（城主と家臣が会い、主従関係を確認する）などが行われた。

カ行

飼石　かいいし

積石と積石の間に入れて安定させるための石。

外郭　がいかく

城の中枢部から、さらにもう一重外側に設けた防御線。外曲輪ともいう。惣構、惣曲輪と同義に用いられることもある。

外観復元天守　がいかんふくげんてんしゅ

見た目のみを旧来の姿に復することで、外観のみが失われる前の写真や図面（設計図）通りに再建された天守。

会所　かいしょ

中世段階では、大きな行事にも使われたが、通常公的行事より、私的な遊興的行事を行う場所であった。当初は、主要建築に付設されていたが、後に独立した建物となった。江戸期には、幕府・諸藩の行政、財政上の役所の総称であった。

蟇股　かえるまた

梁や桁 の上に置かれる、輪郭が山形をした部材。構造上必要な支柱であったが、のちには装飾化した。蛙が股を広げたような形であるためこの名がある。

鏡柱　かがみばしら

城門の正面側に立つ長方形断面の太い主柱。門扉は、鏡柱の間に取り付けられた。

角馬出　かくうまだし

外側塁線がコ字型に折れ曲がる馬出で、石垣、土居の双方に対応可能。

隠狭間　かくしざま

外から見えないように隠した狭間。蓋を付けたり、薄く壁を塗って、万が一の際は割って使用するものもあった。

掛（懸）橋　かけばし

→木橋　きばし

華頭窓　かとうまど

尖頭形の窓枠を持つ曲線的な窓で、内側に引戸が設けられていた。元は、禅宗寺院の窓で、安

城ファン必携！ 受験者必読！

検定統一城郭用語集

ア行

間石　あいいし
大きい積石の間に詰めてある隙間を埋めるための小石で、会詰石、相間石、小詰などとも呼ぶ。

合坂　あいざか
雁木（石段）を向かい合うように配置する場合を合坂と呼ぶ。左右に分かれて登れる利点があったが、長大な石塁の場合は、等間隔にいくつも設置する必要があった。

銅門　あかがねもん
門扉や鏡柱の表面に隙間なく、あるいは少し隙間を空けて筋状に銅板を張り詰めたものを銅門と呼ぶ。

穴太衆　あのうしゅう
穴太とは、石積み工人一般を指す用語であり、必ずしも近江の穴太（滋賀県大津市坂本近郊）を指すものではない。俗に、安土城の石垣を積んだといわれるが、『信長公記』には穴太衆という石工集団は見られない。

石落　いしおとし
天守や櫓、塀などの床の一部を張り出して開口した狭間の一種。石を落とすためのものではなく、下向きの大型の狭間である。石を落としたり、糞尿や熱湯を浴びせたりとしたのは、江戸時代の軍学書にある使用法である。

石垣　いしがき
石を積み上げて、土留としたものが最初で、安土城以降、石垣上に建物が載るようになり、城郭建物の基礎となった。

石瓦　いしがわら
石を削って造った瓦。寒冷地で冬季に割れることを防ぐために使われたが、重すぎるという欠点があった。

石築地　いしついじ
石を積み上げて造った堤防状の築地。後に、元寇防塁と呼ばれた。

板戸　いたど
建具の一種で、板で作られた戸または扉。

一城別郭　いちじょうべっかく
本来は一つの城であるが、戦闘時の体制によって二つ以上の部分に分けて、それぞれが別の城として機能した状態を呼んだ。別郭一城も同義、小谷城の本丸と京極丸、高天神城の本丸と西の丸などがそれにあたる。

一文字土居　いちもんじどい
虎口の前や後ろに一直線に設けた土居。敵の侵入を妨げ、味方の進出を容易にする施設。

一国一城令　いっこくいちじょうれい
慶長 20 年（1615）に江戸幕府が発令した法令で、一国（大名の領国、後の藩）に一つの城（居城）のみを残し、他の支城を廃絶するという内容。同年、元和に改元されたため、「元和一国一城令」ともいう。

井戸　いど
地下の帯水層から地下水を汲み上げるために人工的に掘削した採水施設。城内には複数存在していた。

犬走　いぬばしり
土塁上の平地に塀や柵を設けた時、城外側の通路を犬走と呼ぶ（城内側は武者走）。

入側　いりがわ
座敷と濡れ縁の間の細長い通路。

入母屋造　いりもやづくり
屋根の上方は切妻造、下方は寄棟造のように四方に庇を葺き下ろした建築。

入母屋破風　いりもやはふ
入母屋造の屋根に付く破風。屋根の隅棟に接続し二等辺三角形を呈す破風。二つ連続すると「比翼入母屋破風」という。

埋門　うずみもん
石垣や土塁を開いて設けたトンネル式の門。上部は土塀となる場合が多い。単純な構造であるが、防御性能が高いのが特徴。

内郭・内曲輪　うちぐるわ
城の内部にさらに築かれた郭。また、それに囲まれた区域をいう。「ないかく」ともいう。

打込接　うちこみはぎ
石材の角を加工して組み合わせやすくし、隙間に間詰石を詰めた石垣。最も多くみられる石垣

【編集協力】
かみゆ歴史編集部（滝沢弘康、丹羽篤志、小沼理）

【装幀・デザイン・DTP・図版】
株式会社ウエイド

【イラスト】
香川元太郎（クレジット表記のないイラストはすべて）

【天守立面図・図版協力】
三浦正幸（P6、7、95、135、231 上）

【写真・画像協力】
安芸高田市歴史民俗博物館／大垣市立図書館／大阪城天守閣／大阪市経済戦略局・大坂城豊臣石垣公開プロジェクト／大阪文化財研究所／大洲市教育委員会／大田区立郷土博物館／岡山市立中央図書館／沖縄県平和祈念資料館／香川県立ミュージアム／橿原市教育委員会／上ノ国町教育委員会／岐阜市教育委員会／九州歴史資料館／京都府埋蔵文化財センター／国見町教育委員会／桑名市教育委員会／国立公文書館／国立国会図書館／国立歴史民俗博物館／小牧市教育委員会／埼玉県立歴史と民俗の博物館／佐久市教育委員会／三の丸尚蔵館／滋賀県立安土城考古博物館／静岡県立中央図書館／静岡県歴史文化情報センター／静岡市教育委員会／新発田市教育委員会／四天王寺（津市）／白老町教育委員会／新ひだか町博物館／高崎市教育委員会／千早赤阪村教育委員会／津市教育委員会／東京国立博物館／東京都立中央図書館特別文庫／同志社大学歴史資料館／東北歴史博物館／苗木遠山史料館／長岡京市教育委員会／長崎大学附属図書館／名古屋空襲を記録する会／名古屋市博物館蔵／名古屋城総合事務所／函館市教育委員会／広島県立文書館／広島市観光協会／広島城／広島平和記念資料館／深志同窓会／福島県立博物館／藤枝市郷土博物館／蓬左文庫／松本城管理事務所／宮城県多賀城跡調査研究所／ミュージアム知覧／安来市教育委員会／山口県立山口博物館／山口市文化財保護課／大和郡山市教育委員会／横浜開港資料館／米沢市上杉博物館／竜王町教育委員会／歴史公園えさし藤原の郷／蓮生寺／DNP アートコミュニケーションズ／Erich Lessing ／PPS 通信社／加藤理文

よくわかる **日本の城 日本城郭検定公式参考書**

2017年3月28日　第1刷発行
2024年2月 9 日　第7刷発行

著　　者　加藤理文
監 修 者　小和田哲男
発 行 人　松井謙介
編 集 人　廣瀬有二
編集担当　早川聡子
発 行 所　株式会社ワン・パブリッシング
　　　　　〒110-0005　東京都台東区上野 3-24-6
印刷・製本所　中央精版印刷株式会社

【この本に関する各種お問い合わせ先】
本の内容については、下記サイトのお問い合わせフォームよりお願いします。
https://one-publishing.co.jp/contact/
●不良品（落丁、乱丁）については　Tel 0570-092555
業務センター　〒354-0045　埼玉県入間郡三芳町上富 279-1
●在庫・注文については書店専用受注センター　Tel 0570-000346

★本書は『よくわかる日本の城 日本城郭検定公式参考書』（2017 年・学研プラス刊）を一部修正したものです。